S0-DZF-322

Le français vivant

# Le français vivant

## Level I

**Terrence L. Hansen**
**Ernest J. Wilkins**
*Brigham Young University*

**Jon G. Enos**
*Language Training Center at
Brigham Young University*

**Xerox College Publishing**
*Lexington, Massachusetts • Toronto*

Frontispiece: Notre Dame

All photographs by Robert Rapelye.

ISB Number: 0-536-00761-6

Library of Congress Catalog Card Number: 76-184544

Printed in the United States of America.

# CONTENTS

# INTRODUCTION

As the unending conquest of time and space draws our world closer together, it seems imperative that we gain proficiency in languages other than our own. Not only are we better able to understand and appreciate our foreign neighbors, but, in addition, we supplement our own culture with those priceless items which have enriched and given prominence to our neighboring cultures.

During the past decade, developments in both linguistics and pedagogy have given us greater insight into the systematic structure of language and have brought into sharper focus the basic features which require stress in teaching. No longer are isolated items of vocabulary and verb conjugation emphasized. Instead, great stress is placed on overall structures and patterns which permit meaningful communication and encourage spontaneous and practical application outside of the classroom.

Learning a new language involves the acquisition of a new skill, and proficiency in it is attained in much the same way as one attains skill in playing a musical instrument. That is, a regular amount of practice is a primary requirement, and proficiency is in direct proportion to that amount.

Imitation of the teacher and memorization of complete structures and patterns enable the student to acquire more easily a new set of speech habits. As responses to the basic French patterns become automatic, the student is gradually freed from the patterns of his native tongue. Under the proper guidance, and with immediate correction and constant practice, his use of French becomes more and more spontaneous.

*Le français vivant* is designed for the first year of college French. The materials are divided into twenty-four units. Initial emphasis is placed on the audio-lingual skills in order that the student may gain mastery in understanding and speaking before he attempts to practice reading and writing.

The first section, "A Guide to Pronunciation and Spelling," introduces and explains the sound system of the French language. Appropriate exercises give preliminary insight into the problems of pronunciation and enable the student to imitate with greater precision the speech habits of his teacher. As the program proceeds, this section will be useful not only for reference but also for the solution of problems encountered by individual students.

Each of the twenty-four units is divided into two parts making smaller learning capsules of material for each lesson. Each half of Units 1 through 20 and the first half of Units 21 through 24 follow essentially the same format. The basis for each of these half-units is a situation dialog. The dialogs are short for easy learning and designed to be lively, culturally accurate, realistic and relevant. The dialogs in each half of a unit may follow the same story line, or they may develop two different ideas. Each dialog is followed by 1. an English translation, 2. a series of structural drills, supplemented with grammar, which are designed first to teach and then to test, 3. a "controlled conversation" which draws the entire class into meaningful communication, and 4. a section of "Personalized Questions" where the student may use freely and in a personal context the patterns he has learned.

In addition to the above features, Units 21 through 24 include, in their second halves, 1. an assignment to write an original composition on a given topic in order to develop the skill of writing, and 2. a reading selection especially adapted for the second semester student. Since the student is now equipped to handle the more difficult patterns, original reading selections have purposely been chosen to present the challenge of literature. All the selections are from twentieth century French authors and include both humorous and serious themes. Only the very complex constructions and certain unusual words have been altered to encourage the student to read, not to translate.

## Suggestions for Classroom Procedure

1. At the first meeting of the class, assign to each student his equivalent French name. If there is no equivalent, let him choose his new name from a previously prepared list. Always use the French name when speaking to or about individual students. All drills become more personal if the names of the students are substituted for those in the text.

2. If at all possible, seat the students in a half circle when conducting the "Controlled Conversations" and "Personalized Questions." It would even be desirable to keep this seating arrangement for all the drills, as it facilitates student communication.

3. At the outset students are well advised to allow sufficient time for individual practice and memorization. For the average student each hour in the classroom should be supplemented with at least two hours of practice outside the classroom. Where laboratory facilities are available, it is recommended that for every hour in class, students spend one hour in the laboratory listening to the tapes especially prepared for each unit. In this way they are able to practice with native speakers the structures and patterns they have studied in class. In addition, students should allow an hour each day to memorize the assigned structures.

4. Mastery of the materials is never complete until students are able to give immediate and complete responses whenever they are called upon to participate. When students stop *to think* about the response, they are generally translating from English into French.

5. Whenever a mistake is made, correct it at once, then repeat the correct pattern or question for the benefit of the entire class.

6. Since the dialogs and pattern drills on the *Tapes to accompany Le français vivant* are recorded at normal conversational speed, it will be necessary for the teacher to present these materials in the classroom at the same speed. Otherwise, the students will find it very difficult to follow and benefit from the laboratory tapes. The students should maintain this same speed in all of their responses.

7. All drills should be done with choral response first, to make the entire class participate. They should be practiced until the students are able to respond correctly with their books closed. When all the pattern changes are mastered, the teacher may elect to ask small groups of students, then individual students to respond.

## Suggestions for Presentation of Materials

*Dialog Patterns.* The realistic situation dialogs are basic to each unit. Native speakers of French have verified the authenticity of the speech patterns presented.

On the first day of Units 1 through 12, read the first dialog of the unit twice while the students listen. Then read one sentence at a time at a normal speed, with the appropriate intonation, and ask the students to repeat. If a sentence is long, first divide it into meaningful breath groups and have the students repeat each group; then present the sentence in its entirety. Care should be taken to model everything immediately before the students are allowed to repeat. In this way they are able to imitate a good model and fit the smaller groups into a meaningful sentence.

The day's assignment should include memorization of the patterns as well as of the English equivalents for the dialog.

After the classroom presentation, students should practice the same materials in the laboratory.

In Units 13 through 24, teachers may not wish to require memorization of all the dialogs. Nevertheless, students must acquire an active knowledge of and be responsible for all new structures and idioms.

*Verb Structure Drills.* Mastery of verbs is required for fluency. In these drills all the necessary verbs and tenses are first presented "on the cross" for easy memorization. For example:

**aller**

| | | | |
|------|------|------|-------|
| je | vais | nous | allons |
| tu | vas | vous | allez |

| | | | |
|------|----|-------|------|
| il `⎫` | va | ils `⎫` | vont |
| elle `⎭` | | elles `⎭` | |

The teacher pronounces both the subject pronoun and the corresponding verb form shown on the cross, and the students repeat. He then gives only the pronoun, and the students give the appropriate verb form. The order of the pronouns may be varied in accordance with the needs of the class.

After this study of a verb the different forms are drilled further in complete sentences ("Subject-Substitution" and "Question-Answer" exercises).

*Subject Substitution Drills.* These drills are designed to practice new verb forms in a meaningful context. They include appropriate changes in person, number, and gender. Each drill consists of a pattern, a response, and a cue. For example:

| *Teacher* | | *Student* |
|-----------|---|-----------|
| Je vais très bien. | *Répétez.* | Je vais très bien. |
| Vous _____. | | Vous allez très bien. |
| Tu _____. | | Tu vas très bien. |
| Nous _____. | | Nous allons très bien. |
| Ils _____. | | Ils vont très bien. |

The first time the drill is presented, the teacher says the pattern sentence and the students repeat. Then, as indicated by subsequent cues, the teacher says each complete sentence and the students repeat. After presenting the entire drill in this manner, the teacher says only the cue, and the students give the complete response. As the drill is mastered, the teacher may desire to call on individual students to respond to particular cues.

The *Number Substitution Drill* is a variation in which the singular form of the verb is given, for example and the student must give the plural, or vice versa.

*Question-Answer Drills.* These drills consist of series of questions which test particular structural items. For example:

Le voyez-vous tous les jours?        *Répondez.*
Qui le voit tous les jours?
Ne le voit-elle pas tous les jours?
Quand le voient-ils?
Jean, le voit-il à l'école?

The teacher asks a question from the drill, and the student is allowed to give any correct answer. Errors should be corrected immediately. The question should be asked again, if necessary, in order that the student may profit from hearing and participating in a complete question-answer pattern. After the individual has given a correct response, the teacher may direct the same question to the entire class and ask for the same correct response. These drills appear in a variety of forms. However, the patterns of each are essentially the same, and the manner of implementing them is obvious.

*Item Substitution Drills.* This type of drill consists of replacing one item (noun, adjective, verb, etc.) in any given pattern. The cue, or substituted item, usually calls for a change in the gender, number, or verb form of the other elements in the sentence. The pattern thus changes from one line to the next. For example:

| *Teacher* | | *Student* |
|---|---|---|
| Paul est sympathique.  *Répétez.* | | Paul est sympathique. |
| Louise _____. | | Louise est sympathique. |
| _____ intelligente. | | Louise est intelligente. |
| Paul et Louise _____. | | Paul et Louise sont intelligents. |
| _____ américains. | | Paul et Louise sont américains. |
| Jean _____. | | Jean est américain. |
| Lisette _____. | | Lisette est américaine. |
| _____ belle. | | Lisette est belle. |
| Le petit garçon _____. | | Le petit garçon est beau. |
| Elles _____. | | Elles sont belles. |
| _____ françaises. | | Elles sont françaises. |
| Ils _____. | | Ils sont français. |

The teacher should first give complete sentences, one at a time, and have the students repeat. Then, the teacher may give only the cue, and the students should give the complete response.

*Choice Question—Answer Drills.* In choice questions there are two possible answers. For example:

Au petit déjeuner buvez-vous du jus d'orange ou du jus de pamplemousse?
Au petit déjeuner mangez-vous des oeufs ou du jambon?
Au déjeuner mangez-vous une salade ou un sandwich?
Au dîner mangez-vous du poisson ou de la viande?

The teacher asks a question involving choice. The student chooses one of two items and gives the answer, being careful to make the necessary structural changes.

*Tense Substitution Drills.* This exercise is designed to drill verb tenses. It may consist of changing a pattern in the present tense to a pattern in the imperfect tense, as in the following example:

*Teacher*:   Aujourd'hui vous apprenez la leçon. Que faisiez-vous hier?
*Student*:   Hier j'apprenais la leçon.

| | |
|---|---|
| vous travaillez beaucoup | je travaillais beaucoup |
| vous allez en ville | j'allais en ville |
| vous écrivez une carte | j'écrivais une carte |
| vous vous ennuyez | je m'ennuyais |
| vous mangez beaucoup | je mangeais beaucoup |

The teacher presents the pattern sentence and then asks a question which must be answered in terms of the pattern and with the appropriate change in the verb called for in the question.

The *Mood Substitution Drill* is a variation of the above. For example:

*Teacher*:   Il est malade.
*Student*:   Je ne pense pas qu'il soit malade.

Ils savent la vérité.
Ils vont au zoo.
Ils se lèvent tard.
Il pleut ce matin.

Here the teacher says the sentence. The student repeats it and then changes it substituting the present subjunctive for the present indicative. After the correct change has been made, the teacher proceeds to the next pattern.

The *Tense-Mood Substitution Drill* is a combination of the two preceding drills.

The *Tense Coordination Drill* gives the student practice in properly relating tenses in separate clauses. For example:

*Teacher*:   Si j'avais su—continuer mes études.
*Student*:   Si j'avais su, j'aurais continué mes études.

*Use the proper tense in the result clauses. (Use **je** in both clauses.)*

Si j'avais pu—rester plus longtemps
Si je reçois une lettre—être heureux
Si j'étais riche—partager mes richesses

Here the teacher says two sentence fragments. The student must relate them in a single sentence with properly coordinated tenses and/or moods in each clause.

*Structure Substitution Drills.* This type of exercise consists of replacing one grammatical construction with another, such as substituting nouns with the appropriate pronouns, changing affirmative words to their negative counterparts, and so forth.

For example:

*Teacher*:  Quelqu'un appelle à la porte.
*Student*:  Quelqu'un appelle à la porte.
           Personne n'appelle à la porte.

           Il est bête et têtu. (ni . . . ni)
           Il a une voiture aussi. (non plus)
           J'ai quelque chose pour vous. (rien)

In this example, the teacher says the pattern sentence. The student repeats it and then changes it by replacing the affirmative with its negative counterpart.

*Structure Completion Drills.* The teacher gives a partially complete structure. The student must repeat the entire structure supplying the missing elements. For example:

Use **qui** *or* **que**.

*Teacher*:  C'est le garçon (     ) je connais.
*Student*:  C'est le garçon que je connais.

           Voilà un garçon (     ) a du talent.
           Ce sont les fleurs (     ) elle cultive.
           C'est toi (     ) a gagné.
           Il y a des gens (     ) j'aime beaucoup.

*Translation-Transformation Drills.* The teacher may give a structure which the student will be required to transform as a result of translating a given cue into the structure. For example:

*Teacher*:  Il chante. (*hardly*)
*Student*:  Il ne chante guère.

           Elle coud. (*never*)
           Ils écrivent. (*not*)
           Je sens. (*nothing*)
           Je le ferai. (*not at all*)

*Patterned Response Drills.* This drill is designed to elicit specific responses using the grammatical structures which have been studied in a given lesson. For example:

*Teacher*:  As-tu mal à la tête?
*Student*:  Non, je n'ai pas mal à la tête.

           au coeur        à la gorge
           aux pieds       aux dents

Here the teacher asks the question, and the student gives the appropriate pattern answer. The teacher then substitutes part of the question, and the student changes the pattern answer to include the new item.

*Controlled Conversation.* A "Controlled Conversation" question is designed to give students an opportunity to manipulate the patterns already studied. It also provides practice in a meaningful person-to-person context. For example:

*Teacher*:  Robert, demandez à Jean comment il va.
*Robert*:   Jean, comment vas-tu?
*Jean*:     Je vais bien, merci.

*Teacher*:   Robert, que dit Jean?
*Robert*:    Jean dit qu'il va bien.

*Teacher*:   Classe, que dit Jean?
*Classe*:    Jean dit qu'il va bien.

Demandez à _____ comment il s'appelle.
                        comment s'appelle le professeur.
                        comment s'appelle la jeune fille.
                        si elle va bien.
                        si Richard est ici.
                        si le professeur est ici.
                        où est Paul.

The teacher asks the student a question containing a pattern, being careful to use the formal form of address. The student then asks another student the same question, but using the familiar form of address. The second student answers the question according to his own particular situation. The teacher now asks the first student what the second student says (said). The first student makes the necessary structural changes as he responds to the teacher's question. The teacher then asks the class what the second student says (said), and the class repeats the same answer in chorus. In this drill the teacher may elicit spontaneity by encouraging the second student who responds to do so freely and without restrictions. The teacher may also wish to depart from the given patterns and substitute some which seem more appropriate to individual class situations.

*Personalized Questions.* An important feature of the text is the emphasis on personal questions and answers. In this exercise the student is given the opportunity to draw upon his personal experiences and to react in an individual manner. His answer is often spontaneous, and the teacher may wish to capitalize on it and pursue the conversation with questions other than the suggested ones. For example:

Pourquoi est-ce que le professeur a sommeil?
Vous êtes-vous lavé les mains ou la figure ce matin?
Pourquoi avez-vous dormi en classe hier?
Son père est vieux. Et le vôtre?
Est-ce vrai que vous n'étudiez pas beaucoup?

The teacher asks a question, and the student answers it in terms of his own personal information or situation. Any correct and meaningful answer is acceptable. Any errors in the answer should be corrected immediately, and the question should be repeated. After the student gives a correct answer, the teacher asks the entire class the same question. Everyone repeats in chorus the individual student's answer.

*Extemporization.* Students generally have a more profitable learning experience with a foreign language if they are given the opportunity to use in meaningful conversation the structural items presented to them in a lesson. Actually, they have not really learned these items until they are able to use them in free conversation. The objective of "extemporization" is to provide the student with this opportunity.

Basically, this exercise involves allowing each student to speak extemporaneously for two or three minutes to a group of four or five students or, if desirable, to the entire class. After the student has spoken, the members of his group or of the class ask him questions to carry on the conversation or to challenge his views.

In order that "extemporization" not be completely unstructured, each student is to choose one of the suggested topics and thoroughly prepare his presentation. He should have well in mind what he intends to say but it should not be memorized. He should include his own personal feelings or his own point of view. Vocabulary items and questions are given merely as suggestions, and it is expected that the student will use his own imagination and ingenuity.

The conversation groups are formed by dividing the class into groups of four or five students. Each student makes his presentation to his group and, in turn, is questioned by members of this same group. It may be desirable to include in each group at least one of the more advanced students in order to stimulate the conversation and to permit the instructor to move from group to group as the need warrants.

The alternative procedure is to have the student make his presentation to the entire class. He then answers the questions of the instructor and the class members, and everyone has an opportunity to participate in the conversation.

*The Review Unit.* The Review Unit is scheduled after each series of four units. Each Review Unit consists of two basic features: (1) grammar review exercises, and (2) a culture capsule. A suggested review schedule is outlined and presented in the Introduction to *Le français vivant* Testing Materials (see *Instructor's Manual*).

A systematic and thorough review is always beneficial in language learning. The Review Unit is designed to aid the student in his grasp of grammatical patterns and vocabulary items. At the same time it is intended to increase his desire for further study by creating an awareness of cultural differences and activities unique to the French people.

**Le français vivant**

# A GUIDE TO PRONUNCIATION AND SPELLING

To acquire proficiency in pronunciation the student must imitate carefully the model presented by his instructor and the native speakers heard on the tapes. The following exercises are designed to help him do this. They include: 1. a description of the sounds, 2. the place of articulation, and 3. the manner of articulation. Emphasis is placed on *how* to pronounce the sounds rather than on *how not* to pronounce them.

This guide will discuss thirty-six *sounds*. These are represented in French by the same twenty-six letters used in English plus five diacritical marks and several letter combinations. In a word one letter may represent two sounds; one sound may be represented by a letter and/or a combination of several letters. The symbols used are from the International Phonetic Alphabet.

## I. Vowels

Care should be taken to pronounce all French vowels as a single sound rather than as a diphthong. This is accomplished by keeping the vowel short and by keeping the mouth set during the period of articulation.

A. Oral—Front

The nasal passage is closed so that all the resonance occurs in the buccal cavity. The point of articulation (the highest point of the tongue for vowels) is toward the front of the mouth.

1. /i/. To pronounce the French /i/, arch the blade of the tongue high in the mouth with the tip close to the teeth and spread the lips wide. Observe carefully, listen and repeat.

   i   i   i   i   i

   si   si   si   si   si
   lys   lys   lys   lys   lys
   mine   mine   mine   mine   mine
   midi   midi   midi   midi   midi
   Italie   Italie   Italie   Italie   Italie

2. /y/. To pronounce the French /y/, place the tongue exactly as for /i/ and pucker the lips. Observe carefully, listen and repeat.

   u   u   u   u   u

   tu   tu   tu   tu   tu
   su   su   su   su   su
   lu   lu   lu   lu   lu
   plume   plume   plume   plume   plume

3. /e/. To pronounce the French /e/, place the lips exactly as for /i/. The mouth is more open and the tongue is arched lower in the mouth. Watch the instructor carefully, then imitate.

1

é   é   é   é   é

les   les   les   les   les
j'ai   j'ai   j'ai   j'ai   j'ai
et   et   et   et   et
citer   citer   citer   citer   citer
luttez   luttez   luttez   luttez   luttez

4. /ø/. To pronounce the French /ø/, hold the tongue exactly as for /e/ and pucker the lips. Listen to and observe the instructor, then repeat.

feu   feu   feu   feu   feu
œufs   œufs   œufs   œufs   œufs
pleut   pleut   pleut   pleut   pleut
bleu   bleu   bleu   bleu   bleu

5. /ɛ/. To pronounce the French /ɛ/, the lips are held in a slightly spread position, the mouth moderately open, the tongue moderately arched. Observe, listen and repeat.

è   è   è   è   è

scène   scène   scène   scène   scène
lait   lait   lait   lait   lait
effet   effet   effet   effet   effet
épais   épais   épais   épais   épais
même   même   même   même   même

6. /œ/. To pronounce the French /œ/, hold the tongue as for /ɛ/ and pucker the lips. The mouth is slightly more open than for /ø/. Observe, listen and repeat.

œ   œ   œ   œ   œ

œil   œil   œil   œil   œil
œuf   œuf   œuf   œuf   œuf
seul   seul   seul   seul   seul

7. /a/. To pronounce the French /a/, open the mouth rather wide, pull the corners of the mouth back slightly, and leave the tongue flat in the bottom of the mouth. Observe, listen and repeat.

la   la   la   la   la

classe   classe   classe   classe   classe
aller   aller   aller   aller   aller
matin   matin   matin   matin   matin

B.  Oral—Back
The nasal passage is closed. The point of articulation is toward the back of the mouth.

1. /ɑ/. To pronounce the French /ɑ/, open the mouth rather wide and leave the tongue flat in the bottom of the mouth, but slightly arched toward the back. Observe, listen and repeat.

a   a   a   a   a

pas  pas  pas  pas  pas
âme  âme  âme  âme  âme
vase  vase  vase  vase  vase

2. /ɔ/. To pronounce the French /ɔ/, hold the mouth open, the lips rounded, the tongue a little higher than for the /ɑ/. Observe, listen and repeat.

homme  homme  homme  homme  homme
police  police  police  police  police
robe  robe  robe  robe  robe
object  object  object  object  object

3. /o/. To pronounce the French /o/, hold the mouth open, the lips very rounded, the tongue arched toward the back. Observe, listen and repeat.

o   o   o   o   o

dos  dos  dos  dos  dos
beau  beau  beau  beau  beau
chaud  chaud  chaud  chaud  chaud
animaux  animaux  animaux  animaux  animaux

4. /u/. To pronounce the French /u/, the lips are puckered, the mouth only slightly opened and the tongue is arched high in the back of the mouth. Observe the instructor, listen and repeat.

ou   ou   ou   ou   ou

fou  fou  fou  fou  fou
où  où  où  où  où
coûte  coûte  coûte  coûte  coûte
nous  nous  nous  nous  nous

C. Oral—Central

The nasal passage is closed. The point of articulation is neutral.

1. /ə/. To pronounce the French /ə/, the mouth is held slightly open with the lips slightly rounded and the tongue in neutral position. Observe, listen and repeat.

e   e   e   e

le  le  le  le  le
de  de  de  de  de
me  me  me  me  me
te  te  te  te  te

D. Nasal—Front

The uvula is relaxed, opening the nasal passage so that these sounds resonate partly in the nasal cavity. The tongue is arched toward the front.

1. /œ̃/. To pronounce the French /œ̃/, pucker the lips, hold the mouth moderately

open and the tongue moderately arched. This is a nasalized /œ/. Observe, listen and repeat.

un   un   un   un   un
brun   brun   brun   brun   brun
humble   humble   humble   humble   humble

2. /ɛ̃/. To pronounce the French /ɛ̃/, the lips are held in a slightly spread position, the mouth moderately open, the tongue moderately arched. This is a nasalized /ɛ/. Observe, listen and repeat.

in   in   in   in   in

vin   vin   vin   vin   vin
pain   pain   pain   pain   pain
saint   saint   saint   saint   saint
faim   faim   faim   faim   faim

E.   Nasal—Back
The uvula is relaxed. The tongue is arched toward the back.

1. /õ/. To pronounce the French /õ/, take the same position as for /o/, but relax the uvula, so that the sound resonates partly in the nasal cavity. Observe, listen and repeat.

on   on   on   on   on
don   don   don   don   don
nom   nom   nom   nom   nom
pont   pont   pont   pont   pont
maison   maison   maison   maison   maison

2. /ɑ̃/. To pronounce the French /ɑ̃/, take the same position as for /ɑ/, but relax the uvula to produce a nasal sound. Observe, listen and repeat.

an   an   an   an   an
en   en   en   en   en
temps   temps   temps   temps   temps
dent   dent   dent   dent   dent

F.   Semi-Vowels
1. /j/. To pronounce the French /j/, begin to pronounce /i/ but pull the tongue backward during articulation. The sound is similar to the *y* in "yes." Observe, listen and repeat.

pied   pied   pied   pied   pied
fille   fille   fille   fille   fille
payer   payer   payer   payer   payer
lion   lion   lion   lion   lion
crayon   crayon   crayon   crayon   crayon

2. /w/. To pronounce the French /w/, begin in the position for /u/ and during

articulation allow the tongue to glide into position for the terminal vowel sound, usually /i/ or /a/. Observe and listen carefully. Then repeat.

oui  oui  oui  oui  oui
moi  moi  moi  moi  moi
toit  toit  toit  toit  toit
foi  foi  foi  foi  foi
Louis  Louis  Louis  Louis  Louis

3. /ɥ/. To pronounce the French /ɥ/, begin in the position for /y/ and during articulation allow the tongue and mouth to glide into position for the terminal vowel sound, usually /i/, /e/, /a/ or /ɛ̃/. Carefully observe and listen to the instructor. Then repeat.

lui  lui  lui  lui  lui
nuit  nuit  nuit  nuit  nuit
suer  suer  suer  suer  suer
suave  suave  suave  suave  suave
juin  juin  juin  juin  juin

## II. Consonants

A. Occlusive—Oral

The buccal pasage is completely closed off at some time during articulation; the nasal passage is closed off throughout articulation.

1. /b/. A voiced bilabial stop, this sound is similar to the English /b/. Listen and repeat.

bébé  bébé  bébé  bébé  bébé
bouteille  bouteille  bouteille  bouteille  bouteille
boîte  boîte  boîte  boîte  boîte
abîme  abîme  abîme  abîme  abîme

2. /p/. A voiceless bilabial stop, this sound is similar to the /p/ in the English word "spin." There is little or no aspiration to the French /p/. Listen and repeat.

papa  papa  papa  papa  papa
Paul  Paul  Paul  Paul  Paul
appât  appât  appât  appât  appât
képi  képi  képi  képi  képi
tape  tape  tape  tape  tape

3. /d/. A voiced, dental stop, this sound is articulated with the tip of the tongue against the upper teeth rather than against the alveolar ridge as in English. Listen and repeat.

dé  dé  dé  dé  dé
dodo  dodo  dodo  dodo  dodo

Adam   Adam   Adam   Adam   Adam
monde   monde   monde   monde   monde

4. /t/. A voiceless, dental stop, this sound is articulated with the tip of the tongue against the upper teeth rather than against the alveolar ridge as in English. Listen and repeat.

thé   thé   thé   thé   thé
tonton   tonton   tonton   tonton   tonton
attend   attend   attend   attend   attend
alouette   alouette   alouette   alouette   alouette

5. /g/. A voiced, velar stop, this sound is articulated with the back of the tongue against the soft palate. It is similar to the English /g/ in "good." Note that the letter *g* is pronounced /g/ only before the letters *a*, *o* and *u*. Listen and repeat.

gué   gué   gué   gué   gué
goût   goût   goût   goût   goût
agacer   agacer   agacer   agacer   agacer
Guy   Guy   Guy   Guy   Guy

6. /k/. A voiceless, velar stop, this sound is articulated with the back of the tongue against the soft palate. It is similar to the English /k/ in "could." This sound is represented by the letter *k* or the letter *c* before *a*, *o* or *u*. Listen and repeat.

cou   cou   cou   cou   cou
cuisine   cuisine   cuisine   cuisine   cuisine
occasion   occasion   occasion   occasion   occasion
kilo   kilo   kilo   kilo   kilo

B.  Occlusive—Nasal
The buccal passage is completely closed off at some time during articulation; the nasal passage is open throughout articulation.

1. /m/. A voiced, bilabial continuant, this sound is similar to the English /m/. Listen and repeat.

maman   maman   maman   maman   maman
aimer   aimer   aimer   aimer   aimer
lime   lime   lime   lime   lime

2. /n/. A voiced, dental continuant, this sound is articulated with the tip of the tongue pressed against the upper teeth rather than against the alveolar ridge as in English. Listen and repeat.

nez   nez   nez   nez   nez
année   année   année   année   année
amène   amène   amène   amène   amène
Nice   Nice   Nice   Nice   Nice

3. /ɲ/. A voiced, palatal continuant, this sound is pronounced by arching the blade of the tongue against the hard palate with the tip of the tongue approach-

ing the upper teeth. A short /j/ sound is produced as the tongue breaks contact with the palate. This sound is represented by the letters *gn*. Listen and repeat.

montagne  montagne  montagne  montagne
campagne  campagne  campagne  campagne
daigner  daigner  daigner  daigner  daigner
beignet  beignet  beignet  beignet  beignet
gnôme  gnôme  gnôme  gnôme  gnôme

C.  Constrictive—Fricative
Friction is produced by reducing the buccal cavity to a very narrow passage. The nasal passage is closed.

1.  /v/. A voiced, labiodental slit fricative continuant, this sound is similar to the English /v/. Listen and repeat.

   vous  vous  vous  vous  vous
   vive  vive  vive  vive  vive
   Viviane  Viviane  Viviane  Viviane

2.  /f/. A voiceless, labiodental slit fricative continuant, this sound is similar to the English /f/. Listen and repeat.

   foi  foi  foi  foi  foi
   affût  affût  affût  affût  affût
   fantôme  fantôme  fantôme  fantôme  fantôme
   vif  vif  vif  vif  vif

3.  /z/. A voiced, dental slit fricative continuant, this sound is produced with the tip of the tongue approaching the back of the upper teeth rather than the alveolar ridge as in English. This sound is represented by the letter *z*, or a single *s* except in initial position (see number 4). Listen and repeat.

   zoo  zoo  zoo  zoo  zoo
   désert  désert  désert  désert  désert
   poison  poison  poison  poison  poison
   rase  rase  rase  rase  rase

4.  /s/. A voiceless, dental slit fricative continuant, this sound is produced with the tip of the tongue approaching the back of the upper teeth rather than the alveolar ridge as in English. This sound is represented by a double *s*, or a single *s* in initial position, or by the letter *c* before *e* or *i*, or by *ç* before *a*, *o* or *u*. Listen and repeat.

   Simone  Simone  Simone  Simone  Simone
   ceci  ceci  ceci  ceci  ceci
   façon  façon  façon  façon  façon
   dessert  dessert  dessert  dessert  dessert
   poisson  poisson  poisson  poisson  poisson

5.  /ʒ/. A voiced, palatal slit fricative continuant, this sound is articulated with the blade of the tongue arched close to the hard palate rather than the alveolar

ridge as in English. This sound is represented by the letter *j* and by *g* before *e* or *i*. Listen and repeat.

je je je je je
Georges  Georges  Georges  Georges
gitan  gitan  gitan  gitan  gitan
image  image  image  image  image

6. /ʃ/. A voiceless, palatal slit fricative continuant, this sound is articulated with the blade of the tongue arched close to the hard palate rather than the alveolar ridge as in English. This sound is represented by the letters *ch*. Listen and repeat.

chat  chat  chat  chat  chat
enchanté  enchanté  enchanté  enchanté
manche  manche  manche  manche  manche

D. Constrictive—Lateral
The center of the buccal cavity is constricted or closed by the tongue but air passes laterally around both sides of the tongue. The nasal passage is closed.

1. /l/. A voiced, dental lateral continuant, this sound is produced with the tip of the tongue against the upper teeth rather than the alveolar ridge as in English. Observe, listen and repeat.

elle  elle  elle  elle  elle
lit  lit  lit  lit  lit
Liliane  Liliane  Liliane  Liliane
aller  aller  aller  aller  aller
nasal  nasal  nasal  nasal  nasal
ovale  ovale  ovale  ovale  ovale

2. /γ/. A voiced, velar lateral continuant, this sound is produced with the back of the tongue arched against the soft palate. This sound is represented by the letter *r*. Observe carefully, listen and repeat.

crème  crème  crème  crème  crème
riz  riz  riz  riz  riz
Paris  Paris  Paris  Paris  Paris
ronron  ronron  ronron  ronron  ronron
terre  terre  terre  terre  terre
partir  partir  partir  partir  partir
arbre  arbre  arbre  arbre  arbre

## III. Diacritical Marks

A. *L'accent aigu* ('). This sign occurs only over the letter *e* and changes its pronunciation from /ə/ to /e/.

*Examples:*  te /tə/; té /te/
de /də/; dé /de/

B. *L'accent grave* (`). This sign may occur over the letters *e*, *a*, and *u*. It changes the pronunciation of *e* from /ə/ to /ɛ/. It does not change the pronunciation of "a" or "u" but is used to distinguish homonyms.

    *Examples:*  la = the, là = there; ou = or, où = where.
                   des /de/; dès /dɛ/

C. *L'accent circonflexe* (^). This sign may occur over the letters *a*, *e*, *i*, *o*, and *u*. It indicates that a letter (usually *s*) has been omitted in the modern spelling.

    *Example:*  *hôtel* used to be spelled *hostel*.

D. *Le tréma* (¨). This sign is used to indicate that two vowels occurring together are to be pronounced separately.

    *Examples:*  Noël /nɔɛl/
                Raphaël /ɣafaɛl/

E. *La cédille* (,). This sign occurs under the letter *c* and changes the pronunciation from /k/ to /s/.

    *Examples:*  garçon
                français

## IV. Division of Words into Syllables

The ability to divide words into syllables helps to develop an awareness of the syllabic rhythm of the language. The French syllable will always have one vowel sound and only one vowel sound. The syllable may occur in the following patterns:

A. A vowel by itself.

    *Examples:*  *a*-mer, *é*-lite

B. A vowel preceded by a consonant or consonant cluster (the most common arrangement).

    *Examples:*  *ba*-teau, *cra*-yon

           } open syllables

C. A vowel followed by a consonant or consonant cluster.

    *Examples:*  *ab*-sent, *ob*-ject

D. A vowel both preceded and followed by a consonant or consonant cluster.

    *Examples:*  *riche*, *même*

           } closed syllables

French gives the dominant position to the vowel and to the open syllable. Consonants are pronounced in anticipation of the vowel and the tendency is always toward an opening of the point of articulation. This is in sharp contrast to English, which slides from consonant to consonant, producing many diphthongs.

## V. Stress and Intonation

The rhythmic pattern of French calls for a fairly even stress pattern, but with the strongest stress on the last pronounced syllable (vowel) of the word or group of words.

*Examples:*   constitutión                enérgiquemént

Comment allez-vóus?        Je ne sais pás.

In a long speech stream, syllables are more important than words. Thus the stress will fall on the last syllable of the breath group. The normal breath group is about five to eight syllables. If the breath group does not complete an idea it will usually have a raising intonation; if it does complete an idea, it will usually have a falling intonation on the last syllables.

*Examples:*   S'il fait beau, j'irai à la pêche.

Ce que l'on conçoit bien, s'énonce clairement.

Alex demeurait pensif, le front baissé, le dos voûté,

indifférent à ce qui l'entourait.

## VI. Linking

Since, in spoken French, more importance is placed on the breath group than on individual words, there will be many word boundaries which sound unnatural to the speaker of English. It is important that, from the beginning, the student practice pronouncing complete utterances without pauses.

A.  A final consonant is linked with an initial vowel.

*Examples:*   Ils ont.      Ils ont.      Ils ont.
Les élèves.   Les élèves.   Les élèves.
Attend-il?*   Attend-il?*   Attend-il?*

B.  A final vowel is eliminated to allow contraction with an initial vowel.

*Examples:*   Je m'appelle.   Je m'appelle.   Je m'appelle.
L'étudiant.     L'étudiant.     L'étudiant.
J'ai.   J'ai.   J'ai.   J'ai.

C.  A consonant is added to allow linking between two vowels.

*Examples:*   A-t-il?   A-t-il?   A-t-il?
Où l'on mange.   Où l'on mange.   Où l'on mange.
S'appelle-t-elle?   S'appelle-t-elle?

* Note:   *d* is pronounced as *t* when linked with a following vowel.

## VII. Punctuation

French punctuation is quite similar to English punctuation, but with these differences:

A. Quotation marks: «quoted words»

Note:  In written dialog, quotation marks are used at the beginning and end of the dialog. A dash is used to separate speakers' parts. Narrative words may follow or be inserted in the middle of a speaker's part with no quotation marks.

*Example:*

Les jeunes gens n'étaient pas d'accord.
«Allons au cinéma, disait Robert.
—Non! Allons à la plage, disait Gérard.
—Puisque c'est comme ça, dit Jean, je retourne chez moi.»

B. In writing arabic numerals, the comma and decimal are interchanged or opposite to the English usage.

| *French* | *English* |
|----------|-----------|
| 1.000.000,99 | 1,000,000.99 |

## VIII. Capitalization

French uses fewer capitals than English.

A. Adjectives indicating nationality are written with small letters:

Une ville française.
Il est américain.

When used as nouns, words referring to nationalities are capitalized:

C'est un Français.

B. Names of languages are written with small letters:

Parlez français.

C. The days of the week and the names of months and seasons are written with small letters:

lundi, le quatre mai.

# unit 1

## Dialog Patterns

### *Salutations*

---

MONSIEUR MARTIN — Bonjour, Madame Lenoir. Comment allez-vous?
MADAME LENOIR — Très bien, merci, et vous?

ROGER — Salut, Jean! Ça va?
JEAN — Ça va, merci, et toi?

NICOLE — Bonsoir, Michèle. Comment vas-tu?
MICHÈLE — Comme ci, comme ça.

L'ÉPICIÈRE — Bonjour, mademoiselle. Comment allez-vous aujourd'hui?
MARIE-JEANNE — Pas mal, merci.

Outside a café in Montmartre.

## Dialog Patterns

## *Greetings*

---

Monsieur Martin — Good morning, Mrs. Lenoir. How are you?
Madame Lenoir — Very well, thank you. And you?

Roger — Hi, Jean. How is it going?
Jean — Fine, thank you. And you?

Nicole — Good evening, Michèle. How are you?
Michèle — So-so.

The Grocer — Good morning, miss. How are you today?
Marie-Jeanne — Not bad, thank you.

## Subject Pronouns

| je | *I* | nous | *we* | |
|---|---|---|---|---|
| tu | *you* (familiar—singular) | vous | *you* | familiar—plural, formal—singular and plural |

| il | *he* | ils | *they* (masculine) |
|---|---|---|---|
| elle | *she* | elles | *they* (feminine) |

Note:   Before a vowel sound **je** becomes **j'**.

## *Tu* versus *Vous*

Both **tu** and **vous** mean "you." In addressing people with whom you are not very closely acquainted or to whom you owe respect, **vous** is always used for both singular and plural. In addressing members of your family, close friends, fellow students, children, etc., **tu** is used in the singular and **vous** is used in the plural.

VERB STRUCTURE DRILLS

A.  The present indicative of **aller** (*to go*).

| je | vais | nous | allons |
|---|---|---|---|
| tu | vas | vous | allez |

| il elle | va | ils elles | vont |
|---|---|---|---|

| *Teacher* | *Student* |
|---|---|
| 1. Je vais très bien.  *Répétez.* | Je vais très bien. |
| Vous _____. | Vous allez très bien. |
| Nous _____. | Nous allons très bien. |
| Ils _____. | Ils vont très bien. |
| Elle _____. | Elle va très bien. |
| Tu _____. | Tu vas très bien. |
| | |
| 2. Comment allez-vous?  *Répondez.* | Je vais très bien, merci. |
| Comment allez-vous?  (*toute la famille*) | Nous allons bien, merci. |
| Comment va Robert? | Il va assez bien. |
| Comment vas-tu? | Je vais bien, merci. |
| Comment vont Jeanne et Marie? | Elles vont très bien. |

SUBJECT SUBSTITUTION

| *Teacher* | *Student* |
|---|---|
| 1. Je ne vais pas très bien.  *Répétez.* | Je ne vais pas très bien. |
| Vous _____. | Vous n'allez pas très bien. |
| Nous _____. | Nous n'allons pas très bien. |
| Ils _____. | Ils ne vont pas très bien. |
| Elle _____. | Elle ne va pas très bien. |
| Tu _____. | Tu ne vas pas très bien. |
| | |
| 2. Comment allez-vous?  *Répétez.* | Comment allez-vous? |
| _____ tu? | Comment vas-tu? |
| _____ Jean? | Comment va Jean? |
| _____ elles? | Comment vont-elles? |
| _____ il? | Comment va-t-il? |
| _____ Pierre et Ginette? | Comment vont Pierre et Ginette? |
| | |
| 3. Est-ce que tu vas bien?  *Répétez.* | Est-ce que tu vas bien? |
| _____ Norbert __? | Est-ce que Norbert va bien? |
| _____ vous ____? | Est-ce que vous allez bien? |
| _____ il _____? | Est-ce qu'il va bien? |
| _____ elles ____? | Est-ce qu'elles vont bien? |
| _____ Josette __? | Est-ce que Josette va bien? |

## Sentence Structure

| | | | | | | | |
|---|---|---|---|---|---|---|---|
| A. | Simple declarative sentence: | | **Tu** | | **vas** | | **bien.** |
| B. | Negative transformation: | | **Tu** | **ne** | **vas** | **pas** | **bien.** |
| C. | Interrogative transformation | | | | | | |
| | 1. **Est-ce que:** | **Est-ce que** | **tu** | | **vas** | | **bien?** |
| | 2. Inversion: | | **Vas-** | | **tu** | | **bien?** |
| | 3. Inflection: statement | | **Tu** | | **vas** | | **bien.** ↘ |
| |            question | | **Tu** | | **vas** | | **bien?** ↗ |

PATTERNED RESPONSE

1. *Teacher:*   Régine va bien, n'est-ce pas?
   *Student:*   Non, elle ne va pas bien.

> Jean
> Monsieur et Madame Lebrun
> Françoise et Annie
> Paul et Robert
> vous
> le professeur

2. *Teacher:*   Je vais très mal.
   *Student:*   Allez-vous très mal?
   Est-ce que vous allez très mal?

> Martine    les étudiants
> Jacques    Charlotte et Monique
> nous       le chien

## Controlled Conversation

*Teacher:*   Robert, demandez à Jean comment il va.
*Robert:*   Jean, comment vas-tu?
*Jean:*   Je vais bien, merci.

*Teacher:*   Robert, que dit Jean?
*Robert:*   Jean dit qu'il va bien.

Demandez à _____ s'il (si elle) va bien.
comment va la famille.
comment vont les étudiants.

## Personalized Questions

1. Comment allez-vous?
2. Est-ce que Michèle va bien?
3. Comment va la famille?
4. Allez-vous bien aujourd'hui?
5. Le professeur va bien, n'est-ce pas?
6. Comment va Madame Lenoir?
7. Comment ça va aujourd'hui?

## Dialog Patterns

*Salutations (suite)*

MONSIEUR DURAND — Comment vous appelez-vous?
GÉRARD — Je m'appelle Gérard Boutin, monsieur.
MONSIEUR DURAND — Enchanté de faire votre connaissance.
GÉRARD — Moi de même.

LISE — Bonjour. Je suis Lise Dubois.
FRANÇOIS — François Chausson, très heureux.

ANNIE — Au revoir. A bientôt.
GISÈLE — Oui, à demain. Bien des choses à ta famille.

## Dialog Patterns

### *Greetings (continued)*

MONSIEUR DURAND — What is your name?
GÉRARD — My name is Gérard Boutin, sir.
MONSIEUR DURAND — I'm very happy to meet you.
GÉRARD — Likewise.

LISE — Hello. I am Lise Dubois.
FRANÇOIS — François Chausson. Pleased to meet you.

ANNIE — Good-bye. See you soon.
GISÈLE — Yes, see you tomorrow. Give my regards to your family.

VERB STRUCTURE DRILLS

B. The present indicative of **être** (*to be*).

| je | suis | nous | sommes |
|----|------|------|--------|
| tu | es | vous | êtes |
| il \| elle } | est | ils \| elles } | sont |

*Teacher*
1. Je suis en classe. *Répétez.*
   Vous _____.
   Tu _____.
   Nous _____.
   Elle _____.
   Charles et Jean ____.

*Student*
Je suis en classe.
Vous êtes en classe.
Tu es en classe.
Nous sommes en classe.
Elle est en classe.
Charles et Jean sont en classe.

2. Où est le professeur? *Répondez.*
   Où est René?
   Où sont-elles?
   Où sont les étudiants?

Le professeur est ici.
Il est ici.
Elles sont ici.
Ils sont ici.

PATTERNED RESPONSE

*Teacher:* Bonjour, je suis M. Simon.
*Student:* Bonjour, monsieur. Je suis Charles Martin.

*Each student responds using his own name.*

## Gender and Plural of Nouns

|  | Masculine | Feminine |
|---|---|---|
| Singular | le garçon<br>l'ami | la fille<br>l'amie |
| Plural | les garçons<br>les amis | les filles<br>les amies |

French nouns are either masculine or feminine. In the singular this is indicated by the definite article except before a vowel sound where **le** and **la** become **l'**.

All nouns are either singular or plural. Most nouns indicate the plural by adding **-s**. Those ending in **-s** in the singular do not change in the plural (**le repas, les repas**). Family names are invariable (**les Dupont**). Other patterns for forming the plural will be noted as they appear.

ITEM SUBSTITUTION

1. *Teacher:* Le garçon. *Répétez.*
   *Student:* Le garçon.

   *Teacher:* Changez.
   *Student:* Les garçons.

| la classe | les classes |
|---|---|
| le repas | les repas |
| l'homme | les hommes |
| la maison | les maisons |
| la dame | les dames |
| le professeur | les professeurs |
| le crayon | les crayons |
| l'élève | les élèves |

2. *Teacher*

   Le professeur est ici. *Répétez.*
   — petite fille ———.
   — enfants ———.
   — garçon ———.
   — dames ———.
   — homme ———.

   *Student*

   Le professeur est ici.
   La petite fille est ici.
   Les enfants sont ici.
   Le garçon est ici.
   Les dames sont ici.
   L'homme est ici.

VERB STRUCTURE DRILLS

C. The present indicative of **s'appeler** (*to be called, be named*).

| je | m'appelle | nous | nous appelons |
|---|---|---|---|
| tu | t'appelles | vous | vous appelez |
| il }<br>elle } | s'appelle | ils }<br>elles } | s'appellent |

| *Teacher* | *Student* |
|---|---|
| 1. Comment vous appelez-vous? *Répétez.* | Comment vous appelez-vous? |
| _____ ils? | Comment s'appellent-ils? |
| _____ tu? | Comment t'appelles-tu? |
| _____ elle? | Comment s'appelle-t-elle? |
| _____ le professeur? | Comment s'appelle le professeur? |
| _____ elles? | Comment s'appellent-elles? |

| | |
|---|---|
| 2. Comment vous appelez-vous? *Répondez.* | Je m'appelle _____. |
| Comment s'appelle-t-il? | Il s'appelle _____. |
| Comment t'appelles-tu? | Je m'appelle _____. |
| Comment s'appellent-elles? | Elles s'appellent _____. |

CHOICE QUESTION—ANSWER

| *Teacher* | *Student* |
|---|---|
| Vous appelez-vous Hélène ou Marguerite? *Répondez.* | Je m'appelle Hélène. |
| Vous appelez-vous Pierre ou Robert? | Je m'appelle Robert. |
| Vous appelez-vous Louise ou Marie? | Je ne m'appelle ni Louise ni Marie. Je m'appelle _____. |
| Vous appelez-vous Jean ou Paul? | Je ne m'appelle ni Jean ni Paul. Je m'appelle _____. |
| S'appelle-t-il Marc ou René? | Il ne s'appelle ni Marc ni René. Il s'appelle _____. |
| S'appelle-t-elle Julie ou Rose? | Elle ne s'appelle ni Julie ni Rose. Elle s'appelle _____. |

PATTERNED RESPONSE

| 1. *First Student* | *Second Student* |
|---|---|
| Comment t'appelles-tu? | Je m'appelle _____. |
| Enchanté(e) de faire ta connaissance. | Moi de même. |

*All the members of the class should participate and use these patterns.*

2. *Teacher:* Comment s'appelle le jeune homme?
   *Student:* Le jeune homme s'appelle Claude.

        la jeune fille—Chantal
        la dame—Claudine
        le monsieur—Roland
        le petit garçon—Raphaël
        la petite fille—Nicole
        le voisin—Robert
        la voisine—Lucienne
        *le bébé—Véronique

* Le bébé, a masculine word, is used to refer to a baby of either gender.

## Controlled Conversation

Demandez à ＿＿＿＿＿ comment il (elle) s'appelle.
où sont les étudiants.
comment s'appelle le professeur.
si Michel est ici.
si elle s'appelle Geneviève ou Catherine.

## Personalized Questions

1. Comment vous appelez-vous?
2. Est-ce que le professeur est ici?
3. Comment s'appelle le professeur?
4. Vous appelez-vous Christine ou Rolande?
5. Où est l'université?
6. Vous appelez-vous Jean ou François?
7. Il s'appelle Claude. Et vous?
8. Elle s'appelle Dominique. Et vous?

## Extemporization

See p. xix of the Introduction for procedural suggestions.

### 1. SALUTATIONS

*Vocabulary:* bonsoir, bonne nuit, enchanté(e), au revoir, va, je te présente, moi de même, bien des choses, salut.

*Topic Ideas:* 1. Je te présente Jean.
2. Bonjour—Au revoir.
3. Le professeur.

*Questions:* 1. Comment s'appelle-t-il?
2. Salut, Robert! Comment ça va?
3. Comment va la famille?
4. Est-ce qu'il va bien?

### 2. LES ÉTUDIANTS

*Vocabulary:* classe, université, ici, où, s'appelle, comment, la maison.

*Topic Ideas:* 1. Les jeunes filles.
2. Les jeunes gens.
3. Charles (or any student in the class).

*Questions:*   1. Où sont les étudiants?
2. Est-ce que Pauline est en classe?
3. Comment s'appelle-t-elle?
4. Où est l'université?

Sorbonne students between classes.

tous à pa
les 15 et 16 mai
CAUNEF PHILO
Achetez votre journal
ETUDIANTS de FRANCE
n°01
Sommaire
UNE ANALYSE

# unit 2

:O:O:O:O:O:O:O:O:O:O:O:O:O:O:O:O:O:O:O:

## Dialog Patterns

*Les Nationalités*

PAUL — Parlez-vous français?
DENISE — Oui, un peu.
PAUL — Êtes-vous canadienne?
DENISE — Non, je suis américaine.
PAUL — Est-ce qu'on parle français aux États-Unis?
DENISE — Oui, on parle français dans les universités.

A French couple pass the American Embassy in Paris.

## Dialog Patterns

## *Nationalities*

---

PAUL — Do you speak French?
DENISE — Yes, a little.
PAUL — Are you a Canadian?
DENISE — No, I am an American.
PAUL — Do they speak French in the United States?
DENISE — Yes, in the universities they speak French.

## The Present Indicative of Group I Verbs

GROUP I

The conjugation of verbs ending in **-er** follows the model of **parler** (*to speak*). To form the present indicative add the following set of endings to the stem of the verb:

|  |  |  | parl | **-er** |  |  |
|---|---|---|---|---|---|---|
| je | **parl** | **-e** | nous | **parl** | **-ons** |
| tu | **parl** | **-es** | vous | **parl** | **-ez** |
| il ⎱ elle ⎰ | **parl** | **-e** | ils ⎱ elles ⎰ | **parl** | **-ent** |

Note:   **-e, -es, -ent** are silent, these forms of the verb are all pronounced alike.

VERB STRUCTURE DRILLS

1. Je parle français en classe.   *Répétez.*
   Nous _____.
   Vous _____.
   Tu _____.
   Paul et Jean_____.
   Elle _____.

2. Je ne parle pas espagnol.   *Répétez.*
   Ils _____.
   Charles _____.
   Tu _____.
   Nous _____.
   Vous _____.

3. Parlez-vous français? *Répondez.*
   Parle-t-elle espagnol?
   Parlez-vous (tous) français?
   Est-ce que Charles parle français?
   Paul et Jean parlent-ils français?
   Parlez-vous bien le français?

## Position of Adjectives

The usual position of the adjective is after the noun it modifies.

Le chapeau **bleu.**
Le garçon **fort.**

There are a few adjectives which usually come before the noun:

| | | |
|---|---|---|
| petit | grand | gros |
| mauvais | bon | beau |
| vilain | long | haut |
| joli | vieux | nouveau |

*Example:* Le **bon** pain.
Le **nouveau** professeur.

PATTERNED RESPONSE

*Teacher:* Voyez-vous le livre?
*Student:* Oui, je vois le joli livre.

| | |
|---|---|
| jaune | intéressant |
| grand | bon |
| russe | nouveau |
| vieux | bleu |

## The Indefinite Article

The indefinite article **une** is used before all feminine nouns.

**une robe**
**une voiture**

The indefinite article **un** is used before all masculine nouns and adjectives which begin with a consonant sound.

**un garçon**
**un livre**

The indefinite article **un** is also used before masculine nouns and adjectives which begin with a vowel sound.

**un homme**

## The Plural of the Indefinite Article

The plural form of **un** and **une** is **des.** Notice that **c'est** changes to **ce sont** in the plural.

|  |  |
|---|---|
| *Singular* | *Plural* |
| **c'est une robe** | **ce sont des robes** |
| **c'est un chapeau** | **ce sont des chapeaux** |

ITEM SUBSTITUTION

Voilà un garçon.
_____ jeune fille.
_____ homme.
_____ maison.
_____ chapeau.
_____ robe.

C'est une voiture.
_____ livres.
_____ maison.
_____ femmes.
_____ jeunes filles.
_____ garçon.

## Agreement of Adjectives

When an adjective is used to modify a noun, it agrees in gender and number with the noun.

| Singular | | Plural | |
|---|---|---|---|
| *Masculine* | *Feminine* | *Masculine* | *Feminine* |
| intelligent | intelligente | intelligents | intelligentes |
| petit | petite | petits | petites |
| grand | grande | grands | grandes |

1. Adjectives are often made feminine by adding an **-e** to the masculine.

   C'est un **petit** garçon.
   C'est une **petite** fille.

2. Adjectives ending in **-e** in the masculine do not change in the feminine.

   C'est un livre **rouge.**
   C'est une voiture **rouge.**

3. Adjectives ending in **-ien** double the final consonant and add an **-e.**

> C'est un chapeau ital**ien.**
> C'est une robe ital**ienne.**

4. The plural of most adjectives is formed by adding an **-s.** Other patterns for forming the feminine and the plural of adjectives will be noted as they appear.

> C'est une maison confortable.
> Ce sont des maisons confortable**s.**

ITEM SUBSTITUTION

C'est un homme intelligent.
———— femme ————.
—————— intéressante.
———— garçons ————.
—————— sympathiques.
———— jeune fille ————.
—————— canadienne.
———— jeune homme ——.
—————— charmant.
———— dames ————.

PATTERNED RESPONSE

*Teacher:*   Voilà un garçon fascinant.
*Student:*   Oui, et voilà une jeune fille fascinante.

| pratique | bruyant |
| patient | remarquable |
| français | parisien |

## Agreement of Predicate Adjectives

The predicate adjective agrees with the subject in number and gender.

> **Il** est américain.          **Ils** sont américain**s.**
> **Elle** est américain**e.**     **Elles** sont américain**es.**

ITEM SUBSTITUTION

Il n'est pas anglais.
Elle ————.
———— suisse.
Nous————.

_____ allemands.

Paule _____ .

_____ brésilienne.

Marc _____ .

_____ espagnol.

Ils _____ .


PATTERNED RESPONSE

*Teacher:*    Est-il français?

*Student:*    Non, mais elle est française.

   russe          marseillais
   hollandais     parisien
   mexicain       niçois


CHOICE QUESTION—ANSWER

| *Teacher* | *Student* |
|---|---|
| Êtes-vous anglais ou français?    *Répondez.* | Je ne suis ni anglais ni français. Je suis américain. |
| et Jeanne? | Jeanne n'est ni anglaise ni française. Elle est américaine. |
| Êtes-vous mexicain ou italien? | Je ne suis ni mexicain ni italien. Je suis français. |
| et Monique? | Monique n'est ni _____ ni _____. Elle est _____. |
| Êtes-vous canadien ou américain? | Je ne suis ni canadien ni américain. Je suis russe. |
| et Jean et Roger? | Jean et Roger ne sont ni _____ ni _____. Ils sont _____. |
| Êtes-vous espagnol ou suisse? | Je ne suis ni espagnol ni suisse. Je suis argentin. |
| et Liliane et Rosine? | Liliane et Rosine ne sont ni _____ ni _____. Elles sont _____. |


## The Definite Article

| **le** Français | **l'**Américain | **les** Mexicains |
|---|---|---|
| **la** Française | **l'**Américaine | **les** Mexicaines |

Il est français.          *He is French.*

C'est un Français.      *He is a Frenchman.*

Words referring to nationalities are not capitalized when used as adjectives.

   les professeurs américains          *the American professors*

ITEM SUBSTITUTION

L'Américain est ici.
— Mexicain _____.
— Mexicaine _____.
— Américains _____.
— Américaine _____.
— Parisien _____.
— ami _____.
— amis _____.
— Parisiennes _____.
— étudiante _____.

## Use of the Definite Article

The definite article is used to speak *about* a person: *definite article* + *title* + *proper name.*

> **Le professeur Delattre** est ici.
> **Le docteur Marceau** sort de l'hôpital.

## Omission of the Definite Article

The definite article is omitted when you speak *directly* to a person: *title* + *proper name.*

> Bonjour, **professeur Delattre.**
> **Docteur Marceau,** comment allez-vous?

## Controlled Conversation

Demandez à _____ si nous parlons français en classe.
s'il est américain.
si elle est française.
si Jean est intelligent.
s'il (si elle) parle français.
si le professeur est intéressant.

## Personalized Questions

1. Parlez-vous français?
2. Êtes-vous français(e) ou russe?
3. Parlons-nous allemand en classe?
4. Est-ce que les professeurs sont exigeants?

5. Êtes-vous étudiant(e)?
6. Est-ce que les Canadiens parlent français?
7. Quelle langue parlez-vous en classe?
8. Êtes-vous belge?
9. Le professeur est-il français?
10. Est-ce que les filles sont intelligentes?

## Dialog Patterns

## *Les Nationalités (suite)*

GÉRARD — Quand finit le cours d'anglais de M. Max?
SERGE — Dans cinq minutes. Qui attends-tu?
GÉRARD — Simone Langer.
SERGE — C'est une fille bien. Elle est belge, n'est-ce pas?
GÉRARD — Oui. Elle est ici pour un an.
SERGE — Où habite-t-elle?
GÉRARD — Au Quartier latin.
SERGE — Ah! Les voilà qui sortent.
GÉRARD — Bon. Au revoir. À la prochaine.

**Dialog Patterns**

*Nationalities (continued)*

GÉRARD — When is Mr. Max's English class over?
SERGE — In five minutes. Who are you waiting for?
GÉRARD — Simone Langer.
SERGE — She is a nice girl. She is Belgian, isn't she?
GÉRARD — Yes. She is spending a year here.
SERGE — Where does she live?
GÉRARD — In the Latin Quarter.
SERGE — Oh, there they are, coming out.
GÉRARD — Well, good-bye. I'll see you.

## The Present Indicative of Group II and III Verbs

GROUP II

The conjugation of verbs ending in **-ir** (**-iss-**) follows the model of **finir** (*to finish*). To form the present indicative add the following set of endings to the stem of the verb:

| | | **fin** | **-ir** | | | |
|---|---|---|---|---|---|---|
| je | fin | -is | | nous | fin | -issons |
| tu | fin | -is | | vous | fin | -issez |
| il ⎱ elle ⎰ | fin | -it | | ils ⎱ elles ⎰ | fin | -issent |

VERB STRUCTURE DRILLS

1. Jean finit le livre.  *Répétez.*
   Elles _____.
   Nous _____.
   Je _____.
   Tu _____.
   Vous _____.

2. Finissez-vous le livre?  *Répondez.*
   Est-ce que Suzanne finit le livre?
   Finit-il le livre?
   Jeanne et Marie finissent-elles le livre?
   Quand finit le cours d'anglais?

GROUP III

The third group of verbs, sometimes called irregular verbs, include all verbs not in groups I and II.

VERB STRUCTURE DRILLS

A.  The present indicative of **attendre** (*to wait for*).

| **j'** | **attends** | **nous** | **attendons** |
|---|---|---|---|
| **tu** | **attends** | **vous** | **attendez** |
| **il**<br>**elle** ⎫ | **attend** | **ils**<br>**elles** ⎫ | **attendent** |

1. J'attends Simone.  *Répétez.*
   Tu _____.
   Vous _____.
   Gérard _____.
   Nous _____.
   Elle _____.

2. Attends-tu Simone?  *Répondez.*
   Est-ce que Serge attend Simone?
   Qui attendez-vous?
   Est-ce qu'elles attendent Simone?
   Qui Gérard attend-il?

VERB STRUCTURE DRILLS

B.  The present indicative of **sortir** (*to go out*).

| **je** | **sors** | **nous** | **sortons** |
|---|---|---|---|
| **tu** | **sors** | **vous** | **sortez** |
| **il**<br>**elle** ⎫ | **sort** | **ils**<br>**elles** ⎫ | **sortent** |

1. Elles sortent de la classe.  *Répétez.*
   Nous _____.
   Vous _____.
   Tu _____.
   Il _____.
   Jean et Simone _____.

2. Est-ce que Simone sort de la classe?  *Répondez.*
   Sors-tu de la classe?
   Serge sort-il de la classe?
   Quand sortent-ils de la classe?
   Est-ce que le professeur sort de la classe?

## The Indefinite Article

**un** ami          **des** amis
**une** amie          **des** amies

ITEM SUBSTITUTION

C'est un garçon sympathique.
_____ fille _____.
_____ étudiants _____.
_____ professeur _____.
_____ femmes _____.
_____ famille _____.
_____ homme _____.

## Use of the Indefinite Article

When the intent is to single out a person, the indefinite article is used with the unmodified predicate noun. It is also used when the predicate noun is modified.

Charles est **un Français.** (*not an American*)
C'est **un étudiant très intelligent.**
Voici **une pomme bien rouge.**

ITEM SUBSTITUTION

C'est une fille bien.
_____ garçon ____.
_____ homme ____.
_____ dame ____.
_____ monsieur __.
_____ femme ____.

## Omission of the Indefinite Article

The indefinite article is not used before a predicate adjective or an unmodified predicate noun indicating nationality, religion, or profession.

Il **est américain.**
Annie **est professeur.**
Je **suis étudiant.**

ITEM SUBSTITUTION

Il est américain.
_____ secrétaire.
_____ française.
_____ professeur.
_____ infirmière.
_____ médecin.


PATTERNED RESPONSE

*Teacher:* Êtes-vous américain?
*Student:* Oui, monsieur, je suis américain. (Or: Non, monsieur, je ne suis pas américain.)

| | |
|---|---|
| républicain | protestant |
| démocrate | catholique |
| indépendant | mormon |


## Prepositions Before Geographical Names

*Cities*

| **J'habite** | **à** | **Paris.** |
|---|---|---|
| **Tu habites** | **à** | **Bruxelles.** |

*Countries and States*

*Masculine—beginning with a consonant*

| **Ils habitent** | **au** | **Portugal.** |
|---|---|---|
| **Vous habitez** | **au** | **Canada.** |

*Masculine—beginning with a vowel or a mute "h"*

| **Elle habite** | **en** | **Iran.** |
|---|---|---|
| **Il habite** | **en** | **Ohio.** |

*Feminine*

| **Nous habitons** | **en** | **France.** |
|---|---|---|
| **Elles habitent** | **en** | **Italie.** |

*Plural*

| **Vous habitez** | **aux** | **États-Unis.** |
|---|---|---|
| **J'habite** | **aux** | **Antilles.** |

Note: Names of countries and states ending in **e** are feminine except: **le Mexique, le Mozambique, le Caucase du Nord, le Cambodge, le Maine, le Tennessee.**

ITEM SUBSTITUTION

Elle habite à Marseille.
_____ Espagne.
_____ Canada.
_____ Suisse.
_____ États-Unis.
_____ Tennessee.
_____ Ohio.
_____ New-York.
_____ Mexique.
_____ Alaska.
_____ Angleterre.


PATTERNED RESPONSE

*Teacher:* Où habitez-vous?
*Student:* J'habite aux États-Unis.

| | |
|---|---|
| Maroc | Iran |
| Provence | Californie |
| Texas | Nice |
| Londres | Utah |
| Belgique | Washington, D.C. |


## Controlled Conversation

Demandez à _____ où il (elle) habite.
si Simone est une fille bien.
qui il (elle) attend.
qui sort de la classe.
si Jeanne est une Française.


## Personalized Questions

1. Qui attendez-vous?
2. Où habitez-vous?
3. Êtes-vous un garçon (une fille) bien?
4. Où habite le professeur?
5. Habitez-vous au Quartier latin?
6. Quand finit le cours de français?
7. Est-ce que les étudiants sortent de la classe?
8. Êtes-vous ici pour un an?
9. Est-ce que Paul est un garçon sympathique?
10. Est-ce que les Français sont des gens bien?

# Extemporization

1. LES AMIS

   *Vocabulary:*    habiter, sympathique, français, belge, suisse, parler.

   *Topic Ideas:*   1. Ils habitent à Paris.
                    2. Elle parle français.
                    3. Gérard et Serge sont des amis.

   *Questions:*     1. Habites-tu avec Liliane?
                    2. Est-elle belge ou suisse?
                    3. Quelle langue parlent-ils?
                    4. Est-il sympathique?

2. LA CLASSE

   *Vocabulary:*    professeur, étudiants, langue, parler, intelligent, Français, espagnol, difficile.

   *Topic Ideas:*   1. Les jeunes filles sont sympathiques.
                    2. Les garçons sont intelligents.
                    3. La langue.

   *Questions:*     1. Est-ce que la langue est difficile?
                    2. Est-ce que les étudiants sont intelligents?
                    3. Est-ce qu'on parle espagnol dans les universités?
                    4. Est-ce que le professeur est un Français?

# unit 3

## Dialog Patterns

*La Famille*

COLETTE — Où vas-tu, Georges?
GEORGES — En ville. Veux-tu venir?
COLETTE — D'accord, mais que vas-tu faire?
GEORGES — Je vais faire des courses aux Galeries Lafayette.
COLETTE — Que vas-tu acheter?
GEORGES — Un cadeau pour maman. C'est demain la Fête des Mères.
COLETTE — Ah! C'est vrai. Les pauvres mamans! Elles travaillent si dur.

"Galéries Lafayette," the largest department store in Paris.

## Dialog Patterns

## *The Family*

COLETTE — Where are you going, Georges?
GEORGES — Downtown. Do you want to come?
COLETTE — O.K., but what are you going to do?
GEORGES — I'm going shopping.
COLETTE — What are you going to buy?
GEORGES — A gift for mother. Tomorrow is Mother's Day.
COLETTE — Oh! That's right. Poor mothers! They work so hard.

## The Present Indicative—Continued

VERB STRUCTURE DRILLS

A. The present indicative of **vouloir** (*to wish, to want*).

| je | veux | nous | voulons |
|----|------|------|---------|
| tu | veux | vous | voulez |

| il ⎱ elle ⎰ | veut | ils ⎱ elles ⎰ | veulent |
|----|------|------|---------|

1. Je ne veux pas venir. *Répétez.*
   Il _____.
   Elles _____.
   Colette _____.
   Nous _____.
   Jean et Simone _____.

2. Veux-tu venir demain? *Répondez.*
   Voulez-vous être professeur?
   Veux-tu aller en ville?
   Est-ce qu'elle veut venir?
   Veux-tu un crayon?

VERB STRUCTURE DRILLS

B. The present indicative of **venir** (*to come*).

| je | viens | nous | venons |
|----|-------|------|--------|
| tu | viens | vous | venez |

| il ⎱ elle ⎰ | vient | ils ⎱ elles ⎰ | viennent |
|----|-------|------|----------|

1. Il vient demain.  *Répétez.*
   Ils _____.
   Nous _____.
   Je _____.
   Elle _____.

2. Je ne viens pas demain.  *Répétez.*
   Il _____.
   Nous _____.
   Roberte _____.
   Gilles et Rose _____.

3. Est-ce que le professeur vient demain?  *Répondez.*
   Venez-vous demain?
   Qui vient demain?
   Est-ce que les étudiants viennent demain?
   Gilbert et Danièle viennent-ils demain?

## *Aller* + The Infinitive

*Present Tense* of **aller** + *an infinitive*

| **Je** | **vais** | **faire** | des courses. |
| **Il** | **va** | **acheter** | un cadeau. |
| **Nous** | **allons** | **parler** | français. |

The present tense of **aller** followed by an infinitive indicates an action which is going to take place in the near future.

### ITEM SUBSTITUTION

Colette va acheter un cadeau.
Je _____.
_____ faire des courses.
Georges _____.
_____ parler français.
Nous _____.
_____ travailler.
Elles _____.
_____ finir le livre.
Vous _____.

### PATTERNED RESPONSE

*Teacher:*  Parlez-vous français?
*Student:*  Non, je vais parler français demain.

   1. Achetez-vous un cadeau?
   2. Est-ce qu'ils font des courses?

3. Finissons-nous la leçon aujourd'hui?
4. Est-ce qu'elle est à la maison?
5. Sortez-vous ce soir?
6. Est-ce que tu travailles?

VERB STRUCTURE DRILLS

C. The present indicative of **faire** (*to do, to make*).

| je | fais | nous | faisons |
|----|------|------|---------|
| tu | fais | vous | faites |
| il elle | fait | ils elles | font |

1. Que fais-tu? *Répétez.*
   _____ vous?
   _____ il?
   _____ Georges et André?
   _____ elles?

2. Faites-vous des courses? *Répondez.*
   Est-ce que Colette fait des courses?
   Que faites-vous?
   Qui fait des courses?
   Les étudiants font-ils des courses?

## Contraction of *à* plus the Definite Article

à + **le** = **au**
à + **les** = **aux**
à + **la** = **à la**
à + **l'** = **à l'**

*Examples:* Je vais **au magasin.**
Ils vont **aux Galeries Lafayette.**
Nous allons **à la plage.**
Elle va **à l'église.**

PATTERNED RESPONSE

*Teacher:* Où allez-vous? (1)
*Student:* Je vais au zoo.

1. le zoo.
2. la foire.
3. l'enterrement.
4. la mer.
5. l'hôpital.
6. les îles du Levant.

QUESTION—ANSWER

Allez-vous à l'église?  *Répondez.*
Est-ce que les étudiants vont au cinéma?
Allez-vous à la réunion?
Est-ce que le professeur va à l'université?
Quand allez-vous aux Canaries?

VERB STRUCTURE DRILLS

D.  The present indicative of **acheter** (*to buy*).

| j'  | **achète**  | nous  | **achetons** |
|-----|-------------|-------|--------------|
| tu  | **achètes** | vous  | **achetez**  |

| il ⎱ elle ⎰ | **achète** | ils ⎱ elles ⎰ | **achètent** |
|-------------|------------|----------------|--------------|

Note:  There is a pronunciation and spelling change in the stem. The endings are regular
-er (Group I) endings.

1. Colette achète un cadeau.  *Répétez.*
   Ils ——————————.
   Je ——————————.
   Tu ——————————.
   Nous ——————————.
   Vous ——————————.

2. Achetez-vous un cadeau?  *Répondez.*
   Est-ce que Georges achète un cadeau?
   Qu'est-ce que Colette achète?
   Qui achète un cadeau?
   Qu'achetez-vous?

## Contraction of *de* plus the Definite Article

de + le  = du
de + les = des
de + la  = de la
de + l'  = de l'

*Examples:*  Elle vient **du marché.**
Il vient **des Archives.**
Nous venons **de la maison.**
Elles viennent **de l'université.**

*Teacher:* D'où venez-vous? (1)
*Student:* Je viens de l'hôpital.

| | |
|---|---|
| 1. l'hôpital. | 4. le cinéma. |
| 2. le concert. | 5. l'opéra. |
| 3. les douches. | 6. la boulangerie. |

## Use of *de* to Show Possession

The preposition **de** placed before the name of a possessor corresponds to the English **-'s**.

*Example:* Voilà le fils **du voisin.** There is the neighbor's son.
C'est la Fête **des Mères.** It is Mother's Day.

TRANSLATION DRILL

*Teacher:* It's Mr. Martin's car.
*Student:* C'est la voiture de M. Martin.

1. It's mother's car.
2. It's father's car.
3. It's the teacher's car.
4. It's the student's car.
5. It's the lady's car.

QUESTION—ANSWER

Êtes-vous l'ami du Parisien? *Répondez.*
Où est le bureau du professeur?
Viens-tu de l'université?
Où est la maman de la petite fille?
D'où venez-vous?

## *De* before Geographical Names

*Cities*

**Il vient** **de** **Rome**

*Countries and States*

*Masculine—beginning with a consonant*
**Elle est** **du** **Brésil**

*Feminine*
**Je viens**                de          **Suisse**

*Masc. & Fem.*—*beginning with a vowel or a mute h*
**Nous sommes**          d'          **Arizona**
**Elles viennent**        d'          **Espagne**

*Plural*
**Ils sont**                des         **États-Unis**

PATTERNED RESPONSE

*Teacher:*   D'où êtes-vous? (1)
*Student:*   Je suis d'Utah.

|   |   |   |   |
|---|---|---|---|
| 1. | Utah. | 6. | Wisconsin. |
| 2. | Québec. | 7. | France. |
| 3. | Açores. | 8. | Antilles. |
| 4. | Liban. | 9. | Italie. |
| 5. | Alger. | 10. | Hawaii. |

CHOICE QUESTION—ANSWER

Venez-vous d'Israël ou de Grèce?
Venez-vous d'Iowa ou du Minnesota?
Êtes-vous d'Italie ou d'Espagne?
Êtes-vous de Californie ou d'Oregon?
Venez-vous de San Francisco ou de Miami?
Êtes-vous du Mexique ou du Chili?

## Controlled Conversation

Demandez à ——————— d'où il (elle) vient.
                              s'il veut être médecin.
                              ce qu'il (elle) fait.
                              s'il travaille dur.
                              si elle va acheter un cadeau.
                              où il (elle) va.

## Personalized Questions

1. Est-ce que vous venez demain?
2. Qu'allez-vous faire démain?
3. Voulez-vous aller en ville?
4. Allons-nous parler français?

5. Que faites-vous pour la Fête des Mères?
6. Allez-vous à l'église le dimanche?
7. Où allez-vous le vendredi soir?
8. D'où êtes-vous?
9. Quand achetez-vous un cadeau?
10. Est-ce que c'est la voiture du professeur?

**Dialog Patterns**

## La Famille (suite)

---

GEORGES — Combien de frères et sœurs as-tu?
COLETTE — J'ai deux frères et deux sœurs.
GEORGES — Quelle grande famille!
COLETTE — Oui, c'est pour cela que ma mère a tant de travail.
GEORGES — Voici l'autobus.
COLETTE — Sais-tu quelle heure il est?
GEORGES — Oui, il est déjà trois heures.

## Dialog Patterns

### *The Family (continued)*

GEORGES — How many brothers and sisters do you have?
COLETTE — I have two brothers and two sisters.
GEORGES — What a large family!
COLETTE — Yes, that's why my mother has so much work to do.
GEORGES — Here is the bus.
COLETTE — Do you know what time it is?
GEORGES — Yes, it's three o'clock already.

VERB STRUCTURE DRILLS

A.  The present indicative of **avoir** (*to have*).

| j' | ai | nous | avons |
|---|---|---|---|
| tu | as | vous | avez |
| il elle | a | ils elles | ont |

1. J'ai un frère.  *Répétez.*
   Vous _____.
   Nous _____.
   Elles _____.
   Pierre _____.
   Tu _____.

2. Je n'ai pas de sœurs.  *Répétez.*
   Régine _____.
   Tu _____.
   Nous _____.
   Vous _____.
   Ils _____.

3. Est-ce que le professeur a un frère?  *Répondez.*
   As-tu une sœur?
   Est-ce que Colette a deux frères?
   Avez-vous un frère ou une sœur?
   Combien de frères et sœurs avez-vous?

## The Possessive Adjectives

|  | One thing possessed |  |  | More than one thing possessed |  |
|---|---|---|---|---|---|
| mon<br>ma | frère<br>sœur | *my* | mes | frères<br>sœurs | *my* |
| ton<br>ta | frère<br>sœur | *your* | tes | frères<br>sœurs | *your* |
| votre | frère<br>sœur | *your* | vos | frères<br>sœurs | *your* |
| son<br>sa | frère<br>sœur | *his* or *her* | ses | frères<br>sœurs | *his* or *her* |
| notre | frère<br>sœur | *our* | nos | frères<br>sœurs | *our* |
| leur | frère<br>sœur | *their* | leurs | frères<br>sœurs | *their* |

1. Gender is determined by the thing possessed, not the possessor.

>    *Georges* — Voilà **mon frère.**
>    Voilà **ma sœur.**
>    *Colette* — Voilà **mon frère.**
>    Voilà **ma sœur.**

2. Whatever their gender, nouns beginning with a vowel sound always take **mon, ton, son.**

>    Voilà **ton amie.**
>    J'achète **son horloge.**

ITEM SUBSTITUTION

1. Je finis mon livre.
   Elle ——————.
   Nous ——————.
   Vous —————— leçon.
   Ils ——————.
   Tu ——————.

2. Elles ont leurs cahiers.
   Tu ————————.
   Robert ————————.
   Nous ————————.
   Vous ———————— .
   Je ————————.

3. J'attends ma sœur.

Georges _____.

_____ frère.

Elles _____.

_____ cousins.

Tu _____.

_____ amie.

Nous _____.

_____ père.

Vous _____.

PATTERNED RESPONSE

*Teacher:*   C'est la robe de Marie.

*Student:*   C'est sa robe.

| | |
|---|---|
| le livre de Jeanne. | l'amie de Roxane. |
| les vêtements de Christian. | les amis de Georges et de Renée. |
| le cousin de Marie. | l'école de Suzette. |
| les cousines de Roland. | le père de Joseph et de Janine. |
| la voiture de M. et Mme Martin. | la femme de M. Langer. |

QUESTION—ANSWER

Où est votre frère? Et votre sœur?   *Répondez.*

Est-ce que votre amie est ici?

Votre mère est-elle à la maison?

Est-ce que vos sœurs vont au cinéma?

Votre grand-père parle-t-il français?

Où est votre université?

B.   The present indicative of **savoir** (*to know*).

| je | sais | nous | savons |
|---|---|---|---|
| tu | sais | vous | savez |
| il \| elle \} | sait | ils \| elles \} | savent |

1. Sais-tu la leçon?   *Répétez.*

___vous ___?

___il ___?

___elles ___?

___elle ___?

___ils ___?

2. Savez-vous la leçon aujourd'hui?    *Répondez.*

Est-ce que Paul sait la leçon?
Savent-elles la leçon aujourd'hui?
Est-ce que les étudiants savent la leçon?
Claudine sait-elle la leçon aujourd'hui?

## Cardinal Numbers : 1 to 100

| | |
|---|---|
| 0 | zero |
| 1 | un |
| 2 | deux |
| 3 | trois |
| 4 | quatre |
| 5 | cinq |
| 6 | six |
| 7 | sept |
| 8 | huit |
| 9 | neuf |
| 10 | dix |

Note: There is not a separate number for
seventy or for ninety,
but one says sixty-ten, sixty-
eleven etc., or eighty-ten,
eighty-eleven, etc.

| | | | | | |
|---|---|---|---|---|---|
| 11 | onze | 70 | soixante-dix | 90 | quatre-vingt-dix |
| 12 | douze | 71 | soixante et onze | 91 | quatre-vingt-onze |
| 13 | treize | 72 | soixante-douze | 92 | quatre-vingt-douze |
| 14 | quatorze | 73 | soixante-treize | 93 | quatre-vingt-treize |
| 15 | quinze | 74 | soixante-quatorze | 94 | quatre-vingt-quatorze |
| 16 | seize | 75 | soixante-quinze | 95 | quatre-vingt-quinze |
| 17 | dix-sept | 76 | soixante-seize | 96 | quatre-vingt-seize |
| 18 | dix-huit | 77 | soixante-dix-sept | 97 | quatre-vingt-dix-sept |
| 19 | dix-neuf | 78 | soixante-dix-huit | 98 | quatre-vingt-dix-huit |
| 20 | vingt | 79 | soixante-dix-neuf | 99 | quatre-vingt-dix-neuf |
| 21 | vingt et un | 80 | quatre-vingts | 100 | cent |
| 22 | vingt-deux | 81 | quatre-vingt-un | 101 | cent un |
| 23 | vingt-trois | 82 | quatre-vingt-deux | 102 | cent deux |
| 30 | trente | 83 | quatre-vingt-trois | 103 | cent trois |
| 31 | trente et un | | | | |
| 32 | trente-deux | | | | |

Note:
| | | | |
|---|---|---|---|
| 21 | vingt | et | un |
| 31 | trente | et | un |
| 41 | quarante | et | un |
| 51 | cinquante | et | un |
| 61 | soixante | et | un |
| 71 | soixante | et | onze |

but:
| | | |
|---|---|---|
| 81 | quatre-vingt-un | |
| 91 | quatre-vingt-onze | |
| 101 | cent un | |

| | |
|---|---|
| 40 | quarante |
| 41 | quarante et un |
| 42 | quarante-deux |
| 50 | cinquante |
| 51 | cinquante et un |
| 52 | cinquante-deux |
| 60 | soixante |
| 61 | soixante et un |
| 62 | soixante-deux |

## Telling Time

Quelle heure est-il?

**Il est une heure.**

Quelle heure est-il?

**Il est deux heures juste.**
(*It's two sharp.*)

Quelle heure est-il?

**Il est trois heures vingt-cinq.**

Quelle heure est-il?

**Il est trois heures moins vingt-cinq**

Quelle heure est-il?

**Il est sept heures moins le quart.**

Quelle heure est-il?

**Il est sept heures et quart.**

Quelle heure est-il?

**Il est dix heures et demie.**

Quelle heure est-il?

**Il est midi (ou minuit) et demi.**

Note:   The adjective **demie** carries final **-e** when it modifies a feminine word (**heure**) but not when it modifies a masculine word (**midi**).

The period of the day is introduced by **de** when the hour is indicated, otherwise the definite article is used.

> Il est dix heures **du matin.**
> (*It's ten o'clock in the morning.*)
> Il est trois heures **de l'après-midi.**
> (*It's three o'clock in the afternoon.*)
> Il est sept heures **du soir.**
> (*It's seven o'clock in the evening.*)
> Nous sommes à la maison **le matin.**
> (*We are at home in the morning.*)

PATTERNED RESPONSE

*Teacher:*  Quelle heure est-il? (1)
*Student:*  Il est six heures moins le quart.

| | |
|---|---|
| 1. 5:45 | 6. 5:15 |
| 2. 1:00 A.M. | 7. 8:50 |
| 3. 3:05 | 8. 4:00 P.M. |
| 4. 10:00 P.M. | 9. 11:18 |
| 5. 12:20 A.M. | 10. 12:15 P.M. |

## Controlled Conversation

Demandez à _____ où est sa grand-mère.
comment vont ses parents.
combien de frères il (elle) a.
si elle sait la leçon aujourd'hui.
quelle heure il est.
où va l'ami de Raymond et de Nicole.

## Personalized Questions

1. Avez-vous une grande famille?
2. Quelle heure est-il?
3. À quelle heure allez-vous à l'université?
4. Comment va votre maman?
5. Savez-vous la leçon de français?
6. Quand êtes-vous à la maison?
7. Combien de camarades de classe avez-vous?
8. Où est votre meilleur(e) ami(e)?
9. Avez-vous mon livre?
10. Combien de paires de chaussures avez-vous?

## Extemporization

1. LA FAMILLE

*Vocabulary:*   mère, père, papa, enfant, unique, grand-père, grand-mère, oncle, tante, cousin, cousine, aimer, travailler, fils, fille.

*Topic Ideas:*   1. Je suis fils (fille) unique.
2. Notre maman travaille beaucoup.
3. J'aime beaucoup mon grand-père.

*Questions:*   1. As-tu une grande famille?
2. Combien de sœurs as-tu?
3. Aimes-tu beaucoup ta famille?
4. Où travaille ton père?

2. LES COURSES

*Vocabulary:*   en ville, autobus, l'heure, acheter, cadeau, venir, savoir, demain, soir, courses, grands magasins.

*Topic Ideas:*   1. Je vais acheter un cadeau.
2. Maman achète beaucoup quand elle va en ville.
3. Demain je vais en ville.

*Questions:*   1. À quelle heure vas-tu en ville?
2. Qu'achètes-tu dans les grands magasins?
3. Sais-tu à quelle heure vient l'autobus?
4. Quand vas-tu faire des courses?

"Le Drug Store." After the American concept but distinctly French in character, it attracts a large Parisian clientele.

unit 4

## Dialog Patterns

*Les Études*

PHILIPPE — Il y a une surprise-partie chez Colette mercredi.
RICHARD — Ça commence à quelle heure?
PHILIPPE — À deux heures.
RICHARD — Je ne peux pas y aller. J'ai un cours d'anglais.
PHILIPPE — C'est dommage. Moi, je suis libre.
RICHARD — Vas-tu à la conférence de M. Longis jeudi matin?
PHILIPPE — Non, c'est trop tôt.
RICHARD — C'est vrai. Tu dors toujours jusqu'à neuf heures!

Lecture at the Sorbonne.

## Dialog Patterns

## *Studies*

PHILIPPE — There is a party at Colette's Wednesday.
RICHARD — What time does it start?
PHILIPPE — At two o'clock.
RICHARD — I can't go. I have an English class.
PHILIPPE — That's too bad. I am free.
RICHARD — Are you going to Mr. Longis' lecture Thursday morning?
PHILIPPE — No, it's too early.
RICHARD — That's right. You always sleep until nine!

### The Present Indicative—Continued

VERB STRUCTURE DRILLS

A. The present indicative of **commencer** (*to begin*).

| je | commence | nous | commençons |
|----|----------|------|------------|
| tu | commences | vous | commencez |

| il<br>elle | commence | ils<br>elles | commencent |
|----|----------|------|------------|

Note: In **commençons** a cedilla is added to retain the /s/ pronunciation.

1. Je commence à une heure tous les jours. *Répétez.*
   Nous _____.
   Line et Josette _____.
   Vous _____.
   Tu _____.
   Le programme _____.

2. À quelle heure commencez-vous à travailler? *Répondez.*
   Quand commencent-elles?
   Commencez-vous à deux heures?
   À quelle heure commence le programme?
   Quand commence le cours de français?
   Quand commencez-vous (vous deux)?

### Use of *y*

A pronominal adverb of place, **y** replaces a preposition of place (**à, dans, en, sur**) + *the object* (*not a person*). **Y** precedes the verb.

## Sentence Structure

1. Simple declarative sentence: **Elle**    **est**    | **à l'école** |.

     **y** transformation:      **Elle** | **y** | **est.**

2. Negative:      **Il**    **n'est pas** | **en classe** |.

     **y** transformation:      **Il n'** | **y** | **est pas.**

3. Interrogative

     a. Inversion:      **Est-il** | **dans la cour** |?

     **y** transformation:      | **Y** | **est-il?**

     b. Est-ce que:    **Est-ce qu'il**    **est** | **dans la cour** |?

     **y** transformation: **Est-ce qu'il** | **y** | **est?**

### STRUCTURE SUBSTITUTION

*Teacher*
1. Allez-vous en classe?   *Répondez.*
   Richard va-t-il à l'école?
   Est-ce qu'elles vont en ville?
   Vas-tu à la maison?
   Est-ce que les chats vont sur les toits?
   Sont-ils dans leur chambre?
   Est-ce que votre mère est au magasin?
   Est-ce que mon livre est sur le bureau?
   Est-elle à la maison?

2. *Do the same exercise answering negatively:*
   Allez-vous en classe?

*Student*
Oui, j'y vais.



Oui, ils y sont.




Non, je n'y vais pas.

### VERB STRUCTURE DRILLS

B. The present indicative of **pouvoir** (*to be able to*).

| je | **peux** | nous | **pouvons** |
|----|----------|------|-------------|
| tu | **peux** | vous | **pouvez** |
| il \ elle / | **peut** | ils \ elles / | **peuvent** |

1. Je peux venir mercredi.   *Répétez.*
   Ils _____.
   Nous _____.

Marianne ——————.
Vous ——————.
Nos amis ——————.

2. Pouvez-vous venir samedi?   *Répondez.*
   Quand peux-tu venir?
   Jean peut-il venir samedi?
   Pouvez-vous aller à la conférence?
   Qui peut venir samedi?

PATTERN DRILL

*Teacher:*   Pouvez-vous aller au cinéma?
*Student:*   Oui, je peux y aller.
             (Non, je ne peux pas y aller.)

             Peut-elle aller au zoo?
             Est-ce qu'ils peuvent aller à la bibliothèque?
             Peux-tu aller à la boulangerie?
             Pouvez-vous tous aller en classe?
             Peut-il être à la maison à trois heures?

## Disjunctive Pronouns

| | | | | |
|---|---|---|---|---|
| **moi** | (*me*) | | **nous** | (*we*) |
| **toi** | (*you*) | | **vous** | (*you*) |
| **lui** | (*him*) | | **eux** | |
| **elle** | (*her*) | | **elles** | (*them*) |

The disjunctive pronouns are used as an appositive or as an exclamation.

*Example:*   1. **Moi,** je suis libre.
                (*Me, I am free.*)

             2. Tu dors! . . . **Pas moi!**
                (*You are sleeping! . . . Not me!*)

Other uses of the disjunctive pronoun will be studied later.

## Interrogative Pronouns as Subjects of Sentences

| | |
|---|---|
| **qui** | |
| **qui est-ce-qui?** | who? |
| **qu'est-ce-que?** | |
| **que** | what? |

**Que** is elided with a following word beginning with a vowel while **qui** is not.

PATTERNED RESPONSE

*Teacher:*   Vous parlez russe n'est-ce pas?
*Student:*   Pas moi. Qui est-ce qui parle russe?
                     Qui parle russe?

             Vous aimez l'hiver n'est-ce pas?
             Vous habitez ici n'est-ce pas?
             Vous travaillez aujourd'hui, n'est-ce-pas?
             Vous allez en France n'est-ce pas?

  Form questions as in the model.

*Teacher:*   Moi, je ne parle pas allemand.
*Student:*   Qu'est-ce que vous parlez alors?
             Que parlez-vous alors?

             Moi, je ne fais pas ça.
             Moi, je ne travaille pas aujourd'hui.
             Moi, je ne lis pas le journal.
             Moi, je n'étudie pas la leçon.


PATTERNED RESPONSE

*Teacher:*   Qui est libre jeudi? (1)
*Student:*   Moi, je suis libre.

| | |
|---|---|
| 1. vous | 5. Suzanne et Annie |
| 2. nous | 6. toi |
| 3. Charlotte | 7. moi |
| 4. Richard et Philippe | 8. Jean et Monique |

VERB STRUCTURE DRILLS

C.  The present indicative of **dormir** (*to sleep*).

| je | dors | nous | dormons |
|---|---|---|---|
| tu | dors | vous | dormez |
| il elle | dort | ils elles | dorment |

1. Je dors toujours jusqu'à neuf heures.   *Répétez.*
   Nous ——————————.
   Hélène ——————————.
   Tu ——————————.
   Philippe et Richard ——————.
   Vous ——————————.

2. Dormez-vous toujours jusqu'à neuf heures?  *Répondez.*
Qui dort jusqu'à neuf heures?
Pourquoi Philippe dort-il jusqu'à neuf heures?
Quand dormez-vous jusqu'à neuf heures?
Est-ce que le professeur dort jusqu'à neuf heures?
Jusqu'à quelle heure dormez-vous?

## Days of the Week

| lundi | mardi | mercredi | jeudi | vendredi | samedi | dimanche |
|-------|-------|----------|-------|----------|--------|----------|
| *M* | *T* | *W* | *Th* | *F* | *Sa* | *S* |

Note:  The days of the week are not capitalized in French.

PATTERNED RESPONSE

1. *Teacher:*  C'est aujourd'hui lundi, n'est-ce pas?
   *Student:*  Oui, monsieur. C'est aujourd'hui lundi.
   (Non, monsieur. C'est aujourd'hui ———.)

   mardi      vendredi
   mercredi   samedi
   jeudi      dimanche

2. *Teacher:*  Allez-vous à l'église le dimanche?
   *Student:*  Oui, je vais à l'église le dimanche.
   (Non, je ne vais pas à l'église le dimanche.)

   en ville le lundi                        aux conférences le jeudi
   dans les grands magasins le mardi        au musée le vendredi
   en classe le mercredi                    au cinéma le samedi

TRANSLATION DRILL

*Teacher:*  I stay at home on Wednesday nights. *Traduisez.*
*Student:*  Je reste à la maison le mercredi soir.

1. You go to school on Tuesdays and Thursdays.
2. We go to the movies on Saturday afternoons.
3. She goes downtown every (tous les) Monday morning.
4. Are you going to stay home Friday?
5. I go to church every Sunday.

VERB STRUCTURE DRILLS

D. The present indicative of **traduire** (*to translate*).

| je | traduis | nous | traduisons |
|----|---------|------|-----------|
| tu | traduis | vous | traduisez |

| il \\ elle / | traduit | ils \\ elles / | traduisent |

1. Il traduit le dialogue en anglais. *Répétez.*

   tu, nous, je, Chantal, les étudiants, vous.

2. Qu'est-ce que vous traduisez? *Répondez.*
   Traduisez-vous dans votre tête quand vous parlez français?
   Est-ce que le professeur traduit le dialogue?
   Est-ce que les étudiants traduisent les phrases?

VERB STRUCTURE DRILLS

E. The present indicative of **suivre** (*to follow*).

| je | suis | nous | suivons |
|----|------|------|---------|
| tu | suis | vous | suivez |

| il \\ elle / | suit | ils \\ elles / | suivent |

1. Je suis trop de cours. *Répétez.*

   Hélène, nous, tu, vous, elles, mes amis.

2. Quels cours suis-tu? *Répondez.*
   Suivez-vous un cours de français?
   Est-ce que le professeur suit des cours?
   Qui suit des cours?
   Pourquoi suivez-vous des cours?

PATTERNED RESPONSE

*Teacher:* Suivez-vous un cours de biologie?
*Student:* Oui, je suis un cours de biologie.
(Non, je ne suis pas de cours de biologie.)

| musique | botanique |
|---------|-----------|
| sociologie | zoologie |
| physique | russe |
| philosophie | mathématiques |

### *Il y a*

**Il y a** is an expression equivalent to *there is* or *there are*.

*Examples:*  1.  **Il y a**       **une**       **surprise-partie.**
               (*There is*      *a*             *party.*)
           2.  **Il y a**       **dix**        **étudiants.**
               (*There are*    *ten*          *students.*)
           3.  **Il n'y a**     **pas de**     **place.**
               (*There is*      *no*          *room.*)

ITEM SUBSTITUTION

Il y a quatre murs dans la classe.     *Répétez.*
_____ une porte _____.
_____ deux fenêtres _____.
_____ une table _____.
_____ trente chaises _____.
_____ un tableau noir _____.
_____ beaucoup de livres _____.
_____ deux cartes _____.
_____ un plafond _____.
_____ un parquet ciré _____.
_____ des lumières au néon _____.

PATTERNED RESPONSE

*Teacher:*    Combien de murs y a-t-il dans la classe? (4)
*Student:*    Il y a quatre murs dans la classe.
              portes—2          tableau—1
              fenêtres—4       craies—10
              tables—1         bureaux—50
              cartes—0         étudiants—25
              chaises—50     professeur—1

## Controlled Conversation

Demandez à _____ s'il peut venir samedi.
                       jusqu'à quelle heure elle dort.
                       s'il va en classe le jeudi.
                       quel jour elle peut venir.
                       si elle aime les surprises-parties.
                       si le cours de français commence à huit heures
                          ou à neuf heures.
                       quel jour elle va faire ses courses.
                       s'il va chez Bernard lundi.

s'il suit un cours de chinois.
si elle aime les exercices de traduction.
combien de chaises il y a dans la classe.

## Personalized Questions

1. Chez qui allez-vous demain?
2. Jusqu'à quelle heure travaillez-vous?
3. Quels jours suivez-vous le cours de français?
4. Est-ce que les étudiants dorment pendant la classe?
5. Quand allez-vous à l'université?
6. Êtes-vous libre le samedi après-midi?
7. C'est aujourd'hui vendredi, n'est-ce pas?
8. Est-ce que vous dormez jusqu'à midi?
9. Quand traduit-on en classe?
10. Y a-t-il des cours faciles à l'université?

## Dialog Patterns

### Les Études (suite)

---

SYLVIANE — Je viens d'apprendre qu'il n'y a pas de classes aujourd'hui.
YVETTE — Pourquoi?
SYLVIANE — Les professeurs font la grêve.
YVETTE — Tant mieux. Nous avons un jour de vacances.
SYLVIANE — Je vais écrire à mes parents et lire cent pages d'histoire.
YVETTE — Tu étudies tout le temps.
SYLVIANE — C'est toi qui le dis.
YVETTE — Mais oui, je te connais bien.

## Dialog Patterns

## *Studies (continued)*

SYLVIANE — I've just learned that there are no classes today.
YVETTE — Why?
SYLVIANE — The teachers are on strike.
YVETTE — Good. We have a day of vacation.
SYLVIANE — I'm going to write to my parents and read a hundred pages of history.
YVETTE — You study all the time.
SYLVIANE — That's what you say.
YVETTE — Yes, I know you well.

## The Present Indicative—Continued

A. The present indicative of **connaître** (*to know*).

| je | connais | nous | connaissons |
|----|---------|------|-------------|
| tu | connais | vous | connaissez |

| il \ elle / | connaît | ils \ elles / | connaissent |
|------|---------|------|-------------|

Note:   The infinitive and the third person singular have a circumflex accent.

1. Je connais le frère d'Yvette.  *Répétez.*
   Vous _____.
   Simone _____.
   Tu _____.
   Ils _____.
   Nous _____.

2. Connaissez-vous ma sœur?  *Répondez.*
   Connais-tu le professeur de français?
   Est-ce que le professeur connaît ses étudiants?
   Qui connaissent-elles?
   Connaissez-vous la Suisse?

## *Savoir* and *Connaître*

| | |
|---|---|
| **Je sais ma leçon.** | **Je connais les Dupont.** |
| **Il sait parler russe.** | **Il connaît la littérature française.** |
| **Sais-tu l'heure qu'il est?** | **Connais-tu Paris?** |

**Savoir** means to know *facts*, generally learned by study. It cannot be used when referring to people. When used with the infinitive it is the equivalent of *to know how*.

**Connaître** means to be acquainted with or to have a general knowledge of *people or things*, generally acquired by experience.

QUESTION—ANSWER

Savez-vous votre leçon?   *Répondez.*
Est-ce que le bébé sait parler?
Savez-vous l'heure qu'il est?
Est-ce que les étudiants savent travailler?
Connaissez-vous les pièces de Sartre?
Connaît-il la route de Bruxelles à Paris?
Connaissez-vous beaucoup de pays?
Je ne connais pas les Leblanc, et vous?

TRANSLATION DRILL

*Teacher:*   Do you know his sister?
*Student:*   Connaissez-vous sa sœur?

        1. I know the United States.
        2. Do you know what time it is?
        3. They don't know their lesson?
        4. He knows all of Molière's plays.
        5. She knows her children well.

VERB STRUCTURE DRILLS

B.   The present indicative of **apprendre** (*to learn*).

| **j'** | **apprends** | **nous** | **apprenons** |
|---|---|---|---|
| **tu** | **apprends** | **vous** | **apprenez** |
| **il** / **elle** | **apprend** | **ils** / **elles** | **apprennent** |

1. Il apprend sa leçon.   *Répétez.*
  Elle _____.
  Nous _____.
  Je _____.
  Vous _____.
  Ils _____.

2. Qu'est-ce que tu apprends?   *Répondez.*
  Est-ce que les étudiants apprennent leurs leçons?
  Qui apprend ses leçons?
  Est-ce que vous apprenez vos leçons?
  Nous n'apprenons pas nos leçons, et vous?

## The Direct Object Pronouns

| me | nous |
|----|------|
| te | vous |
| | |
| le | |
| la | les |

SENTENCE STRUCTURE

    A.   Simple Declarative Sentence: **Il**        **commence** | **la leçon** |.

    B.   Direct Object Pronoun Transformation

        1. Affirmative:        **Il** | **la** | **commence.**

        2. Negative         **Il ne** | **la** | **commence pas.**

        3. Interrogative

           a.  **Est-ce que:**    **Est-ce qu'il** | **la** | **commence?**

           b.  Inversion:        | **La** | **commence-t-il?**

Note:   In the indicative the direct object pronoun always precedes the verb.

SENTENCE SUBSTITUTION

*Teacher:*
1. Étudiez-vous la leçon?  *Répondez.*
   Est-ce qu'il étudie la leçon?
   Sylviane étudie-t-elle la leçon?
   Étudiez-vous tous la leçon?
   Est-ce que Lucienne et Mireille
      étudient la leçon?
   Tu étudies la leçon?

2. N'écoutes-tu pas les programmes?
   Les élèves n'écoutent-ils pas
      les programmes?
   Sylviane n'écoute-t-elle pas
      les programmes?
   N'écoutez-vous pas les programmes?
   N'écoute-t-il pas les programmes?

*Student:*
Oui, je l'étudie.

Non, je ne les écoute pas.

*Teacher:*                                           *Student:*

3. Lisez-vous le journal?                            Vous le lisez, vous?
   Étudiez-vous vos leçons?
   Regardez-vous le film?
   Achetez-vous la télévision?
   Apprenez-vous les poèmes?
   Commencez-vous le livre?
   Attendez-vous l'autobus?
   Faites-vous la grève?

QUESTION—ANSWER

*Teacher:*                                           *Student:*

Lisez-vous le journal?  *Répondez.*                  Oui, je le lis.
Apprenez-vous votre leçon?                           (Non, je ne le lis pas.)
Faites-vous vos devoirs?
Achetez-vous les fleurs?
Connaissez-vous le voisin?
Me connaissez-vous?
Est-ce que je vous connais?
Est-ce que le professeur vous connaît (tous)?
Finissez-vous le roman?

VERB STRUCTURE DRILLS

C.  The present indicative of **lire** (*to read*).

| je  | lis | nous  | lisons |
|-----|-----|-------|--------|
| tu  | lis | vous  | lisez  |

| il  | lit | ils   | lisent |
|-----|-----|-------|--------|
| elle| | elles | |

1. Tu lis un bon livre.  *Répétez.*
   Nous ——————— .
   Je ———————.
   Vous ———————.
   Les étudiants ———.
   René ———————.

2. Lisez-vous beaucoup?  *Répondez.*
   Que lisez-vous?
   Est-ce que les étudiants lisent beaucoup?
   Combien de pages lisez-vous par jour?
   Est-ce que nous lisons le français?

VERB STRUCTURE DRILLS

D. The present indicative of **écrire** (*to write*).

| j' | écris | nous | écrivons |
|----|-------|------|----------|
| tu | écris | vous | écrivez |

| il \ elle / | écrit | ils \ elles / | écrivent |
|---|---|---|---|

1. Nous écrivons à nos parents.   *Répétez.*
   Chantal _____.
   Je _____.
   Les étudiants _____.
   Vous _____.
   Tu _____.

2. Écrivez-vous souvent à vos parents?   *Répondez.*
   À qui écrivez-vous?
   Écrivez-vous de la main droite ou de la main gauche?
   À qui Sylviane écrit-elle?
   Écrivez-vous de longues lettres?

## *Venir de* + The Infinitive

The present indicative of **venir** + **de** + *an infinitive* refers to an occurrence in the recent past, something that has just happened.

| *Example:* | **Je** | **viens d'** | **apprendre** . . . |
|---|---|---|---|
| | (*I* | *have just* | *learned* . . .) |
| | **Elle** | **vient de** | **parler.** |
| | (*She* | *has just* | *spoken.*) |

PATTERNED RESPONSE

*Teacher:*  J'apprends maintenant la nouvelle.*
*Student:*  Moi, je viens de l'apprendre.

   1. Je lis les magazines.
   2. J'achète le livre.
   3. Je finis la leçon.
   4. J'écoute la bande magnétique.
   5. Je commence les exercices.
   6. J'écris la lettre.

* The French conceive of news as a *piece* of news, and it is therefore singular.

TRANSLATION DRILL

*Teacher:*    He has just finished.
*Student:*    Il vient de finir.

1. She has just written to her parents.
2. We have just started.
3. He has just bought the newspaper.
4. They have just gone out.
5. I have just heard the news!

VERB STRUCTURE DRILLS

E.  The present indicative of **dire** (*to say*).

| je | dis | nous | disons |
|----|-----|------|--------|
| tu | dis | vous | dites |
| il elle | dit | ils elles | disent |

1. Yvette dit quelque chose à Sylviane.   *Répétez.*
   Elles ――――――――――――.
   Je ――――――――――――.
   Nous ――――――――――――.
   Le professeur ――――――――――.
   Vous ――――――――――.

2. Est-ce qu'Yvette dit que Sylviane n'étudie pas?   *Répondez.*
   Qu'est-ce que vous dites?
   Qu'est-ce qu'elles disent?
   Que dit le professeur?
   Dites-vous que la classe est intéressante?

## Controlled Conversation

Demandez à ――――――  s'il étudie tout le temps.
                    si elle écrit souvent à ses parents.
                    s'il vient d'apprendre ses leçons.
                    si elle connaît le Général de Gaulle.
                    s'il lit beaucoup.
                    si elle regarde souvent la télévision.
                    si elle vous connaît.
                    s'il sait l'heure.
                    s'il fait la grève.
                    si elle aime les vacances.

## Personalized Questions

1. Est-ce que vous travaillez beaucoup?
2. Pourquoi étudiez-vous tout le temps?
3. Lisez-vous le journal tous les jours?
4. Que venez-vous d'apprendre?
5. Robert étudie jour et nuit, n'est-ce pas?
6. Dites-vous que le professeur est très intelligent?
7. Quand écoutez-vous la grande musique?
8. Me connaissez-vous?
9. Savez-vous parler français?
10. N'écoutez-vous pas la leçon?

## Extemporization

1. LA SEMAINE

   *Vocabulary:*    jours de la semaine, ville, magasin, classe, église, maison, cinéma, travailler, aller.

   *Topic Ideas:*    1. Le dimanche.
   2. Le samedi je vais au cinéma avec mon (ma) fiancé(e).
   3. J'étudie tous les jours.

   *Questions:*    1. Quel jour vas-tu à l'église?
   2. Pourquoi ne travailles-tu pas le dimanche?
   3. Quand restes-tu à la maison?
   4. Quel jour vas-tu en ville?

2. L'EMPLOI DU TEMPS

   *Vocabulary:*    cours, étudier, lire, écrire, journal, vacances, facile, difficile, lettres.

   *Topic Ideas:*    1. Mes cours sont faciles.
   2. J'étudie tout le temps.
   3. Il n'y a pas de classes aujourd'hui.

   *Questions:*    1. Lisez-vous le journal le matin ou le soir?
   2. Que faites-vous pendant votre jour de vacances?
   3. Combien de pages lisez-vous par jour?
   4. Écrivez-vous beaucoup de lettres?

A. Write the answers as in the example.

*Example:* Parlez-vous français?  **Non, je ne parle pas français.**

1. Êtes-vous belge?
2. Est-ce que Pierre est dans la classe?
3. Venez-vous de France?
4. Charles et Robert parlent-ils français?
5. Allez-vous à l'église le dimanche?

B. Write the corresponding questions for these answers.

*Example:* Oui, ils sont très sympathiques.  **Est-ce que les garçons sont sympathiques?**

1. Oui, je vais étudier le lundi.
2. Oui, nous lisons le journal tous les soirs.
3. Oui, les professeurs sont exigeants.
4. Oui, j'aime les vacances.
5. Oui, j'ai quatre frères.

C. Give the day that precedes and the one that follows as in the example:

| | *Day of the Week* | *Precedes* | *Follows* |
|---|---|---|---|
| *Example:* | lundi | dimanche | mardi |
| | mercredi | | |
| | vendredi | | |
| | dimanche | | |
| | jeudi | | |
| | mardi | | |
| | samedi | | |

D. Write in French the following times of the day:

| | | |
|---|---|---|
| 3:25 | 9:50 | 2:15 |
| 10:30 | 1:00 | 4:45 |

E. Write a sentence using the possessive adjective to indicate the possessor as in the example:

*Example:* Martine a un chien.  **C'est son chien.**

1. Nous avons une maison.
2. Ils ont des amis.
3. Le professeur a beaucoup de livres.
4. Vous avez deux cartes.
5. Tu as une lettre.

F. Write answers to the questions as in the example:

*Example:* Est-ce que tu regardes le programme? **Oui, je le regarde.**

  1. Lisez-vous le journal?
  2. As-tu les lettres?
  3. Savez-vous la leçon?
  4. Étudiez-vous le français?
  5. Connaissez-vous les pièces de Molière?

G. Use **savoir** or **connaître.**

 Gisèle _____ le professeur.
   _____ l'heure qu'il est.
   _____ sa leçon.
   _____ Paris.
   _____ parler anglais.
   _____ les œuvres de Victor Hugo.
   _____ les Martin.
   _____ lire.

H. Use the correct form of **de** plus the article.

Je suis l'ami du Marseillais.
_____ petite fille.
_____ jeunes gens.
_____ Parisien.
_____ étudiant.

I. Use the correct form of **à** plus the article.

Je vais à la plage.
_____ cinéma.
_____ église.
_____ douches.
_____ maison.

## Culture Capsule

## *Lieux de Rencontre*

En France les jeunes se rencontrent[1] dans divers endroits:[2] clubs, bals, écoles, places,[3] rues principales.[4] L'un des lieux de rencontre les plus fréquentés est le café, qui est la plupart du temps[5] un café à terrasse.[6] Les jeunes ont leur café favori où

[1] se rencontrent *meet each other*
[2] endroits *places*
[3] places *squares*

[4] rues principales *main streets*
[5] la plupart du temps *most of the time*
[6] café à terrasse *sidewalk cafe*

ils se réunissent[7] pour écouter des disques au « jukebox », boire un soda ou manger une glace à la terrasse. Lorsque des jeunes filles passent, les garçons leur lancent des compliments[8] ou sifflent[9] admirativement.

Les jeunes Français sortent en groupes la plupart du temps. Garçons et filles se donnent souvent rendez-vous au café avant d'aller au cinéma: « On se verra[10] à six heures, au Globe. »

QUESTION—ANSWER

1. Dans quels endroits se rencontrent les jeunes Français?
2. Quel est l'un des lieux de rencontre les plus fréquentés?
3. Que font les jeunes gens lorsqu'ils se réunissent?
4. Que font les garçons lorsque des jeunes filles passent?
5. Qu'est-ce qu'un café à terrasse?
6. Les jeunes Français sortent-ils par couples la plupart du temps?
7. Où se donnent-ils rendez-vous?

[7] se réunissent  *gather*
[8] leur lancent des compliments  *pay them compliments*
[9] sifflent  *whistle*
[10] on se verra  *we'll see each other*

"Deux Magots," a famous Paris café favored by Hemingway.

unit 5

:●:●:●:●:●:●:●:●:●:●:●:●:●:●:●:●:●:●:●:

## Dialog Patterns

*Le Temps*

Yvonne is visiting her friend Rolande, who lives in Strasbourg.

ROLANDE — Est-ce que le climat d'ici te plaît?
YVONNE — Franchement non.
ROLANDE — Pourquoi?
YVONNE — Parce qu'il fait trop froid.
ROLANDE — En hiver j'aime le froid.
YVONNE — Je préfère le printemps.
ROLANDE — Pourtant on dit: « En avril ne te découvre pas d'un fil. »
YVONNE — Oui mais: « En mai, fais ce qu'il te plaît! »

Arc de Triomphe.

## Dialog Patterns

### *The Weather*

___

ROLANDE — Do you like the climate here?
YVONNE — Frankly no.
ROLANDE — Why?
YVONNE — Because it's too cold.
ROLANDE — In winter I like the cold.
YVONNE — I like spring better.
ROLANDE — However they say: "In April don't take off a stitch."
YVONNE — Yes but: "In May do whatever you wish!"

## The Indirect Object Pronouns

The indirect object pronoun differs from the direct object pronoun only in the third person singular and plural. In the indicative it always precedes the verb.

| me | *(me)* | nous | *(us)* |
|----|--------|------|--------|
| te | *(you)* | vous | *(you)* |
| lui | *(him, her)* | leur | *(them)* |

**Il lui donne** un crayon.
(*He gives her a pencil.*)
**Elle lui prête** un stylo.
(*She lends him a pen.*)

ITEM SUBSTITUTION

1. Elle nous prête un livre.
   ____ me _____.
   ____ lui _____.
   ____ vous _____.
   ____ leur _____.
   ____ te _____.

2. Ils me donnent les fleurs.
   Elle _____.
   ____ te _____.
   Je _____ une rose.
   ____ lui _____.
   Nous _____.

___ leur _____ les cerises.

Vous _____.

Tu _____.

PATTERNED RESPONSE

1. *Teacher:* Est-ce qu'Annie vous offre un bonbon?
   *Student:* Oui, elle m'offre un bonbon.

   Est-ce qu'Annie offre un bonbon à ses frères?
   Est-ce qu'Annie offre un bonbon à son cousin?
   Est-ce qu'Annie offre un bonbon à sa sœur?
   Est-ce qu'Annie m'offre un bonbon?

2. *Teacher:* Écris-tu une lettre à tes parents?
   *Student:* Oui, je leur écris une lettre.

   Écris-tu une lettre à André?
   Écris-tu une lettre à ton amie?
   Écris-tu une lettre à tes cousines?
   Écris-tu une lettre aux Martin?

3. *Teacher:* Il veut parler à René, n'est-ce pas?
   *Student:* Oui, il veut lui parler.

   Il veut me parler, n'est-ce pas?
   Il veut parler à mes parents, n'est-ce pas?
   Il veut vous parler, n'est-ce pas?
   Il veut parler à Geneviève et à Renée, n'est-ce pas?
   Il veut parler à sa tante, n'est-ce pas?

VERB STRUCTURE DRILLS

A. The present indicative of **plaire** (*to please*).

| | | | |
|---|---|---|---|
| **me** | **plaît** (*sing.*) <br> **plaisent** (*pl.*) | **nous** | **plaît** <br> **plaisent** |
| **te** | **plaît** <br> **plaisent** | **vous** | **plaît** <br> **plaisent** |
| **lui** | **plaît** <br> **plaisent** | **leur** | **plaît** <br> **plaisent** |

Note: **plaît** has a circumflex accent.

**Plaire** is sometimes used to replace **aimer.**

Le français me plaît.  *French pleases me.*
J'aime le français.  *I like French.*

PATTERNED RESPONSE

1. *Teacher:*   Est-ce que le français vous plaît?
   *Student:*   Oui, le français me plaît beaucoup.
   (Non, le français ne me plaît pas beaucoup.)

   Est-ce que le français plaît à Simone?
   Est-ce que le français plaît aux étudiants?
   Est-ce que le français plaît à Charles?
   Est-ce que le français plaît à vos amies?
   Est-ce que le français vous plaît (à tous les deux)?

2. *Teacher:*   Est-ce que les leçons de français vous plaisent?
   *Student:*   Oui, elles me plaisent beaucoup.
   (Non, elles ne me plaisent pas beaucoup.)

   *Same as above.*

ITEM SUBSTITUTION

Le climat te plaît.
_____ lui ___.
Le français _____.
_____ leur ___.
Les fleurs _____.
_____ me ___.
La nourriture ___.
_____ nous ___.
Les magasins ___.
_____ vous ___.

## Months and Seasons

| *Les Fêtes* | *Les Mois* | *Les Saisons* |
|---|---|---|
| **Noël** | **décembre** | |
| **Le Jour de L'An** | **janvier** | **l'hiver** |
| **Mardi gras** | **février** | |
| **la Saint-Valentin** | | |
| **Pâques** | **mars** | |
| | **avril** | **le printemps** |
| **la Fête du Travail** | **mai** | |
| **la Fête des Mères** | | |
| **la Fête des Pères** | **juin** | |
| **le 14 juillet** | **juillet** | **l'été** |
| | **août** | |
| | **septembre** | |
| | **octobre** | **l'automne** |
| **la Toussaint** | **novembre** | |
| **le 11 novembre** | | |

# Dates

| Definite Article | Day of Month | Month |
|---|---|---|
| le | premier (1er) | janvier |
| le | deux (2) | mars |
| le | neuf (9) | juin |
| le | dix-sept (17) | septembre |

PATTERNED RESPONSE

*Teacher:* En quel mois est votre anniversaire?
*Student:* Mon anniversaire est au mois de novembre.

la Fête des Mères.
Noël.
la Saint-Valentin
le Mardi gras
la Fête du Travail
Pâques
la Fête des Pères

CHOICE QUESTION—ANSWER

Préférez-vous le printemps ou l'automne? *Répondez.*
Préférez-vous l'été ou l'hiver?
Préférez-vous le printemps ou l'été?
Préférez-vous l'automne ou l'hiver?
Préférez-vous le printemps ou l'hiver?
Préférez-vous l'été ou l'automne?

QUESTION—ANSWER

*Teacher:* Quand est votre anniversaire? *Répondez.*
*Student:* Mon anniversaire est le 10 mai.

Quand est l'anniversaire de votre père?
Quand est l'anniversaire de votre mère?
Quand est l'anniversaire de Jacques?
Quand est l'anniversaire de votre frère?
Quand est l'anniversaire de votre sœur?

PATTERNED RESPONSE

1. *Teacher:*   Est-ce qu'il fait beau aujourd'hui?
   *Student:*   Oui, il fait beau aujourd'hui.
   (Non, il ne fait pas beau aujourd'hui.)

   | | |
   |---|---|
   | il fait chaud | il fait bon |
   | il fait froid | il fait mauvais |
   | il fait frais | il fait du soleil |
   | il fait doux | il fait du vent |

2. *Teacher:*   En quelle saison fait-il froid?
   *Student:*   Il fait froid en hiver.

   frais—en automne
   mauvais—en hiver
   beaucoup de soleil—en été
   beaucoup de vent—au printemps

3. *Teacher:*   En quel mois pleut-il beaucoup?
   *Student:*   Il pleut beaucoup en novembre.

   il neige—janvier
   il grêle—février
   il fait des orages—août

4. *Teacher:*   En quel mois fait-il bon?
   *Student:*   Il fait bon en mai.

   doux—septembre
   chaud—juillet
   beaucoup de soleil—juin

5. *Teacher:*   Dans quel pays le climat est-il pluvieux?
   *Student:*   Le climat est pluvieux en Angleterre.

   tempéré—France
   torride—Sahara
   changeant—États-Unis
   glacial—Sibérie

## Controlled Conversation

Demandez à —————— s'il offre un bonbon au professeur.
si elle écrit une lettre à ses parents.
s'il vous prête le livre.
si le climat d'ici lui plaît.
quelle est sa saison préférée.
en quel mois est son anniversaire.
quel temps il fait aujourd'hui.

## Personalized Questions

1. Écrivez-vous souvent à vos amis?
2. Voulez-vous me parler?
3. Est-ce qu'on vous offre un cadeau pour votre anniversaire?
4. Est-ce que le français vous plaît?
5. Les études vous plaisent-elles?
6. Quand est la Fête des Pères?
7. Quel est votre mois préféré?
8. Quand est votre anniversaire?
9. Est-ce qu'il fait beau aujourd'hui?
10. Comment est le climat dans votre pays?

## Dialog Patterns

*Le Temps (suite)*

ROLANDE — Tu entends le vent?
YVONNE — Oui. Il doit neiger aujourd'hui.
ROLANDE — Est-ce que tu as froid?
YVONNE — Oui, tu vois, j'ai la chair de poule.
ROLANDE — Il te faut un manteau épais.
YVONNE — Nous voici chez toi, heureusement.

## Dialog Patterns

## *The Weather (continued)*

ROLANDE — Do you hear the wind?
YVONNE — Yes. It's supposed to snow today.
ROLANDE — Are you cold?
YVONNE — Yes, you see, I have goose pimples.
ROLANDE — You need a heavy coat.
YVONNE — Here we are at your place, fortunately.

## The Present Indicative—Continued

VERB STRUCTURE DRILLS

A. The present indicative of **entendre**\* (*to hear*).

| j' | entends | nous | entendons |
|----|---------|------|-----------|
| tu | entends | vous | entendez |

| il elle} | entend | ils elles} | entendent |
|----------|--------|------------|-----------|

\*Note: **entendre** is conjugated like **attendre** (*to wait*).

1. Je n'entends pas la sonnette.  *Répétez.*
   Elle _____.
   Nous _____.
   Ils _____.
   Irma et Odile _____.

2. Entends-tu le vent?  *Répondez.*
   Entendez-vous les étudiants?
   Qu'est-ce que Rolande entend?
   M'entendez-vous bien?
   Qu'entendez-vous?

VERB STRUCTURE DRILLS

Indirect object pronoun construction with **falloir** (*to need, to be lacking*).

| il | me | faut | il | nous | faut |
|----|-----|------|----|------|------|
| il | te | faut | il | vous | faut |

| il | lui | faut | il | leur | faut |
|----|-----|------|----|------|------|

**Il me faut** un manteau.
(*I need a coat.*)
**Il me faut** des gants.
(*I need gloves.*)

1. Il lui faut un crayon. *Répétez.*
   — vous _____.
   — me _____.
   — te _____.
   — leur _____.
   — nous _____.

2. Qu'est-ce qu'il vous faut? *Répondez.*
   Est-ce qu'il faut un manteau à Yvonne?
   Qu'est-ce qu'il me faut?
   Est-ce qu'il faut des livres aux étudiants?
   Est-ce qu'il vous faut une veste?

PATTERNED RESPONSE

1. *Teacher:* Il faut un manteau à Yvonne, n'est-ce pas?
   *Student:* Oui, il lui faut un manteau.

   au professeur
   aux élèves
   au chien
   à votre amie
   aux soldats

2. *Teacher:* Il faut des gants à Yvonne, n'est-ce pas?
   *Student:* Oui, il lui faut des gants.

   *Same as above.*

VERB STRUCTURE DRILLS

B. The present indicative of **voir** (*to see*).

| je | vois | nous | voyons |
|----|------|------|--------|
| tu | vois | vous | voyez |
| il elle | voit | ils elles | voient |

1. Qu'est-ce que tu vois? *Répétez.*
   _____ je ___?
   _____ vous _?
   _____ elle _?
   _____ ils ___?

2. Voyez-vous beaucoup d'étudiants?    *Répondez.*
Combien de fenêtres voyez-vous?
Est-ce que votre voisin(e) voit le professeur?
Voyez-vous l'arbre là-bas?
Est-ce que vous (tous) voyez le tableau?

## Idioms with *avoir*

### PATTERNED RESPONSE

1. *Teacher:*    As-tu froid maintenant?
   *Student:*    Oui, j'ai très froid maintenant.
   (Non, je n'ai pas froid maintenant.)

   chaud
   faim
   soif
   sommeil
   peur

2. *Teacher:*    Quel âge a le professeur?
   *Student:*    Le professeur a vingt-neuf ans.

   Ange—16
   Amélie—33
   Vincent—25
   votre père—47
   votre sœur—6
   votre grand-père—78
   vous—?

### VERB STRUCTURE DRILLS

C. The present indicative of **devoir** (*must, to be supposed to*).

| je | dois | nous | devons |
|----|------|------|--------|
| tu | dois | vous | devez |
| il \| elle \| | doit | ils \| elles \| | doivent |

1. Vous devez étudier.    *Répétez.*
   Nous _____.
   André _____.
   Je _____.
   Elles _____.

2. Devez-vous savoir votre leçon?   *Répondez.*
   Que devez-vous faire demain?
   Doit-il neiger aujourd'hui?
   Quand doivent-ils arriver?
   Est-ce qu'il doit pleuvoir demain?

## Disjunctive Pronouns—Continued

| moi | nous |
|-----|------|
| toi | vous |
| lui | eux |
| elle | elles |

The disjunctive pronouns may be used as the object of a preposition.

*Example:*   Nous voici **chez toi.**
(*Here we are at your place.*)

Elle est **près de moi.**
(*She is near me.*)

PATTERNED RESPONSE

*Teacher:*   Chez qui allez-vous?
*Student:*   Je vais chez elle.

| | |
|---|---|
| 1. Lucienne | 5. vous |
| 2. moi | 6. Jean et Luc |
| 3. Robert | 7. Régine et Thérèse |
| 4. les Martin | 8. votre amie |

## Controlled Conversation

Demandez à _____ si elle vous entend.
s'il lui faut un stylo à bille.
combien d'étudiants il (elle) voit.
s'il a sommeil.
quel âge a le professeur.
s'il doit grêler demain.
s'il (si elle) va venir chez vous.

## Personalized Questions

1. Qu'est-ce qu'il vous faut?
2. Avez-vous faim?
3. Je n'entends rien. Et vous?

4. Avez-vous peur des orages?
5. Quel âge avez-vous?
6. Que devez-vous faire demain?
7. Est-ce que l'université est près de chez vous?
8. Avez-vous la chair de poule?
9. Que voyez-vous sur mon bureau?
10. Pourquoi devez-vous étudier?

## Extemporization

1. LE CLIMAT

*Vocabulary:* le printemps, l'été, l'automne, l'hiver, le froid, la chaleur, faire froid (chaud), avoir froid (chaud), pleuvoir, neiger, manteau, glacial, plaît, aimer.

*Topic Ideas:* 1. L'hiver.
2. J'aime le printemps.
3. Le climat d'ici.

*Questions:* 1. Quelle saison préfères-tu?
2. Est-ce que le printemps te plaît ici?
3. Est-ce qu'il neige beaucoup en hiver?
4. Qu'est-ce qu'il te faut en hiver?

2. LES JOURS ET LES MOIS

*Vocabulary:* mois, soleil, vent, pluie, beau (mauvais) temps, journée, tempéré(e), frais, bon, aimer, plaisent.

*Topic Ideas:* 1. Noël.
2. Les mois qui me plaisent.
3. Le mois de mon anniversaire.

*Questions:* 1. Est-ce qu'il fait beau à Noël chez toi?
2. Aimes-tu Noël?
3. En quel mois est ton anniversaire?
4. Est-ce que c'est une journée tempérée aujourd'hui?

unit

## Dialog Patterns

*La Toilette*

---

GILBERT — Michel, c'est l'heure de partir.
MICHEL — Une minute . . . je suis en train de déjeuner.
GILBERT — Tu te réveilles pourtant bien à sept heures!
MICHEL — Oui, mais je ne me lève pas avant huit heures.
GILBERT — Et puis, qu'est-ce que tu fais donc?
MICHEL — Eh bien, je me rase, je prends une douche, et je m'habille.
GILBERT — Il faut te dépêcher un peu. Nous allons être en retard.

Chartres.

## Dialog Patterns

## *Grooming*

GILBERT — Michel, it's time to leave.
MICHEL — Just a minute . . . I am eating breakfast.
GILBERT — Don't you wake up at seven?
MICHEL — Yes, but I don't get up before eight.
GILBERT — And then what do you do?
MICHEL — Well, I shave, take a shower and get dressed.
GILBERT — You have to hurry a little. We're going to be late.

VERB STRUCTURE DRILLS

A.  The present indicative of **partir** (to leave).

Note:  **Partir** is conjugated like **sortir** (*to go out*).

1. Je pars demain.  *Répétez.*

   ils, nous, tu, il, vous, Josette, mes parents.

2. Quand partez-vous?  *Répondez.*
   Quand part Robert?
   Est-ce qu'elles partent demain?
   Qui part demain?
   Partez-vous aujourd'hui ou demain?

## *Être en Train de* + The Infinitive

ITEM SUBSTITUTION

1. Michel est en train de déjeuner.
   Je _____.
   Nous _____.
   Elle _____.
   Les enfants _____.

2. Je suis en train de manger.
   Le professeur _____.
   _____ lire.
   Nous _____.
   _____étudier.

Micheline _____.
_____ parler.
Les étudiants _____.

TRANSLATION DRILL

*Teacher:*    Michel is eating breakfast.    *Traduisez.*
*Student:*    Michel est en train de déjeuner.

    1. The teacher is speaking.
    2. We are studying.
    3. The children are watching television.
    4. She is listening to the program.
    5. He is sleeping.

Note:    **Être en train de** + the infinitive is not used as frequently as the present progressive is used in English. It is more common in French to use the present tense: **Le maître parle** means *The teacher speaks* or *The teacher is speaking*.

VERB STRUCTURE DRILLS

B.    The present indicative of **prendre** (*to take*).

Note:    **Prendre** and **apprendre** (*to learn*) are conjugated the same way.

1. Elle prend un bain tous les jours.    *Répétez.*

    je, nous, ils, tu, vous, Gilbert, elles.

2. En général prenez-vous une douche ou un bain?    *Répondez.*
Prenez-vous votre douche le matin ou le soir?
Est-ce que Michel prend une douche tous les jours?
Prenez-vous souvent l'autobus?
Combien de repas prenez-vous par jour?

## The Reflexive Construction

The reflexive pronouns correspond to the subject pronouns as follows:

| je—me | (*myself*) | nous—nous | (*ourselves*) |
|---|---|---|---|
| tu—te | (*yourself*) | vous—vous | (*yourself, yourselves*) |
| il  ⎫ se | (*himself*) | ils  ⎫ se | |
| elle ⎭ | (*herself*) | elles ⎭ | (*themselves*) |

The English equivalent of the reflexive pronoun is generally the appropriate "-self" word like *myself* or *himself*. It always refers back to the subject of the verb with which it is used.

**Il se regarde** dans la glace.    (*He is looking at himself in the mirror.*)
**Elle se prépare** pour l'examen.    (*She prepares herself for the exam.*)

The following verbs are generally used in the reflexive: Note that the English equivalent in these cases does not usually include the reflexive pronoun.

Je **me réveille** à six heures.    (*I wake up at six.*)
Je **me lève** à six heures et demie.    (*I get up at six-thirty.*)
Il **se couche** à onze heures.    (*He goes to bed at eleven.*)
Il **se rase**.    (*He shaves.*)
Elle **s'habille** lentement.    (*She dresses slowly.*)
Nous **nous dépêchons** toujours.    (*We always hurry.*)

The reflexive pronouns, like all direct and indirect object pronouns, are placed before the verb. *Note that when used with other object pronouns the reflexive pronoun always comes first.* (See the order of pronouns later in the lesson.)

VERB STRUCTURE DRILLS

C. The present indicative of **se réveiller** (*to wake up*).

| je | me | réveille | nous | nous | réveillons |
|----|----|----------|------|------|------------|
| tu | te | réveilles | vous | vous | réveillez |
| il elle | se | réveille | ils elles | se | réveillent |

1. Je me réveille à six heures du matin.   *Répétez.*

  nous, Gilbert, tu, elle, vous, ils.

2. À quelle heure vous réveillez-vous?   *Répondez.*
  À quelle heure Michel se réveille-t-il?
  Quand se réveille le professeur?
  À quelle heure vos compagnons (compagnes) de chambre se réveillent-ils (elles)?
  Vous réveillez-vous de bonne heure?

D. The present indicative of **se lever** (*to get up*).

| je | me | lève | nous | nous | levons |
|----|----|------|------|------|--------|
| tu | te | lèves | vous | vous | levez |
| il elle | se | lève | ils elles | se | lèvent |

Note:   The grave accent in the 1st, 2nd and 3rd persons singular and in the 3rd person plural.

1. Je me lève à six heures et demie.   *Répétez.*

   il, les étudiants, tu, vous, nous, Gisèle.

2. À quelle heure vous levez-vous?   *Répondez.*
   À quelle heure Michel se lève-t-il?
   Quand se lèvent les étudiants?
   Vous levez-vous tôt ou tard?
   À quelle heure vous levez-vous pendant le week-end?

E.  The present indicative of **se raser** (*to shave*).

| je | me | rase | nous | nous | rasons |
|----|----|------|------|------|--------|
| tu | te | rases | vous | vous | rasez |
| il elle | se | rase | ils elles | se | rasent |

1. Je me rase avec un rasoir électrique.   *Répétez.*

   tu, mon père, vous, ils, nous, Paul.

2. Vous rasez-vous avec un rasoir électrique?   *Répondez.*
   Quand vous rasez-vous?
   Aimez-vous vous raser?
   Est-ce que les enfants se rasent?
   Est-ce que Michel se rase tous les matins?

F.  The present indicative of **s'habiller** (*to dress*).

| je | m' | habille | nous | nous | habillons |
|----|-----|---------|------|------|-----------|
| tu | t' | habilles | vous | vous | habillez |
| il elle | s' | habille | ils elles | s' | habillent |

1. Je ne m'habille pas rapidement.   *Répétez.*

   elles, nous, tu, ils, vous, les enfants.

2. Vous habillez-vous rapidement?   *Répondez.*   Oui, je m'habille rapidement.
                                           (Non, je m'habille très lentement.)
   Est-ce que Michel s'habille rapidement?
   Est-ce que les enfants s'habillent rapidement?
   Est-ce que votre mère s'habille rapidement?
   Est-ce que vos compagnons (compagnes) de chambre s'habillent vite?

G.  The present indicative of **se dépêcher** (*to hurry*).

| je | me | dépêche | nous | nous | dépêchons |
|----|----|---------|------|------|-----------|
| tu | te | dépêches | vous | vous | dépêchez |
| il elle | se | dépêche | ils elles | se | dépêchent |

1. Je me dépêche tout le temps.   *Répétez.*

   tu, ma mère, ils, vous, nous, Jean-Pierre.

2. Est-ce que vous vous dépêchez tout le temps?   *Répondez.*
   Qui se dépêche tout le temps?
   Pourquoi vous dépêchez-vous?
   Est-ce que le professeur se dépêche?
   Est-ce que les étudiants se dépêchent?

## *Il Faut* + The Infinitive

ITEM SUBSTITUTION

1. Il faut arriver tôt.   *Répétez.*
   _____ se coucher ____.
   _____ se réveiller ____.
   _____ se lever _____.
   _____ déjeuner _____.
   _____ partir _____.

2. Il faut beaucoup étudier.   *Répétez.*
   _____ lire.
   _____ apprendre.
   _____ travailler.
   _____ écrire.
   _____ parler.

PATTERNED RESPONSE

*Teacher:*   Vous dînez au restaurant, n'est-ce pas?
*Student:*   Non, je ne dîne jamais au restaurant.

   Vous prenez le petit déjeuner au restaurant, n'est-ce pas?
   Vous déjeunez au restaurant à midi, n'est-ce pas?
   Vous mangez au restaurant, n'est-ce pas?
   Vous soupez au restaurant, n'est-ce pas?

ITEM SUBSTITUTION

Michel est toujours en retard.
Je _____.
_____ pressé(e).

Nous _____.

_____ en avance.

Gilbert _____.

Ils _____.

## Controlled Conversation

Demandez à _____ à quelle heure il (elle) part.
si elle est en train d'étudier.
s'il prend un bain tous les jours.
à quelle heure il (elle) se réveille.
s'il s'habille vite.
si elle est toujours pressée.
s'il se rase avec un rasoir électrique.
s'il faut beaucoup étudier.

## Personalized Questions

1. Est-ce que c'est l'heure de partir?
2. Préférez-vous prendre un bain ou une douche?
3. Qu'êtes-vous en train de faire?
4. Vous couchez-vous tôt?
5. Est-ce que votre père se dépêche tout le temps?
6. Aimez-vous vous lever de bonne heure?
7. À quelle heure prenez-vous votre petit déjeuner?
8. Vous rasez-vous le matin ou le soir?
9. Êtes-vous toujours en retard ou toujours en avance?
10. Est-ce que vous vous habillez vite?

**Dialog Patterns**

## La Toilette des Cheveux

THÉRÈSE — Je dois me laver la tête. Où est le shampooing?
CLAIRE — Dans ma chambre; je vais te le chercher.
THÉRÈSE — Merci. Est-ce que tu le trouves?
CLAIRE — Non. Je n'y comprends rien.
THÉRÈSE — Le voici, à sa place habituelle!
CLAIRE — Si jeune et je perds déjà la mémoire!

## Dialog Patterns

## *Hair Grooming*

THÉRÈSE — I must wash my hair. Where is the shampoo?
CLAIRE — In my bedroom; I will get it for you.
THÉRÈSE — Thanks. Can you find it?
CLAIRE — No, I don't understand it.
THÉRÈSE — Here it is in its usual place!
CLAIRE — So young and I am already losing my memory!

### VERB STRUCTURE DRILLS

A. The present indicative of **comprendre** (*to understand*).

Note: **Comprendre** is conjugated like **apprendre** (*to learn*).

1. Comprenez-vous le français? *Répétez.*

    elle, tu, ils, il, elles.

2. Comprenez-vous la langue française? *Répondez.*
   Me comprenez-vous?
   Est-ce que votre voisin(e) comprend le français?
   Qui comprend le français?
   Comprenez-vous les Français?

### SUBJECT SUBSTITUTION

1. Je n'y comprends rien.
   Claire _____.
   Vous _____.
   Il _____.
   Elles _____.
   Tu _____.

2. Est-ce qu'elle y comprend quelque chose?
   _____ vous _____?
   _____ les étudiants _____?
   _____ tu _____?
   _____ le professeur _____?

3. Y comprenez-vous quelque chose?
   _____ elles _____?

————————— tu —————————?
————————— il —————————?
————————— ils —————————?

4. On n'y voit rien.
   Je ——————————.
   Elle ——————————.
   Ils ——————————.
   Nous ——————————.

5. Il n'y connaît rien.
   Tu ——————————.
   Elles ——————————.
   Je ——————————.
   Vous ——————————.

6. Je n'y peux rien.  (*I can't help it.*)
   Il ——————————.
   Tu ——————————.
   Vous ——————————.
   Elle ——————————.
   Ils ——————————.


STRUCTURE SUBSTITUTION

*Teacher:*  Je dois répondre à la lettre de Lucienne.
*Student:*  Je dois y répondre.

   Tu dois penser à tes examens.
   Vous ne comprenez rien à la leçon.
   On ne voit rien dans le couloir.
   Veux-tu mettre ma lettre à la boîte?
   Il ne connaît rien à l'astronomie.

Note:  **Y** cannot be used if the indirect object is a person. In that case the indirect object pronoun is used.

   *Example:*  Je dois **répondre à ma mère.**
               Je dois **lui répondre.**


VERB STRUCTURE DRILLS

B.  The present indicative of **perdre** (*to lose*).

Note:  **Perdre** is conjugated like **attendre** (*to wait*).

1. Je perds la mémoire.  *Répétez.*
   elle, nous, tu, ils, vous, mon grand-père.

2. Perdez-vous la mémoire? *Répondez.*
   Le professeur perd-il la mémoire?
   Est-ce que les étudiants perdent la mémoire?
   Perdez-vous souvent vos clés?
   Perdez-vous beaucoup de choses?

## Summary of Pronouns

| Subject | Direct object | Indirect object | Reflexive | Subject | Direct object | Indirect object | Reflexive |
|---------|---------------|-----------------|-----------|---------|---------------|-----------------|-----------|
| je | me | me | me | nous | nous | nous | nous |
| tu | te | te | te | vous | vous | vous | vous |
| il | le | | | ils | | | |
| | | lui | se | | les | leur | se |
| elle | la | | | elles | | | |

## Order of Object Pronouns

| First person Second person Se | before | Third person Direct object | before | Third person Indirect object |
|---|---|---|---|---|
| me, nous | | le | | lui |
| te, vous | before | la | before | |
| se | | les | | leur |

### STRUCTURE SUBSTITUTION

1. Claire me donne le shampooing. *Changez.*
   Claire nous donne le shampooing.
   _____ te _____.
   _____ vous _____.
   _____ me _____ la brosse.
   _____ nous _____.
   _____ te _____.
   _____ vous _____.
   _____ me _____ les serviettes.
   _____ nous _____.
   _____ te _____.
   _____ vous _____.

   Claire me le donne.
   _____ nous le _____.
   _____ te le _____.
   _____ vous le _____.
   _____ me la _____.
   _____ nous la _____.
   _____ te la _____.
   _____ vous la _____.
   _____ me les _____.
   _____ nous les _____.
   _____ te les _____.
   _____ vous les _____.

2. Claire lui donne le shampooing.
   _____ leur _____.
   _____ lui _____ la brosse.

   Claire le lui donne.
   _____ le leur _____.
   _____ la lui _____.

———— leur ——————————.            ———— la leur ——.
———— lui ——— les serviettes.         ———— les lui ——.
———— leur ——————————.            ———— les leur ——.

STRUCTURE SUBSTITUTION

1. *Teacher:*   Paul donne le livre.   (à moi)   *Changez.*
   *Student:*   Paul me donne le livre.
                Paul me le donne.

                Simone donne les bonbons.   (à nous)
                Pierre-Jean donne son stylo.   (à toi)
                Patric donne la fleur.   (à moi)
                Angèle donne les roses.   (à vous)
                Josiane donne le gâteau.   (à nous)

2. *Teacher:*   Claire donne le shampooing à Thérèse.
   *Student:*   Claire le lui donne.

   la brosse à Paul.              les livres aux étudiants.
   les roses à sa mère.          les biscuits au bébé.
   la balle aux enfants.         la poupée à la petite fille.
   le peigne à Lucien.           le cadeau à ses parents.

ITEM SUBSTITUTION

1. Je me lave la tête.
   ——————— les dents.
   ——————— les mains.
   ——————— le visage.
   ——————— les oreilles.
   ——————— les pieds.

2. Je me sèche les cheveux.
   ———— brosse ———————.
   ——————— les   ongles.
   ———— lime ———————.
   ———— coupe ——————— des doigts de pied.

STRUCTURE SUBSTITUTION

Il se lave la tête.  *Changez.*       Il se la lave.
——————— les mains.                Il se les lave.
——————— le cou.                    Il se le lave.
——————— la figure.
——————— les bras.
——————— le dos.

ITEM SUBSTITUTION

1. Tous les matins Irène se lave.
   _____ se coiffe.
   _____ se maquille.
2. Deux fois par semaine elle se lave la tête.
   _____ se fait une mise en plis.
   _____ se lime les ongles.
3. Toutes les semaines elle se fait un masque de beauté.
   _____ se met du vernis à ongles.

## Controlled Conversation

Demandez à _____ s'il (si elle) vous comprend.
s'il comprend quelque chose au français.
si elle connaît quelque chose à la météorologie.
s'il perd la mémoire.
si elle veut bien vous prêter son livre.
si Claire donne le shampooing à Thérèse.
s'il se lave les dents après chaque repas.
si elle se maquille beaucoup.

## Personalized Questions

1. Pouvez-vous me réciter le dialogue?
2. Comprenez-vous la leçon?
3. Est-ce qu'on voit quelque chose la nuit sans lumière?
4. Devez-vous répondre aux lettres de vos parents?
5. Devez-vous répondre au professeur?
6. Que perdez-vous souvent?
7. Voulez-vous me prêter votre stylo?
8. Avec quoi vous séchez-vous les cheveux?
9. Aimez-vous vous limer les ongles?
10. Vous faites-vous un masque de beauté toutes les semaines?

## Extemporization

1. TOUS LES JOURS JE . . .

   *Vocabulary:* se lever, déjeuner, se laver, faire sa toilette, se raser, s'habiller, manger, toujours, en principe, étudier, travailler, travail, se coucher,
   être debout.

*Topic Ideas:*   1. Quand je me lève, je . . .
2. Après mes cours je . . .
3. J'ai beaucoup de travail.

*Questions:*   1. À quelle heure te lèves-tu en principe?
2. Que fais-tu quand tu es debout?
3. À quelle heure vas-tu travailler?
4. Que fais-tu à midi?

## 2. JE SUIS EN TRAIN DE . . .

*Vocabulary:*   en train de, parler, discuter, rêver, rire, étudier, toujours, apprendre, leçon, écrire, lettre, carte postale, lire, vacances.

*Topic Ideas:*   1. Je suis en train d'étudier le français.
2. Je suis en train de rêver.
3. Je suis en train d'écrire une lettre.

*Questions:*   1. Tu es toujours en train d'étudier le français, n'est-ce pas?
2. Es-tu en train de rêver aux vacances?
3. Qu'est-ce que tu es en train de lire?
4. À qui écris-tu?

Posters in the Paris subway, the métro.

unit 7

## Dialog Patterns

## *Les Repas*

JEAN — Quoi de neuf, Marc?
MARC — Rien de spécial.
JEAN — Tu as l'air si content. Est-ce que tu as mangé du lion ce matin?
MARC — Non! Du chocolat et des croissants, comme d'habitude.
JEAN — Et à midi?
MARC — Rien. J'ai fini d'étudier à une heure et demie.
JEAN — Tu dois mourir de faim!
MARC — Oui, j'ai l'estomac dans les talons.

Bakery on the Rue Descartes.

## Dialog Patterns

## *Meals*

---

JEAN — What's new, Marc?

MARC — Nothing special.

JEAN — You look so happy. Did you eat a lion this morning?

MARC — No, some chocolate and crescent-rolls just as usual.

JEAN — And at noon?

MARC — Nothing. I finished studying at one-thirty.

JEAN — You must be starved.

MARC — Yes, my stomach is clear down to my heels.

VERB STRUCTURE DRILLS

A. The present indicative of **manger** (*to eat*).

| je | mange | nous | mangeons |
|----|-------|------|----------|
| tu | manges | vous | mangez |

| il elle | mange | ils elles | mangent |
|---------|-------|-----------|---------|

Note: The *e* in **mangeons** is inserted to signal the proper pronunciation of the *g*.

1. Je mange trois fois par jour. *Répétez.*

    nous, Jean, elles, vous, tu, elle.

2. Mangez-vous à midi? *Répondez.*
    Où est-ce que les étudiants mangent?
    Est-ce que vous mangez beaucoup?
    Mangez-vous tous trois fois par jour?
    Pourquoi mangez-vous?

B. The present indicative of **boire** (*to drink*).

| je | bois | nous | buvons |
|----|------|------|--------|
| tu | bois | vous | buvez |

| il elle | boit | ils elles | boivent |
|---------|------|-----------|---------|

1. Il boit son chocolat. *Répétez.*
    je, tu, vous, ils, nous, Martine.

2. Buvez-vous beaucoup pendant les repas? *Répondez.*
    Est-ce que Marc boit son chocolat tous les matins?

Est-ce qu'on boit beaucoup en été?
Aimez-vous boire chaud l'hiver?
Les Français boivent du vin pendant les repas, n'est-ce pas?

## The Partitive Articles

| | | | |
|---|---|---|---|
| *Some* | **du** | *masculine* | before consonants |
| *or* = | **de la** | *feminine* | |
| *Any* | **de l'** | *m. or f.* | before a vowel or a mute *h* |
| | **des** | *m. or f.* | plural |

Y a-t-il **du** chocolat?   (*Is there any chocolate?*)
Il y a **de la** soupe.   (*There is some soup.*)

The partitive, which is sometimes omitted in English, must always be stated in French.

Elle achète **de la laitue** tous les jours.
(*She buys lettuce every day.*)

ITEM SUBSTITUTION

1. Elle prend du pain.
   ——————— jambon.
   ——————— fromage.
   ——————— beurre.
   ——————— sucre.

2. Il boit de la limonade.
   ——————— citronnade.
   ——————— tisane.
   ——————— bière.

3. Veux-tu de l'eau minérale?
   ——————— orangeade?
   ——————— argent?

4. Ils mangent des frites.
   ——————— épinards.
   ——————— beignets.
   ——————— spaghetti.
   ——————— escargots.

5. Je voudrais du gruyère, s'il-vous-plaît.
   ——————— salade ———————.
   ——————— eau ———————.
   ——————— haricots ———————.
   ——————— margarine (*f.*) ———.
   ——————— œillets ———————.
   ——————— camembert ———.

————————— air —————————.
————————— soupe —————————.
————————— poivre (*m.*) —————.
————————— sel —————————.

PATTERNED RESPONSE

*Teacher:* Est-ce qu'il y a du raisin?
*Student:* Non, il y a des oranges. (1)

| | |
|---|---|
| 1. oranges. | 4. ananas. (*m. sing.*) |
| 2. pastèque. (*f.*) | 5. noix de coco. (*f. sing.*) |
| 3. melon. | 6. noisettes. |

## The Partitive After the Negative and Expressions of Quantity

| Je n'ai | pas de<br>plus de | Je n'ai pas de cuiller.<br>Je n'ai plus d'argent. |
|---|---|---|
| J'ai | peu de<br>assez de<br>beaucoup de<br>trop de | J'ai peu de repos.<br>J'ai assez de pain.<br>J'ai beaucoup d'amis.<br>J'ai trop de travail. |

QUESTION—ANSWER

*Teacher:*
Avez-vous de l'argent?
Mangez-vous toujours du caviar?
Voulez-vous des huîtres?
Prenez-vous de l'orangeade?
Offrez-vous toujours des fleurs à votre mère?
Est-ce qu'il boit du lait?
Est-ce qu'elle achète toujours de la limonade?

*Student:*
Oui, j'ai de l'argent.
Oui, je mange toujours du caviar.

*Do the same exercise answering negatively.*

Avez-vous de l'argent?
Mangez-vous toujours du caviar?
   etc.

Non, je n'ai pas d'argent.
Non, je ne mange plus de caviar.

CONTROLLED RESPONSE

*Teacher:*
Combien d'amis avez-vous?

*Student:*
J'ai peu d'amis.
—— assez ——.
—— beaucoup—.
—— trop ——.

Combien de paires de chaussures avez-vous?    J'ai peu de paires de chaussures.
Combien de livres avez-vous?
Combien d'enfants avez-vous?
Combien d'argent avez-vous?

PATTERNED RESPONSE

1. *Teacher:*    Mangez-vous des croissants au petit déjeuner?
   *Student:*    Oui, je mange des croissants au petit déjeuner.

       des tartines de beurre
       des œufs au bacon
       des brioches
       du pain grillé
       des flocons d'avoine
       du pamplemousse
       des œufs à la coque
       des tartines de confiture

2. *Teacher:*    Boit-on du lait au petit déjeuner?
   *Student:*    Oui, on boit du lait au petit déjeuner.

| du chocolat | du jus de tomate |
|---|---|
| du jus d'orange | du jus de pomme |
| du café au lait | du jus d'ananas |
| du jus de raisin | du jus de pamplemousse |

# The Past Indefinite (*Passé Composé*) of Verbs with *avoir* as an Auxiliary

**Parler** *and* **Finir**

| Subject | + | Present Indicative of **Avoir** | + | Past Participle of Verb |
|---|---|---|---|---|
| **j'** | | ai | | parlé / fini |
| **tu** | | as | | parlé / fini |
| **il** / **elle** | | a | | parlé / fini |
| **nous** | | avons | | parlé / fini |
| **vous** | | avez | | parlé / fini |
| **ils** / **elles** | | ont | | parlé / fini |

Group I verbs form the past participle by dropping **-er** and adding **-é**.
Group II verbs form the past participle by dropping **-ir** and adding **-i**.

## Use of the Past Indefinite

The past indefinite is a past tense used when the past event or condition is considered to be a single point in time.

**J'ai mangé** un bifteck à midi. (*I ate a steak at noon.*)

VERB STRUCTURE DRILLS

C. The past indefinite of **manger.**

| j' | ai | mangé | nous | avons | mangé |
|----|----|-------|------|-------|-------|
| tu | as | mangé | vous | avez | mangé |
| il<br>elle | a | mangé | ils<br>elles | ont | mangé |

1. Il a mangé deux croissants. *Répétez.*

   nous, tu, je, vous, elles, Marc.

2. Qu'avez-vous mangé à midi? *Répondez.*
   Qu'est-ce que Marc a mangé au petit déjeuner?
   Avez-vous beaucoup mangé hier?
   Est-ce que Jean et Marc ont mangé au restaurant à midi?
   Avez-vous mangé chez vous hier soir?

D. The past indefinite of **grossir** (*to gain weight*).

| j' | ai | grossi | nous | avons | grossi |
|----|----|--------|------|-------|--------|
| tu | as | grossi | vous | avez | grossi |
| il<br>elle | a | grossi | ils<br>elles | ont | grossi |

1. Elle a grossi de deux kilos. *Répétez.*

   je, Robert, les enfants, vous, tu, elles.

2. Avez-vous grossi de deux kilos l'année dernière? *Répondez.*
   Avez-vous grossi ou maigri pendant l'année écoulée?
   Est-ce que Marc a beaucoup grossi?
   Est-ce que les enfants ont grossi pendant les vacances?
   Tu as maigri, n'est-ce pas?

TENSE SUBSTITUTION

1. *Teacher:* Aujourd'hui je mange au restaurant. Et vous?
   *Student:* J'ai mangé au restaurant hier.

J'étudie mes leçons.
J'achète un cadeau.
Je travaille beaucoup. (J'ai beaucoup travaillé.)
Je finis mon roman.
J'écoute le programme.
J'accomplis du travail.
Je parle français.
J'embellis ma maison.

2. *Teacher:* Je commence à huit heures.
   *Student:* Je commence à huit heures.
   J'ai commencé à huit heures.

   Il finit à une heure et demie.
   Nous mangeons à midi et quart.
   Elles travaillent toute la journée.
   J'agis rapidement.
   Vous déjeunez tôt.
   Tu étudies tard.
   Elle dîne à huit heures du soir.

### VERB STRUCTURE DRILLS

E.  The present indicative of **mourir** (*to die*).

| je | meurs | nous | mourons |
|----|-------|------|---------|
| tu | meurs | vous | mourez |
| il / elle | meurt | ils / elles | meurent |

1. Marc meurt de faim. *Répétez.*

   tu, je, nous, vous, les étudiants, elle.

2. Est-ce que vous mourez de faim? *Répondez.*
   Qui meurt de faim?
   Mourez-vous tous de faim?
   Est-ce que le professeur meurt de faim?
   Je meurs de faim. Et vous?

### PATTERNED RESPONSE

*Teacher:*  Je suis content.
*Student:*  Vous avez l'air content.

|          |             |
|----------|-------------|
| triste   | gai         |
| fâché    | contrarié   |
| heureux  | en colère   |

## Controlled Conversation

Demandez à _____ s'il a l'estomac dans les talons.
si elle a beaucoup mangé au petit déjeuner.
combien il a d'amis.
s'il boit du jus de tomate au petit déjeuner.
à quelle heure elle a fini d'étudier hier.
s'il meurt de faim.
pourquoi il (elle) a l'air contrarié.

## Personalized Questions

1. Que mangez-vous au petit déjeuner?
2. Que buvez-vous au petit déjeuner?
3. Mangez-vous des escargots?
4. Achetez-vous toujours des bonbons?
5. Avez-vous assez d'argent?
6. Prenez-vous beaucoup de repos?
7. Avez-vous accompli beaucoup de choses aujourd'hui?
8. Avez-vous maigri pendant l'année scolaire?
9. Agissez-vous rapidement?
10. Avez-vous étudié votre leçon?

## Dialog Patterns

*Les Repas (suite)*

---

MICHÈLE — Viens-tu du banquet du club?
RÉGINE — Oui, j'en viens et j'en ai encore l'eau à la bouche!
MICHÈLE — J'ai tout aimé, des hors-d'œuvre à la mousse au chocolat.
RÉGINE — J'ai même repris du potage et je n'en mange pas d'habitude.
MICHÈLE — En tous cas, aujourd'hui j'ai décidé de me mettre au régime.
RÉGINE — Vraiment? Toi qui es si mince!

## Dialog Patterns

### *Meals (continued)*

MICHÈLE — Have you just come from the club banquet?
RÉGINE — Yes, and my mouth is still watering.
MICHÈLE — I liked everything from the hors-d'œuvre to the chocolate mousse.
RÉGINE — I even took a second helping of soup, and I usually don't eat any.
MICHÈLE — One thing is for sure, today I have decided to go on a diet.
RÉGINE — Really! You! You're so slim!

## Use of *en*

A pronominal adverb of place, **en** replaces the preposition **de** + *the object.*   **En** also replaces the partitive. **En** precedes the verb.

| | | | |
|---|---|---|---|
| Il | | vient | de Paris. |
| Il | en | vient. | |
| Nous | | avons | du pain. |
| Nous | en | avons. | |
| Je | | vois | cinq | élèves. |
| J' | en | vois | cinq. | |

Note:   **En** means *from there* or *some* depending on the type of phrase it replaces. Sometimes the **de** is understood.

## Sentence Structure

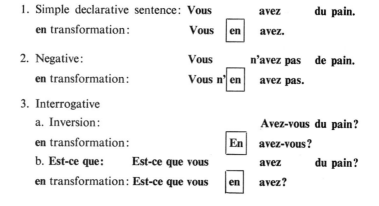

1. Simple declarative sentence: **Vous     avez     du pain.**
   en transformation:   **Vous** **en** **avez.**

2. Negative:   **Vous     n'avez pas     de pain.**
   en transformation:   **Vous n'** **en** **avez pas.**

3. Interrogative
   a. Inversion:   **Avez-vous du pain?**
   en transformation:   **En** **avez-vous?**
   b. **Est-ce que:**   **Est-ce que vous     avez     du pain?**
   en transformation: **Est-ce que vous** **en** **avez?**

STRUCTURE SUBSTITUTION

*Teacher:*                                            *Student:*
Elle vient du banquet.                                Elle en vient.
Je viens de Nice.                                     J'en viens.
Nous venons de la plage.
Line revient de l'école.
Maman vient du marché.
Les petites viennent du zoo.
Les astronautes reviennent de la lune.
Jean-Luc vient du concert.


PATTERNED RESPONSE

1. *Teacher:*  Vous venez du restaurant, n'est-ce pas?
   *Student:*  Oui, j'en viens.

   Elle vient du théâtre.
   Ils viennent du rodéo.
   Vous venez (tous) de classe.
   Elles viennent de la foire.
   Robert vient du cirque.
   Vous venez de chez vous.

2. *Do the same exercise answering negatively.*   (Non, je n'en viens pas.)


STRUCTURE SUBSTITUTION

1. *Teacher:*                                         *Student:*
   Nous avons du fromage.                             Nous en avons.
   Elle vend des gauffres.                            Elle en vend.
   Il a de l'argent.
   Je mange de la tarte.
   Tu bois du lait.
   Il reprend du gâteau.
   Elles achètent des roses.
   Vous apportez de l'eau.

2. *Teacher:*                                         *Student:*
   J'ai mangé des cuisses de grenouilles.            J'en ai mangé.
   Elle a repris du potage.                           Elle en a repris.
   Il a acheté des glaieuls.
   Nous avons apporté de l'orangeade.
   Vous avez pris de la dinde.
   Elle a distribué des bonbons.
   Tu as mangé du canard à l'orange.
   Ils ont repris de la crème glacée.

PATTERNED RESPONSE

1. *Teacher:* Je bois de la tisane.
   *Student:* En buvez-vous vraiment?

   Nous mangeons du foie de veau.
   Il boit de la grenadine.
   Elles achètent des oursins.
   Je prends de l'eau.
   Il vend des marrons.
   Ils reprennent du pâté de campagne.

2. *Teacher:* Avez-vous déjà mangé des escargots?
   *Student:* Non, je n'en ai jamais mangé.

   | | |
   |---|---|
   | de la crème de marron | de la mousse au chocolat |
   | des crêpes Suzette | du pâté de foie |
   | des cuisses de grenouilles | du camembert |

PATTERNED RESPONSE

1. *Teacher:* Est-ce que vous voyez douze étudiants dans la classe?
   *Student:* Oui, j'en vois douze.

   | | |
   |---|---|
   | une porte | un tableau |
   | deux fenêtres | quatre murs |
   | vingt bureaux | trente livres |

2. *Teacher:* Est-ce qu'il y a six personnes chez vous?
   *Student:* Oui, il y en a six.

   | | |
   |---|---|
   | huit pièces | un piano |
   | deux chiens | trois divans |
   | cent livres | vingt chaises |

## Position of *y* and *en* in the Sentence

| *Subject* | **ne** | *All Object Pronouns* | **y** | **en** | *Verb* | **pas** |
|---|---|---|---|---|---|---|
| **Elle** | | **nous** | **y** | | **retrouve.** | |
| **Il** | **ne** | **lui** | | **en** | **prête** | **pas.** |

STRUCTURE SUBSTITUTION

1. *Teacher:*                                       *Student:*
   Elle leur donne des bonbons.           Elle leur en donne.
   Il nous vend du nougat.
   Je lui prête des livres.

Je vais vous donner de la tarte.                    (Je vais vous en donner.)
Vous leur distribuez des friandises.

2. *Teacher:*                                       *Student:*
   Je t'ai donné de la tarte.                       Je t'en ai donné.
   Ils m'ont acheté des fleurs.                     Ils m'en ont acheté.
   Il lui a prêté de l'argent.
   On lui a volé des bijoux.
   Elle t'a pris du raisin.
   Je leur ai distribué des bonbons.

## Past Participle of Some Group III Verbs

The following verbs take **avoir** as their auxiliary.

| | | | |
|---|---|---|---|
| **être** | **été** | **attendre** | **attendu** |
| **avoir** | **eu** | **répondre** | **répondu** |
| **vouloir** | **voulu** | **entendre** | **entendu** |
| **savoir** | **su** | **dormir** | **dormi** |
| **pouvoir** | **pu** | **sentir** | **senti** |
| **pleuvoir** | **plu** | **prendre** | **pris** |
| **voir** | **vu** | **suivre** | **suivi** |
| **devoir** | **dû** | **rire** | **ri** |
| **connaître** | **connu** | **mettre** | **mis** |
| **lire** | **lu** | **dire** | **dit** |
| **plaire** | **plu** | **écrire** | **écrit** |
| **boire** | **bu** | **traduire** | **traduit** |
| **perdre** | **perdu** | **faire** | **fait** |
| **vivre** | **vécu** | **offrir** | **offert** |

VERB STRUCTURE DRILLS

A.  The past indefinite of **être** (*to be*).

| **j'** | **ai** | **été** | **nous** | **avons** | **été** |
|---|---|---|---|---|---|
| **tu** | **as** | **été** | **vous** | **avez** | **été** |
| **il** / **elle** | **a** | **été** | **ils** / **elles** | **ont** | **été** |

1. J'ai été content d'apprendre la nouvelle. *Répétez.*

   elle, nous, Jean, elles, les étudiants.

2. Avez-vous été fier(ère) de vos notes le trimestre dernier? *Répondez.*
   Vos parents ont-ils été contents de vous voir aux vacances de Noël?
   Avez-vous été absent(e) la semaine dernière?
   Est-ce que le professeur a été content du progrès de ses étudiants?
   Est-ce qu'ils ont été contents d'apprendre la nouvelle?

VERB STRUCTURE DRILLS

B.  The past indefinite of **avoir** (*to have*).

| j' | ai | eu | | nous | avons | eu |
|----|----|----|---|------|-------|----|
| tu | as | eu | | vous | avez | eu |
| il ⎫ elle ⎭ | a | eu | | il ⎫ elles ⎭ | ont | eu |

1.  Tu as eu de la chance.  *Répétez.*

  nous, vous, je, elle, ils, Paul.

2.  Avez-vous eu de bonnes notes en français?  *Répondez.*
  Avez-vous eu les oreillons?
  Est-ce que vos parents ont eu de vos nouvelles récemment?
  Qui a eu une bonne note à la dernière interrogation de français?
  Avez-vous eu de la chance pendant votre vie?

VERB STRUCTURE DRILLS

C.  The past indefinite of **faire** (*to do, to make*).

| j' | ai | fait | | nous | avons | fait |
|----|----|------|---|------|-------|------|
| tu | as | fait | | vous | avez | fait |
| il ⎫ elle ⎭ | a | fait | | ils ⎫ elles ⎭ | ont | fait |

1.  Hier j'ai fait une bonne sieste.  *Répétez.*

  nous, le bébé, tu, vous, les étudiants, elle.

2.  Qu'avez-vous fait hier soir?  *Répondez.*
  Avez-vous fait la sieste avant-hier?
  Qu'avez-vous fait pendant les grandes vacances?
  Avez-vous déjà fait un voyage à l'étranger?
  Avez-vous déjà fait un soufflé?

VERB STRUCTURE DRILLS

D.  The past indefinite of **prendre** (*to take*).

| j' | ai | pris | | nous | avons | pris |
|----|----|------|---|------|-------|------|
| tu | as | pris | | vous | avez | pris |
| il ⎫ elle ⎭ | a | pris | | ils ⎫ elles ⎭ | ont | pris |

1.  Il a pris du gruyère.  *Répétez.*

  je, ma mère, ils, vous, nous, tu.

2. Est-ce que Régine a pris du potage au banquet? *Répondez.*
   Est-ce qu'elle a repris du potage?
   Qu'avez-vous pris au dernier repas?
   Avez-vous pris froid hier?
   Qu'est-ce qu'il a pris?

VERB STRUCTURE DRILLS

E. The past indefinite of **boire** (*to drink*).

| j' | ai | bu | nous | avons | bu |
|----|----|----|------|-------|-----|
| tu | as | bu | vous | avez | bu |
| il elle | a | bu | ils elles | ont | bu |

1. Je n'ai pas bu de lait à midi. *Répétez.*

   Suzanne, les enfants, tu, vous, nous, il.

2. Qu'avez-vous bu au petit déjeuner? *Répondez.*
   Avez-vous déjà bu du sirop de grenadine?
   Qu'avez-vous bu au déjeuner?
   Avez-vous bu assez d'eau aujourd'hui?
   Qu'avez-vous bu au dîner?

## Controlled Conversation

Demandez à _____ si elle a déjà mangé des escargots.
s'il aime la mousse au chocolat.
s'il a encore l'eau à la bouche du repas d'hier soir.
si elle vient du banquet.
si elle boit de l'eau minérale.
s'il y a quinze étudiants dans la classe.
si elle va vous donner de la tarte.
s'il a eu la rougeole.
ce qu'il (elle) a fait hier.

## Personalized Questions

1. Revenez-vous de la lune?
2. Avez-vous beaucoup d'argent?
3. Avez-vous décidé de vous mettre au régime?
4. Avez-vous apporté des bonbons?
5. Est-ce qu'il y a un éléphant chez vous?
6. Allez-vous nous distribuer des friandises?

7. Avez-vous été absent le mois dernier?
8. Est-ce qu'on vous a offert un cadeau pour votre anniversaire?
9. Avez-vous fait la sieste pendant le cours de français?
10. Qu'avez-vous pris au petit déjeuner?

## Extemporization

1. LE BANQUET

*Vocabulary:* hors-d'œuvre, potage, gigot de mouton, haricots verts, nappe, pommes de terre sautées, fromages, fruits, dessert, glace, mousse au chocolat, petits fours, délicieux, savoureux, couverts, serviette.

*Topic Ideas:* 1. J'ai trouvé le banquet magnifique.
2. Le menu.
3. J'ai décidé de me mettre au régime.

*Questions:* 1. Est-ce que le banquet d'hier t'a plu?
2. Qu'as-tu mangé comme dessert?
3. As-tu aimé les hors-d'œuvre?
4. As-tu pris du jus de raisin ou du jus de pomme?

2. CE QUE JE MANGE TOUS LES JOURS

*Vocabulary:* repas, petit déjeuner, déjeuner, dîner, souper, goûter, tartine, restaurant, servez-vous, œufs, lait, jus, tasse, chocolat.

*Topic Ideas:* 1. Le matin je déjeune à la française.
2. Je goûte à quatre heures de l'après-midi.
3. Je mange au servez-vous.

*Questions:* 1. Manges-tu chez toi ou au servez-vous?
2. Qu'as-tu déjeuné ce matin?
3. À quelle heure dînes-tu?
4. Est-ce que tu fais un goûter l'après-midi?

Well-stocked butcher shop, Paris.

unit **8**

## Dialog Patterns

*La vie d'étudiant*

---

JEAN-LUC — Comme j'ai sommeil!
ROBERT — C'est le printemps.
JEAN-LUC — Non, ce sont les deux romans que j'ai lus hier soir.
ROBERT — Il faut te reposer un peu.
JEAN-LUC — Je ne peux pas. J'ai encore besoin d'étudier.
ROBERT — La vie d'étudiant, c'est de l'esclavage.

Bookstalls on the Seine feature reproductions of famous French paintings.

## Dialog Patterns

## *Student's Life*

---

JEAN-LUC — Am I sleepy!
ROBERT — You have spring fever.
JEAN-LUC — No, it's those two novels I read last night.
ROBERT — You must rest some.
JEAN-LUC — I can't. I still need to study.
ROBERT — Being a student is slavery.


### The Past Indefinite (*Passé Composé*)—Continued

AGREEMENT OF PAST PARTICIPLES—*AVOIR* AS AUXILIARY

| | | | | |
|---|---|---|---|---|
| Il | | a | lu | le roman. |
| Il | l' | a | lu. | |
| Il | | a | lu | la pièce. |
| Il | l' | a | lu e. | |
| Il | | a | lu | les romans. |
| Il | les | a | lu s. | |
| Il | | a | lu | les pièces. |
| Il | les | a | lu es. | |

Ce sont  les romans  qu'il  a lu s.
Ce sont  les pièces  qu'il  a lu es.

When the object of the verb comes *before* the past participle, the past participle must agree with that object. An **e** is added for feminine agreement; **s** is added for plural agreement.


STRUCTURE SUBSTITUTION

1. *Teacher:*                              *Student:*
   J'ai aimé le banquet.          Je l'ai aimé.
   _____ la pièce.            Je l'ai aimée.

———— la classe.
———— le film.
———— le cours.
———— le livre.
———— la réunion.
———— la chanson.

2. Elle a acheté les œillets.          Elle les a achetés.
   ———— les roses.                     Elle les a achetées.
   ———— les oranges.
   ———— les sacs.
   ———— les chapeaux.
   ———— les pommes.
   ———— les livres.
   ———— les cerises.

3. Nous avons apprécié le roman.       Nous l'avons apprécié.
   ———— la pièce.
   ———— les fleurs.
   ———— le cadeau.
   ———— les oranges.
   ———— la gentillesse.
   ———— le film.
   ———— l'argent.

4. Ils ont pris le métro.              Ils l'ont pris.
   ———— la micheline.                  Ils l'ont prise.
   ———— le train.
   ———— l'avion.
   ———— la caravelle.
   ———— l'ascenseur.
   ———— la voiture.
   ———— l'autobus.

5. J'ai traduit les poèmes.            Je les ai traduits.
   ———— les histoires.                 Je les ai traduites.
   ———— les romans.
   ———— les leçons.
   ———— les pièces.
   ———— les contes. (*m.*)
   ———— les paragraphes. (*m.*)
   ———— les exercices. (*m.*)

6. Elle a mis son chapeau.             Elle l'a mis.
   ———— sa robe.
   ———— ses gants.
   ———— ses chaussures.
   ———— ses boucles d'oreilles.

—————— son manteau.
—————— sa broche.
—————— ses bas.

## PATTERNED RESPONSE

*Teacher:* J'ai fait un gâteau.
*Student:* J'aime le gâteau que vous avez fait.

| | |
|---|---|
| une tarte | des crêpes |
| des beignets | une crème |
| un flan | un soufflé |
| des galettes | des biscuits |

## STRUCTURE SUBSTITUTION

1. *Teacher:* J'ai donné le livre à Simone.
   *Student:* Je le lui ai donné.

| | |
|---|---|
| le gâteau aux enfants | les cerises à Nicole |
| les livres aux étudiants | la pomme à Marc |
| la robe à Régine | la récompense aux jeunes |
| le chien à Suzette | le chat à Paul |

2. *Teacher:* Il m'a offert la voiture.
   *Student:* Il me l'a offerte.

| | |
|---|---|
| les livres | l'orangeade |
| le ruban | les cerises |
| la robe | le disque |

## Avoir besoin de

## PATTERNED RESPONSE

1. *Teacher:* Aujourd'hui je dois étudier.
   *Student:* Moi aussi j'ai besoin d'étudier.

| | |
|---|---|
| lire | repasser |
| écrire | travailler |
| faire la lessive | faire mes courses |

2. *Teacher:* Aujourd'hui je n'ai pas besoin d'étudier.
   *Student:* Moi non plus, je n'ai pas besoin d'étudier.

| | |
|---|---|
| lire | repasser |
| écrire | cuisiner |
| laver | coudre |

## *J'ai besoin de* and *Il me faut*

**PATTERNED RESPONSE**

1. *Teacher:*  Voici un livre.
   *Student:*  J'ai besoin d'un livre.
   Il me faut un livre.

   | | |
   |---|---|
   | un cahier | un stylo à bille |
   | une gomme | une règle |
   | un crayon de couleur | un taille-crayon |

2. *Teacher:*  Elle a de la salade.
   *Student:*  J'ai besoin de salade.
   Il me faut de la salade.

   | | |
   |---|---|
   | du pain | de la laitue |
   | de l'eau minérale | de l'orangeade |
   | du fromage | du roquefort |

3. *Teacher:*  Ils vendent des légumes.
   *Student:*  J'ai besoin de légumes.
   Il me faut des légumes.

   | | |
   |---|---|
   | des pommes | des abricots |
   | des oignons | des noix |
   | des cerises | des œufs |

**VERB STRUCTURE DRILLS**

The present indicative of **se reposer** (*to rest*).

| je | me | repose | nous | nous | reposons |
|---|---|---|---|---|---|
| tu | te | reposes | vous | vous | reposez |
| il elle | se | repose | ils elles | se | reposent |

1. Il ne se repose jamais.  *Répétez.*

   vous, je, nous, tu, ma mère, les étudiants.

2. Est-ce que vous vous reposez beaucoup?  *Répondez.*
   Vous reposez-vous le dimanche?
   Quand vous reposez-vous?
   Est-ce que les étudiants se reposent pendant le cours de français?
   Est-ce que vous avez le temps de vous reposer?

## Controlled Conversation

Demandez à _____ s'il (si elle) a aimé la classe de français.

s'il a déjà pris le métro.

si elle a déjà pris la caravelle.

s'il a traduit les exercices.

si elle a mis ses chaussures.

s'il a besoin d'étudier.

ce qu'il lui faut.

si elle se repose beaucoup.

## Personalized Questions

1. Avez-vous apprécié vos cadeaux d'anniversaire?
2. Avez-vous déjà pris la micheline?
3. Est-ce que vous avez traduit la leçon?
4. Avez-vous mis vos gants?
5. J'ai fait une tarte. L'aimez-vous?
6. Avez-vous besoin de dormir?
7. Est-ce qu'il vous faut du pain?
8. De quoi avez-vous besoin?
9. Pourquoi avez-vous sommeil?
10. Est-ce que la vie d'étudiant est de l'esclavage?

**Dialog Patterns**

## *La vie d'étudiant (suite)*

ROLANDE — Pourquoi n'es-tu pas venue en classe hier?
BRIGITTE — Je me suis bien amusée.
ROLANDE — Qu'est-ce que tu as fait?
BRIGITTE — Je suis allée au cinéma avec Martine.
ROLANDE — Eh bien! Vous ne vous faites pas de souci!
BRIGITTE — Pourquoi s'en faire? La vie d'étudiant, c'est la belle vie.

## Dialog Patterns

### Student's Life (continued)

ROLANDE — Why didn't you come to class yesterday?
BRIGITTE — I had a lot of fun.
ROLANDE — What did you do?
BRIGITTE — I went to the movies with Martine.
ROLANDE — Well, you sure don't worry about anything.
BRIGITTE — Why worry? Being a student is a great life.

## The Past Indefinite (*Passé Composé*) of Verbs with *être* as an Auxiliary

### Aller (*to go*)

| Subject | + Present Indicative of Être | + Past Participle of Verb |
|---|---|---|
| je | suis | allé / allée * |
| tu | es | allé / allée |
| il / elle | est | allé / allée |
| nous | sommes | allés / allées |
| vous | êtes | allé / allés / allée / allées |
| ils / elles | sont | allés / allées |

*Note: The past participle agrees with the subject. (The past participle always agrees with the object of the verb when that object precedes the past participle.)

### Verbs that Take *être* as an Auxiliary

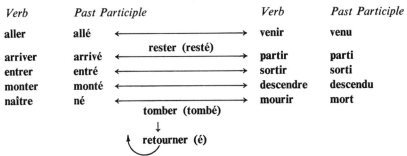

| Verb | Past Participle | | Verb | Past Participle |
|---|---|---|---|---|
| aller | allé | ←————————→ | venir | venu |
| arriver | arrivé | ←——— rester (resté) ———→ | partir | parti |
| entrer | entré | ←————————→ | sortir | sorti |
| monter | monté | ←————————→ | descendre | descendu |
| naître | né | ←————————→ | mourir | mort |

tomber (tombé)
↓
retourner (é)

TENSE SUBSTITUTION

*Teacher:*    Je vais en France.
*Student:*    Je suis allé en France.

> J'achète un magazine.
> J'apprends un poème.
> J'arrive en retard.
> Je prends le métro.
> J'entre dans la classe.
> Je viens de loin.
> Je fais la lessive.
> Je descends trop vite.
> Je tombe sur les genoux.
> J'étudie mes leçons.
> Je pars à dix heures.
> Je lis le journal.
> Je retourne chez moi.
> Je reste au lit.
> J'ai de bonnes notes.
> Je suis content.

VERB STRUCTURE DRILLS

A.  The present indicative of **naître** (*to be born*).

| je | nais | nous | naissons |
|----|------|------|----------|
| tu | nais | vous | naissez |
| il \ elle / | naît | ils \ elles / | naissent |

B.  The past indefinite of **naître**.

| je | suis | né / née | nous | sommes | nés / nées |
|----|------|----------|------|--------|------------|
| tu | es | né / née | vous | êtes | né, nés / née, nées |
| il \ elle / | est | né / née | ils \ elles / | sont | nés / nées |

1. Elle est née en France.  *Répétez.*

   tu, nous, vous, ils, Robert, je.

2. Où êtes-vous né(e)?  *Répondez.*
   Où est né le professeur?
   Où sont nés vos parents?
   Quand êtes-vous né(e)?
   Êtes-vous né(e) en France?

C. The past indefinite of **venir** (*to come*).

| je | suis | venu<br>venue | nous | sommes | venus<br>venues |
|----|------|---------------|------|--------|-----------------|
| tu | es | venu<br>venue | vous | êtes | venu, venus<br>venue, venues |
| il<br>elle | est | venu<br>venue | ils<br>elles | sont | venus<br>venues |

1. Ils sont venus mardi.  *Répétez.*

    Brigitte, je, tu, vous, nous, il, elles.

2. Êtes-vous venu(e) en classe hier?  *Répondez.*
    Qui est venu en classe hier?
    Est-ce que le professeur est venu hier?
    Est-ce que tous les étudiants sont venus hier?
    Quand sont-elles venues?

## The Past Indefinite of Reflexive Verbs

| Subject | + | Reflexive Pronoun | + | Present Indicative<br>of Être | + | Past Participle<br>of Verb |
|---------|---|-------------------|---|------------------------------|---|----------------------------|
| je | | me | | suis | | amusé<br>amusée |
| tu | | t' | | es | | amusé<br>amusée |
| il<br>elle | | s'<br>s' | | est<br>est | | amusé<br>amusée |
| nous | | nous | | sommes | | amusés<br>amusées |
| vous | | vous | | êtes | | amusé<br>amusés<br>amusée<br>amusées |
| ils<br>elles | | se<br>se | | sont<br>sont | | amusés<br>amusées |

All reflexive verbs take **être** as their auxiliary. Note that the past participle agrees with the reflexive pronoun when the reflexive pronoun is the direct object rather than the indirect object. The reflexive pronoun always comes before the past participle.

## Sentence Structure

1. Declarative sentence:  **Ils   se  sont        amusés.**
2. Negative:  **Ils ne se  sont     pas amusés.**

3. Interrogative
    a. Inversion:             **Se sont-ils        amusés?**
    b. **Est-ce que: Est-ce qu'ils    se sont        amusés?**
4. Negative Interrogative:    **Ne se sont-ils pas amusés?**

## VERB STRUCTURE DRILLS

D. The past indefinite of **se reposer** (*to rest*).

| je | me | suis | reposé(e) | nous | nous | sommes | reposés(ées) |
| tu | t' | es | reposé(e) | vous | vous | êtes | reposé(é,és,ées) |
| il<br>elle | s' | est | reposé<br>reposée | ils<br>elles | se | sont | reposés<br>reposées |

1. Il s'est bien reposé.  *Répétez.*

    je, nos amis, tu, vous, nous, Simone.

2. Vous êtes-vous bien reposé(e) hier?  *Répondez.*
    Est-ce que Brigitte et Martine se sont reposées?
    Rolande s'est-elle reposée?
    Qui s'est reposé hier?
    Quand vous êtes-vous reposé(e)?

## PATTERNED RESPONSE

*Teacher:*  Je me suis réveillé(e) et je me suis levé(e).
*Student:*  Je me suis réveillé(e) et je me suis levé(e).

*Teacher:*  J'ai pris mon petit déjeuner.
*Student:*  Je me suis levé(e) et j'ai pris mon petit déjeuner.

    Je suis sorti(e) de la maison.
    Je suis allé(e) à l'université.
    J'ai suivi des cours toute la matinée.
    J'ai déjeuné à midi.
    Je suis allé(e) travailler.
    J'ai travaillé jusqu'à cinq heures.
    Je me suis promené(e) dans le parc.
    Je suis retourné(e) à la maison.
    J'ai mangé.
    J'ai regardé la télévision.
    J'ai étudié jusqu'à onze heures.
    Je me suis couché(e).
    Je me suis endormi(e) immédiatement.

    (*Répétez avec vous, tu, il, nous, ils.*)

TENSE SUBSTITUTION

1. *Teacher:* Aujourd'hui vous apprenez la leçon. Qu'avez-vous fait hier?
   *Student:* Hier j'ai appris la leçon.

        vous travaillez beaucoup
        vous vous amusez bien
        vous allez en ville
        vous vous reposez
        vous achetez un cadeau
        vous écrivez une lettre
        vous étudiez la leçon
        vous lisez un roman
        vous déjeunez chez vous
        vous traduisez une histoire
        vous faites un gâteau
        vous prenez un taxi
        vous suivez vos cours
        vous vous couchez tôt

2. *Teacher:* Je me lave la tête.
   *Student:* Je me suis lavé la tête.
               Je me la suis lavée.

        Je me lime les ongles.
        Je me lave le visage.
        Je me brosse les cheveux.
        Je me coupe les ongles.
        Je me lave la nuque.
        Je me sèche les cheveux.
        Je me lave les oreilles.

Note: When the reflexive verb takes a direct object complement agreement is with the direct object.

ITEM SUBSTITUTION

Je me suis levé(e) et je me suis lavé les mains.   *Répétez.*

Il _____.

_____ le visage.

Nous _____.

_____ avons déjeuné.

Vous _____.

_____ avez bavardé un moment _____.

_____ êtes sorti(e).

Tu _____.

_____ es allé(e) au travail.

Le professeur _____.

——————————————————— a mangé.

————— est allé en ville ——————.

Ils ———————————————————.

——————————————————— se sont promenés.

Robert ———————————————————.

——————————————————— a acheté un cadeau.

————— a appris sa leçon ——————————.

Nous ———————————————————.

——————————————————— sommes allés(ées) au cinéma.

Vous ———————————————————.

——————————————————— êtes revenus à la maison.

Elle ———————————————————.

————— a écrit une lettre ——————————.

——————————————————— a dîné.

Elles ———————————————.

——————————————————— se sont couchées.

## Controlled Conversation

Demandez à ——————— où il (elle) est né(e).

si elle est venue en classe hier.

s'il s'est bien amusé hier.

si elle s'est bien reposée pendant le cours de français.

à quelle heure il s'est réveillé aujourd'hui.

si elle a suivi des cours toute la matinée.

si elle a bavardé pendant la classe.

s'il s'est lavé les mains avant la classe.

## Personalized Questions

1. Êtes-vous né(e) aux États-Unis?
2. Vos grands-parents sont-ils morts?
3. À quelle heure vous êtes-vous levé(e) aujourd'hui?
4. Vous êtes-vous promené(e) toute la matinée?
5. Où avez-vous pris votre petit déjeuner?
6. Êtes-vous allé(e) travailler hier?
7. Pourquoi n'êtes-vous pas venu(e) en classe hier?
8. Est-ce que vous vous êtes dépêché(e) pour arriver à l'heure?
9. Est-ce que vous vous faites de souci?
10. Est-ce que la vie d'étudiant est la belle vie?

## Extemporization

1. CE QUE J'AI FAIT HIER

*Vocabulary:* étudier, se laver la tête, bavarder, se promener, fête, parc, s'amuser, travailler, se reposer, cinéma, film.

*Topic Ideas:*   1. Hier.
              2. Je me suis promené(e) dans le parc.
              3. Hier j'ai dû beaucoup étudier.

*Questions:*   1. T'es-tu promené dans le parc avec ta fiancée?
              2. Pourquoi n'es-tu pas venu(e) en classe hier?
              3. As-tu aimé le film que tu as vu hier?
              4. T'es-tu bien amusé(e)?

## 2. LA VIE D'ÉTUDIANT

*Vocabulary:*   esclavage, se reposer, étudier jour et nuit, belle vie, compagnons (compagnes) de chambre, travailler, bonnes notes, mauvaises notes.

*Topic Ideas:*   1. La vie d'étudiant, c'est de l'esclavage.
              2. La vie d'étudiant, c'est la belle vie.
              3. J'étudie jour et nuit.

*Questions:*   1. Aimes-tu la vie d'étudiant?
              2. T'entends-tu bien avec tes compagnons de chambre?
              3. Est-ce que tu obtiens de bonnes notes?
              4. As-tu le temps de t'amuser?

A. Write complete answers to these questions.

   1. En quel mois est la Fête Nationale?
   2. En quel mois se trouve Noël?
   3. En quel mois est la Saint-Valentin?
   4. En quel mois est la Fête des Mères?
   5. Quel temps fait-il en automne?
   6. En quelle saison y a-t-il beaucoup de soleil?
   7. En quelle saison pleut-il beaucoup?
   8. En quelle saison y a-t-il beaucoup de neige?
   9. En quel mois est votre anniversaire?

B. Write answers to the questions as in the example.

   *Example:* Veux-tu me dire ton nom? **Je te l'ai déjà dit.**

      1. Veux-tu me prêter ton crayon?
      2. Veux-tu leur vendre la maison?
      3. Veux-tu leur prêter les livres?
      4. Veux-tu lui demander son nom?
      5. Veux-tu me dire la vérité?
      6. Veux-tu nous apporter les fruits?

C. Write responses making the necessary changes as in the example.

   *Example:* Je me suis habillé rapidement. (Elles)
   **Elles se sont habillées rapidement aussi.**

      1. Il s'est rasé lentement. (Vous)
      2. Elles se sont levées tard. (Elle)
      3. Louise s'est lavé la tête. (Nous)
      4. Vous vous êtes couchées à dix heures. (Tu)
      5. Nous nous sommes levés à six heures. (Je)
      6. Je me suis réveillé tôt. (Ils)

D. Rewrite the sentences giving the past indefinite form of the verb and making changes as in the example.

   *Example:* J'étudie les leçons. **Je les ai étudiées.**

      1. Tu écoutes le programme.
      2. Nous regardons la télévision.
      3. Il lit le roman.
      4. Elle fait la vaisselle.
      5. Je prends la micheline.
      6. Il met ses chaussures.

7. Tu traduis les passages soulignés.

8. Nous apprécions l'argent.

E. Rewrite the sentences giving the past indefinite form of the verb as in the example.

*Example:* Je vais en classe. **Je suis allé en classe.**

1. Elles arrivent à midi.
2. Il écrit une lettre.
3. Nous montons au grenier.
4. Elle tombe dans les escaliers.
5. Je fais un gâteau.
6. Ils prennent l'air.
7. Elles sortent de l'appartement.
8. Tu achètes un cadeau.
9. Ils reviennent de la lune.

F. Write answers to the questions as in the example.

*Example:* Aimes-tu le pain? **Oui, je voudrais du pain, s'il te plaît.**

1. Aimes-tu la salade?
2. Aimes-tu les escargots?
3. Aimes-tu l'orangeade?
4. Aimes-tu le gâteau?
5. Aimes-tu la tarte?
6. Aimes-tu l'eau minérale?
7. Aimes-tu les huîtres?

G. Rewrite the sentences making changes as in the example.

*Example:* Elle va chez Lucienne. **Elle va chez elle.**

1. Je vais chez Robert.
2. Nous allons chez les Martin.
3. Tu vas chez Régine.
4. Elle va chez Anne et Renée.
5. Vous allez chez Marc et Micheline.

H. Write the answer to the questions as in the example.

*Example:* Avez-vous du raisin? **Oui, j'en ai.**

1. Est-ce qu'elle mange de la tarte?
2. Est-ce qu'ils cueillent des fleurs?
3. Avez-vous de la limonade?
4. Mangez-vous des épinards?
5. Buvez-vous de l'orangeade?
6. Est-ce qu'il achète du parfum?

I. Write answers to the questions as in the example.

*Example:* Est-ce qu'elle vous a donné de la tarte?
**Oui, elle m'en a donné.**

1. Est-ce qu'il vous a donné du raisin?
2. Est-ce que vous lui avez offert des cerises?
3. Est-ce que vous lui avez acheté des fleurs?
4. Est-ce qu'ils vous ont offert des gâteaux?
5. Est-ce qu'elle vous a vendu du pain?
6. Est-ce que vous lui avez donné de la tarte?

## Culture Capsule

## *Les Repas*

En France le petit déjeuner est très frugal[1] et consiste presque toujours en une tasse de café au lait[2] ou de chocolat accompagnée de tartines de beurre,[3] de croissants,[4] ou de brioches.[5]

Le déjeuner est un repas important. On s'arrête[6] de travailler de midi à deux heures et on rentre à la maison pour manger. Le déjeuner comprend[7] généralement un hors-d'œuvre, un plat[8] de viande et de légumes, du fromage et un dessert (en principe un fruit). On sert[9] chaque plat séparément.[10]

Les enfants goûtent[11] à quatre heures de l'après-midi, en rentrant de l'école. On dîne généralement vers huit heures du soir. Le dîner commence souvent par une soupe.

Le plat national est le bifteck-frites[12] accompagné d'une salade verte.[13]

QUESTION—ANSWER

1. Est-ce que le petit déjeuner est un repas important en France?
2. En quoi consiste-t-il?
3. Est-ce qu'on travaille de midi à deux heures? Pourquoi?
4. Qu'est-ce qu'on mange au déjeuner?
5. Est-ce qu'on sert tout ensemble?
6. Que font les enfants en rentrant de l'école?
7. À quelle heure dîne-t-on?
8. Par quoi le dîner commence-t-il?
9. Quel est le plat national?

[1] frugal *simple*
[2] café au lait *coffee with milk*
[3] tartines de beurre *slices of bread and butter*
[4] croissants *crescent-rolls*
[5] brioches *butter rolls*
[6] on s'arrête *one stops*
[7] comprend *includes*
[8] plat *dish*
[9] on sert *one serves*
[10] séparément *separately*
[11] goûtent *have a snack*
[12] bifteck-frites *beefsteak with French fries*
[13] salade verte *tossed greens*

## Dialog Patterns

*Les Vêtements*

---

MARIE-JEANNE — N'est-ce pas une robe neuve que tu portes?
CHANTAL — Si. C'est mon cadeau d'anniversaire.
MARIE-JEANNE — Elle te va bien.
CHANTAL — Et regarde la jolie broche que mon frère m'a offerte!
MARIE-JEANNE — Tu vas être en beauté à la fête!

Hall of Mirrors, Versailles.

## Dialog Patterns

## *Clothing*

---

MARIE-JEANNE — Isn't that a new dress you are wearing?
CHANTAL — Yes. It is my birthday gift.
MARIE-JEANNE — It looks nice on you.
CHANTAL — And look at the pretty pin my brother gave me.
MARIE-JEANNE — Are you ever going to be beautiful at the party!

## Imperative Mood—Group I Verbs

| Subject | | Verb | Complement |
|---|---|---|---|
| **(tu)** | | **Arrête!** | |
| | never | | |
| **(vous)** | | **Arrêtez!** | |
| | stated | | |
| **(nous)** | | **Arrêtons!** | |
| | | **Regarde** | **-la.** |
| | | **Regardez** | **-la.** |
| | | **Regardons** | **-la.** |

Notes:  1. The imperative mood is used for commands.
2. There are only three persons in the imperative:
   —2nd person singular **(tu)**
   —2nd person plural **(vous)**
   —1st person plural **(nous)**
3. The subject is never stated.
4. Except for the 2nd person singular **(tu)** form, which drops the final **-s,** the imperative of the verbs of group I is like the present indicative.
5. The 1st person plural **(nous)** is translated, "Let's . . ."
6. In the affirmative imperative object pronouns are separated from the verb by a hyphen.

PATTERNED RESPONSE

*Teacher:*   Puis-je* regarder ta jolie broche?
*Student:*   Oui, regarde-la.

\* Note:   **Puis,** the archaic form of the first person singular of the present indicative of **pouvoir** is still used in the interrogative inversion to mean "may I . . ."

| | |
|---|---|
| ton joli bracelet | ta jolie montre |
| ta jolie bague | ton joli collier |
| tes jolies boucles d'oreilles | ton joli pendentif |

(*Répétez avec* **vous**: *regardez-la.*)

## STRUCTURE SUBSTITUTION

1a. Je voudrais parler.   *Répondez.*        Eh bien, parle.
_____ étudier.
_____ arrêter.
_____ regarder.
_____ écouter.
_____ rester.
_____ travailler.
_____ commencer.
_____ déjeuner.

(*Répétez avec* **vous**: Eh bien, parlez.)

b. *Do the same exercise answering negatively.*

Je voudrais parler.                Non, ne parlez pas.

2. Nous pouvons parler.            Eh bien, parlons.
_____ étudier.
_____ arrêter.
_____ regarder.
_____ écouter.
_____ manger.
_____ rester.
_____ travailler.
_____ commencer.
_____ déjeuner.

3a. Puis-je acheter le collier?         Oui, achète-le.
\_\_\_\_\_ regarder la télévision?       Oui, regarde-la.
\_\_\_\_\_ répéter les exercices?        Oui, répète-les.
\_\_\_\_\_ écouter le programme?
\_\_\_\_\_ commencer la leçon?
\_\_\_\_\_ manger l'abricot?
\_\_\_\_\_ étudier les Écritures?
\_\_\_\_\_ repasser le linge?
\_\_\_\_\_ réciter les poèmes?
\_\_\_\_\_ apporter l'eau?

(*Répétez avec* **vous**: Oui, achetez-le.)

b. *Do the same exercise answering negatively.*

Puis-je acheter le collier?          Non, ne l'achète pas.

## Object Pronouns in the Affirmative Imperative

| *Direct Object* | *Indirect Object* |
|---|---|
| Regarde- \|moi\| . | Récite-la- \|moi\| . |
| Regarde- \|toi\| . | Récite-la- \|toi\| . |
| Regarde-le. | Récite-la-lui. |
| Regarde-la. | |
| Regarde-nous. | Récite-la-nous. |
| Regardez-vous. | Récitez-la-vous. |
| Regarde-les. | Récite-la-leur. |

Note:  In the affirmative imperative the disjunctive pronouns are used in the first and second persons singular.

### STRUCTURE SUBSTITUTION

1a. Je dois me coiffer. *Répondez.*     Oui, coiffe-toi.
 _____ dépêcher.
 _____ reposer.
 _____ maquiller.
 _____ lever.
 _____ coucher.
 _____ raser.
 _____ calmer.

(*Répétez avec* **vous:** Oui, coiffez-vous.)

b. *Do the same exercise answering negatively.*

Je dois me coiffer.          Non, ne te coiffe pas.

(*Répétez avec* **vous:** Non, ne vous coiffez pas.)

2. Nous devons nous coiffer.          Oui, coiffons-nous.
 _____ dépêcher.
 _____ reposer.
 _____ maquiller.
 _____ lever.
 _____ coucher.
 _____ raser.
 _____ calmer.

3a. Dois-je prêter le stylo à Jean?                         Oui, prête-le-lui.

      _____ donner le bracelet à Mireille?      Oui, donne-le-lui.

      _____ vous poser les questions?          Oui, pose-les-moi.

      _____ demander les livres au professeur?    Oui, demande-les-lui.

      _____ lancer la balle au garçon?         Oui, lance-la-lui.

      _____ vous apporter l'orangeade?        Oui, apporte-la-moi.

      _____ réciter le dialogue à Serge?        Oui, récite-le-lui.

      _____ donner les bonbons aux enfants?   Oui, donne-les-leur.

(*Répétez avec* **vous**: Oui, prêtez-le-lui.)

b. *Do the same exercise answering negatively.*

    Dois-je prêter le stylo à Jean?             Non, ne le lui prête pas.

      _____ donner le bracelet à Mireille?      Non, ne le lui donne pas.

      _____ vous poser les questions?          Non, ne me les pose pas.

      _____ demander les livres au professeur?    Non, ne les lui demande pas.

      _____ lancer la balle au garçon?         Non, ne la lui lance pas.

      _____ vous apporter l'orangeade?        Non, ne me l'apporte pas.

      _____ réciter le dialogue à Serge?        Non, ne le lui récite pas.

      _____ donner les bonbons aux enfants?   Non, ne les leur donne pas.

(*Répétez avec* **vous**: Non, ne le lui prêtez pas.)

**VERB STRUCTURE DRILLS**

A. The present indicative of **se taire** (*to be silent*).

| je | me | tais | | nous | nous | taisons |
|----|----|------|---|------|------|---------|
| tu | te | tais | | vous | vous | taisez |
| il elle | se | tait | | ils elles | se | taisent |

1. Elle ne se tait jamais. *Répétez.*

   ils, tu, vous, les filles, Raymond.

2. Est-ce que tu te tais ou non? *Répondez.*
   Voulez-vous vous taire?
   Est-ce que les jeunes filles se taisent beaucoup?
   Est-ce que les garçons se taisent beaucoup?
   Quand vous taisez-vous?

B. The present indicative of **s'en aller** (*to leave*).

| je | m'en | vais | | nous | nous en | allons |
|----|------|------|---|------|---------|--------|
| tu | t'en | vas | | vous | vous en | allez |
| il elle | s'en | va | | ils elles | s'en | vont |

1. Ils s'en vont demain. *Répétez.*

    je, nous, Nicole, mes parents, tu, vous, il.

2. Quand t'en vas-tu? *Répondez.*
   Quand vos parents s'en vont-ils?
   Est-ce que vous vous en allez déjà?
   Pourquoi t'en vas-tu?
   Est-ce que le professeur s'en va?

C. The present indicative of **s'asseoir** (*to sit down*).

| je | m' | assieds | | nous | nous | asseyons |
|----|-----|---------|---|------|------|----------|
| tu | t' | assieds | | vous | vous | asseyez |
| il elle | s' | assied | | ils elles | s' | asseyent |

ou

| je | m' | assois | | nous | nous | assoyons |
|----|-----|--------|---|------|------|----------|
| tu | t' | assois | | vous | vous | assoyez |
| il elle | s' | assoit | | ils elles | s' | assoient |

1. Il s'assied sur le banc tous les matins. *Répétez.*

    je, elles, nous, tu, vous, elle, les vieillards.

2. Où vous asseyez-vous à la bibliothèque? *Répondez.*
   Vous asseyez-vous sur un banc tous les matins?
   Où le professeur s'assied-il?
   Où les étudiants s'asseyent-ils?
   Pourquoi vous asseyez-vous?

**PATTERNED RESPONSE**

1. *Teacher:*  N'est-ce pas une robe neuve que vous portez?
   *Student:*  Si, c'est une robe neuve.

   | | |
   |---|---|
   | un chandail neuf | une paire de chaussettes neuve |
   | une jupe neuve | un pantalon neuf |
   | une chemise neuve | une cravate neuve |

2. *Teacher:*  N'est-ce pas un scooter neuf que vous avez?
   *Student:*  C'est un nouveau scooter, mais il n'est pas neuf.

   | | |
   |---|---|
   | une automobile (nouvelle) | une moto |
   | une vélo-moteur | un bateau |
   | une bicyclette | une barque |

PATTERNED RESPONSE

|  |  |
|---|---|
| *Teacher:* | Je n'aime pas la soupe. |
| *First Student:* | Moi non plus, je ne l'aime pas. |
| *Second Student:* | Moi si, je l'aime. |

| | |
|---|---|
| les haricots | le pamplemousse |
| le foie | l'eau minérale |
| la purée | le poisson |
| les épinards | la viande hâchée |

PATTERNED RESPONSE

|  |  |
|---|---|
| *Teacher:* | Que pensez-vous de mon nouveau complet? |
| *Student:* | Il vous va très bien. |

| | |
|---|---|
| ma nouvelle cravate | mon nouveau gilet |
| mes nouveaux gants | ma nouvelle veste |
| mon nouveau pull-over | ma nouvelle coiffure |
| ma nouvelle paire de chaussures | mon nouveau chapeau |

## Controlled Conversation

Demandez à ——————— si elle ne porte pas une robe neuve.
si ce n'est pas une chemise neuve qu'il porte.
si vous pouvez lui parler.
si vous devez réciter le dialogue.
si vous devez vous dépêcher.
si vous pouvez poser la question au professeur.
s'il s'en va déjà.
près de qui elle s'assied en classe.

Dites à ——————— de se calmer.
de regarder le livre.
de vous regarder.
de prêter le stylo à son voisin.
de vous apporter les livres.
que sa coiffure lui va bien.

## Personalized Questions

1. Puis-je commencer la leçon?
2. Puis-je vous interroger?
3. Dois-je poser la question à votre voisin?
4. N'est-ce pas un chandail neuf que vous portez?

5. N'est-ce pas une bicyclette neuve que vous avez?
6. Puis-je me reposer?
7. Dois-je poser les questions aux étudiants?
8. Je n'aime pas le poisson. Et vous?
9. Que pensez-vous de ma nouvelle cravate?
10. Nous devons nous dépêcher, n'est-ce pas?

## Dialog Patterns

## *Les Vêtements (suite)*

---

CHANTAL — Et toi, comment vas-tu t'habiller?

MARIE-JEANNE — Je ne sais pas, je n'ai rien à me mettre.

CHANTAL — N'as-tu pas un joli ensemble bleu clair?

MARIE-JEANNE — Si. Mais il me faut des chaussures bleues pour aller avec.

CHANTAL — Nous avons la même pointure. Tiens, mets les miennes.

MARIE-JEANNE — Oh! merci. Tu es gentille.

CHANTAL — Il n'y a pas de quoi.

**Dialog Patterns**

*Clothing (continued)*

CHANTAL — How are you going to dress?
MARIE-JEANNE — I don't know. I don't have a thing to wear.
CHANTAL — Don't you have a pretty light blue outfit?
MARIE-JEANNE — Yes, but I need blue shoes to go with it.
CHANTAL — We wear the same size. Here! Wear mine.
MARIE-JEANNE — Oh, thank you! That's so nice of you.
CHANTAL — Think nothing of it.

## Imperative Mood—Verbs of Groups II and III

| *Subject* | *Verb* | *Complement* |
|---|---|---|
| **(tu)** | **Finis!** | |
| **(vous)** never stated | **Finissez!** | |
| **(nous)** | **Finissons!** | |
| | **Attends** | **l'autobus.** |
| | **Attendez** | **l'autobus.** |
| | **Attendons** | **l'autobus.** |

Note:  Imperative forms of group II and III verbs are the same as the present indicative.

VERB STRUCTURE DRILLS

A.  The present indicative of **mettre** (*to put, to put on*).

| | | | |
|---|---|---|---|
| **je** | **mets** | **nous** | **mettons** |
| **tu** | **mets** | **vous** | **mettez** |
| **il** <br> **elle** ⎫ | **met** | **ils** <br> **elles** ⎫ | **mettent** |

1. Elle met son chapeau.  *Répétez.*

   tu, vous, je, le professeur, ils, nous.

2. Avez-vous quelque chose à vous mettre pour la fête?  *Répondez.*
   Est-ce que vous mettez des gants l'été?
   Mettez-vous un chapeau l'hiver?
   Pouvez-vous mettre les chaussures de votre mère (père)?
   Est-ce que Marie-Jeanne met les chaussures de Chantal?

B.  The imperative of **mettre.**

|        |           |
|--------|-----------|
| **(tu)**   | **mets**    |
| **(vous)** | **mettez**  |
| **(nous)** | **mettons** |

STRUCTURE SUBSTITUTION

Puis-je mettre tes chaussures?  *Répondez.*    Oui, mets-les.
Puis-je mettre vos gants?                      Oui, mettez-les.
Pouvons-nous mettre nos costumes?              Oui, mettons-les.
Puis-je mettre ton chapeau?
Puis-je mettre votre manteau?
Pouvons-nous mettre notre imperméable?

C.  The imperative of **aller** (*to go*).

|        |          |
|--------|----------|
| **(tu)**   | **va***    |
| **(vous)** | **allez**  |
| **(nous)** | **allons** |

*Note:   The second person singular omits the **-s.**

D.  The imperative of **venir** (*to come*).

|        |          |
|--------|----------|
| **(tu)**   | **viens**  |
| **(vous)** | **venez**  |
| **(nous)** | **venons** |

E.  The imperative of **dire** (*to say*).

|        |         |
|--------|---------|
| **(tu)**   | **dis**   |
| **(vous)** | **dites** |
| **(nous)** | **disons**|

F.  The imperative of **faire** (*to do, to make*).

|        |          |
|--------|----------|
| **(tu)**   | **fais**   |
| **(vous)** | **faites** |
| **(nous)** | **faisons**|

G.  The imperative of **sortir** (*to go out*).

|        |          |
|--------|----------|
| **(tu)**   | **sors**   |
| **(vous)** | **sortez** |
| **(nous)** | **sortons**|

H.  The imperative of **prendre** (*to take*).

|        |          |
|--------|----------|
| **(tu)**   | **prends** |
| **(vous)** | **prenez** |
| **(nous)** | **prenons**|

PATTERNED RESPONSE

1. *Teacher:* Le fils—Papa, Jean ne veut pas sortir de la chambre.
   *Student:* Papa—Jean, sors de la chambre.

   Papa, Louis ne veut pas aller au magasin.
   \_\_\_\_\_ Simone _____ dire la vérité.
   \_\_\_\_\_ Claire _____ faire attention.
   \_\_\_\_\_ René _____ attendre maman.
   \_\_\_\_\_ Marc _____ prendre le car.
   \_\_\_\_\_ Marie _____ faire la lessive.
   \_\_\_\_\_ Paul _____ sortir la poubelle.
   \_\_\_\_\_ Line _____ finir la vaisselle.

2. *Teacher:* Je ne veux pas venir demain.
   *Student:* Eh bien, ne venez pas.

   | sortir | le dire |
   |--------|---------|
   | le faire | y aller |
   | les mettre | attendre |
   | partir | le prendre |

3. *Teacher:* Est-ce que je te dis la vérité ou non?
   *Student:* Bon, dis-moi la vérité.

   Est-ce que je sors de la pièce ou non?
   _____ je viens demain _____?
   _____ je finis l'exercice _____?
   _____ je pars _____?
   _____ je le mets ici ou non \_\_\_?
   _____ je le fais _____?

4. *Teacher:* Allons-nous faire des crêpes?
   *Student:* Oui, faisons des crêpes.

   Allons-nous prendre le taxi?
   _____ attendre Gisèle?
   _____ sortir?
   _____ faire attention?
   _____ dire la vérité?
   _____ finir la leçon?

I. The imperative of **se taire** (*to be silent*).

   | (**tu**) | **tais-toi** |
   |----------|--------------|
   | (**vous**) | **taisez-vous** |
   | (**nous**) | **taisons-nous** |

J. The imperative of **s'en aller** (*to leave*).

   | (**tu**) | **va-t'en** |
   |----------|-------------|
   | (**vous**) | **allez-vous-en** |
   | (**nous**) | **allons-nous-en** |

K. The imperative of **s'asseoir** (*to sit down*).

    **(tu)**          **assieds-toi**
    **(vous)**       **asseyez-vous**
    **(nous)**       **asseyons-nous**

STRUCTURE SUBSTITUTION

1. Maintenant je me tais.          Oui, tais-toi.
   ———— je m'en vais.     Oui, va-t'en.
   ———— je m'assieds.    Oui, assieds-toi.

2. *Répétez avec* **vous.**

3. Devons-nous nous taire?     Oui, taisons-nous.
   ———— nous en aller?    Oui, allons-nous-en.
   ———— nous asseoir?    Oui, asseyons-nous.

4. *Do the same exercises answering negatively.*

   Maintenant je me tais.       Non, ne te tais pas.
   ———— je m'en vais.      Non, ne t'en va pas.
   . . . . . . . . . .            . . . . . . . . . .
   Devons-nous nous taire?    Non, ne nous taisons pas.
   . . . . . . . . . .            . . . . . . . . . .

L.  **Vouloir** (*to want*)—Polite Imperative

    **(tu)**          **veuille**
    **(vous)**       **veuillez**

## *Être* and *Avoir*—Irregular Imperative

| **Être** (*to be*) | | **Avoir** (*to have*) | |
|---|---|---|---|
| **(tu)** | **sois** | **(tu)** | **aie** |
| **(vous)** | **soyez** | **(vous)** | **ayez** |
| **(nous)** | **soyons** | **(nous)** | **ayons** |

MOOD SUBSTITUTION

1. Tu es sage. *Changez.*         Sois sage.
   Nous sommes calmes.       Soyons calmes.
   Vous êtes patient.         Soyez patient.
   Nous sommes sérieux.
   Tu es tranquille.
   Vous êtes sans crainte.
   Tu es gentil.

Vous êtes sages.
Nous sommes confiants.
Tu es forte.

2. Tu as confiance.  *Changez.*    Aie confiance.
   Vous avez du courage.            Ayez du courage.
   Nous avons foi.                  Ayons foi.
   Vous avez de la patience.
   Tu as de l'endurance.
   Nous avons du sang-froid.
   Vous avez de l'énergie.
   Tu as de l'audace.
   Nous avons de l'ambition.
   Vous avez du succès.

## The Imperative with *Y* and *En*

### STRUCTURE SUBSTITUTION

1. Nous allons au cinéma.  *Changez.*    Allons-y.
   Vous allez au théâtre.                Allez-y.
   Tu vas au concert.                    Vas-y.*
   Nous allons à la plage.
   Tu vas au zoo.
   Vous allez au marché.

2. Nous prenons de la tarte.  *Changez.*    Prenons-en.
   Tu achètes des fleurs.                   Achètes-en.*
   Vous apportez de l'eau.                  Apportez-en.
   Vous faites des gâteaux.
   Tu offres des bonbons.
   Nous buvons du chocolat.
   Vous mangez de la soupe.
   Tu achètes du sel.

*Note:  An **-s** is added to the **tu** form of **aller** and of group I verbs when they are followed by **y** and **en**.

### PATTERNED RESPONSE

*Teacher:*  Puis-je donner des bonbons aux enfants?
*Student:*  Oui, donnez-leur-en.

| | |
|---|---|
| de la tarte à Lucie | de l'eau aux enfants |
| du gâteau à Robert | des cerises à la petite |
| des pêches à Marc | du jus de pomme aux petits |

STRUCTURE SUBSTITUTION

1. *Teacher:*    Donnez-moi des cerises s'il vous plaît.
   *Student:*    Donnez-m'en s'il vous plaît.

|                   |                      |
|-------------------|----------------------|
| du pamplemousse   | de la pastèque       |
| de l'ananas       | de la noix de coco   |
| de la grenade     | du raisin            |

2. *Teacher:*    Donne-moi un gâteau s'il te plaît.
   *Student:*    Donne-m'en un s'il te plaît.

|                |                  |
|----------------|------------------|
| deux abricots  | six noisettes    |
| trois galettes | une pêche        |
| cinq noix      | deux croissants  |

## Supplementary Dialogs

*First Student*

1. Tu as un joli corsage. Veux-tu
     me le prêter?
   Non, prête-le-moi aujourd'hui.
   S'il te plaît, prête-le-moi.

2. Avez-vous un chapeau de soleil?
   Est-ce que vous me le donnez?
   Pourquoi ne me le donnez-vous pas?
   S'il vous plaît, donnez-le-moi.

3. Vous avez de jolies chaussures.
   Voulez-vous me les prêter?
   Non, prêtez-les-moi aujourd'hui.

   S'il vous plaît, prêtez-les-moi.

4. As-tu une ceinture?
   Est-ce que tu me la donnes?
   Pourquoi ne me la donnes-tu pas?
   S'il te plaît, donne-la-moi.

*Second Student*

Oui, je vais te le prêter demain.

Je ne peux pas te le prêter aujourd'hui.
D'accord, je te le prête.

Oui, j'en ai un.
Non, je ne vous le donne pas.
Parce que je ne veux pas vous le donner.
D'accord, je vous le donne.

Oui, je vais vous les prêter demain.

Je ne peux pas vous les prêter
   aujourd'hui.
D'accord, je vous les prête.

Oui, j'en ai une.
Non, je ne te la donne pas.
Parce que je ne veux pas te la donner.
D'accord, je te la donne.

## Controlled Conversation

Demandez à ——————— comment il va s'habiller pour la fête.
                      si elle n'a pas un joli ensemble rouge.
                      si vous pouvez mettre ses chaussures.
                      s'il veut vous donner son stylo.
                      si vous devez lui dire la vérité ou non.
                      si vous pouvez donner deux bonbons au professeur.

Dites à _____d'aller à la porte.
                            de faire attention.
                            de sortir de la classe.
                            de vous attendre.
                            d'être patient(e).
                            d'avoir du courage.
                            de se taire.
                            de s'asseoir.
                            de s'en aller.

## Personalized Questions

1. Puis-je venir?
2. Allons-nous au cinéma?
3. Puis-je vous dire la vérité?
4. Est-ce que je finis la leçon ou non?
5. Allons-nous faire une omelette?
6. Puis-je avoir confiance en vous?
7. Dois-je être patient?
8. Allons-nous acheter des fleurs?
9. Dois-je donner de bonnes notes aux étudiants?
10. Voulez-vous me donner vos crayons?

## Extemporization

1. MON ANNIVERSAIRE

    *Vocabulary:*   fête, neuf(ve), vêtements, se mettre, rien, chaussures, prêter, joli cadeau, ensemble, bijoux, broche, bracelet-montre.

    *Topic Ideas:*   1. C'est aujourd'hui mon anniversaire.
                       2. Il me faut beaucoup de choses.
                       3. J'ai de jolis cadeaux.

    *Questions:*   1. Quel âge as-tu?
                   2. Pourquoi n'as-tu rien à te mettre pour la fête?
                   3. Qu'est-ce qu'il te faut?
                   4. N'est-ce pas un ensemble neuf que tu as?

2. LES VÊTEMENTS

    *Vocabulary:*   complet, costume, chemise, pantalon, veste de sport, gilet, corsage, chaussettes, paire de bas, sous-vêtements, maille, argent, bien aller, prêter.

*Topic Ideas:*   1. Mes vêtements neufs.
2. J'ai besoin d'argent.
3. J'ai une maille à mon bas.

*Questions:*   1. Est-ce que tu as des vêtements neufs?
2. Pourquoi as-tu besoin d'argent?
3. N'as-tu pas d'argent pour t'acheter une paire de bas?
4. Je peux te prêter de l'argent. En veux-tu?

## Dialog Patterns

*Ville et Campagne*

SOPHIE — Est-ce que tu habitais à la campagne quand tu étais petite?
LINE — Moi? Non alors!
SOPHIE — Il me semble que tu n'aimes pas la campagne.
LINE — Je préfère mille fois la ville.
SOPHIE — À la campagne on est au grand air et on se sent libre.
LINE — À la ville on peut aller au théâtre et au concert.

A spring night in the Latin Quarter.

## Dialog Patterns

## *City and Country*

---

SOPHIE — Did you live in the country when you were small?
LINE — Me? I certainly did not!
SOPHIE — It seems to me that you don't like the country.
LINE — I prefer the city a thousand times over.
SOPHIE — In the country you are in the fresh air and you feel free.
LINE — In the city you can go to the theater and to concerts.

## The Imperfect Indicative

| *Present Indicative* | *Stem for Imperfect Indicative* | | *Endings for Imperfect* |
|---|---|---|---|
| **Nous habitons** | J' | habit- | ais |
| | Tu | habit- | ais |
| | Il | habit- | ait |
| | Nous | habit- | ions |
| | Vous | habit- | iez |
| | Ils | habit- | aient |
| **Nous finissons** | Je | finiss- | ais |
| | Tu | finiss- | ais |
| | Il | finiss- | ait |
| | Nous | finiss- | ions |
| | Vous | finiss- | iez |
| | Ils | finiss- | aient |

Notes:  1. The stem for the imperfect is the 1st person plural (**nous** form) of the present indicative with the **-ons** omitted.
2. The endings for all verbs in the imperfect are: **-ais, -ais, -ait, -ions, -iez, -aient.**
3. The imperfect indicative is a past tense used when one thinks of the past event or condition as having been continuous or as having been repeated.

VERB STRUCTURE DRILLS

A.  The imperfect indicative of **habiter** (*to reside*).

| j' | habitais | nous | habitions |
|---|---|---|---|
| tu | habitais | vous | habitiez |
| il elle | habitait | ils elles | habitaient |

1. Ils habitaient en France avant.    *Répétez.*

   je, tu, nous, Sophie, vous, il, elles.

2. Où habitiez-vous avant de venir ici?    *Répondez.*
   Où habitaient vos parents pendant leur enfance?
   Habitiez-vous en France avant?
   Habitiez-vous loin d'ici pendant votre enfance?
   Qui habitait en France avant?

B.  The imperfect indicative of **étudier** (*to study*).

| | | | |
|---|---|---|---|
| **j'** | étudiais | **nous** | étudiions* |
| **tu** | étudiais | **vous** | étudiiez* |
| **il** <br> **elle** | étudiait | **ils** <br> **elles** | étudiaient |

*Note:   the double **i** in the 1st and 2nd persons plural. Both are pronounced.

1. J'étudiais jour et nuit.    *Répétez.*

   vous, tu, les élèves, nous, Annie, il.

2. Est-ce que vous étudiiez jour et nuit l'année dernière? ·  *Répondez.*
   Étudiiez-vous le français au lycée?
   Qui étudiait le français le mois dernier?
   Est-ce qu'on étudiait le latin dans votre lycée?

C.  The imperfect indicative of **travailler** (*to work*).

| | | | |
|---|---|---|---|
| **je** | travaillais | **nous** | travaillions |
| **tu** | travaillais | **vous** | travailliez |
| **il** <br> **elle** | travaillait | **ils** <br> **elles** | travaillaient |

1. Elle travaillait à Prisunic.    *Répétez.*

   René, je, vous, nous, tu, Jeanne et Rose.

2. Où travailliez-vous l'été dernier?    *Répondez.*
   Travailliez-vous beaucoup au lycée?
   Où travaillait votre père il y a dix ans?
   Où travaillait votre grand-père avant sa retraite?
   Est-ce que vous travailliez jour et nuit l'année dernière?

D.  The imperfect indicative of **finir** (*to finish*).

| | | | |
|---|---|---|---|
| **je** | finissais | **nous** | finissions |
| **tu** | finissais | **vous** | finissiez |
| **il** <br> **elle** | finissait | **ils** <br> **elles** | finissaient |

1. Il finissait à cinq heures tous les jours.  *Répétez.*

    je, nous, vous, les étudiants, la classe, elles.

2. À quelle heure finissaient vos classes le trimestre dernier?  *Répondez.*
    Est-ce que vous finissiez à quatre heures tous les jours au lycée?
    À quelle heure finissiez-vous l'année dernière?
    Quand la journée de travail finissait-elle dans le temps?
    À quelle heure finissait votre grand-père?

E.  The present indicative of **se sentir** (*to feel*).

| je | me | sens | nous | nous | sentons |
|----|-----|------|------|------|---------|
| tu | te | sens | vous | vous | sentez |
| il elle | se | sent | ils elles | se | sentent |

1. Est-ce que tu te sens mal?  *Répétez.*

    Annie, vous, ton grand-père, ils, vos sœurs.

2. Comment vous sentez-vous?  *Répondez.*
    Est-ce qu'on se sent libre à la campagne?
    Vous sentez-vous bien?
    Comment se sent-on à la ville?
    Vous sentez-vous mal?

F.  The imperfect indicative of **se sentir.**

| je | me | sentais | nous | nous | sentions |
|----|-----|---------|------|------|----------|
| tu | te | sentais | vous | vous | sentiez |
| il elle | se | sentait | ils elles | se | sentaient |

1. Je me sentais bien en vacances.  *Répétez.*

    nous, vous, tu, elle, les étudiants, mon père.

2. Vous sentiez-vous bien hier?  *Répondez.*
    Est-ce que les étudiants se sentaient bien pendant les vacances?
    Comment vous sentiez-vous pendant la matinée?
    Vous sentiez-vous libre en vacances?
    Vous sentiez-vous mal avant-hier?

TENSE SUBSTITUTION

*Teacher:*  Étudiez-vous beaucoup?
*Student:*  Maintenant non, mais avant j'étudiais beaucoup.
            (Maintenant oui, mais avant je n'étudiais pas beaucoup.)

Mangez-vous beaucoup?
Travaillez-vous beaucoup?
Jouez-vous beaucoup?
Rêvez-vous beaucoup?
Vous reposez-vous beaucoup?
Finissez-vous tôt?
Parlez-vous français?
Habitez-vous à la campagne?
Vous levez-vous tôt?
Aimez-vous étudier?
Réagissez-vous rapidement?
Vous couchez-vous tard?

#### ITEM SUBSTITUTION

1. J'étudiais tous les jours.   *Répétez.*
   Vous _____.
   _____ de temps en temps.
   Elle _____.
   _____ quand elle habitait à Paris.
   ___ parlait français _____.
   Nous _____.
   _____ dans le temps.
   Ils _____.
   _____ il y a cinq ans.
   ___ travaillaient beaucoup _____.
   Tu _____ à l'université.
   Vous _____.

2. Je me couchais tôt à la maison.   *Répétez.*
   _____ l'année dernière.
   Il _____.
   _____ l'hiver.
   Nous _____.
   _____ en vacances.
   _____ nous reposions _____.
   Elle _____.
   _____ tout le temps.
   Vous _____.

#### PATTERNED RESPONSE

1. *Teacher:*  Parliez-vous français il y a dix ans?
   *Student:*  Non, je ne parlais pas français il y a dix ans.
               (Oui, je parlais français il y a dix ans.)

   | espagnol | russe   | allemand |
   |----------|---------|----------|
   | anglais  | chinois | italien  |

2. *Teacher:* Étudiiez-vous les mathématiques au lycée?
   *Student:* Oui, nous étudiions les mathématiques au lycée.
   (Non, nous n'étudiions pas les mathématiques au lycée.)

   l'histoire              la littérature
   la géographie           le latin
   les sciences naturelles la physique

3. *Teacher:* Vous sentiez-vous libre lorsque vous habitiez à la campagne?
   *Student:* Oui, je me sentais libre lorsque j'habitais à la campagne.
   (Non, je ne me sentais pas libre lorsque j'habitais à la campagne.)

   nagiez-vous souvent
   travailliez-vous dans les champs
   cueilliez-vous beaucoup de fruits
   rêviez-vous allongé(e) sur l'herbe
   pêchiez-vous beaucoup de poissons
   vous promeniez-vous dans les champs

VERB STRUCTURE DRILLS

G. Indirect Object Construction with **sembler** (*to seem*).

| me | semble | nous | semble |
|----|--------|------|--------|
| te | semble | vous | semble |
| lui | semble | leur | semble |

1. Est-ce que cela te semble bizarre? *Répétez.*

   vous, lui, leur.

2. Il me semble que vous n'aimez pas la campagne, n'est-ce pas? *Répondez.*
   Il me semble que vous n'aimez pas la ville, est-ce vrai?
   Est-ce que cela vous semble étrange?
   Est-ce que le français vous semble bizarre?
   Il me semble que vous n'aimez pas la classe de français, n'est-ce pas?

QUESTION—ANSWER

Préférez-vous la ville ou la campagne? *Répondez.*
Aimez-vous mieux aller à la pêche ou au théâtre?
Vous sentez-vous libre à la ville ou à la campagne?
Vous sentez-vous bien ou mal?
Passez-vous vos vacances à la campagne ou à la ville?
Préférez-vous le théâtre ou le cinéma?

PATTERNED RESPONSE

1. *Teacher:*   Que cueilliez-vous à la campagne?
   *Student:*   Je cueillais des fleurs des champs et des fruits.

   | | |
   |---|---|
   | des bleuets | des framboises |
   | des coquelicots | des mûres |
   | des boutons d'or | des maquereaux |
   | des marguerites | des fraises |
   | des pâquerettes | des groseilles |

2. *Teacher:*   Où aimiez-vous aller à la ville?
   *Student:*   J'aimais aller au cinéma.

   | | |
   |---|---|
   | aux conférences | aux concerts |
   | dans les musées | au jardin zoologique |
   | au théâtre | aux expositions de peinture |
   | à l'opéra | dans les parcs |
   | dans les grands magasins | aux fêtes foraines |

## Controlled Conversation

Demandez à ——————— si elle habitait en France il y a dix ans.
s'il parlait français il y a cinq ans.
si elle étudiait beaucoup au lycée.
s'il travaillait beaucoup dans le temps.
à quelle heure finissaient ses classes l'année dernière.
où il habitait avant de venir ici.
comment elle se sentait hier.
s'il se levait tôt dans le temps.

## Personalized Questions

1. Préférez-vous mille fois la ville à la campagne?
2. Est-ce qu'on est au grand air à la ville?
3. Où habitiez-vous pendant votre enfance?
4. Étudiiez-vous jour et nuit avant?
5. Où travailliez-vous l'année dernière?
6. Comment vous sentiez-vous hier après-midi?
7. Habitez-vous à la campagne maintenant?
8. Comment le français vous semble-t-il?
9. Où aimiez-vous aller à la ville?
10. Où passez-vous vos vacances?

## Dialog Patterns

*Ville et Campagne (suite)*

SOPHIE — Moi je vivais à vingt-cinq kilomètres de Marseille.
LINE — Allais-tu souvent en ville?
SOPHIE — Assez souvent. J'avais les avantages de la ville et de la campagne.
LINE — Ça c'était bien.

## Dialog Patterns

## *City and Country (continued)*

SOPHIE — I lived twenty-five kilometers (about 15.5 miles) from Marseille.
LINE — Did you go into town often?
SOPHIE — Fairly often. I had the advantages of the city and of the country.
LINE — That was good.

VERB STRUCTURE DRILLS

A. The present indicative of **vivre** (*to live*).

| je  | vis | nous  | vivons |
|-----|-----|-------|--------|
| tu  | vis | vous  | vivez  |

| il<br>elle } | vit | ils<br>elles } | vivent |
|---|---|---|---|

1. Ils vivent en France. *Répétez.*

   Sophie et Line, nous, je, vous, tu, il.

2. Où vivez-vous? *Répondez.*
   Est-ce qu'on vit longtemps de nos jours?
   Où vivent Sophie et Line?
   Où vivent vos parents?
   Où vivez-vous l'été?

B. The imperfect indicative of **vivre.**

| je  | vivais | nous  | vivions |
|-----|--------|-------|---------|
| tu  | vivais | vous  | viviez  |

| il<br>elle } | vivait | ils<br>elles } | vivaient |
|---|---|---|---|

1. Je vivais près de Marseille. *Répétez.*

   Sophie, tu, mes parents, nous, elles.

2. Où viviez-vous pendant votre enfance? *Répondez.*
   Où viviez-vous il y a dix ans?
   Où viviez-vous l'année dernière?
   Où vivaient vos parents pendant leur enfance?
   Où vivaient vos grands-parents pendant leur enfance?

C. The imperfect indicative of **aller** (*to go*).

| j' | allais | nous | allions |
|----|--------|------|---------|
| tu | allais | vous | alliez |

| il elle | allait | ils elles | allaient |

1. Sophie allait souvent en ville.   *Répétez.*

   je, nous, tu, vous, Jean et Robert, il.

2. Où alliez-vous au lycée?   *Répondez.*
   Alliez-vous souvent en ville l'année passée?
   Où alliez-vous en vacances pendant votre enfance?
   Est-ce que vous alliez vous coucher de bonne heure dans le temps?
   Est-ce que vous alliez souvent au cinéma avant?

D. The imperfect indicative of **voir** (*to see*).

| je | voyais | nous | voyions |
|----|--------|------|---------|
| tu | voyais | vous | voyiez |

| il elle | voyait | ils elles | voyaient |

1. On n'y voyait rien.   *Répétez.*

   elle, je, vous, nous, tu, ils.

2. Au siècle passé, est-ce qu'on y voyait très clair la nuit?   *Répondez.*
   Voyiez-vous souvent vos parents l'année dernière?
   Qui voyiez-vous souvent l'été dernier?
   Voyiez-vous souvent vos amis intimes le mois dernier?
   Sophie voyait souvent la ville, n'est-ce pas?

E. The present indicative of **croire** (*to believe*).

| je | crois | nous | croyons |
|----|-------|------|---------|
| tu | crois | vous | croyez |

| il elle | croit | ils elles | croient |

1. Je crois en Dieu.   *Répétez.*

   nous, elles, mes parents, vous, tu, le président.

2. Croyez-vous en Dieu?   *Répondez.*
   Croyez-vous qu'il va pleuvoir demain?
   Croyez-vous aux soucoupes volantes?
   Croyez-vous au Père Noël?
   Croyez-vous à la théorie de l'évolution?

F.  The imperfect indicative of **croire.**

| je | croyais | nous | croyions |
|----|---------|------|----------|
| tu | croyais | vous | croyiez |
| il<br>elle } | croyait | ils<br>elles } | croyaient |

1.  Il ne le croyait pas.  *Répétez.*

   je, elle, le professeur, ses amis, nous, tu.

2.  Croyiez-vous au Père Noël dans le temps?  *Répondez.*
   Croyiez-vous aux bonnes fées dans votre enfance?
   À cinq ans croyiez-vous tout ce que vos parents vous disaient?
   À dix ans croyiez-vous toujours au Père Noël?
   Croyiez-vous à la fée Carabosse dans le temps?

G.  The imperfect indicative of **dire** (*to say*).

| je | disais | nous | disions |
|----|--------|------|---------|
| tu | disais | vous | disiez |
| il<br>elle } | disait | ils<br>elles } | disaient |

1.  Que disais-tu?  *Répétez.*

   vous, nous, je, il, elles, Roberte.

2.  Que disiez-vous à votre voisin(e)?  *Répondez.*
   Que disiez-vous il y a deux minutes?
   Disiez-vous qu'il allait pleuvoir?
   Que disiez-vous au téléphone?
   Que disait le professeur aux étudiants?

H.  The imperfect indicative of **avoir** (*to have*).

| j' | avais | nous | avions |
|----|-------|------|--------|
| tu | avais | vous | aviez |
| il<br>elle } | avait | ils<br>elles } | avaient |

1.  Avais-je tort ou raison?  *Répétez.*

   tu, elle, nous, elles, vous, mes parents.

2.  Aviez-vous les avantages de la ville et de la campagne?  *Répondez.*
   Parliez-vous français quand vous aviez douze ans?
   Pourquoi aviez-vous l'air triste hier?
   Aviez-vous un chien chez vous?
   Aviez-vous le temps de vous reposer au lycée?
   Aviez-vous mal à la tête hier?

I.  **Être**—Irregular Imperfect

| j'  | **étais** | **nous** | **étions** |
|-----|-----------|----------|------------|
| **tu** | **étais** | **vous** | **étiez** |

| **il** ⎱ | **était** | **ils** ⎱ | **étaient** |
|----------|-----------|-----------|-------------|
| **elle** ⎰ |         | **elles** ⎰ |          |

Note:  The imperfect stem for **être** is **ét-**. Any verb that does not end in **-ons** in the 1st person plural of the present indicative (**nous sommes,** for example) will take its stem from the infinitive.

1.  J'étais très pressé(e) hier.  *Répétez.*

   les gens, le facteur, tu, nous, vous, elle.

2.  Étiez-vous pressé(e) hier?  *Répondez.*
   Où viviez-vous lorsque vous étiez petit(e)?
   Où étiez-vous hier matin?
   Étiez-vous en colère hier?
   Étiez-vous bon en anglais au lycée?

TENSE SUBSTITUTION

1.  *Teacher:*  Êtes-vous très pressé(e)?
   *Student:*  Pas aujourd'hui, mais hier j'étais très pressé(e).

   Avez-vous le temps de bavarder?
   Attendez-vous l'autobus?
   Savez-vous votre leçon?
   Pouvez-vous m'aider?
   Devez-vous sortir?
   Comprenez-vous la leçon?

2.  *Teacher:*  Suivez-vous des cours d'anglais?
   *Student:*  Pas cette année, mais l'année dernière je suivais des cours d'anglais.

   Vivez-vous en ville?
   Prenez-vous l'autobus?
   Sortez-vous le samedi?
   Allez-vous souvent au cinéma?
   Apprenez-vous l'allemand?
   Écrivez-vous beaucoup de lettres?
   Lisez-vous beaucoup?
   Dormez-vous beaucoup?

ITEM SUBSTITUTION

1.  Je le voyais tous les jours.  *Répétez.*
   Vous ————————.
   ———————— assez souvent.

Elle _____.

_____ quand elle était jeune.

___ vivait en France _____.

Robert _____ quand il était petit.

_____ savait parler français ___.

Nous _____ dans le temps.

Elles _____.

_____ quand elles avaient dix ans.

Tu _____.

Je _____ deux ans.

2. Je pensais que vous alliez à l'église.   *Répétez.*

Nous _____.

_____ à la campagne.

Il me semblait _____.

_____ qu'ils _____.

_ nous _____ au théâtre.

_____ elles _____.

Elle croyait _____.

_____ en ville.

Nous _____ .

_____ tu ___ à la maison.

Ils _____.

Il leur semblait _____.

**PATTERNED RESPONSE**

1. *Teacher:*   Croyiez-vous au Père Noël quand vous étiez petit(e)?
   *Student:*   Oui, je croyais au Père Noël quand j'étais petit(e).
   (Non, je ne croyais pas au Père Noël quand j'étais petit(e).)

   au Père Fouettard          à la fée Carabosse
   à l'ogre                   aux lutins
   aux contes de fées         au marchand de sable

2. *Teacher:*   À dix ans alliez-vous souvent en ville?
   *Student:*   Non, à dix ans je n'allais pas souvent en ville.
   (Oui, à dix ans j'allais souvent en ville.)

   au cinéma          au musée
   au concert         à la mer
   à la campagne      à la montagne

3. *Teacher:*   Où peut-on nager?
   *Student:*   On peut nager à la campagne.

   faire du cheval—à la campagne
   voir une pièce de théâtre—à la ville
   faire des courses—à la ville

aller à la pêche—à la campagne
visiter les musées—à la ville
s'allonger dans l'herbe—à la campagne
visiter les expositions—à la ville
faire du canoë—à la campagne

## *Les Kilomètres*

One mile = 1.61 kilometers
One kilometer = 0.62 miles

| *Kilometers* | 1 | 2 | 3 | 4 | 5 | 6 | 7 | 8 | 9 | 10 | 15 | 20 | 25 |
|---|---|---|---|---|---|---|---|---|---|---|---|---|---|
| *Miles* | 0.62 | 1.24 | 1.86 | 2.48 | 3.1 | 3.72 | 4.34 | 4.96 | 5.58 | 6.2 | 9.3 | 12.4 | 15.5 |

PATTERNED RESPONSE

*Teacher:* Nice est à combien de kilomètres de Paris?
*Student:* Nice est à 933 kilomètres de Paris (neuf cent trente-trois).*

Marseille — 797 (sept cent quatre-vingt-dix-sept)
Bordeaux — 562 (cinq cent soixante-deux)
Bruxelles — 310 (trois cent dix)
Lyon — 476 (quatre cent soixante-seize)
Le Havre — 211 (deux cent onze)
Versailles — 23 (vingt-trois)

*Note: The -s in **cents** is dropped when another number follows.

QUESTION—ANSWER

Quels sont les avantages de la ville? *Répondez.*
Quels sont les avantages de la campagne?
Quels sont les avantages de la mer?
Quels sont les avantages de la montagne?
Quels sont les avantages des petites villes?
Quels sont les avantages des villages situés près des grandes villes?
Aimez-vous avoir les avantages de la ville et de la campagne?
À combien de kilomètres de la ville habitez-vous?
Voulez-vous habiter à la campagne près d'un grand centre?
Voulez-vous habiter à la ville et aller souvent à la campagne?

## Controlled Conversation

Demandez à —————— s'il croit au Père Noël.
                    où elle vivait quand elle était petite.

s'il allait souvent à la pêche lorsqu'il était petit.
si elle croyait aux lutins à trois ans.
s'il était très pressé hier.
si elle avait mal aux dents avant-hier.

## Personalized Questions

1. Où viviez-vous il y a trois ans?
2. Alliez-vous visiter les musées lorsque vous étiez enfant?
3. Est-ce qu'on y voyait quelque chose pendant la panne d'électricité?
4. Croyez-vous aux soucoupes volantes?
5. Croyiez-vous que j'allais vous poser une question?
6. Avais-je tort ou raison?
7. Qu'est-ce que le marchand de sable?
8. Viviez-vous à quelques kilomètres d'un grand centre pendant votre enfance?
9. Est-ce qu'on vivait longtemps au Moyen Âge?
10. Préférez-vous avoir les avantages de la ville ou de la campagne?

## Extemporization

1. CE QUE JE FAISAIS QUAND J'ÉTAIS ENFANT

*Vocabulary:*   école, jouer, apprendre, ans, étudier, faire du cheval, aller à la pêche, campagne, vacances, ville, musée, parc, cinéma.

*Topic Ideas:*   1. Avant je n'étudiais pas beaucoup.
2. Quand j'étais enfant j'aimais faire du cheval.
3. J'allais en vacances à la campagne.

*Questions:*   1. À quelle école allais-tu quand tu étais petit(e)?
2. Quelle langue parlait-on chez toi?
3. Où habitais-tu quand tu avais quatre ans?
4. Faisais-tu souvent du cheval?

2. POURQUOI JE PRÉFÈRE VIVRE À LA VILLE (À LA CAMPAGNE)

*Vocabulary:*   théâtre, concert, expositions, pêcher, se lever tôt, rêver, nager, travailler dans les champs, école, faire des courses, faire du canoë.

*Topic Ideas:*   1. Avant je vivais à la campagne.
2. Je préfère vivre à la ville.
3. Je préfère vivre à la campagne.

*Questions:*   1. Te levais-tu tôt pour aller à l'école?
2. Aimes-tu la grande musique?
3. Pourquoi préfères-tu vivre à la ville (à la campagne)?
4. Où peut-on faire du canoë?

# unit 11

## Dialog Patterns

## *Les Sports*

MARTINE — Il y a une demi-heure que je t'attends et tu souris jusqu'aux oreilles!
ALICE — J'ai rencontré Marc. Il est ici depuis deux jours.
MARTINE — Est-ce que c'est le garçon que tu as connu en Suisse?
ALICE — Oui. Je l'ai connu quand j'étais en vacances à Genève.
MARTINE — Ne m'as-tu pas dit que c'était un grand sportif?
ALICE — Si, c'est un champion de ski.

A game of *boule* in the Tuileries, once the formal
gardens of French monarchs.

## Dialog Patterns

## *Sports*

MARTINE — I have been waiting for you for a half hour and you're grinning from ear to ear!
ALICE — I ran into Marc. He has been here for two days.
MARTINE — Is he the boy you met in Switzerland?
ALICE — Yes, I got to know him when I was on vacation in Geneva.
MARTINE — Didn't you tell me that he was very athletic?
ALICE — Yes, he is a ski champion.

VERB STRUCTURE DRILLS

The present indicative of **sourire** (*to smile*).

| je | souris | nous | sourions |
|----|--------|------|----------|
| tu | souris | vous | souriez |
| il elle | sourit | ils elles | sourient |

1. Il sourit tout le temps. *Répétez.*

   vous, Michèle, tu, les Dupont, le professeur.

2. Souriez-vous tout le temps? *Répondez.*
   Pourquoi ne souriez-vous pas tout le temps?
   Qui sourit tout le temps?
   Pourquoi me souriez-vous?
   Est-ce que vous (tous) souriez beaucoup?

## Imperfect versus Conversational Past

The difference between imperfect and conversational past is not a difference of tense (time) but of aspect.

1.
   *Past*                                              *Present*
   A. ———— duration ————
      imperfect
      **Elle faisait du ski.**

*Past*                                    *Present*

↓
a single point
B.                    in time
────────────────────────────────────────────→
conversational past

**Il est arrivé.**

Note:    The conversational past is used to express what happened at a given time in the past (**Il est arrivé**), while the imperfect is used to express actions which are viewed as being in progress in the past (**Elle faisait du ski**).

2.                    *Past*              ↓              *Present*
                                    when something
            something was going on      else happened
────────────────────────────────────────────→
        imperfect              conversational past

**Elle faisait du ski quand il est arrivé.**

Note:    The imperfect tells *what was going on* (**Elle faisait du ski**) or how things were when something else happened. To tell *what happened* the conversational past is used (**quand il est arrivé**).

3.                    *Past*                            *Present*

A.            action is repeated
────────────────────────────────────────────→
            imperfect

**Elle allait en Suisse tous les ans.**

*Past*                            *Present*
↓
a single point
B.            in time
────────────────────────────────────────────→
        conversational past

**Elle est allée en Suisse l'an dernier.**

Note:    The imperfect is used to describe habitual actions or continuous actions in the past (**Elle allait en Suisse tous les ans**), while the conversational past is used to tell what happened at a given point in time (**Elle est allée en Suisse l'an dernier**).

ITEM SUBSTITUTION

Le professeur arrivait toujours tard mais hier il est arrivé tôt.
──────── mangeait ──────────────────────────.
──────── commençait ────────────────────────.
──────── finissait ─────────────────────────.
──────── venait ────────────────────────────.
──────── rentrait ──────────────────────────.

———————— terminait ———————————————.
———————— se levait ———————————————.
———————— se couchait ———————————————.
———————— se réveillait ———————————————.
———————— déjeunait ———————————————.
———————— sortait ———————————————.

SUBJECT SUBSTITUTION

1. Il a dit qu'il allait venir demain.   *Répétez.*

    ils, vous, je, Régine, tu, nous.

2. Nous étions contents lorsque nous sommes sortis de la classe.   *Répétez.*

    elles, je, il, vous, tu, le professeur.

3. Quand j'avais vingt ans je suis allé(e) en France.   *Répétez.*

    nous, vous, tu, ils, Paul, mes parents.

PATTERNED RESPONSE

1. *Teacher:*  Vas-tu l'apprendre?
   *Student:*  J'étais en train de l'apprendre quand tu es entré(e).

| | |
|---|---|
| le prendre | le manger |
| l'écouter | le regarder |
| l'étudier | l'écrire |
| le lire | le traduire |
| le chanter | l'enregistrer |

2. *Teacher:*  Jouiez-vous au golf lorsqu'il est arrivé?
   *Student:*  Oui, je jouais au golf lorsqu'il est arrivé.

| | |
|---|---|
| au tennis | au volley-ball |
| au basket | aux dominos |
| à la marelle | au ping-pong |
| aux dames | à la pelote basque |
| au football | aux osselets |

3. *Teacher:*  Bavardiez-vous quand j'ai téléphoné?
   *Student:*  Oui, je bavardais quand vous avez téléphoné.
               (Non, je ne bavardais pas quand vous avez téléphoné.)

    tapiez-vous à la machine
    faisiez-vous le ménage
    dîniez-vous
    écriviez-vous une lettre
    lisiez-vous un roman

écoutiez-vous un disque
dormiez-vous
vous laviez-vous la tête
vous coiffiez-vous
rêviez-vous
repassiez-vous
riiez-vous
vous rasiez-vous

4. *Teacher:*  Alliez-vous au marché quand je vous ai vu(e)?
   *Student:*  Oui, j'allais au marché quand vous m'avez vu(e).
   (Non, je n'allais pas au marché quand vous m'avez vu(e).)

reveniez-vous de la plage
sortiez-vous du cinéma
retourniez-vous au magasin
veniez-vous de chez le coiffeur
arriviez-vous de vacances
partiez-vous en voyage
alliez-vous à l'école

ITEM SUBSTITUTION

Quand il est rentré je faisais la vaisselle.
——————————— elle ———————————.
————— je ——————————— la cuisine.
————— nous ———————————————.
——————————————— tricotait.
——————————————— nous attendait.
————— tu ———————————————.
——————————— sorti(e)——dormait.
————— je ————— ils —————.
——————————————— vous —————.

## *Il y a ... que* and *Depuis*

*Structure*

| *Il y a* | *Time Element* | *Que* | *Declarative Phrase in Present Tense* |
|---|---|---|---|
| **Il y a** | **une demi-heure** | **que** | **je t'attends.** |
| **Il y a** | **trois mois** | **qu'** | **il étudie le français.** |
| **Il y a** | **deux ans** | **que** | **nous sommes ici.** |

| *Declarative Phrase in Present Tense* | *Depuis* | *Time Element* |
|---|---|---|
| **Je t'attends** | **depuis** | **une demi-heure.** |
| **Il étudie le français** | **depuis** | **trois mois.** |
| **Nous sommes ici** | **depuis** | **deux ans.** |

*Meaning*

| | |
|---|---|
| **Il y a une demi-heure que je t'attends.** | *I have been waiting for* |
| **Je t'attends depuis une demi-heure.** | *you for a half-hour.* |
| **Il y a trois mois qu'il étudie le français.** | *He has been studying* |
| **Il étudie le français depuis trois mois.** | *French for three months.* |
| **Il y a deux heures que nous sommes ici.** | *We have been here for* |
| | *two hours.* |
| **Nous sommes ici depuis deux heures.** | *We have been here* |
| | *since two o'clock.* |

Note:   When speaking of general periods of time such as a half hour or a month **il y a que** and **depuis** are interchangeable. When speaking of specific times such as one o'clock, two thirty etc., only **depuis** may be used.

PATTERNED RESPONSE

1. *Teacher:*   Depuis combien de temps m'attendez-vous?
   *Student:*   Je vous attends depuis un quart d'heure.
   Il y a un quart d'heure que je vous attends.

   | | |
   |---|---|
   | dix minutes | une demi-heure |
   | trois quarts d'heure | trente-cinq minutes |
   | vingt minutes | cinq minutes |

2. *Teacher:*   Depuis combien de temps étudiez-vous le français?
   *Student:*   J'étudie le français depuis deux mois.
   Il y a deux mois que j'étudie le français.

   | | |
   |---|---|
   | trois semaines | deux ans |
   | quatre jours | un trimestre |
   | six mois | six semaines |

TRANSLATION DRILL

*Teacher:*   I have been waiting for you since two o'clock.
*Student:*   Je vous attends depuis deux heures.

1. I have been waiting for you for two hours.
2. I have been waiting for you for three hours.
3. I have been waiting for you since three o'clock.
4. I have been waiting for you for four and a half hours.
5. I have been waiting for you since four thirty.

QUESTION—ANSWER

Depuis combien de temps étudiez-vous le français?   *Répondez.*
Depuis combien de temps êtes-vous à l'université?

Depuis combien de temps le professeur est-il ici?
Depuis combien de temps êtes-vous fiancé(e)?
Depuis combien de temps attendez-vous une bonne note?
Depuis combien de temps attendez-vous l'autobus?
Depuis combien de temps attendez-vous votre fiancée?

PATTERNED RESPONSE

*Teacher:* C'est un champion de ski, n'est-ce pas?
*Student:* Non, c'est un champion de natation.

| | | | |
|---|---|---|---|
| de rugby | de cyclisme | de boxe | de patinage |
| de tennis | d'escrime | d'équitation | de course à pied |
| de football | de boules | de lutte | de course d'automobiles |
| d'athlétisme | | | |

## Controlled Conversation

Demandez à _____ ce qu'il(elle) faisait quand vous lui avez parlé.
s'il était content lorsqu'il est entré en classe.
si elle étudiait la leçon quand vous lui avez adressé la
parole.
si elle bavardait quand le professeur l'a interrogée.
ce qu'il faisait quand vous lui avez téléphoné hier.
depuis combien de temps il (elle) est ici.
s'il est un champion sportif.

Dites à _____ de sourir jusqu'aux oreilles.
que le professeur a dit qu'il allait venir demain.
qu'Alice a dit qu'elle connaissait Marc.

## Personalized Questions

1. Pourquoi souriez-vous jusqu'aux oreilles?
2. Où étiez-vous lorsque vous avez connu votre fiancé(e)?
3. Qu'est-ce que votre voisin(e) a dit?
4. Êtes-vous allé(e) en France quand vous aviez dix ans?
5. Allez-vous apprendre la leçon?
6. Jouiez-vous au ping-pong lorsque vos amis sont arrivés?
7. Où alliez-vous lorsque je vous ai vu(e) avant-hier?
8. Depuis combien de temps sommes-nous en classe?
9. Où étiez-vous quand nous vous avons appelé(e)?
10. Êtes-vous un grand sportif (une grande sportive)?

## Dialog Patterns

*Les Sports (suite)*

---

MARTINE — Comment avez-vous fait connaissance?
ALICE — En faisant du ski nautique sur le lac Léman.
MARTINE — C'est romantique. Est-il aussi gentil que Philippe?
ALICE — Oui. Et il me plaît autant que Philippe. Entre les deux mon cœur balance!

## Dialog Patterns

## *Sports (continued)*

MARTINE — How did you meet him?
ALICE — Water skiing on Lake Geneva.
MARTINE — How romantic. Is he as nice as Philippe?
ALICE — Yes, and I like him just as much as Philippe. My heart can't decide between the two of them!

## Present Participle

| *First Person Plural of Present Indicative* | | *Stem for Present Participle* | *Ending for Present Participle* |
|---|---|---|---|
| **parlons** | | **parl-** | **ant** |
| **finissons** | omit -ons | **finiss-** | **ant** |
| **faisons** | | **fais-** | **ant** |

Notes:  1. The present participle always ends in **-ant.**
2. The stem for the present participle is the first person plural of the present indicative with the **-ons** omitted.
3. There are three exceptions:

$$\text{être} \ = \ \text{étant}$$
$$\text{avoir} \ = \ \text{ayant}$$
$$\text{savoir} \ = \ \text{sachant}$$

4. The present participle is used as verb form or as an adjective.

## *Le Gérondif—En* + The Present Participle

| *Use* | *Example* |
|---|---|
| Simultaneity | **Ne lis pas en mangeant.** |
| Manner | **En forgeant on devient forgeron.** |
| Cause | **En voyant Marc, elle a été troublée.** |

Note:  The construction **en** + *the present participle*—is called the **gérondif**. The **gérondif** is a verb form used to indicate the simultaneity, the manner, or the cause of another action in the same sentence. (The **gérondif** *does not* correspond to the English "gerund"; it is never used as a noun.)

STRUCTURE SUBSTITUTION

1. *Teacher:*   Je lis et je mange.
   *Student:*   Ne lis pas en mangeant.

   Je lis et je marche.
   ———— je danse.
   ———— je bavarde.
   ———— je téléphone.
   ———— je tricote.
   ———— je cuisine.
   ———— je me coiffe.
   ———— je travaille.

2. *Teacher:*   On lit et on s'instruit.
   *Student:*   En lisant on s'instruit.

   | | |
   |---|---|
   | on étudie | on traduit |
   | on apprend | on écoute |
   | on discute | on regarde |
   | on est attentif | on pose des questions |
   | on a des cours | on finit les leçons |
   | on récite | on fait des recherches |

3. *Teacher:*   Quand elle a vu le film, elle a pleuré.
   *Student:*   En voyant le film elle a pleuré.

   elle a lu l'histoire
   elle a entendu le récit
   elle a quitté ses amis
   elle a su qu'il partait
   elle s'en est allée
   elle a visité l'hôpital
   elle a appris la vérité
   elle a écouté les informations
   elle a obtenu une mauvaise note

MOOD SUBSTITUTION

*Teacher:*   Comment avez-vous fait connaissance? (1)
*Student:*   En faisant du ski nautique.

   1. nous faisions du ski nautique.
   2. nous allions à la pêche
   3. nous faisions du cheval
   4. nous allions à la plage
   5. nous jouions au tennis
   6. nous étudiions à la bibliothèque
   7. nous montions dans l'ascenseur

8. nous achetions des fleurs
9. nous prenions le train
10. nous dansions

## Comparisons of Equality

Il est | **aussi** | gentil | **que** | Philippe.—*He is* | *as* | *nice* | *as* | *Philippe.*

Alice travaille | **autant que** | Martine.—*Alice works* | *as much as* | *Martine.*

PATTERNED RESPONSE

1. *Teacher:*   Étiez-vous aussi fort que Charles?
   *Student:*   Oui, j'étais aussi fort que Charles.

   | | | |
   |---|---|---|
   | vif | travailleur | riche |
   | patient | grand | heureux |

2. *Teacher:*   Étudiiez-vous autant que Simone?
   *Student:*   Oui, j'étudiais autant que Simone.

   | | |
   |---|---|
   | travailliez-vous | dansiez-vous |
   | lisiez-vous | chantiez-vous |
   | parliez-vous | jouiez-vous |

Il a | **autant d'** | argent | **que** | le professeur.—*He has* | *as much* | *money* | *as* | *the professor.*

Il a | **autant de** | livres | **que** | le professeur.—*He has* | *as many* | *books* | *as* | *the professor.*

PATTERNED RESPONSE

*Teacher:*   Avez-vous autant d'argent que le professeur?
*Student:*   Non, je n'ai pas autant d'argent que le professeur.

| | |
|---|---|
| autant de disques | autant de travail |
| autant de temps | autant de livres |
| autant de chemises | autant de connaissance |

PATTERNED RESPONSE

*Teacher:*   Savez-vous faire du ski?
*Student:*   Oui, je sais faire du ski.
             (Non, je ne sais pas faire du ski.)

|          |                        |
|----------|------------------------|
| du vélo  | de l'alpinisme         |
| du ski nautique | du parachutisme |
| du cheval | du patin à roulettes  |
| du tennis | du patin à glace       |

QUESTION—ANSWER

Avez-vous déjà fait du ski nautique?  *Répondez.*
Avez-vous déjà fait du patin à glace?
Préférez-vous le football européen ou le football américain?
Avez-vous déjà vu un match de hockey sur glace?
Avez-vous déjà fait de l'alpinisme?
Faites-vous du judo?
Avez-vous déjà joué aux boules?
Que savez-vous du Tour de France?
Aimez-vous les courses d'automobiles?
Aimez-vous la marche?
Quels sports pratiquez-vous?
Quel est votre sport préféré?
Faites-vous de l'athlétisme?

## Supplementary Dialogs

*First Student*

1. Est-ce que Michel est aussi bien
    que Pierre?
   Est-ce qu'il te plaît autant?
   Alors comment vas-tu te décider?

2. Est-ce que Paulette est aussi
    bien que Monique?
   Est-ce qu'elle te plaît autant?
   Alors comment vas-tu te décider?

3. Est-ce que Serge est aussi gentil
    qu'Eric?
   Est-ce qu'il te plaît autant?
   Alors quel est le problème?

4. Est-ce qu'Annie est aussi gentille
    que Françoise?
   Est-ce qu'elle te plaît autant?
   Alors quel est le problème?

*Second Student*

Oui, il est aussi bien que Pierre.

Oui, il me plaît autant.
Je ne sais pas. Entre les deux mon cœur
    balance.

Oui, elle est aussi bien que Monique.

Oui, elle me plaît autant.
Je ne sais pas. Entre les deux mon cœur
    balance.

Non, il n'est pas aussi gentil qu'Eric.

Non, il ne me plaît pas autant.
Eric est fiancé.

Non, elle n'est pas aussi gentille que
    Françoise.
Non, elle ne me plaît pas autant.
Françoise est fiancée.

## Controlled Conversation

Demandez à _____ comment on devient forgeron.
si on doit lire et manger en même temps.
comment on s'instruit.
comment elle a fait la connaissance de son fiancé.
comment il a rencontré la jeune fille qu'il fréquente.
s'il est aussi fort que son voisin.
si elle est aussi studieuse que sa voisine.
s'il a autant d'argent que ses parents.


## Personalized Questions

1. Comment avez-vous rencontré le garçon que vous fréquentez?
2. Est-ce qu'on s'instruit en allant à la plage?
3. Pourquoi a-t-elle pleuré?
4. Est-ce qu'Alice a été troublée en voyant Marc?
5. Avez-vous connu votre fiancé(e) en faisant du ski nautique?
6. Êtes-vous déjà allé(e) au lac Léman?
7. Avez-vous autant de disques que vos amis?
8. Est-ce que le français vous plaît autant que l'anglais?
9. Êtes-vous aussi vive que votre mère?
10. Savez-vous faire du patin à roulettes?


## Extemporization

1. LES SPORTS

*Vocabulary:* préféré, pratiquer, jouer, apprendre, plaire, équitation, escrime, golf, basket, football, tennis, course à pied, natation, athlétisme

*Topic Ideas:* 1. J'aime le football.
2. Mon ami joue bien au basket.
3. Mon père était un grand sportif.

*Questions:* 1. Quel est ton sport préféré?
2. Qui est sportif dans ta famille?
3. Quels sports pratiquais-tu quand tu étais enfant?
4. Ne veux-tu pas apprendre à jouer au golf?

2. CE QUE J'AI FAIT PENDANT LES GRANDES VACANCES

*Vocabulary:* s'amuser, sports, faire la connaissance, faire du tandem, aller à la pêche, faire de la marche, excursions, nager, faire du camping.

*Topic Ideas:*   1. J'ai fait la connaissance de Jean pendant les vacances.
               2. J'ai fait du camping.
               3. Nous avons fait du tandem.

*Questions:*   1. Où es-tu allé(e) pour les grandes vacances?
               2. As-tu fait beaucoup d'excursions?
               3. Quels sports as-tu pratiqués?
               4. As-tu fait beaucoup de marche?

Resort at Biarritz near the Spanish border.

## Dialog Patterns

*Les Emplettes*

---

JEAN-MARIE — Que fais-tu au rayon des dames?
RAPHAËL — J'essaie de choisir un cadeau pour l'anniversaire de Claire.
JEAN-MARIE — Regarde cette écharpe, elle est magnifique.
RAPHAËL — Non, elle n'aimera pas ça; elle ne tient pas aux écharpes.

Holiday trappings at ''Samartaine,'' Paris department store.

## Dialog Patterns

## *Shopping*

---

JEAN-MARIE — What are you doing in the ladies' section?
RAPHAËL — I am trying to pick out a birthday gift for Claire.
JEAN-MARIE — Look at this scarf. It is beautiful.
RAPHAËL — No, she won't like that. She doesn't care for scarves.

VERB STRUCTURE DRILLS

A. The present indicative of **essayer** (*to try, to try on*).

| j' | essaie (essaye) | nous | essayons |
|----|----|----|----|
| tu | essaies (essayes) | vous | essayez |
| il elle | essaie (essaye) | ils elles | essaient (essayent) |

1. Elle essaie les chapeaux.  *Répétez.*

   je, les clientes, nous, vous, il, tu.

2. Aimez-vous essayer les vêtements?  *Répondez.*
   Est-ce que Raphaël essaie de choisir un cadeau pour Jean-Marie?
   Essayez-vous d'apprendre le français?
   Qu'essayez-vous de faire?
   Essayez-vous d'aimer votre prochain?

B. The present indicative of **tenir**\* (*to hold*), and **tenir à** (*to care for*).

| je | tiens | nous | tenons |
|----|----|----|----|
| tu | tiens | vous | tenez |
| il elle | tient | ils elles | tiennent |

\*Note:  **Tenir** is conjugated like **venir** (*to come*).

1. Il tient beaucoup à elle.  *Répétez.*

   je, tu, mon père, vous, Raphaël, ils.

2. À qui tenez-vous beaucoup? *Répondez.*
   Est-ce que Raphaël tient à Claire?
   Est-ce que Claire tient aux écharpes?
   Tenez-vous aux écharpes?
   Tenez-vous beaucoup à votre fiancé(e)?

PATTERNED RESPONSE

*Teacher:* Aimez-vous la soupe?
*Student:* Non, je n'y tiens pas.

|                |                |
|----------------|----------------|
| le roquefort   | les endives    |
| les huîtres    | le céleri      |
| la limonade    | les sandwiches |

## The Future Indicative—Verbs of Groups I and II

Stem = the whole infinitive

Endings = the present indicative of **avoir**

| **je** | **-ai** | **nous** | **-ons*** |
|--------|---------|----------|-----------|
| **tu** | **-as** | **vous** | **-ez*** |
| **il** **elle** | **-a** | **ils** **elles** | **-ont** |

*Note: The **av-** is omitted when these endings form the future indicative.

VERB STRUCTURE DRILLS

*-ER* VERBS

A. The future indicative of **aimer** (*to like, to love*).

| **j'** | **aimerai** | **nous** | **aimerons** |
|--------|-------------|----------|--------------|
| **tu** | **aimeras** | **vous** | **aimerez** |
| **il** **elle** | **aimera** | **ils** **elles** | **aimeront** |

1. Elle n'aimera pas ça. *Répétez.*

   vous, nous, tu, je, le professeur, les étudiants.

2. Aimerez-vous être en vacances?   *Répondez.*
  Est-ce que Claire aimera l'écharpe?
  Est-ce qu'elle aimera l'eau de cologne?
  Est-ce que les jeunes filles aimeront toujours l'eau de cologne?
  Lorsque vous parlerez couramment le français, aimerez-vous ça?


## -*IR* VERBS

B.  The future indicative of **choisir** (*to choose*).

| je | choisirai | nous | choisirons |
|----|-----------|------|------------|
| tu | choisiras | vous | choisirez |
| il elle | choisira | ils elles | choisiront |

1. Il choisira Chanel numéro cinq.   *Répétez.*

  Claire, je, nous, elles, vous, tu, ils.

2. Que choisirez-vous comme cadeau?   *Répondez.*
  Choisirez-vous Soir de Paris de chez Bourgeois?
  Raphaël choisira-t-il une écharpe?
  Pourquoi Raphaël ne choisira-t-il pas une écharpe?
  Est-ce que Raphaël choisira une eau de cologne?


## Verbs in *E*( )*er* and *É*( )*er*

*Present indicative:*

**acheter** (*to buy*)

| j' | achète | nous | achetons |
|----|--------|------|----------|
| tu | achètes | vous | achetez |
| il elle | achète | ils elles | achètent |

**compléter** (*to complete*)

| je | complète | nous | complétons |
|----|----------|------|------------|
| tu | complètes | vous | complétez |
| il elle | complète | ils elles | complètent |

Note:  When an unstressed **e** or an **é** is followed by another unstressed syllable they change to **è**.

*Examples:*

stressed
↓
**a-che-ter:**    e is silent

unstressed
↓
**a-chè-te:**    e becomes è

unstressed
↓
**com-plè-te:**    é becomes è

*Future indicative:*

**acheter**

| j' | achèterai | | nous | achèterons |
| tu | achèteras | | vous | achèterez |

| il<br>elle | achètera | | ils<br>elles | achèteront |

**compléter**

| je | compléterai | | nous | compléterons |
| tu | compléteras | | vous | compléterez |

| il<br>elle | complétera | | ils<br>elles | compléteront |

Note:   In the future indicative verbs in **é( )er** keep the **é.**


MOOD SUBSTITUTION

*Teacher:*    Veuillez compléter les phrases.
*Student:*    Je les compléterai tout à l'heure.

        acheter le livre
        répéter l'exercice
        céder votre place
        lever la main
        nous révéler vos réflexions
        énumérer les verbes de la leçon
        amener vos cahiers
        interpréter le dialogue
        considérer les réponses à ces questions
        ramener les exercices complétés

TENSE SUBSTITUTION

1. *Teacher:*   Devez-vous étudier la leçon maintenant?
   *Student:*   Pas maintenant. Je l'étudierai plus tard.

          acheter le cadeau
          choisir une eau de cologne
          manger la soupe
          finir l'exercice
          écouter les informations
          embellir la maison
          commencer la révision
          répéter la discussion

2. *Teacher:*   Allons-nous déjeuner maintenant?
   *Student:*   Pas maintenant. Nous déjeunerons plus tard.

          retourner à la maison
          souper
          nous reposer
          monter à cheval
          bavarder
          téléphoner
          nous laver les dents
          choisir un cadeau

PATTERNED RESPONSE

*Teacher:*   Est-ce que le professeur finira la leçon demain?
*Student:*   Oui, je crois qu'il finira la leçon demain.

          Est-ce que votre père travaillera?
          Est-ce que les élèves étudieront?
          _____ la secrétaire tapera à la machine?
          _____ Robert pêchera beaucoup de poissons?
          _____ Nicole choisira un cadeau?
          _____ elles se lèveront tôt?
          _____ je travaillerai beaucoup?
          _____ nous parlerons français?
          _____ vous préférerez vous reposer?

ITEM SUBSTITUTION

Demain je me lèverai tôt.
_____ choisirai un cadeau.
_____ il _____.
_____ un livre.

Samedi nous _____.
_____ achèterons ___.
_____ ils _____ des huîtres.
_____ mangeront _____.
Dimanche vous _____.
_____ parlerez à l'église.
_____ je _____.
_____ étudierai les Écritures..
Après-demain tu _____.
_____ elle _____ la leçon.
_____ elles _____.

## Demonstrative Adjectives

| ┌────Demonstrative Adjective────┐ | | | |
|---|---|---|---|
| This or That | Noun | $ci$ = here<br>$là$ = there | Use of *ce, cet, cette, ces* |
| Elle aimera   ce | cadeau | -ci | Masculine singular |
| Elle aimera   ce | cadeau | -là | nouns beginning with a consonant. |
| Elle aimera   cet | animal en peluche | -ci | Masculine singular |
| Elle aimera   cet | animal en peluche | -là | nouns beginning with a vowel or a mute "h" |
| Elle aimera   cette | écharpe | -ci | All feminine |
| Elle aimera   cette | écharpe | -là | singular nouns |
| Elle aimera   ces | cadeaux | -ci | All plural |
| Elle aimera   ces | cadeaux | -là | nouns |

Note: **Ce, cet, cette, ces** may be used without **-ci** or **-là**. When used alone they are indefinite and mean either "this" or "that." **-Ci** is used to point out something close to the speaker; **-là** is used to point out something at a distance from the speaker.

*Examples:*   J'aime **ce livre.**            *I like this (or that) book.* (indefinite)
                 J'aime **ce livre-ci.**       *I like this book.*
                 J'aime **ce livre-là.**       *I like that book.*

### STRUCTURE SUBSTITUTION

*Teacher:*   Est-ce qu'elle aimera un livre?
*Student:*   Je suis sûr(e) qu'elle aimera ce livre.

| | |
|---|---|
| une écharpe | des bonbons |
| une broche | une eau de cologne |
| un bracelet | un oiseau |
| des fleurs | un collier |
| une poupée | un ours en peluche |

CHOICE QUESTION—ANSWER

| *Teacher* | *Student* |
|---|---|
| Préférez-vous ce livre-ci ou ce livre-là? | Je préfère ce livre-ci. |
| Préférez-vous cette robe-ci ou cette robe-là? | Je préfère cette robe-là. |
| Préférez-vous ces fleurs-ci ou ces fleurs-là? | Je préfère ces fleurs-ci. |
| Préférez-vous cet arbre-ci ou cet arbre-là? | Je préfère cet arbre-là. |
| Préférez-vous ce disque-ci ou ce disque-là? | |
| Préférez-vous cette table-ci ou cette table-là? | |
| Préférez-vous cet homme-ci ou cet homme-là? | |
| Préférez-vous ces roses-ci ou ces roses-là? | |
| Préférez-vous ces animaux-ci ou ces animaux-là? | |
| Préférez-vous cette armoire-ci ou cette armoire-là? | |

ITEM SUBSTITUTION

Ce livre est intéressant.
— livres _____.
_____ passionnants.
— histoire _____.
— histoires _____.
_____ difficiles.
— leçon _____.
— homme _____.
— professeur _____.
_____ charmant.
— dame _____.
— enfants _____.

PATTERNED RESPONSE

1. *Teacher:* Que fais-tu au rayon de la parfumerie pour dames?
   *Student:* Je choisis une eau de cologne.

   un rouge à lèvres          une perruque
   un vernis à ongles         des faux-cils

un parfum                    une crème pour le visage
un fond de teint             une crème pour les mains

2. *Teacher:*  Que fais-tu au rayon de la parfumerie pour hommes?
   *Student:*  Je choisis une lotion après-rasage.

un savon de toilette         des lames de rasoir
une eau de cologne           une lotion solaire
une mousse à raser           un déodorant
un blaireau                  une brosse à cheveux

## Controlled Conversation

Demandez à _____ si elle aime les écharpes.
                       ce qu'il essaie de choisir.
                       ce qu'elle essayera au magasin.
                       s'il aimera être en vacances.
                       si elle choisira un ours en peluche.
                       s'il doit réciter le dialogue maintenant.
                       si elle doit répéter la leçon tout de suite.
                       si le professeur finira la leçon demain.
                       si elle a des faux-cils.

Dites à _____ de compléter les phrases.
                    de ramener le livre.
                    de céder sa place.

## Personalized Questions

1. Aimez-vous le bouillon cube?
2. Essayerez-vous des robes dans les magasins demain?
3. Parlerez-vous bientôt le français couramment?
4. À quelle heure finira la classe?
5. Vous lèverez-vous tôt demain?
6. Préférerez-vous rester au lit demain?
7. Allons-nous parler français tout de suite?
8. Aimez-vous cette leçon?
9. Préférez-vous cette vue-ci ou cette vue-là?
10. Portez-vous une perruque?

## Dialog Patterns

*Les Emplettes (suite)*

---

JEAN-MARIE — Quand est son anniversaire?
RAPHAËL — Elle aura vingt ans demain. Ce sera un grand jour.
JEAN-MARIE — L'eau de cologne fait toujours plaisir aux jeunes filles.
RAPHAËL — C'est une idée. Crois-tu que celle-ci lui plaira?
JEAN-MARIE — Chanel numéro cinq? C'est parfait!

## Dialog Patterns

## *Shopping (continued)*

JEAN-MARIE — When is her birthday?
RAPHAËL — She will be twenty tomorrow; it will be a big day.
JEAN-MARIE — Girls always like cologne.
RAPHAËL — That's an idea. Do you think this one will please her?
JEAN-MARIE — Chanel Number Five? That's perfect!

## The Future Indicative—Group III Verbs

Endings = the present indicative of **avoir**

| je | -ai | nous | -ons |
|----|-----|------|------|
| tu | -as | vous | -ez |
| il / elle | -a | ils / elles | -ont |

Note: These endings are the same as those used for verbs of groups I and II. They are the present indicative of **avoir** with **av-** omitted from the first and second persons plural.

Stems: Verbs of Group III have irregular stems

## Stems for Future Indicative of Some Group III Verbs

| Infinitive: | Stem for Future Indicative: / cond. |
|-------------|-------------------------------------|
| être | ser |
| avoir | aur |
| aller | ir |
| devoir | devr |
| dire | dir |
| faire | fer |
| falloir | faudr |
| lire* | lir* |
| plaire* | plair* |
| pleuvoir | pleuvr |
| pouvoir | pourr |
| s'asseoir | s'assiér |
| savoir | saur |

| | |
|---|---|
| **tenir** | **tiendr** |
| **voir** | **verr** |
| **vouloir** | **voudr** |

\*Note:   Except for **faire (fer)**, all verbs in **-re** form their stem for future indicative by dropping the final **e** from the infinitive.

> *Examples:*   **écrire—écrir**
> **lire—lir**
> **prendre—prendr**

## TENSE SUBSTITUTION

| | |
|---|---|
| Je suis content. | Je serai content. |
| J'ai une bonne note. | J'aurai une bonne note. |
| Je vais au cinéma. | J'irai au cinéma. |
| Je dois me dépêcher. | Je devrai me dépêcher. |
| Je dis la vérité. | Je dirai la vérité. |
| Je fais mes emplettes. | Je ferai mes emplettes. |
| Il faut se lever tôt. | Il faudra se lever tôt. |
| Je lis ce magazine. | Je lirai ce magazine. |
| Ce livre lui plaît. | Ce livre lui plaira. |
| Il pleut des cordes. | Il pleuvra des cordes. |
| Je peux venir. | Je pourrai venir. |
| Je m'assieds sur un banc. | Je m'assiérai sur un banc. |
| Je sais ma leçon. | Je saurai ma leçon. |
| Je le tiens au courant. | Je le tiendrai au courant. |
| Je vois souvent mes amis. | Je verrai souvent mes amis. |
| Je veux les voir. | Je voudrai les voir. |

## VERB STRUCTURE DRILLS

A.   The future indicative of **être** (*to be*).

| **je** | **serai** | **nous** | **serons** |
|---|---|---|---|
| **tu** | **seras** | **vous** | **serez** |
| **il** **elle** | **sera** | **ils** **elles** | **seront** |

1. Je serai en France dans un mois.   *Répétez.*

   nous, les étudiants, le missionnaire, vous, tu, elle.

2. Où serez-vous l'année prochaine?   *Répondez.*
   Serez-vous en classe lundi?
   Serez-vous ici demain à la même heure?
   Serez-vous en France dans six mois?
   Est-ce que demain sera un grand jour pour vous?

B. The future indicative of **avoir** (*to have*).

| j' | aurai | nous | aurons |
|----|-------|------|--------|
| tu | auras | vous | aurez |
| il<br>elle | aura | ils<br>elles | auront |

1. Claire aura vingt ans demain. *Répétez.*

   je, il, tu, ils, vous, elles, Jean-Marie.

2. Est-ce que vous aurez vingt ans demain? *Répondez.*
   Est-ce que le professeur aura vingt ans demain?
   Qui aura vingt ans demain?
   Quel âge aurez-vous à votre prochain anniversaire?
   Aurez-vous une bonne note en français?

C. The future indicative of **faire** (*to do, to make*).

| je | ferai | nous | ferons |
|----|-------|------|--------|
| tu | feras | vous | ferez |
| il<br>elle | fera | ils<br>elles | feront |

1. Je ferai la lessive après-demain. *Répétez.*

   maman, nous, tu, ils, vous, il, elles.

2. Que ferez-vous demain? *Répondez.*
   Ferez-vous vos emplettes après-demain?
   Que ferez-vous l'année prochaine?
   Ferez-vous beaucoup de progrès en français durant ce cours?
   Que ferez-vous après être diplomé(e)?

D. The future indicative of **aller** (*to go*).

| j' | irai | nous | irons |
|----|------|------|-------|
| tu | iras | vous | irez |
| il<br>elle | ira | ils<br>elles | iront |

1. J'irai au cinéma cet après-midi. *Répétez.*

   nous, vous, tu, ils, elle, Paul.

2. Où irez-vous cet après-midi? *Répondez.*
   Où irez-vous tout à l'heure?
   Où irez-vous ce soir?
   Irez-vous en France l'année prochaine?
   Qui ira en France dans trois mois?

E.  The future indicative of **venir** (*to come*).

| je | viendrai | nous | viendrons |
|----|----------|------|-----------|
| tu | viendras | vous | viendrez |

| il \| elle \| | viendra | ils \| elles \| | viendront |
|---|---|---|---|

1.  Viendrez-vous ce soir?  *Répétez.*

    tu, ils, il, elle, nous, elles.

2.  Viendrez-vous en classe demain?  *Répondez.*
    Qui viendra en classe demain?
    Pourquoi viendrez-vous en classe demain?
    Quand viendrez-vous me voir?
    Viendrez-vous chez nous tout à l'heure?

TENSE SUBSTITUTION

1.  *Teacher:*  Apprenez-vous vos leçons?
    *Student:*  Non, je les apprendrai demain.

    Faites-vous vos devoirs?
    Dites-vous la vérité?
    Lisez-vous le journal?
    Faites-vous votre courrier?
    Savez-vous votre leçon?
    Venez-vous ce soir?
    Prenez-vous le taxi?
    Vous asseyez-vous un moment?
    Traduisez-vous le paragraphe?
    Allez-vous à la plage?
    Attendez-vous Mireille?
    Sortez-vous ce soir?
    Devez-vous vous coucher tôt?
    Écrivez-vous à vos parents?
    Avez-vous le temps de bavarder?
    Êtes-vous pressé(e)?

    (*Répétez avec il et elles:* Apprend-il ses leçons?
                          Apprennent-elles leurs leçons?)

2.  *Teacher:*  Est-ce qu'il va faire frais aujourd'hui?
    *Student:*  Non, il fera frais demain.

    grêler           faire froid
    faire du vent    neiger
    pleuvoir         faire du soleil

3. *Teacher:*   Est-ce qu'ils vont venir tout de suite?
   *Student:*   Non, ils viendront tout à l'heure.

| | |
|---|---|
| partir | se coucher |
| arriver | sortir |
| descendre | s'en aller |
| monter | s'asseoir |

PATTERNED RESPONSE

*Teacher:*   Est-ce qu'il y aura classe demain?
*Student:*   Oui, je crois qu'il y aura classe demain.

Est-ce que nous irons à la pêche samedi?
Est-ce qu'il fera beau demain?
Est-ce que les étudiants iront à l'église dimanche?
Est-ce que Raphaël offrira un cadeau à Claire?
Est-ce que Chantal dira la vérité?
Est-ce qu'il y aura un match de football samedi?
Est-ce vous verrez vos amis demain?
Est-ce que vous pourrez venir samedi?

## Future After *Quand* and *Lorsque*

| **Quand** | **je** | **serai*** | **grand** | j'irai en France. |
|---|---|---|---|---|
| *When* | *I* | *am* | *big* | *I will go to France.* |
| **Lorsque** | **j'** | **aurai*** | **trente ans** | je serai architecte. |
| *When* | *I* | *am* | *thirty* | *I will be an architect.* |

*Note:   In French any time there is a future idea, the future tense is used.

ITEM SUBSTITUTION

Quand je serai riche j'irai en France.
———— nous ————————————.
———————— grands ——————.
———————————— voyagerons.
———————————— serons marins.
———— il —————————————.
———————— aura vingt ans ————.
———— vous ————————————.
———————————— trente ———— marié(e).
———————————— aurez des enfants.
———————— des enfants ——— serez pauvre.
———————— serez pauvre ——— resterez à la maison.
———— je ——————————————————.

TRANSLATION DRILL

*Teacher:* When I am big I will be a teacher.
*Student:* Quand je serai grand je serai professeur.

    1. When I am thirty I will be married.
    2. When I am thirty I will have children.
    3. When I am rich I will travel.
    4. When we arrive we will be tired.
    5. When you come, bring your sister.

## Demonstrative Pronouns

| | Demonstrative Pronoun | | Use |
|---|---|---|---|
| J'aime | celui-ci | *this one* | Replaces masculine |
| J'aime | celui-là | *that one* | singular noun |
| J'aime | ceux-ci | *these* | Replaces masculine |
| J'aime | ceux-là | *those* | plural noun |
| J'aime | celle-ci | *this one* | Replaces feminine |
| J'aime | celle-là | *that one* | singular noun |
| J'aime | celles-ci | *these* | Replaces feminine |
| J'aime | celles-là | *those* | plural noun |

Note:  When used in a possessive construction the **-ci** or **-là** is omitted and **de** is added.

    *Example:* J'aime **celui de** Jean.
                 *I like John's.*

STRUCTURE SUBSTITUTION

1. *Teacher:* Aimez-vous cette écharpe?
  *Student:* Non, je préfère celle-ci.

| | |
|---|---|
| ce foulard | ce napperon |
| ces mouchoirs brodés | cette nappe blanche |
| cette pochette en dentelle | ces serviettes de table |

2. *Teacher:* Est-ce que cette eau de cologne te plaît?
  *Student:* Celle-la me plaît mieux.

| | |
|---|---|
| ce parfum | ce talc parfumé |
| cette eau de toilette | cette poudre de riz |
| ces savonnettes | cette huile de bain |

CHOICE QUESTION—ANSWER

| *Teacher* | *Student* |
|---|---|
| 1. Préférez-vous ce peigne-ci ou ce peigne-là? | Je préfère celui-ci. |
| Préférez-vous cette bouteille-ci ou cette bouteille-là? | Je préfère celle-là. |
| Préférez-vous ces ornements-ci ou ces ornements-là? | Je préfère ceux-là. |
| Préférez-vous ces roses-ci ou ces roses-là? | Je préfère celles-ci. |
| Préférez-vous ce bijou-ci ou ce bijou-là? | |
| Préférez-vous cette savonnette-ci ou cette savonnette-là? | |
| Préférez-vous ces écharpes-ci ou ces écharpes-là? | |
| Préférez-vous ces foulards-ci ou ces foulards-là? | |
| 2. Préférez-vous la voiture de Jean ou celle de Pierre? | Je préfère celle de Jean. |
| Préférez-vous les amis de Paul ou ceux de René? | Je préfère ceux de René. |
| Préférez-vous le frère de Martine ou celui d'Annie? | Je préfère celui de Martine. |
| Préférez-vous les robes de Sylvie ou celles de Mauricette? | Je préfère celles de Sylvie. |
| Préférez-vous la maison des Durand ou celle des Martin? | |
| Préférez-vous le chien de Marc ou celui de Patrick? | |
| Préférez-vous les enfants des Lenoir ou ceux des Lebrun? | |
| Préférez-vous les classes de français ou celles d'anglais? | |

## Controlled Conversation

Demandez à _____ quand il (elle) aura vingt ans.
si demain sera un grand jour.
où il (elle) sera l'année prochaine.
ce qu'il fera demain.
où elle ira tout à l'heure.

s'il viendra en classe ce soir.
si elle apprend ses leçons.
s'il y aura classe demain.
ce qu'il (elle) fera quand il retournera chez lui (elle).
si elle préfère cette leçon-ci ou cette leçon-là.


## Personalized Questions

1. Est-ce que l'eau de cologne fait toujours plaisir aux jeunes filles?
2. Aurez-vous vingt ans demain?
3. Savez-vous votre leçon?
4. Aimez-vous faire des emplettes?
5. Quand ferez-vous la lessive?
6. Où serez-vous demain à la même heure?
7. Que ferez-vous lorsque vous serez riche?
8. Serez-vous marié(e) quand vous aurez trente ans?
9. Où irez-vous cet après-midi?
10. Que ferez-vous dans dix ans?


## Extemporization

1. MON PROGRAMME POUR DEMAIN

*Vocabulary:* sortir, étudier, acheter, tard, classe, de bonne heure, aider, cadeau, avoir besoin, se lever, vacances.

*Topic Ideas:* 1. Demain.
2. Le cadeau que j'achèterai pour mon (ma) fiancé(e).
3. Demain je n'aurai pas besoin d'étudier.

*Questions:* 1. À quelle heure te lèveras-tu demain?
2. Que feras-tu avant d'aller en classe?
3. Sortiras-tu de classe de bonne heure?
4. Achèteras-tu un cadeau pour ton père ou pour ta mère?


2. DANS LES GRANDS MAGASINS

*Vocabulary:* vendeuse, acheter, plaire, parfum, importé, écharpe, pochette, dentelle, rayon, parfumerie, maroquinerie, gants, cuir, sac, parapluies, valises, cher, bon marché, peau, daim, vinyl.

*Topic Ideas:*   1. J'achèterai beaucoup de choses au magasin.
              2. J'aime le parfum importé de France.
              3. J'irai au rayon de la maroquinerie.

*Questions:*    1. Qu'achèteras-tu dans ce grand magasin?
              2. Que vend-on au rayon de la maroquinerie?
              3. Ce parfum importé n'est-il pas cher?
              4. Achèteras-tu un sac en cuir et des gants de peau?

A. Write answers to the questions as in the example.

   *Example:* Dois-je prêter le livre à Jean? **Oui, prête-le-lui.**

   1. Dois-je raconter l'histoire aux enfants?
   2. Dois-je vous poser les questions?
   3. Dois-je donner la balle à Micheline?
   4. Dois-je réciter le dialogue au professeur?
   5. Dois-je vous apporter l'orangeade?

B. Write responses to the commands as in the example.

   *Example:* Va-t'en! **Non, je ne veux pas m'en aller.**

   1. Assieds-toi!
   2. Tais-toi!
   3. Dis la vérité!
   4. Viens ici!
   5. Fais attention!
   6. Sors!

C. Complete the sentences with the proper form of the imperfect.

   *Example:* Maintenant nous ne buvons pas de lait. Avant nous en **buvions** tout le temps.

   1. Maintenant je ne connais personne. Avant je _____ tout le monde.
   2. Maintenant je vais à l'université. Avant je n'y _____ jamais.
   3. Maintenant mon ami est présent. Avant mon ami n'_____ jamais présent.
   4. Maintenant il y a deux étudiants. Avant il y en _____ vingt.
   5. Maintenant je le vois très peu. Avant je le _____ tous les jours.
   6. Maintenant je ne lis plus. Avant je _____ beaucoup.
   7. Maintenant je suis très lent. Avant j'_____ très rapide.
   8. Maintenant j'habite en Californie. Avant j' _____ au Texas.
   9. Maintenant la pêche ne me plaît plus. Avant elle me _____ beaucoup.
   10. Maintenant je ne fais rien le lundi. Avant je _____ quelque chose tous les jours.

D.  Rewrite the following sentences using the past tenses as in the example.

*Example:*   Quand il rentre je fais la vaisselle.   **Quand il est rentré je faisais la vaisselle.**

1. Quand il sort je lis.
2. Quand elle entre je dors.
3. Quand tu reviens j'écris.
4. Quand nous partons elle est couchée.
5. Quand il arrive elle l'attend.
6. Quand je viens elle téléphone.

E.  Write answers to these questions as in the example.

*Example:*   Depuis combien de temps m'attendez-vous?   **Il y a un quart d'heure que je vous attends.**

1. Depuis combien de temps êtes-vous ici?
2. Depuis combien de temps étudiez-vous le français?
3. Depuis quelle heure êtes-vous ici?
4. Depuis combien de temps attendez-vous l'autobus?
5. Depuis combien de temps habitez-vous ici?

F.  Rewrite the following sentences as in the example.

*Example:*   Je lis pendant que je mange.   **Il ne faut pas lire en mangeant.**

1. J'écris pendant que je mange.
2. Je marche et je regarde le ciel.
3. Je parle pendant que je mange.
4. Je ris pendant que je bois.
5. Je saute pendant que je fais la vaisselle.

G.  Write questions and answers as in the example.

*Example:*   Est-ce que cette écharpe vous plaît?   **Celle-ci ne me plaît pas, mais celle-là me plaît.**

1. _____ foulard _____?          _____.
2. _____ roses _____?          _____.
3. _____ eau de cologne _?         _____.
4. _____ parfums _____?          _____.

H.  Write five original sentences using the possessive adjectives **ce, cet, cette**, or **ces** as in the examples.

*Examples:*   1. **Je préfère ce bijou.**
2. **J'aime cet homme.**
3. **Que penses-tu de cette voiture?**
4. **Ces chaussures sont jolies.**

I. Complete the sentences as in the examples.

*Examples:* Elle avait **autant** d'argent **que** Charles.
Il était **aussi** riche **qu'**elle.
Ils jouaient **autant que** nous.

1. J'étais _____ fort _____ Pierre.
2. J'avais _____ amis _____ Marie.
3. Elle étudiait _____ _____ moi.
4. Personne n'avait _____ argent _____ le professeur.
5. Nous travaillions _____ _____ eux.
6. Jean a _____ chemises _____ Albert.
7. J'ai _____ travail _____ toi.
8. Ils sont _____ rapides _____ les enfants.
9. Marie danse _____ bien _____ Elise.
10. Sylvie a mangé _____ _____ Danièle.

J. Write responses to the sentences as in the example.

*Example:* Je vais sortir ce soir. **Je sortirai aussi.**

1. Je vais choisir un cadeau.
2. Je vais essayer une robe.
3. Je vais le faire demain.
4. Je vais avoir sommeil.
5. Je vais aller à l'église.
6. Je vais être professeur.
7. Je vais me coucher à dix heures.
8. Je vais le savoir demain.
9. Je vais venir tôt.
10. Je vais voir mes parents.

## Culture Capsule

## *Les Sports*

---

Le football est le sport national français. Il y a de nombreuses équipes[1] d'amateurs et chaque ville d'une certaine importance a une équipe professionnelle. Toutes les semaines ces équipes s'affrontent,[2] espérant[3] arriver en tête[4] du championnat[5] à la fin de la saison. Les Français suivent avec grand intérêt les championnats de France et les championnats internationaux de football.

---

[1] équipes *teams*
[2] s'affrontent *confront each other*
[3] espérant *hoping*

[4] en tête *at the head*
[5] championnat *championship tournament*

Le football européen ne ressemble pas au football américain. Aux États-Unis on l'appelle «soccer». Le sport français qui ressemble au football américain est le rugby. Le basket-ball est également apprécié, quoique[6] moins populaire qu'en Amérique. Il y a de nombreuses[7] équipes d'amateurs sous le patronage[8] de clubs privés et non des écoles.

Un magazine français citait les boules[9] comme second sport national. Il y a des équipes locales et des tournois.[10] Dans le Midi[11] on joue à la pétanque.[12] Partout en France on trouve des boulistes[13] disputant leur partie[14] traditionnelle le long[15] des avenues ombragées.[16] Le jeu de boules ressemble au jeu américain «horseshoe» mais on utilise une petite balle de bois[17] appelée cochonnet[18] et des boules d'acier.[19]

Un autre sport très populaire en France est le cyclisme. Le grand évènement de l'année sportive est le Tour de France qui dure à peu près[20] trois semaines.

[6] quoique *although*
[7] de nombreuses *many*
[8] sous le patronage *sponsored by*
[9] boules *game played with metal balls*
[10] tournois *tournament*
[11] Midi *the south of France*
[12] pétanque *game of boules*
[13] boulistes *boule players*
[14] partie *game*
[15] le long *along*
[16] ombragées *shaded*
[17] de bois *wooden*
[18] cochonnet *piglet*
[19] acier *steel*
[20] à peu près *about*

QUESTION—ANSWER

1. Quel est le sport national français?
2. Y a-t-il beaucoup d'équipes d'amateurs?
3. Y a-t-il des équipes professionnelles?
4. Qu'est-ce que les équipes espèrent?
5. Qu'est-ce que les Français suivent avec intérêt?
6. Est-ce que le football européen ressemble au football américain?
7. À quel sport français le football américain ressemble-t-il?
8. Est-ce qu'on joue au basket en France?
9. Sous quel patronage sont les équipes de basket?
10. Quel est le second sport national?
11. Où joue-t-on à la pétanque?
12. Où trouve-t-on des boulistes?
13. À quel jeu américain le jeu de boules ressemble-t-il?
14. Qu'est-ce qu'un cochonnet?
15. Qu'est-ce que le Tour de France?
16. Combien de temps dure-t-il?

unit **13**

## Dialog Patterns

*Le Cinéma*

GÉRARD — Cela fait plus de deux heures que nous étudions.
LUCIEN — Oui, j'en ai assez. J'ai envie d'aller au cinéma.
GÉRARD — J'aimerais bien y aller, mais je n'ai pas un centime.
LUCIEN — Ne t'en fais pas. Je paierai ta place.
GÉRARD — Merci. Que penses-tu de *Un homme et une femme*?
LUCIEN — Il paraît que c'est très bien.

Sunday afternoon on the Champs Élysées.

## Dialog Patterns

## *The Movies*

---

GÉRARD — We have been studying for over two hours.
LUCIEN — Yes, and I have had it. I feel like going to a movie.
GÉRARD — I would like to go, but I don't have a cent.
LUCIEN — Don't worry about it. I will pay your way.
GÉRARD — Thanks. What do you think of *A Man and A Woman*?
LUCIEN — It is supposed to be very good.

## Conditional Mood—Present Tense of Verbs of Groups I and II

| Stem | | Endings |
|------|---|---------|
| j' | aimer- | -ais |
| tu | | -ais |
| il, elle | | -ait |
| nous | | -ions |
| vous | | -iez |
| ils, elles | | -aient |
| je | finir- | -ais |
| tu | | -ais |
| il, elle | | -ait |
| nous | | -ions |
| vous | | -iez |
| ils, elles | | -aient |

Notes:  1. The stem for the present conditional of the verbs of Groups I and II is the whole infinitive—the same as for the future indicative.
2. The endings for the present conditional are the same as for the imperfect indicative.
3. The conditional mood expresses the idea "would."

MOOD SUBSTITUTION

*Teacher*

J'aime aller au cinéma.   *Changez.*
Tu finis à trois heures.
Elle téléphone trop souvent.
Il réagit trop lentement.
Nous aimons danser.
La maison embellit vraiment.
Ils mangent ici.
Nous parlons français constamment.

*Student*

J'aimerais aller au cinéma.
Tu finirais à trois heures.
Elle téléphonerait trop souvent.
Il réagirait trop lentement.

Vous donnez un discours.
Je maigris trop.
Elles fournissent les gâteaux.
Vous déjeunez là-bas.

PATTERNED RESPONSE

1. *Teacher:*   Aimeriez-vous aller au théâtre?
   *Student:*   J'aimerais beaucoup aller au théâtre.
   (Je n'aimerais pas du tout aller au théâtre.)

   jouer à saute-mouton
   faire du lasso
   voir *Un homme et une femme*
   être funambule
   tirer à l'arc
   sauter en parachute
   réciter le dialogue
   monter au 3ᵉ étage de la Tour Eiffel

2. *Teacher:*   Que savez-vous du film *Un homme et une femme*?
   *Student:*   Rien, mais j'aimerais en savoir davantage.

   de la Côte d'Azur            du bouddhisme
   du cinéma français           du judaïsme
   du Festival de Cannes        des Mormons

MOOD SUBSTITUTION

*Teacher:*   Est-ce que Maurice a étudié?
*Student:*   Il a dit qu'il étudierait demain.

   Est-ce que Nicole a téléphoné?
   Est-ce que les enfants ont parlé français?
   Est-ce que Jean a mangé un dessert?
   Est-ce que les étudiants ont récité le dialogue?
   Est-ce qu'Andrée s'est lavé la tête?
   Est-ce que Raymond a fini tôt?

# Verbs in *E*( )*er* and *É*( )*er*

A. The present conditional of **acheter** (*to buy*).

| j'       | achèterais  | nous      | achèterions   |
|----------|-------------|-----------|---------------|
| tu       | achèterais  | vous      | achèteriez    |
| il elle  | achèterait  | ils elles | achèteraient  |

1. Achèteriez-vous cette maison?  *Répétez.*

   ils, elle, tu, il, nous, elles.

2. Achèteriez-vous un perroquet?  *Répondez.*
   Est-ce qu'ils achèteraient tout le terrain?
   Achèterais-tu un singe?
   Est-ce qu'elle achèterait cette vieille ferme?
   Je n'achèterais pas ce genre de livre, et vous?

B.  The present conditional of **céder** (*to yield*).

| je | céderais | nous | céderions |
|----|----------|------|-----------|
| tu | céderais | vous | céderiez |
| il ⎱ elle ⎰ | céderait | ils ⎱ elles ⎰ | céderaient |

Note:  In the present conditional verbs in **é( )er** keep the **é.**

1. Elle ne lui céderait pas.  *Répétez.*

   ils, je, Charles, papa, tu, vous.

2. Céderiez-vous votre place à une vieille dame?  *Répondez.*
   Céderiez-vous votre place à une jeune dame?
   À qui céderiez-vous votre place?
   Céderiez-vous aux caprices d'un enfant?
   Céderiez-vous facilement à un adversaire?

MOOD SUBSTITUTION

*Teacher:*  Veux-tu acheter ce disque?
*Student:*  Je l'achèterais bien, mais je n'ai pas le temps.

| répéter cet exercice | compléter ces phrases |
|----------------------|-----------------------|
| ramener ce livre | acheter ces sandales |
| enumérer ces verbes | enlever cette chaise du milieu |
| soulever ce store | interpréter ce récit |
| considérer ce problème | amener ce fauteuil |

## Cela Fait ... Que = Il y a ... Que

| **Cela fait** | quatre mois | **que** | j'étudie le français |
|---------------|-------------|---------|----------------------|
| **Il y a** | quatre mois | **que** | j'étudie le français |

STRUCTURE SUBSTITUTION

*Teacher:* Il y a trois mois que vous étudiez le français, n'est-ce pas?
*Student:* Oui, cela fait trois mois que j'étudie le français.

Il y a deux semaines que vous êtes ici, n'est-ce pas?
     trois jours qu'il pleut
     six mois que vous êtes fiancé(e)
     un an que vous allez à l'université
     une demi-heure que vous attendez
     trois heures que vous étudiez.

QUESTION—ANSWER

Depuis combien de temps étudiez-vous?
Y a-t-il un quart d'heure que vous attendez?
Cela fait-il un an que vous êtes ici?
Depuis combien de temps lisez-vous?
Cela fait plus d'une demi-heure que vous écrivez, n'est-ce pas?

VERB STRUCTURE DRILLS

A. The present indicative of **payer** (*to pay*).

| je | **paye** | nous | **payons** |
|----|----------|------|------------|
| tu | **payes** | vous | **payez** |
| il elle } | **paye** | ils elles } | **payent** |

or

| je | **paie** | nous | **payons** |
|----|----------|------|------------|
| tu | **paies** | vous | **payez** |
| il elle } | **paie** | ils elles } | **paient** |

1. C'est moi qui paye aujourd'hui. *Répétez.*

   toi, lui, elle, nous, vous, eux, elles.

2. Qui paie l'addition aujourd'hui? *Répondez.*
   Payez-vous toujours vos dettes?
   Payez-vous parfois la place de vos amis?
   Est-ce que les garçons paient la place des jeunes filles?
   Est-ce qu'on vous paie bien?

B. The future indicative of **payer.**

| je | **payerai** | nous | **payerons** |
|---|---|---|---|
| tu | **payeras** | vous | **payerez** |

| il ⎞ | **payera** | ils ⎞ | **payeront** |
|---|---|---|---|
| elle ⎠ | | elles ⎠ | |

or

| je | **paierai** | nous | **paierons** |
|---|---|---|---|
| tu | **paieras** | vous | **paierez** |

| il ⎞ | **paiera** | ils ⎞ | **paieront** |
|---|---|---|---|
| elle ⎠ | | elles ⎠ | |

1. Je paierai ma place.  *Répétez.*

   nous, vous, tu, il, elles, Roberte.

2. Payerez-vous ma place?  *Répondez.*
   Est-ce que Lucien paiera la place de Gérard?
   Est-ce que vos amis payeront votre place?
   Gérard payera-t-il la place de Lucien?
   Paierez-vous bientôt vos dettes?

C. The present conditional of **payer.**

| je | **payerais** | nous | **payerions** |
|---|---|---|---|
| tu | **payerais** | vous | **payeriez** |

| il ⎞ | **payerait** | ils ⎞ | **payeraient** |
|---|---|---|---|
| elle ⎠ | | elles ⎠ | |

or

| je | **paierais** | nous | **paierions** |
|---|---|---|---|
| tu | **paierais** | vous | **paieriez** |

| il ⎞ | **paierait** | ils ⎞ | **paieraient** |
|---|---|---|---|
| elle ⎠ | | elles ⎠ | |

1. Je paierais bien ma place, mais je n'ai pas d'argent.  *Répétez.*

   nous, vous, tu, elle, ils, Gérard.

2. Payeriez-vous ma place?  *Répondez.*
   Est-ce que vous paieriez la place de Gérard?
   Paieriez-vous l'addition d'un ami?
   Est-ce que vous payeriez l'addition d'un inconnu?

MOOD SUBSTITUTION

*Teacher:*   Je payerai ta place.
*Student:*   Je la payerais bien, mais je n'ai pas d'argent.

Je payerai sa place. (Il la payerait bien, mais il n'a pas d'argent.)
_____ leur place. (Ils)
_____ sa place. (Elle)
_____ votre place. (Nous)
_____ ma place. (Vous)
_____ leur place. (Elles)
_____ votre place. (Je)
_____ ma place. (Tu)

PATTERNED RESPONSE

1. *Teacher:*   J'ai envie d'aller au cinéma, et toi?
   *Student:*   Moi, j'ai envie de regarder la télévision.

   écouter des disques — lire un bon roman
   jouer au Monopoly — jouer aux dames   *"draughts" checkers*
   aller au restaurant  — rester à la maison
   dormir               — danser
   manger une glace     — manger une salade de fruits
   voir un bon film     — voir une pièce de théâtre

2. *Teacher:*   De quoi avez-vous envie?
   *Student:*   J'ai envie d'un éclair au chocolat.

   d'un chou à la crème        d'un flan *custard*
   d'une pêche Melba           de cerises
   de fraises                  d'un mille-feuilles
   d'un baba                   d'une glace à la pistache

QUESTION—ANSWER

Qu'avez-vous envie de faire?   *Répondez.*
Qu'avez-vous envie de manger?
De quoi avez-vous envie?
Où avez-vous envie d'aller?
Qu'avez-vous envie de boire?
Quel film avez-vous envie de voir?

CHOICE QUESTION—ANSWER

As-tu envie d'un éclair ou d'un chou?   *Répondez.*
As-tu envie d'aller au théâtre ou au cinéma?

As-tu envie d'une glace à la fraise ou à la vanille?
As-tu envie de sortir ou de rester à la maison?
As-tu envie de voir *Un homme et une femme* ou *Grand Prix*?

## Penser à and Penser de

> **Pensez-vous à** Paris?   =   to think about something or someone
>                                 simple reflection
>
> Que **pensez-vous de** Paris?   =   to evaluate something or someone
>                                      value judgment

### PATTERNED RESPONSE

*Teacher:*   Pensez-vous à Julie?
*Student:*   Oui. Que pensez-vous d'elle?

| | |
|---|---|
| à Robert | à votre voisine |
| aux voisins | à votre fiancé |
| au professeur | à vos amis |
| à Marlène et à Annie | à Michel et à Viviane |

### TRANSLATION DRILL

*Teacher:*   What do you think of *A Man and A Woman*?
*Student:*   Que pensez-vous de *Un homme et une femme*?

1. Are you thinking about Susan?
2. What do you think of my girlfriend?
3. Are you thinking about the French test?
4. What do you think of the French teacher?
5. Are you thinking about the lesson?

## Il Paraît Que (They say that ...)

### PATTERNED RESPONSE

*Teacher:*   Est-ce que c'est bien?
*Student:*   Il paraît que c'est bien.

Est-ce qu'il va pleuvoir?
Est-ce que le professeur est gentil?
Est-ce que c'est une belle ville?
Est-ce que sa fiancée est jolie?
Est-ce que son père est riche?

## Controlled Conversation

Demandez à _____ si elle aimerait aller au cinéma.

s'il aimerait être funambule.

ce qu'elle aimerait faire après la classe.

si elle achèterait un chimpanzé.

s'il céderait sa place dans l'autobus.

depuis combien de temps elle est en classe.

s'il paiera votre place.

ce qu'il a envie de faire.

à qui elle pense.

s'il va faire beau.

## Personalized Questions

1. Est-ce que les étudiants se sont reposés?
2. Est-ce que Josette a complété l'exercice?
3. Est-ce que Jean s'est levé de bonne heure?
4. Que savez-vous de la langue française?
5. Cela fait-il un an ou deux ans que vous êtes à l'université?
6. Voulez-vous répéter les exercices?
7. Aimeriez-vous voir *Un homme et une femme*?
8. Avez-vous envie d'un éclair au chocolat?
9. À quoi pensez-vous?
10. Que pensez-vous du cours de français?

**Dialog Patterns**

*Le Cinéma (suite)*

---

(Gérard et Lucien arrivent au cinéma.)

LUCIEN — On dirait que c'est complet.
GÉRARD — Si nous décidions nos sorties à l'avance, nous arriverions à l'heure.
LUCIEN — Si Paris n'était pas si grand, on le mettrait en bouteille.
GÉRARD — D'accord. Maintenant que faisons-nous?
LUCIEN — Si nous nous depêchons nous arriverons à temps au Gaumont.
GÉRARD — Oui, on y joue un film de Bourvil. Allons-y.

## Dialog Patterns

## *The Movies (continued)*

(Gérard and Lucien arrive at the theatre.)

LUCIEN — It seems to be full.
GÉRARD — If we planned our outings in advance, we would arrive on time.
LUCIEN — If Paris were not so big, we would put it in a bottle.
GÉRARD — O.K. What do we do now?
LUCIEN — If we hurry we will get to the Gaumont on time.
GÉRARD — Yes, they are playing a Bourvil movie there. Let's go.

## Conditional Mood—Present Tense of Group III Verbs

| | *Stem* | *Endings* |
|---|---|---|
| je | mettr- | -ais |
| tu | | -ais |
| il, elle | | -ait |
| nous | | -ions |
| vous | | -iez |
| ils, elles | | -aient |

Notes: 1. Verbs of group III use the same irregular stem to form the present conditional as for the future indicative.
2. The endings are the same as those used for the imperfect indicative.

MOOD SUBSTITUTION

| *Teacher* | *Student* |
|---|---|
| Nous sommes heureux. *Changez.* | Nous serions heureux. |
| Nous avons une vie tranquille. | Nous aurions une vie tranquille. |
| Nous allons souvent au cinéma. | Nous irions souvent au cinéma. |
| Nous devons nous estimer heureux. | Nous devrions nous estimer heureux. |
| Nous ne disons pas de mensonges. | Nous ne dirions pas de mensonges. |
| Nous faisons bon ménage. | Nous ferions bon ménage. |
| Il faut se pardonner. | Il faudrait se pardonner. |
| Nous lisons toutes les revues. | Nous lirions toutes les revues. |
| Nous y mettons de la bonne volonté. | Nous y mettrions de la bonne volonté. |
| Ce film leur plaît. | Ce film leur plairait. |
| Nous pouvons lui parler. | Nous pourrions lui parler. |

Nous nous asseyons au bord de l'eau.   Nous nous assiérions au bord de l'eau.
Nous ne savons pas grand-chose.   Nous ne saurions pas grand-chose.
Nous y tenons beaucoup.   Nous y tiendrions beaucoup.
Nous venons toujours à la même heure.   Nous viendrions toujours à la même heure.

Nous nous voyons souvent.   Nous nous verrions souvent.
Nous voulons la voir.   Nous voudrions la voir.

VERB STRUCTURE DRILLS

A.  The present conditional of **être** (*to be*).

| je | serais | nous | serions |
|------|---------|------|----------|
| tu | serais | vous | seriez |
| il \| elle \} serait | | ils \| elles \} seraient | |

1.  Je serais content(e) de vous voir.   *Répétez.*

   le professeur, nous, elles, maman, mes cousins.

2.  Seriez-vous content(e) d'aller en France?
   Où seriez-vous content(e) d'aller?
   Ont-ils dit qu'ils seraient en classe demain?
   A-t-elle dit qu'elle serait ici à trois heures?

B.  The present conditional of **avoir** (*to have*).

| j' | aurais | nous | aurions |
|------|---------|------|----------|
| tu | aurais | vous | auriez |
| il \| elle \} aurait | | ils \| elles \} auraient | |

1.  Vous auriez tort de vous fâcher.   *Répondez.*

   tu, ils, nous, Gérard, elles, je.

2.  Gérard aurait tort de s'énerver, ne trouvez-vous pas?   *Répondez.*
   Auriez-vous une vie tranquille sans études?
   Le professeur aurait tort de se fâcher, n'est-ce pas?
   Qui aurait une bonne note en français sans étudier?

C.  The present conditional of **faire** (*to do, to make*).

| je | ferais | nous | ferions |
|------|---------|------|----------|
| tu | ferais | vous | feriez |
| il \| elle \} ferait | | ils \| elles \} feraient | |

1. Vous feriez mieux de vous reposer.  *Répétez.*

   tu, les enfants, je, nous, Robert, mémé.

2. Ne ferions-nous pas mieux de nous reposer?  *Répondez.*
   Feriez-vous bon ménage avec votre voisin(e)?
   A-t-elle dit qu'elle ferait la vaisselle ce soir?
   Qu'a-t-il dit qu'il ferait après la classe?

D.  The present conditional of **aller** (*to go*).

| | | | |
|---|---|---|---|
| **j'** | **irais** | **nous** | **irions** |
| **tu** | **irais** | **vous** | **iriez** |
| **il** **elle** } | **irait** | **ils** **elles** } | **iraient** |

1. Il a dit qu'il irait demain.  *Répétez.*

   je, Martine, ils, pépé, elles, tu, vous, nous.

2. Ne m'avez-vous pas dit que vous iriez au cinéma?  *Répondez.*
   Pourquoi n'iriez-vous pas voir *Un homme et une femme?*
   Où iriez-vous en vacances avec beaucoup d'argent?
   Moi, je n'irais pas en Alaska, et vous?


MOOD SUBSTITUTION

1. *Teacher:*   Est-ce que Michel est déjà venu?
   *Student:*   Il a dit qu'il viendrait demain.

   Est-ce que Pierre est déjà sorti?
   Est-ce que Nicole est déjà allée au travail?
   Est-ce que Chantal a déjà pris le car?
   Est-ce que Reine est déjà descendue?

2. *Teacher:*   Est-ce que Marc a fait la vaisselle?
   *Student:*   Il a dit qu'il la ferait ce soir.

   Est-ce que Roger a traduit le texte?
   Est-ce que Michelle a lu la leçon?
   Est-ce qu'Annie a écrit à ses parents?
   Est-ce qu'André a mis la table?


PATTERNED RESPONSE

*Teacher:*   Feriez-vous cela?
*Student:*   Oui, je ferais cela.

   Diriez-vous la vérité?
   Auriez-vous la patience?

Seriez-vous à l'heure?
Sauriez-vous vos leçons?
Pourriez-vous y aller?
Viendriez-vous tout(e) seul(e)?

TRANSLATION DRILL

*Teacher:* You had better speak.
*Student:* Vous feriez mieux de parler.

    1. You (fam.) had better tell the truth.
    2. She had better come.
    3. They had better study.
    4. I had better leave.
    5. We had better calm down.

## Softened Statements

The contrast in English between "Open the door" and the more polite or softened form "Would you please open the door," has a counterpart in French. The conditional mood is used to soften the request.

**Pourriez-vous** ouvrir la porte? (*Could you open the door?*)
**Aimeriez-vous** aller au cinéma? (*Would you like to go to the movies?*)
**Je voudrais** deux billets s'il vous plaît.* (*I would like two tickets, please.*)

*Note: **Je veux** has a more insistent connotation than its apparent translation *I want*. It is preferable to use **Je voudrais** (*I would like*) when asking for something.

MOOD SUBSTITUTION

1. *Teacher:* Pouvez-vous m'accompagner à la banque?
  *Student:* Pouvez-vous m'accompagner à la banque?
             Pourriez-vous m'accompagner à la banque?

             Pouvez-vous m'écrire une fois par semaine?
             Pouvez-vous aller voir ma mère?
             Pouvez-vous me répondre par retour du courrier?
             Pouvez-vous être de retour à cinq heures?

2. *Teacher:* Voulez-vous me lire la lettre?
  *Student:* Voulez-vous me lire la lettre?
             Voudriez-vous me lire la lettre?

             Voulez-vous faire la salade?
             Voulez-vous m'expliquer la situation?
             Voulez-vous me montrer votre collection de timbres?
             Voulez-vous m'accompagner au cinéma?
             Voulez-vous m'attendre un moment?

3. *Teacher:*  Vous devez travailler plus.
   *Student:*  Vous devez travailler plus.
                Vous devriez travailler plus.

                Vous devez faire attention.
                Vous devez prendre votre médicament.
                Vous devez vous mettre au régime.
                Vous devez arriver à l'heure.

4. *Teacher:*  Avez-vous dix francs à me prêter?
   *Student:*  Avez-vous dix francs à me prêter?
                Auriez-vous dix francs à me prêter?

                Payez-vous ma place?
                Avez-vous le temps de la faire?
                Me prêtez-vous votre voiture?
                Me donnez-vous ce livre?

### ITEM SUBSTITUTION

Je voudrais y aller samedi.
Les enfants _____.
Nous _____.
_____ pourrions _____.
Elle _____.
Vous _____.
Tu devrais _____.
Il _____.
Elles _____.
Je _____.

## Sequence of Tenses with "If" Clauses

| *Supposition Clause* | | | *Result Clause* | | |
|---|---|---|---|---|---|
| **S'il** | **fait** | **beau** | **nous** | **irons** | **à la campagne.** |
| **Si nous** | **courons** | | **nous** | **arriverons** | **à temps.** |
| **Si tu ne** | **vas** | **pas plus vite** | **tu** | **seras** | **en retard.** |
| **Si j'** | **avais** | **de l'argent** | **j'** | **irais** | **au cinéma.** |
| **Si j'** | **étais** | **riche** | **je** | **voyagerais.** | |
| **Si Paris n'** | **était** | **pas si grand** | **on le** | **mettrait** | **en bouteille.** |

Notes:  1. When the supposition clause is in the present indicative, the result clause will be in the future indicative. The result clause may be in the present also if it refers to what usually happens rather than what will happen in the future.

      *Example:*  S'il pleut, je reste à la maison.

2. When the supposition clause is in the imperfect indicative, the result clause will be in the present conditional.

3. The result clause may come first in the sentence.

*Example:* Cela me ferait plaisir si tu venais.

TENSE SUBSTITUTION

*Teacher:* S'il fait mauvais temps, je n'irai pas à la fête.
*Student:* S'il faisait mauvais temps, je n'irais pas à la fête.

Si nous nous décidons à l'avance, nous arriverons à l'heure.
Si vous venez, vous les verrez.
Si vous étudiez, vous saurez parler français.
Si c'est nécessaire, ils le feront.
Si tu te lèves tôt, tu seras prête.
S'il fait beau, nous n'irons pas au cinéma.
Si tu as besoin de moi, je viendrai.
S'il se dépêche, il ne ratera pas son train.
Si elle travaille plus, elle aura de meilleures notes.
Si elles viennent plus tôt, je pourrai leur parler.

CHOICE QUESTION—ANSWER

Si vous vous mariiez, iriez-vous en lune de miel au Mexique ou au Canada?
Si vous étiez riche, donneriez-vous de l'argent aux pauvres ou à vos amis?
Si vous aviez faim, mangeriez-vous un bifteck ou une crème glacée?
Si vous viviez à la campagne, feriez-vous du cheval ou iriez-vous à la pêche?
S'il pleuvait, resteriez-vous à la maison ou iriez-vous vous promener?
Si vous voyiez votre ami, lui diriez-vous bonjour ou au revoir?
Si vous alliez au cinéma, iriez-vous voir un film triste ou un film gai?

## *On Dirait Que* ... (It looks like ...)

"also:
it seems"

PATTERNED RESPONSE

*Teacher:* Est-ce que c'est complet?
*Student:* On dirait que c'est complet.

Est-ce qu'il va pleuvoir?
Est-ce qu'elle est contente?
Est-ce qu'ils parlent français?
Est-ce que j'ai maigri?
Est-ce qu'il fait du vent?
Est-ce que nous sommes à l'heure?

## *On Dirait Que* versus *Il Paraît Que*

**Il paraît** qu'il va pleuvoir.
*They say it is going to rain.*

*also: " it's supposed so"*
Authoritative report

**On dirait** qu'il va pleuvoir.
*It looks like it is going to rain.*

Personal opinion

### PATTERNED RESPONSE

*Teacher:*  Il paraît qu'il va neiger.
*Student:*  Vraiment? On ne dirait pas qu'il va neiger.

Il paraît qu'ils vont se fiancer.
Il paraît qu'elle est hongroise.
Il paraît que les prix vont baisser.
Il paraît que ses parents sont riches.
Il paraît que les leçons vont devenir plus faciles.

### TRANSLATION DRILL

*Teacher:*  They say it is going to be a beautiful day.
*Student:*  Il paraît qu'il va faire beau aujourd'hui.

1. It looks like the theatre is full.
2. They say it's a good movie.
3. It looks like it's going to rain.
4. They say it's going to rain.
5. They say he is an excellent professor.

## Controlled Conversation

Demandez à _____ ce qu'on ferait si Paris n'était pas si grand.
s'il connaît Bourvil.
si elle serait contente d'aller en France.
s'il ne ferait pas mieux de se reposer.
où elle voudrait aller pendant sa lune de miel.
s'il pourrait ouvrir la porte.
si elle pourrait fermer la porte.
ce qu'il ferait s'il était riche.
si *Un homme et une femme* est un bon film.

Dites à _____ qu'il devrait étudier plus.
qu'elle ne devrait pas bavarder.
qu'il ferait mieux de répondre.

## Personalized Questions

 1. Est-ce qu'il va pleuvoir?
 2. Est-ce que Paulette est allée au cinéma?
 3. Si un génie offrait d'exaucer un de vos vœux, que demanderiez-vous?
 4. Est-ce que Gilberte a fait la lessive?
 5. Pensez-vous que vous devriez étudier plus?
 6. Quel film voudriez-vous voir?
 7. Que feriez-vous si vous aviez mille dollars à dépenser?
 8. Qu'arrivera-t-il s'il ne se dépêche pas?
 9. S'il fait de l'orage irez-vous vous promener?
10. Préféreriez-vous être riche et célèbre ou élever une famille?

## Extemporization

1. LE FILM

Vocabulary: bon, mauvais, un vrai navet, comique, tragique, acteur, actrice, metteur en scène, plaire, noir et blanc, couleur, musique, disque, bande originale, jouer, bien, mal.

Topic Ideas: 1. J'irais bien voir ce film encore un fois.
2. J'ai vraiment aimé la musique; je voudrais acheter la bande originale.
3. Ce film était un vrai navet.

Questions: 1. Est-ce que le film t'a plu?
2. Est-ce que le film finit bien?
3. Était-ce comique ou tragique?
4. Si je payais ta place irais-tu revoir ce film avec moi?
5. Est-ce que les acteurs jouaient mal?
6. Connais-tu le metteur en scène?

2. SI J'ÉTAIS RICHE

Vocabulary: argent, pauvreté, richesse, disgrâce, travailler, avion, acheter, soucis, faire de bonnes œuvres.

Topic Ideas: 1. Je vais me marier avec quelqu'un de riche.
2. La pauvreté est une disgrâce.
3. Si j'étais riche je visiterais l'Europe.

Questions: 1. Si tu étais riche, ferais-tu de bonnes œuvres?
2. Pourquoi dois-tu tant travailler?
3. Si tu étais riche où irais-tu en vacances?
4. Penses-tu que c'est une disgrâce d'avoir beaucoup d'argent?
5. Est-ce que les étudiants sont riches?
6. Est-ce qu'on a autant de soucis quand on est riche que quand on est pauvre?

Juliette Greco, popular *chanteuse*, during a television performance.

unit **14**

:●:●:●:●:●:●:●: ●:●:●:●:●:●:●:●:●:●:●:

## Dialog Patterns

*Chez le Médecin*

---

ROLAND — Eric! Qu'est-ce qui t'arrive?
ERIC — J'ai embrassé un sapin en skiant.
ROLAND — Est-ce que tu as la jambe cassée?
ERIC — Oui, le docteur a dit que j'avais eu de la chance de m'en tirer comme ça.

Sidewalk painter on the Place du Tertre, Montmartre.

## Dialog Patterns

## *At the Doctor's Office*

---

ROLAND — Eric! What is the matter with you?

ERIC — I smacked a fir tree while skiing.

ROLAND — Do you have a broken leg?

ERIC — Yes, the doctor said that I am lucky to have come out of it so well.

### The Pluperfect Indicative (*Plus-que-parfait*)

FORMATION:

|          | *Auxiliary* | *Past Participle* |
|----------|-------------|-------------------|
| j'       | avais       | parlé             |
| tu       | avais       | parlé             |
| il, elle | avait       | parlé             |
| nous     | avions      | parlé             |
| vous     | aviez       | parlé             |
| ils, elles | avaient   | parlé             |

Notes: 1. The pluperfect indicative is formed with the imperfect indicative of the auxiliary plus the past participle of the verb being conjugated.
2. All verbs take the same auxiliary in the pluperfect indicative as they do in the past indefinite.

USE:

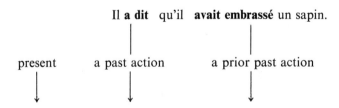

Il **a dit**  qu'il  **avait embrassé** un sapin.

present        a past action        a prior past action

Note: The pluperfect, very similar to the English past perfect, is used to express a past action or state occurring prior to another past action or state.

TENSE SUBSTITUTION

*Teacher:*  Allez-vous finir?

*Student:*  J'avais déjà fini quand vous êtes entré.

| manger | réciter |
|---|---|
| étudier | dîner |
| téléphoner | goûter |
| travailler | repasser |
| déjeuner | balayer |

VERB STRUCTURE DRILLS

A. The pluperfect indicative of **avoir** (*to have*).

| j' | avais | eu | nous | avions | eu |
|---|---|---|---|---|---|
| tu | avais | eu | vous | aviez | eu |
| il<br>elle | avait | eu | ils<br>elles | avaient | eu |

1. Il a dit que j'avais eu de la chance. *Répétez.*

   tu, Eric, nous, vous, ils, elle.

2. Est-ce que le docteur a dit qu'Eric n'avait pas eu de chance? *Répondez.*
   Qu'est-ce que le docteur a dit?
   Est-ce que le professeur a dit que vous (tous) aviez eu de la chance d'avoir une bonne note?
   M'avez-vous dit que vous aviez eu la coqueluche?

B. The pluperfect indicative of **être** (*to be*).

| j' | avais | été | nous | avions | été |
|---|---|---|---|---|---|
| tu | avais | été | vous | aviez | été |
| il<br>elle | avait | été | ils<br>elles | avaient | été |

1. Je n'avais pas été content d'apprendre la nouvelle. *Répétez.*

   elle, nous, elles, les étudiants, Eric.

2. Avait-il seulement été heureux avant de mourir? *Répondez.*
   Avaient-ils été tristes d'apprendre la nouvelle?
   Avait-elle été célèbre avant son arrivée il y a dix ans?

C. The pluperfect indicative of **faire** (*to do, to make*).

| j' | avais | fait | nous | avions | fait |
|---|---|---|---|---|---|
| tu | avais | fait | vous | aviez | fait |
| il<br>elle | avait | fait | ils<br>elles | avaient | fait |

1. Elle n'avait encore rien fait quand ils sont arrivés. *Répétez.*

   tu, je, nous, papa, vous, elles, ils.

2. Aviez-vous fait vos devoirs quand ils sont rentrés? *Répondez.*
   Avait-elle fait la vaisselle quand vous êtes parti?
   Avait-elle fait exprès de l'ignorer?
   Qu'avait-il fait pour mériter une telle punition?

TENSE SUBSTITUTION

| *Teacher* | *Student* |
|---|---|
| J'ai attendu trop longtemps. *Changez.* | J'avais attendu trop longtemps. |

Ils ont eu de la chance.
Il a trop bu.
Elle a connu la misère.
Elles n'ont pas cru leurs parents.
J'ai dû lui expliquer.
Tu as dit des bêtises.
Vous avez dormi trop longtemps.
J'ai écrit à ma mère.
Elle n'a pas entendu la sirène.
Vous avez bien fait.
J'ai tout lu.
Ils ont mis leurs bottes.
Nous avons offert notre aide
Elle a perdu sa clé.
Elles lui ont plu.
Il a plu toute la semaine.
Je n'ai pas pu dormir.
Nous avons pris un taxi.
Leur as-tu répondu?
Ils ne l'ont pas su.
Ne l'as-tu pas senti?
Elles ont suivi mes conseils.
Nous avons traduit tout le texte.
Ils ont vécu là toute leur vie.
Vous avez vu la photo, n'est-ce pas?
Nous avons voulu les voir.

## Agreement of the Past Participle

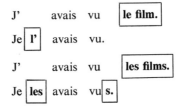

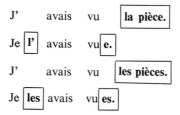

Note: In the pluperfect indicative all the rules of past participle agreement apply exactly as in the past indefinite.


TENSE AND STRUCTURE SUBSTITUTION

*Teacher:* Il lit la pièce.
*Student:* Il avait lu la pièce.
Il l'avait lue.

Elle traduit les textes.
Tu apprends le français.
Nous voyons les petites.
Je crois Simone.
Vous écrivez la lettre.
Tu mets ta robe noire.
Il prend le métro.
Elles font la lessive.
Ils sentent les fleurs.
Je suis tes conseils.


PATTERNED RESPONSE

1. *Teacher:* As-tu mal à la tête?
   *Student:* Non, je n'ai pas mal à la tête.

   au cœur            au ventre
   aux pieds          au dos
   à la gorge         aux jambes

2. *Teacher:* As-tu mal à la tête?
   *Student:* Oh! Comme j'ai mal à la tête!

   à l'estomac        à la nuque
   au genou           à l'oreille
   aux yeux           aux doigts
   au coude           au gros orteil

3. *Teacher:* Est-ce qu'il est mort du cancer?
   *Student:* Oui, il est mort du cancer.

   la leucémie                    la grippe
   une crise cardiaque            la diphtérie
   la tuberculose                 la fièvre typhoïde
   une blessure à la tête         une balle au cœur

4. *Teacher:* As-tu été vacciné contre les oreillons?
   *Student:* Oui, j'ai été vacciné contre les oreillons.

   la variole                     la poliomyélite
   la rougeole                    le tétanos
   la coqueluche                  la rubéole


*La Température*

|  | C° | F° |
|---|---|---|
|  | 40 | 104 |
|  | 39,4 | 103 |
|  | 38,8 | 102 |
| C° = (F° − 32) 5/9 | 38,3 | 101 |
| F° = 9/5 (C° + 32) | 37,7 | 100 |
|  | 37,2 | 99 |
|  | 36,6 | 98 |
|  | 36,1 | 97 |

QUESTION—ANSWER

Avez-vous déjà eu quarante de fièvre?

Quelle est la température normale?

Est-ce qu'on a de la fièvre lorsqu'on a une températuré de 38 degrés?

Est-ce qu'on est malade lorsqu'on a trente-neuf de fièvre?

Est-ce que votre température normale est trente-six virgule six ou trente-sept virgule deux?


## Controlled Conversation

Demandez à _____ ce que le docteur a dit à Eric.

s'il avait déjà récité le dialogue quand vous êtes entré dans la classe.

ce qu'Eric avait fait pour se casser la jambe.

si Eric a dit qu'il avait embrassé une jeune fille.

s'il a mal au gros orteil.

si elle a été vaccinée contre la coqueluche.

s'il a de la fièvre.

## Personalized Questions

1. Avez-vous déjà embrassé un sapin?
2. Qu'est-ce qui vous arrive?
3. Qu'est-ce que le docteur vous a dit?
4. Où avez-vous mal?
5. Aviez-vous déjà étudié la leçon lorsque je suis arrivé?
6. Avez-vous mal à l'épaule?
7. Aviez-vous été vacciné(e) contre les oreillons à treize ans?
8. Est-ce qu'Eric a eu de la chance de s'en tirer comme ça?
9. Est-ce qu'Eric est allé chez le médecin pour être vacciné?
10. De quoi Lincoln est-il mort?

**Dialog Patterns**

*Chez le Médecin (suite)*

---

Roland — On voit bien que ce n'est pas la sienne qui est cassée.
Eric — Il a dit qu'il avait eu un pareil accident il y a deux ans.
Roland — Eh bien?
Eric — Laisse-moi finir. Il s'était cassé la jambe et les deux bras.
Roland — Quelle catastrophe!

## Dialog Patterns

## *At the Doctor's Office (continued)*

ROLAND — It's easy to see that it wasn't his that was broken.
ERIC — He said that he had had the same sort of accident two years ago.
ROLAND — So?
ERIC — Let me finish. He had his leg and both arms broken.
ROLAND — What a catastrophe!

## The Pluperfect Indicative of Verbs with *Être* as an Auxiliary

|  | *Imperfect of Auxiliary* | *Past Participle* |
|---|---|---|
| j' | étais | allé(e) |
| tu | étais | allé(e) |
| il | était | allé |
| elle | était | allée |
| nous | étions | allés(ées) |
| vous | étiez | allé(e) (s) (es) |
| ils | étaient | allés |
| elles | étaient | allées |
| je m' | étais | amusé(e) |
| tu t' | étais | amusé(e) |
| il s' | était | amusé |
| elle s' | était | amusée |
| nous nous | étions | amusés(ées) |
| vous vous | étiez | amusé(e) (s) (es) |
| ils s' | étaient | amusés |
| elles s' | étaient | amusées |

Notes:  1. All verbs take the same auxiliary in the pluperfect indicative as they do in the past indefinite.
2. In the pluperfect all the rules of agreement apply exactly as they do in the past indefinite.

## Verbs That Take *Être* as an Auxiliary—Review

| *Verb* | *Past Participle* |  | *Verb* | *Past Participle* |
|---|---|---|---|---|
| aller | allé | ⟵ ———————— ⟶ | venir | venu |
|  |  | rester (resté) |  |  |
| arriver | arrivé | ⟵ ———————— ⟶ | partir | parti |

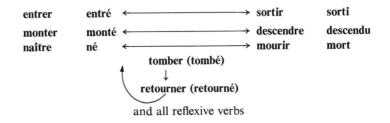

entrer   entré ⟵⟶ sortir   sorti
monter   monté ⟵⟶ descendre   descendu
naître   né ⟵⟶ mourir   mort

tomber (tombé)
↓
retourner (retourné)

and all reflexive verbs

PATTERNED RESPONSE

*Teacher:*  Qu'est-ce qu'elle a dit? (1)
*Student:*  Elle a dit qu'elle était arrivée.

1. arriver
2. partir
3. faire ses devoirs
4. acheter le cadeau
5. aller chez elle
6. se casser la jambe
7. étudier la leçon
8. finir son travail
9. tomber
10. se réveiller tôt
11. rester là-bas
12. être bien contente
13. se reposer
14. sortir
15. avoir de la chance

VERB STRUCTURE DRILLS

A.  The pluperfect indicative of **tomber** (*to fall*).

| j' | étais | tombé(e) | nous | étions | tombés(ées) |
|----|-------|----------|------|--------|-------------|
| tu | étais | tombé(e) | vous | étiez | tombé(e) (s) (es) |
| il ⎫ elle ⎭ | était | tombé / tombée | ils ⎫ elles ⎭ | étaient | tombés / tombées |

1. Eric a dit qu'il était tombé en skiant.  *Répétez.*

   tu, je, Claire, ils, nous, vous, elles.

2. Est-ce qu'Eric a dit qu'il etait tombé en marchant?  *Répondez.*
   Est-ce que le médecin a dit que lui aussi était tombé en skiant?
   M'avez-vous dit que vous étiez tombé(e) hier?

B.  The pluperfect indicative of **s'ennuyer** (*to be bored*).

| je m' | étais | ennuyé(e) | nous nous | étions | ennuyés(ées) |
| tu t' | étais | ennuyé(e) | vous vous | étiez | ennuyé(e)(s)(es) |

| il elle } | s'était | { ennuyé ennuyée | ils elles } s' | étaient | { ennuyés ennuyées |

1.  Elle s'était ennuyée chez eux.   *Répétez.*

    je, nous, tu, ils, vous, elles, Robert.

2.  Est-ce qu'Eric s'était ennuyé à la montagne?   *Répondez.*
    Est-ce que les étudiants s'étaient ennuyés pendant les vacances?
    Est-ce que vous vous étiez ennuyé(e) avant la rentrée des classes?

PATTERNED RESPONSE

1.  *Teacher:*  Je suis allé(e) en France au mois d'août.
    *Student:*  J'y étais allé(e) au mois de juillet.

| Teacher | Student |
|---|---|
| septembre | *Answer using preceding month.* |
| décembre | |
| mai | |
| juin | |
| mars | |
| juillet | |
| février | |
| avril | |
| octobre | |
| novembre | |

2.  *Teacher:*  Je suis revenu(e) de New York jeudi.
    *Student:*  J'en étais revenu(e) mercredi.

| Teacher | Student |
|---|---|
| dimanche | *Answer using preceding day.* |
| mardi | |
| vendredi | |
| lundi | |
| samedi | |
| mercredi | |

STRUCTURE SUBSTITUTION

*Teacher:*  Est-ce qu'il s'était cassé la jambe?
*Student:*  Oui, il se l'était cassée.

les bras          le nez
le poignet        les dents (*f.*)
la mâchoire       les pouces (*m.*)

ITEM SUBSTITUTION

Je m'étais réveillé tôt.
Elle ——————————.
—————————— avant lui.
Tu ——————————————.
———————— couché ————————.
Ils ———————————————.
—————————— de bonne heure.
Nous ——————————————————.
———————— levés ————————————.
Vous ————————————————————.
Elles ——————— au petit jour.
Il ——————————————————.
———————— lavé ————————————.
Je ——————————————————.
Elle ——————————————————.
—————————— la tête ————.

## The Possessive Pronouns

|  |  | One Thing Possessed | More Than One Thing Possessed |
|---|---|---|---|
|  | (*mine*) | **le mien** **la mienne** | **les miens** **les miennes** |
| *One* *Possessor* | (*yours*) | **le tien** **la tienne** | **les tiens** **les tiennes** |
|  | (*his* or *hers*) | **le sien** **la sienne** | **les siens** **les siennes** |
|  | (*ours*) | **le nôtre** **la nôtre** | **les nôtres** |
| *More* *Than* *One* *Possessor* | (*yours*) | **le vôtre** **la vôtre** | **les vôtres** |
|  | (*theirs*) | **le leur** **la leur** | **les leurs** |

Notes:  1. The possessive pronoun agrees in number and gender with the noun it replaces, not with the possessor. *Examples:*

> *The ball? It's his*    — La balle? C'est **la sienne.**
> . *The book? It's hers* — Le livre? C'est **le sien.**

2. The possessive pronouns **le nôtre, le vôtre,** etc. have a circumflex accent. The possessive adjectives **notre** and **votre** do not.

STRUCTURE SUBSTITUTION

1. *Teacher:* Ces jeunes gens sont-ils vos amis?
   *Student:* Oui, ce sont les miens.

   cousins                  adversaires
   frères                   camarades

2. *Teacher:* Ces jeunes filles sont-elles vos cousines?
   *Student:* Oui, ce sont les miennes.

   sœurs                    compagnes
   amies                    adversaires

3. *Teacher:* À qui est ce médicament?
   *Student:* Ce médicament est le mien. (le tien, le sien, le nôtre, le leur)

   ordonnance (*f.*)        pansement (*m.*)
   thermomètre (*m.*)       béquilles (*f.*)
   cachets d'aspirine (*m.*)   pastille (*f.*) *lozenge*

4. *Teacher:* As-tu tes vitamines?
   *Student:* Oui, j'ai les miennes, mais Jean n'a pas les siennes.

   passeport (*m.*)         caméra (*f.*)
   photo (*f.*)             jumelles (*f.*)
   papiers (*m.*)           appareil photographique (*m.*)

5. *Teacher:* Est-ce que votre opération a été grave?
   *Student:* Oui, mais pas aussi grave que la vôtre. (celle de Robert)

   entorse (*f.*)           fracture (*f.*)
   maladie (*f.*)           accident (*m.*)
   rhume (*m.*)             coup de soleil (*m.*)
   oreillons (*m.*)         brûlures (*f.*)

6. *Teacher:* Où sont le livre de Gisèle et celui d'André?
   *Student:* Celui de Gisèle est ici. Je ne sais pas où est celui d'André.

   les médicaments (*m.*)   la photo
   le cheval                le maillot de bain
   les chaussures (*f.*)    l'ordonnance (*f.*)

ITEM SUBSTITUTION

J'ai la jambe cassée.
_____ enflée.
___ la cheville _____.
_____ foulée.
___ le poignet _____.
_____ démis.

—— la rotule ———.
—— l'épaule ———.
———————— blessée.
—— le doigt ———.

## Supplementary Dialogs

*First student*                    *Second student*

1. À LA MER

   On m'a volé mes lunettes de      Tu as eu de la chance de t'en tirer
     soleil.                        comme ça.

   On voit bien que ce ne sont pas   Moi, on m'a volé tous mes
     les tiennes.                   vêtements.

   Quelle catastrophe!

2. À LA MONTAGNE

   On m'a volé mes gants.           Tu as eu de la chance de t'en tirer
                      comme ça.

   On voit bien que ce ne sont pas   Moi, on m'a volé mes skis.
     les tiens.

   Quelle catastrophe!

## Controlled Conversation

Demandez à ———————— si ses amis ont dit qu'ils s'étaient bien amusés.
                                 si le docteur a dit qu'il s'était cassé les dents.
                                 si Eric a dit qu'il était tombé amoureux.
                                 si ces livres sont à lui.
                                 si ce stylo est à elle.
                                 à qui est cette voiture.
                                 si elle a toutes ses affaires.
                                 s'il s'est déjà fait une entorse.

## Personalized Questions

  1. Qu'est-ce que le médecin a dit à Eric?
  2. Qu'est-ce que le médecin s'était cassé?

3. Avez-vous eu un pareil accident?
4. M'avez-vous dit qu'il vous était arrivé une catastrophe?
5. Avez-vous déjà eu quelque chose de cassé?
6. Ces étudiants sont-ils vos amis?
7. Est-ce que votre grippe a été grave?
8. Vous a-t-on déjà volé quelque chose?
9. On voit bien que ce n'est pas la jambe du docteur qui est cassée, n'est-ce pas?
10. Avez-vous tous vos livres?

## Extemporization

1. LA CONSULTATION

*Vocabulary:*  infirmière, avoir mal, gorge, attraper, estomac, oreille, piqüres, médicaments, grippe, toux, fièvre, température, ordonnance, vitamines.

*Topic Ideas:*  1. Le médecin m'a dit que j'avais attrapé la grippe espagnole.
2. Je n'aime pas les piqüres.
3. Le docteur m'a donné beaucoup de médicaments à prendre.

*Questions:*  1. Où as-tu mal?
2. Qu'est-ce que le docteur t'a dit?
3. Est-ce qu'il t'a ordonné des pastilles pour la toux?
4. Est-ce que l'infirmière t'a fait une piqüre?
5. Avais-tu pris ta température avant d'aller chez le médecin?
6. Combien as-tu de fièvre?

2. UNE CATASTROPHE

*Vocabulary:*  portefeuille, argent, papiers, plâtre, béquilles, voler, laisser, perdre, difficile, faire son compte, dedans.

*Topic Ideas:*  1. Je me suis cassé la jambe.
2. On m'a volé mon portefeuille.
3. J'ai eu une mauvaise note en français.

*Questions:*  1. Est-ce que cela fait longtemps que tu as la jambe dans le plâtre?
2. Où avais-tu laissé ton portefeuille?
3. Y avait-il beaucoup d'argent dedans?
4. As-tu perdu tous tes papiers?
5. Est-ce que c'est difficile de marcher avec des béquilles?
6. Comment as-tu fait ton compte pour avoir une mauvaise note?

## Dialog Patterns

*La Fin de la Semaine*

(C'est samedi. Jacques et Max sont allés à la pêche.)

JACQUES — Ça y est, ca mord! Qu'est-ce qu'il tire!
MAX — Je doute que tu le prennes; il est trop gros pour ta ligne.
JACQUES — À quelle heure est ce bal?
MAX — À vingt heures précises, monsieur.
JACQUES — Alors j'ai encore le temps de me battre avec ma truite.
MAX — Dis donc, le soleil commence vraiment à taper!

**257**

Old main harbor of La Rochelle, Atlantic coast.

## Dialog Patterns

## *The Weekend*

(It is Saturday. Jacques and Max have gone fishing.)

JACQUES — That's it! I've got a bite! Is it ever pulling!
MAX — I doubt that you will take him. He's too big for your line.
JACQUES — At what time is that dance?
MAX — At precisely eight P.M., sir.
JACQUES — So, I still have time to fight my trout.
MAX — Say! That sun is really getting hot!

VERB STRUCTURE DRILLS

A.  The present indicative of **mordre** (*to bite*), past participle: **mordu**.
    **Mordre** is conjugated like **attendre** (*to wait*).

1.  Je m'en mords les doigts.  *Répétez.*

    tu, Annie, nous, ils, vous, Patric.

2.  Est-ce que les bébés mordent?  *Répondez.*
    Vous mordez-vous souvent les doigts?
    Est-ce que votre chien mord?
    Vous êtes-vous mordu la langue?
    Est-ce qu'un chien a mordu Jacques?
    Alors pourquoi dit-il que ça mord?

B.  The present indicative of **se battre** (*to fight*).

| je | me | bats | nous | nous | battons |
|----|----|----|----|----|----|
| tu | te | bats | vous | vous | battez |
| il elle | se | bat | ils elles | se | battent |

1.  Jacques se bat avec la truite.  *Répétez.*

    ils, je, elle, tu, vous, nous, elles.

2.  Aimez-vous vous battre avec un poisson?  *Répondez.*
    Est-ce que Jacques se bat avec un saumon?
    Est-ce que Jacques et Max se battent?
    Avec quoi Jacques se bat-il?
    Est-ce que les garçons se battent beaucoup?
    Vous battez-vous beaucoup?

# The Present Subjunctive

*Example:* **Prendre** (*to take*).

|  | *Stem:* |  |  | *Ending:* |  |
|---|---|---|---|---|---|
| je — |  | Same as | **-e** | Same as present |  |
| tu — | **prenn-** | third person | **-es** | indicative |  |
| il, elle — |  | plural of | **-e** | of Group I |  |
| ils, elles — |  | the present | **-ent** | Verbs |  |
|  |  | indicative |  |  |  |

| **nous** | **prenions** |
|---|---|
| **vous** | **preniez** |

Same as imperfect indicative

Note: These rules apply to all verbs except:

| **avoir** | **faire** | **savoir** |
|---|---|---|
| **être** | **pouvoir** | **falloir** |
| **aller** | **vouloir** | **valoir** |

VERB STRUCTURE DRILLS

A. The present subjunctive of **prendre** (conjugation above).

1. Je doute que tu prennes cette truite.  *Répétez.*

   Jacques, vous, nous, ils, elles, Liliane.

2. Voulez-vous que nous prenions l'air?  *Répondez.*
   Doutez-vous que Jacques prenne cette grosse truite?
   Vos parents veulent-ils bien que vous preniez l'avion pour la France?
   Voudriez-vous que nous prenions le petit déjeuner en classe?

B. The present subjunctive of **parler** (*to speak*).

| **que je** | **parle** | **que nous** | **parlions** |
|---|---|---|---|
| **que tu** | **parles** | **que vous** | **parliez** |
| **qu'il** / **qu'elle** | **parle** | **qu'ils** / **qu'elles** | **parlent** |

1. Je voudrais que tu parles français.  *Répétez.*

   vous, mes enfants, Jeanne, nous, elles.

2. Voulez-vous que je parle français?  *Répondez.*
   Voudriez-vous que vos enfants parlent français?
   Faut-il que vous parliez français en classe?
   Est-ce que le professeur veut que les étudiants parlent français?

C. The present subjunctive of **finir** (*to finish*).

| que je | finisse | que nous | finissions |
|--------|---------|----------|------------|
| que tu | finisses | que vous | finissiez |

| qu'il | finisse | qu'ils | finissent |
|-------|---------|--------|-----------|
| qu'elle | | qu'elles | |

1. Il faut que je finisse la leçon. *Répétez.*

   nous, le professeur, tu, ils, vous, elle.

2. Faut-il que nous finissions la leçon cette semaine? *Répondez.*
   Faut-il que vous finissiez vos études?
   Doutez-vous que nous finissions la leçon aujourd'hui?
   Voudriez-vous que je finisse les exercices?

## The Present Subjunctive in the Noun Clause

| Main Clause | | Subordinate Clause | | | |
|-------------|-------|------|------|---------|------------|
| **Je** | **veux** | **que** | **tu** | **prennes** | **l'air.** |
| **Il** | **faut** | **que** | **nous** | **mangions.** | |
| **Nous** | **doutons** | **qu'** | **ils** | **arrivent** | **à l'heure.** |
| **Elle** | **préfère** | **que** | **nous** | **restions.** | |

Notes:  1. A noun clause is a subordinate clause used as a noun. In French it is introduced
by the conjunction **que** and is generally the direct object of the main clause.
2. The subjunctive must be used in the noun clause when:
a. The verb in the main clause expresses:

— *Necessity* (**falloir**)
**Il faut que vous travailliez plus.**

— *Volition* (**désirer, vouloir**)
**Le patron désire que l'on arrive à l'heure.**

— *Wish* (**souhaiter, préférer**)
**Que Dieu vous bénisse!** (**Je souhaite** is understood)

— *Doubt* (**douter**)
**Je doute qu'elle te le dise.**

b. The main clause and the subordinate clause have different subjects. Compare:

**Je voudrais que tu viennes demain.**
(*I would like you to come tomorrow.*)

**Je voudrais venir demain.**
(*I would like to come tomorrow.*)

Note that **voudrais** and **venir** have the same subject; therefore the complementary infinitive
**venir** is used instead of the subjunctive in a subordinate clause.

MOOD SUBSTITUTION

1. *Teacher:*  Il vient.
   *Student:*  Il faut qu'il vienne.

   | | |
   |---|---|
   | elle mange | il part |
   | ils finissent | je sors |
   | j'étudie | tu dors |
   | tu te reposes | j'écris |
   | elles lisent | elles attendent |

2. *Teacher:*  Nous parlons français.
   *Student:*  Il faut que nous parlions français.

   | | |
   |---|---|
   | vous déjeunez | nous nous réunissons |
   | vous réagissez | vous lui expliquez |
   | nous arrivons à l'heure | nous leur disons |
   | vous venez | vous choisissez |
   | vous vous levez tôt | nous partons |

3. *Teacher:*  Tu me réponds.*
   *Student:*  Je voudrais que tu me répondes.

   | | |
   |---|---|
   | vous m'écrivez | tu me dis la vérité |
   | il me téléphone | elle me connaît mieux |
   | vous m'attendez | tu me lis une histoire |
   | ils me racontent leur vie | elles me rendent* visite |
   | elles viennent avec moi | il m'aime autant que je l'aime |

*Note:  **Répondre** (*to answer*) and **rendre** (*to give back, to pay*) are conjugated like **attendre** (*to wait*).

4. *Teacher:*  Vous restez ici.
   *Student:*  Le professeur désire que vous restiez ici.

   | | |
   |---|---|
   | nous étudions plus | nous ne bavardons pas |
   | il lit la leçon | ils récitent le dialogue |
   | elle pose la question | elles finissent leur conversation |
   | tu complètes les exercices | nous révisons |
   | je parle plus fort | vous passez l'examen |

5. *Teacher:*  Tu bois du lait.
   *Student:*  Maman préfère que tu boives du lait.

   | | |
   |---|---|
   | je mange des œufs | tu te lèves de bonne heure |
   | nous nous couchons tôt | papa met un chapeau |
   | Jean écrit une fois par semaine | les enfants s'habillent chaudement |
   | Nicole repasse ses robes | j'étudie avant de manger |
   | nous buvons du jus d'orange | nous ne regardons pas ce programme |

6. *Teacher:*   Il pleut.
   *Student:*   Je doute qu'il pleuve.

| | |
|---|---|
| il prend cette truite | tu apprends toute la leçon |
| elle arrive de bonne heure | vous le connaissez |
| il accomplit beaucoup de choses | nous finissons tôt |
| ils suivent ce cours | elles viennent |
| elle met sa robe de soirée | il le lui dit |

TRANSLATION DRILL

*Teacher:*   I would like to come tomorrow.   *Traduisez.*
*Student:*   Je voudrais venir demain.

    1. I would like you to come tomorrow.
    2. I would like you to speak French.
    3. I would like to speak Italian.
    4. I would like him to call me.
    5. I would like to call him.

## *Penser* and *Croire*

When affirmative, **penser que** and **croire que** are followed by the indicative mood. But when negative or interrogative, implying doubt, these verbs are followed by the subjunctive mood.

MOOD SUBSTITUTION

1. *Teacher:*   Je crois qu'il pleuvra demain.
   *Student:*   Moi, je ne crois pas qu'il pleuve.

    Je crois qu'elle viendra demain.
    _____ nous finirons_____.
    _____ il téléphonera_____.
    _____ elles partiront_____.
    _____ nous réciterons_____.
    _____ ils se réuniront_____.

2. *Teacher:*   Penses-tu qu'elle vienne ce soir?
   *Student:*   Oui, je pense qu'elle viendra.

    Penses-tu qu'il pleuve ce soir?
    _____ elle arrive_____?
    _____ ils sortent_____?
    _____ elles étudient___?
    _____ il dorme_____?
    _____ ils le voient___?

## "Formal" or 24 Hour Time

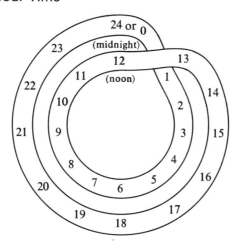

In France official time is based on a 24 hour schedule. Railroads, buses, theatres, stores, etc. use this system.

24h 01 (or 0h 01) through 12h 00 corresponds to our A.M. hours.

12h 01 through 24h 00 corresponds to our P.M. hours.

PATTERNED RESPONSE

*Teacher:*   Que dit l'horaire? (1)
*Student:*   Notre train part à 14 heures.

(*Answer using official time.*)

| | |
|---|---|
| 1. 2 P.M. | 6. 8 P.M. |
| 2. 4 P.M. | 7. 9 A.M. |
| 3. 11 A.M. | 8. 11 P.M. |
| 4. 1 A.M. | 9. 5 A.M. |
| 5. 5 P.M. | 10. 9 P.M. |

## Controlled Conversation

Demandez à _____ s'il se mord souvent la langue.
si elle pense qu'il va pleuvoir.
s'il aime la pêche.
s'il se bat souvent.
s'il faut qu'elle étudie plus.
s'il doute qu'il obtienne une bonne note.
si elle souhaite qu'il neige.
s'il voudrait que vous lui lisiez une histoire.
si le soleil tape aujourd'hui.
à quelle heure est la réunion.

## Personalized Questions

1. Est-ce que Jacques a encore le temps de se battre avec Max?
2. Quand vous pêchez, est-ce que le poisson mord bien?
3. Faut-il que vous restiez ici toute la journée?
4. De quoi Max doute-t-il?
5. Que souhaitez-vous?
6. Est-ce que votre mère préfère que vous vous couchiez de bonne heure?
7. Pensez-vous que nous finissions la leçon aujourd'hui?
8. Pensez-vous venir demain?
9. Voulez-vous que nous embellissions la salle?
10. À quelle heure est le cours de français?

## Dialog Patterns

*La Fin de la Semaine (suite)*

(Marie-Claire et Nathalie attendent les jeunes gens pour aller au bal.)

MARIE-CLAIRE — Je suis si contente qu'il fasse beau pour danser sous les lampions!

NATHALIE — Oui, c'est tellement romantique, et Max danse si bien le tango.

MARIE-CLAIRE — J'espère qu'ils ne seront pas en retard; quand Jacques va à la pêche, il faut s'attendre à tout.

NATHALIE — Les voilà! Comme ils sont rouges!

(Jacques et Max arrivent, l'air épuisé; ils ont un coup de soleil.)

JACQUES — Heu . . ., est-ce que cela vous ennuierait beaucoup si nous allions danser un autre jour?

**Dialog Patterns**

## The Weekend (continued)

(Marie-Claire and Nathalie are waiting for the young men to take them to the dance.)

MARIE-CLAIRE — I'm so happy we have this beautiful weather so we can dance under the Chinese lanterns!

NATHALIE — Yes, it's so romantic and Max dances the tango so well.

MARIE-CLAIRE — I hope they won't be late; when Jacques goes fishing you have to be ready for anything.

NATHALIE — There they are! Are they ever red!

(Jacques and Max arrive looking exhausted. They are sunburned.)

JACQUES — Eh . . ., would you mind very much if we went dancing some other time?

## The Present Subjunctive in the Noun Clause—Continued

The subjunctive must be used in the noun clause when the verb in the main clause expresses an emotion or a feeling:

*Fear* (**craindre, avoir peur**)

> **Je crains qu'ils nous fâchent.**

*Anger* (**être fâché, être furieux**)

> **Je suis fâché que vous arriviez en retard.**

*Regret* (**regretter**)

> **Je regrette beaucoup qu'ils partent déjà.**

*Happiness* (**être content, heureux,** etc.)

> **Je suis si heureuse qu'elle vienne demain.**

*Sadness* (**être contrarié, triste,** etc.)

> **Je suis triste que ça finisse comme cela.**

VERB STRUCTURE DRILLS

The present indicative of **craindre** (*to fear*).

| je | crains | nous | craignons |
|----|--------|------|-----------|
| tu | crains | vous | craignez |
| il elle | craint | ils elles | craignent |

1. Je crains qu'ils arrivent en retard.   *Répétez.*

   Marie-Claire, tu, nous, elles, vous, papa.

2. Est-ce que Marie-Claire craint que Jacques et Max arrivent en avance?   *Répondez.*
   Craignez-vous que la guerre éclate?
   Que craint le professeur?
   Que craignent les étudiants?
   Que craignez-vous?

## Use of *Ne* With Verbs of Fear

*Examples:*    **Je crains qu'il ne vienne.**
               **J'ai peur qu'il ne pleuve.**

Following verbs that express fear the subjunctive is often preceded by **ne** in the noun clause.

*Compare:*    Je crains qu'il **ne** vienne.
              *I am afraid he will come.*

              Je crains qu'il **ne** vienne **pas**.
              *I am afraid he will not come.*

### STRUCTURE SUBSTITUTION

*Teacher:*    J'ai bien peur qu'il ne pleuve.
*Student:*    Moi, j'ai peur qu'il ne pleuve pas.

| | |
|---|---|
| qu'elle ne reste | qu'il ne se lève |
| qu'ils ne partent | qu'elle ne se réveille |
| qu'elles ne descendent | qu'ils ne dorment |

## *Espérer* (to hope)

When affirmative **espérer** is followed by the indicative mood. When negative or interrogative it is followed by the subjunctive.

*Compare:*

19 heures—**J'espère qu'ils seront en avance.**
21 heures—**Je n'espère plus qu'ils soient en avance.**

### ITEM SUBSTITUTION

Use the indicative or the subjunctive as required.

Je doute qu'ils arrivent à l'heure.
Je crois qu'ils arriveront à l'heure.

J'espère _____.
Je ne crois pas _____.
Je souhaite _____.
Je sais _____.
Je pense _____.
Je ne pense pas _____.
Je voudrais _____.
Je suis sûre _____.

## Irregular Subjunctive

VERB STRUCTURE DRILLS

A.  The present subjunctive of **avoir** (*to have*).

| que j' | aie | que nous | ayons |
|--------|-----|----------|-------|
| que tu | aies | que vous | ayez |
| qu' il qu' elle | aie | qu' ils qu' elles | aient |

1.  Je regrette qu'il ait une mauvaise note.   *Répétez.*

    tu, elles, Simone, vous, nous, ils, il.

2.  Êtes-vous content(e) que votre voisin(e) ait une bonne note?   *Répondez.*
    Êtes-vous contrarié(e) que j'aie mal à la tête?
    Pensez-vous qu'ils aient un coup de soleil?
    Craignez-vous que nous ayons de la pluie aujourd'hui?
    Regrettez-vous que nous n'ayons pas de soleil?

B.  The present subjunctive of **être** (*to be*).

| que je | sois | que nous | soyons |
|--------|------|----------|--------|
| que tu | sois | que vous | soyez |
| qu' il qu' elle | soit | qu' ils qu' elles | soient |

1.  Elle a peur qu'ils soient en retard.   *Répétez.*

    nous, tu, Jacques, je, vous, elles.

2.  Craignez-vous que le professeur soit en retard?   *Répondez.*
    Êtes-vous content(e) qu'il soit là?
    Croyez-vous qu'elle soit à la maison?
    Voulez-vous que nous soyons amis?
    Pensez-vous qu'il soit bientôt l'heure de partir?

C. The present subjunctive of **aller** (*to go*).

| que j'  | aille  | que nous | allions |
| que tu  | ailles | que vous | alliez  |

| qu' il<br>qu' elle | aille | qu' ils<br>qu' elles | aillent |

1. Je suis content que tu ailles mieux. *Répétez.*

    elle, vous, les enfants, votre mari, elles.

2. Doutez-vous que les jeunes gens aillent danser? *Répondez.*
   Voulez-vous que nous allions au cinéma?
   Pensez-vous que Jacques et Max aillent encore à la pêche?
   Regrettez-vous que nous n'allions pas nous promener?
   Souhaitez-vous que tous les étudiants de la classe aillent danser?

D. The present subjunctive of **faire** (*to do, to make*).

| que je  | fasse  | que nous | fassions |
| que tu  | fasses | que vous | fassiez  |

| qu' il<br>qu' elle | fasse | qu' ils<br>qu' elles | fassent |

1. Je voudrais que tu fasses la vaisselle. *Répétez.*

    Martine, elles, il, vous, nous, les enfants.

2. Souhaitez-vous qu'il fasse beau demain? *Répondez.*
   Craignez-vous qu'il ne fasse froid?
   Êtes-vous fâché(e) qu'elle fasse la grasse matinée?
   Êtes-vous contrarié(e) qu'il fasse mauvais dehors?
   Êtes-vous content(e) qu'il fasse beau aujourd'hui?

**ITEM SUBSTITUTION**

1. Je suis heureuse qu'ils soient ici à l'heure.
   ————————nous allions au bal.
   ————————ils jouent un tango.
   ————————tu danses si bien.
   ————————il fasse beau.
   ————————ils aient de la belle musique.

2. Je suis furieuse qu'ils ne soient pas encore là.
   ————————nous n'allions pas au bal.
   ————————ils ne jouent pas de tango.
   ————————tu me marches sur les pieds.
   ————————il pleuve.
   ————————ils aient si mauvais goût.

## Impersonal Expressions

Impersonal expressions with an idea of doubt, volition, feeling, etc. . . . command the subjunctive in the noun clause.

*Examples:*  Il est nécessaire que nous **payions** l'addition.
Il est dommage (*too bad*) qu'ils **aient** un coup de soleil.
Il est temps qu'il **apprenne** sa leçon.
Il vaut mieux (*it is better*) que vous **partiez**.
Il vaudrait mieux (*it would be better*) que vous y **alliez**.
Il se peut (*it is possible*) qu'ils **viennent** nous voir.

### PATTERNED RESPONSE

1. *Teacher:*  Croyez-vous qu'ils viennent?
   *Student:*  Il se peut qu'ils viennent.

   | | |
   |---|---|
   | qu'ils y aillent | qu'elle soit là |
   | qu'il fasse beau | qu'elles nous attendent |
   | qu'elles finissent | qu'ils prennent l'avion |
   | qu'il écrive | qu'il réagisse |

2. *Teacher:*  Il est dommage qu'il ne fasse pas beau.
   *Student:*  Oui, quel dommage qu'il ne fasse pas beau!

   qu'ils aient un coup de soleil
   qu'elles ne soient pas là
   qu'ils n'aient pas un bon orchestre
   qu'ils ne jouent pas de valse
   que vous vous sentiez mal
   que tu aies mal aux jambes
   que l'orchestre vous déplaise
   qu'ils s'en aillent

### MOOD SUBSTITUTION

1. *Teacher:*  Je ne veux pas y aller.
   *Student:*  Il vaudrait mieux que tu y ailles.

   | | |
   |---|---|
   | le faire | y rester |
   | y être | en prendre |
   | en avoir | lui répondre |
   | l'apprendre | y retourner |

2. *Teacher:*  Est-ce qu'il fait ses devoirs?
   *Student:*  Oui, il est grand temps qu'il fasse ses devoirs.

   Est-ce qu'elle apprend ses leçons?
   Est-ce qu'elles vont au marché?

Est-ce qu'elle fait la cuisine?
Est-ce qu'ils ont un chien?
Est-ce qu'il comprend?
Est-ce qu'elles viennent?
Est-ce qu'il dit la vérité?
Est-ce qu'elle maigrit?

## Controlled Conversation

Demandez à _____ si elle a déjà dansé sous les lampions.
s'il regrette que la leçon soit presque finie.
s'il est très heureux que nous étudiions le subjonctif.
ce qu'elle craint.
ce qu'il espère.
si elle veut que vous alliez au bal ensemble.
pourquoi il est contrarié.
s'il est possible qu'il ait une bonne note.
s'il vaut mieux que vous abandonniez tous le français.
s'il se peut que les étudiants comprennent cette leçon.

## Personalized Questions

1. Que regrettez-vous?
2. Qu'est-ce qui vous rend si furieux?
3. Est-il temps que les étudiants travaillent dur?
4. Pourquoi êtes-vous si content(e)?
5. Est-il nécessaire que nous étudiions le subjonctif?
6. Quand vous allez à la pêche, faut-il s'attendre à tout?
7. Quel dommage que nous ne soyons pas en vacances, n'est-ce pas?
8. Ne vaudrait-il pas mieux que vous ne vous endormiez pas en classe?
9. Qu'est-ce qui vous contrarie?
10. Êtes-vous content(e) que la prochaine leçon soit également sur le subjonctif?

## Extemporization

1. À LA PÊCHE

*Vocabulary:* fin de semaine, pêcher, poisson, truite, canne à pêche, pêche au lancer, endroit, chapeau de soleil, coup de soleil, attraper, utiliser, pratiquer, changer, lunettes de soleil, peler.

*Topic Ideas:* 1. Je doute que nous prenions beaucoup de poisson.
2. J'aime aller pêcher en fin de semaine.
3. J'ai attrapé un coup de soleil terrible.

*Questions:*    1. Faut-il que nous changions d'endroit?
　　　　　　　　2. Quelle canne à pêche utilises-tu?
　　　　　　　　3. Quel genre de pêche pratiques-tu?
　　　　　　　　4. Aimes-tu la pêche au lancer?
　　　　　　　　5. N'avais-tu pas pris ton chapeau et tes lunettes de soleil?
　　　　　　　　6. Est-ce que tu pèles?


## 2. LE BAL

*Vocabulary:*    orchestre, musiciens, jouer, valse musette, tango, cha-cha-cha, danses modernes, son, instrument, accordéon, guitare électrique, saxophone, grosse caisse, lampions, romantique.

*Topic Ideas:*    1. Nous avons dansé sous les lampions.
　　　　　　　　2. J'aime beaucoup l'accordéon.
　　　　　　　　3. Les musiciens jouaient très mal.

*Questions:*    1. Était-ce romantique?
　　　　　　　　2. Es-tu triste que le bal soit fini?
　　　　　　　　3. Aimes-tu la valse musette?
　　　　　　　　4. Préfères-tu le tango ou les danses modernes?
　　　　　　　　5. Était-ce un orchestre musette ou un orchestre moderne?
　　　　　　　　6. Au son de quel instrument préfères-tu danser?

A rock group rehearses for an appearance on television.

:•:•:•:•:•:•:•:•:•:•:•:•:•:•:•:•:•:

## Dialog Patterns

*Le Magasin de Disques*

MARTINE — Je voudrais la bande originale des *Parapluies de Cherbourg*.

LA VENDEUSE — Je suis désolée, mademoiselle, nous n'en avons plus.

MARTINE — Alors avez-vous celle des *Demoiselles de Rochefort*? J'aime tant la musique de Michel Legrand.

LA VENDEUSE — Je ne pense pas ... à moins que nous en ayons en réserve. Une minute, s'il vous plaît.

275

Eiffel Tower.

## Dialog Patterns

## *The Record Shop*

---

MARTINE — I would like the original sound track of the *Umbrellas of Cherbourg*.

SALESLADY — I am sorry, Miss. We are all sold out.

MARTINE — Then do you have the one of the *Young Ladies of Rochefort*? I like Michel Legrand's music so much.

SALESLADY — I don't think so . . . unless we have some in the stockroom. Just a minute, please.

### The Present Subjunctive in the Adverb Clause

| *Main Clause* | *Subordinate Clause* |
|---|---|
| **Il achète le disque** | **bien qu'il ne l'aime pas.** |
| **Je l'ai amené** | **pour que tu le lises.** |
| **Les parents veillent** | **jusqu'à ce que les enfants rentrent.** |

Notes: 1. An adverb clause is a subordinate clause used as an adverb. It is introduced by a subordinating conjunction.
2. The subjunctive must be used in the adverb clause when introduced by certain subordinating conjunctions:

**avant que*** (*before*)
**jusqu'à ce que** (*until*)
**afin que** ⎫
**pour que** ⎭ (*in order that*)
**de peur que*** ⎫
**de crainte que** ⎭ (*for fear that*)

**pourvu que** ⎫
**à condition que** ⎭ (*provided that*)
**à moins que*** (*unless*)
**sans que** (*without, unless*)
**bien que** ⎫
**quoique*** ⎭ (*although*)

*Note:   Following these conjunctions the subjunctive may be preceded by **ne**.

>   *Examples:*   Finissons **avant qu'ils n'arrivent.**
>   Elle se dépêche **de peur qu'il ne pleuve.**
>   Nous viendrons, **à moins qu'il ne fasse du brouillard.**

**Note:   **Quoique** is written as one word.

#### TENSE AND MOOD SUBSTITUTION

1. *Teacher:*   Ferez-vous ce travail?
   *Student:*   Oui, je veux le faire avant que vous le fassiez.

   Mangerez-vous la salade?
   Lirez-vous le journal?
   Étudierez-vous la leçon?
   Verrez-vous ce film?

2. *Teacher:* Étudiez-vous?
   *Student:* Oui, j'étudierai jusqu'à ce que vous étudiiez.

    Lisez-vous?        Repassez-vous?
    Veillez-vous?       Mettez-vous la table?

3. *Teacher:* Est-ce que vous vous en allez?
   *Student:* Oui, je m'en vais pour que vous vous en alliez aussi.

    Est-ce que vous travaillez?
    Est-ce que vous mangez?
    Est-ce que vous êtes gai?
    Est-ce que vous jouez?

4. *Teacher:* Viendrez-vous?
   *Student:* Oui, je viendrai de peur que vous ne veniez pas.

    Dînerez-vous?       Danserez-vous?
    Finirez-vous?        Reviendrez-vous?

5. *Teacher:* Danserez-vous?
   *Student:* Je danserai à condition que vous dansiez aussi.

    Chanterez-vous?     Écrirez-vous?
    Étudierez-vous?      Ferez-vous la sieste?

6. *Teacher:* Viendrez-vous ce soir?
   *Student:* Je ne viendrai pas, à moins que vous ne veniez également.

    Sortirez-vous de bonne heure?
    Descendrez-vous bientôt?
    Irez-vous demain?
    Monterez-vous dans quelques minutes?

7. *Teacher:* Est-ce qu'elle va venir aujourd'hui?
   *Student:* Il ne se passe pas un jour sans qu'elle vienne.

    Est-ce qu'elle va téléphoner aujourd'hui?
    _____ écrire _____?
    _____ lire _____?
    _____ tricoter _____?
    _____ chanter _____?
    _____ s'instruire* _____?

*Note: **Instruire** is conjugated like **traduire**.

8. *Teacher:* Est-ce que vous travaillez?
   *Student:* Oui, je travaille, bien que vous ne travailliez pas.

    Est-ce que vous partez?
    Est-ce que vous riez?
    Est-ce que vous vous reposez?
    Est-ce que vous comprenez?

## Indicative Mood versus Subjunctive Mood

Note that the following conjunctions always take the indicative mood rather than the subjunctive:

| | |
|---|---|
| **parce que** | (*because*) |
| **puisque*** | (*since, because*) |
| **pendant que** | (*while*) |
| **tandis que** | (*whereas, while*) |
| **aussitôt que** } | |
| **dès que** } | (*as soon as*) |
| **après que** | (*after*) |

*Note:  **Puisque** is written as one word.

PATTERNED RESPONSE

1. *Teacher:*  Pourquoi déjeunent-ils tôt?
   *Student:*  Ils déjeunent tôt parce qu'ils ont très faim.
   Puisqu'ils ont très faim, ils déjeunent tôt.

   mangent-ils      goûtent-ils
   dînent-ils       soupent-ils

2. *Teacher:*  Que ferez-vous pendant qu'elle est ici?
   *Student:*  Pendant qu'elle est ici nous irons à la pêche. (1)

   1. aller à la pêche
   2. faire du cheval
   3. nager
   4. danser
   5. bien s'amuser

3. *Teacher:*  Que faisaient-ils tandis que vous étiez malade?
   *Student:*  Tandis que j'étais malade ils s'amusaient. (1)

   1. s'amuser
   2. travailler
   3. embellir la maison
   4. voyager
   5. sortir toutes les semaines

4. *Teacher:*  Que font les élèves dès que la cloche sonne?
   *Student:*  Dès que la cloche sonne les élèves se lèvent. (1)

   1. se lever          4. se mettre à parler
   2. bavarder          5. sortir de la classe
   3. se bousculer      6. être bruyant

5. *Teacher:* Quand partaient-elles?
   *Student:* Elles partaient après qu'on avait mangé. (1)

   1. manger        4. fermer
   2. jouer         5. lire
   3. nettoyer      6. danser

## MOOD SUBSTITUTION

1. *Teacher:* Je veux aller au cinéma.
   *Student:* Voulez-vous y aller avant que nous dînions ou après que nous aurons dîné? (1)

   1. acheter des disques      5. étudier
   2. jouer aux dominos        6. faire le ménage
   3. aller au bal             7. finir la vaisselle
   4. manger au restaurant     8. déguster une glace

2. *Teacher:* Quand mangerons-nous?
   *Student:* Nous ne mangerons pas jusqu'à ce que tu finisses ton travail. (1)
   Nous ne mangerons pas pendant que tu finis ton travail. (2)

*Use the indicative or the subjunctive as required.*

   1. jusqu'à ce que      8. pour que
   2. pendant que         9. parce que
   3. avant que          10. bien que
   4. à moins que        11. aussitôt que
   5. puisque            12. après que
   6. afin que           13. quoique
   7. tandis que         14. dès que

## PATTERNED RESPONSE

*Teacher:* As-tu toujours des bonbons?
*Student:* Non, je n'en ai plus.

   Lis-tu toujours beaucoup?
   Vas-tu toujours chez elle?
   Te plaît-il toujours?
   Achètes-tu toujours beaucoup de disques?
   Aimes-tu toujours le jazz?
   Étudies-tu toujours le piano?

## Controlled Conversation

Dites à _____ de vous attendre jusqu'à ce que la cloche sonne.

de ne pas s'asseoir avant que le professeur n'arrive.

de ne pas parler à moins qu'elle ait quelque chose à dire.

de ne pas dire du mal de vous après que vous serez parti.

Demandez à _____ si elle récitera le dialogue avant que vous le récitiez.

s'il étudiera la leçon.

s'il s'en va.

si elle viendra demain.

s'il travaille dur.

jusqu'à quand elle va attendre.

pourquoi les étudiants sont en classe.

si elle aime la musique de Michel Legrand.

## Personalized Questions

1. Qu'est-ce qui arrive dès que la sonnerie retentit?
2. Quand voulez-vous aller danser?
3. Étudiez-vous toujours beaucoup?
4. Quand jouerons-nous?
5. Que faisiez-vous pendant que j'expliquais?
6. Pourquoi vous dépêchez-vous?
7. Allez-vous acheter un disque?
8. Quand alliez-vous au bal?
9. Voulez-vous sortir avant ou après le repas?
10. Est-ce que le professeur va venir demain?

## Dialog Patterns

### *Le Magasin de Disques (suite)*

---

LA VENDEUSE — Vous avez de la chance, il nous en restait un.
MARTINE — Merveilleux! Pourrais-je l'écouter avant de l'acheter?
LA VENDEUSE — Bien sûr. Cabine numéro un, s'il vous plaît.
MARTINE — Merci bien.

(Quelques instants plus tard Martine sort de la cabine, l'air satisfait.)

MARTINE — Combien vaut le disque?
LA VENDEUSE — Vingt-cinq francs.
MARTINE — D'accord, je le prends.

## Dialog Patterns

## *The Record Shop (continued)*

SALESLADY — You are lucky; we have one left.
MARTINE — Great! Could I listen to it before buying it?
SALESLADY — Of course. Booth number one, please.
MARTINE — Thank you.

(A little later Martine comes out of the booth, looking satisfied.)

MARTINE — How much does the record cost?
SALESLADY — Twenty-five francs. (Four dollars and eighty cents.)
MARTINE — O.K. I will take it.

VERB STRUCTURE DRILLS

The present indicative of **valoir** (*to be worth*)

| je | vaux | nous | valons |
|----|------|------|--------|
| tu | vaux | vous | valez |

| il elle | vaut | ils elles | valent |
|---------|------|-----------|--------|

1. Je vaux autant que lui.  *Répétez.*

   tu, nous, vous, elle, ils, Paul.

2. Combien vaut votre montre?  *Répondez.*
   Combien valent vos boucles d'oreilles?
   Mon stylo ne vaut rien, et le vôtre?
   Ce tapis ne vaut pas grand-chose, qu'en pensez-vous?
   Cela vaut-il la peine d'apprendre le français?

## The Infinitive After Prepositions

Certain conjunctions have corresponding prepositions. After prepositions the infinitive is the form of the verb that is always used.

| **afin de** **pour** | (*in order to*) | **avant de** (*before*) |
|---|---|---|
| **de peur de** **de crainte de** | (*for fear*) | **sans** (*without*) |
| | | **à condition de** (*on condition*) |
| | | **à moins de** (*unless*) |

*Compare:*   Elle écoute le disque avant de l'acheter.
          Elle écoute le disque avant qu'elle l'achète.

QUESTION—ANSWER

*Study the following examples until you are able to answer the questions correctly with your text closed.*

1. Pourquoi étudiez-vous tant?  *Répondez.*
   J'étudie afin de bien me préparer.

2. Peut-on obtenir une bonne note sans étudier?
   Non, on ne peut pas obtenir une bonne note sans étudier.

3. Vous lavez-vous les mains avant de manger?
   Naturellement, je me lave les mains avant de manger.

4. Marchez-vous sur la pointe des pieds de peur de la réveiller?
   Exactement, je marche sur la pointe des pieds de peur de la réveiller.

5. Pensez-vous réussir à moins de travailler dur?
   Non, je ne pense pas réussir à moins de travailler dur.

6. À quelle condition irez-vous?
   J'irai à condition de partir de bonne heure.

STRUCTURE SUBSTITUTION

1. *Teacher:*  Lave-toi les mains avant de sortir.
   *Student:*  Lave-toi les mains avant de sortir.

   *Teacher:*  avant que
   *Student:*  Lave-toi les mains avant que tu sortes.

2. Lisez la leçon pour mieux comprendre.
   _____ pour que _____.

3. Nous ne pouvons pas sortir sans le lui dire.
   _____ sans que _____.

4. À moins de travailler, nous ne pourrons pas progresser.
   À moins que _____.

5. Fais attention, de peur de tomber.
   _____ de peur que _____.

6. À condition de vous dépêcher vous arriverez à temps.
   À condition que _____.

7. Il est venu afin de ne pas la contrarier.
   _____ afin que _____.

Note:   These expressions are interchangeable only when the subject of both clauses is the same.

Nous devons le faire **avant d'arriver.**
(*We must do it before we arrive.*)

Nous devons le faire **avant qu'il arrive.**
(*We must do it before he arrives.*)

*Make the change when possible.*

1. *Teacher:* Nous ne réussirons pas sans que nous travaillions.
   *Student:* Nous ne réussirons pas sans travailler.

2. *Teacher:* Nous ne réussirons pas sans qu'il nous aide.
   *Student:* Nous ne réussirons pas sans qu'il nous aide.

3. Je dois le faire avant qu'il n'arrive.

4. Tiens-toi bien, pour que tu ne tombes pas.

5. J'ai pris un parapluie de peur qu'il ne pleuve.

6. Tu pourras regarder le programme à condition que tu finisses tes devoirs.

7. À moins que vous ralentissiez vous allez vous épuiser.

# Irregular Subjunctive—Continued

VERB STRUCTURE DRILLS

A. The present subjunctive of **pouvoir** (*can, to be able*).

| que je | **puisse** | que nous | **puissions** |
|--------|------------|----------|---------------|
| **que tu** | **puisses** | **que vous** | **puissiez** |
| **qu' il** **qu' elle** | **puisse** | **qu' ils** **qu' elles** | **puissent** |

1. Pourvu qu'ils puissent venir!* *Répétez.*

   elle, tu, vous, René, je, elles, nous.

*Note: **pourvu que** is used in this instance to introduce a wish.

2. Croyez-vous que votre voisin(e) puisse venir demain? *Répondez.*
   Voulez-vous vous tourner vers moi pour que je puisse vous voir?
   Craignez-vous que le professeur ne puisse pas venir demain?
   Craignez-vous que l'on ne puisse pas résoudre les problèmes mondiaux?

B.  The present subjunctive of **vouloir** (*to want*).

| que je | veuille | que nous | voulions |
|--------|---------|----------|----------|
| que tu | veuilles | que vous | vouliez |

| qu' il ⎱ | | qu' ils ⎱ | |
|----------|---------|-----------|-----------|
| qu' elle ⎰ | ‛veuille | qu' elles ⎰ | veuillent |

1.  Bien qu'il veuille cette voiture, il ne peut pas se l'offrir.   *Répétez.*

   tu, je, Solange, mes parents, vous, nous.

2.  Pensez-vous que votre père veuille vous prêter sa voiture?   *Répondez.*
   Quoiqu'elle veuille ce disque, est-ce qu'elle en prendra un autre?
   Qu'on le veuille ou non il faut s'instruire, n'est-ce pas?*

*Note:  **Que** has here the meaning of "whether."

C.  The present subjunctive of **savoir** (*to know*).

| que je | sache | que nous | sachions |
|--------|-------|----------|----------|
| que tu | saches | que vous | sachiez |

| qu' il ⎱ | | qu' ils ⎱ | |
|----------|-------|-----------|----------|
| qu' elle ⎰ | sache | qu' elles ⎰ | sachent |

1.  Ils sont partis sans qu'elle le sache.   *Répétez.*

   je, leurs parents, nous, tu, mon père, vous.

2.  Croyez-vous que votre voisin(e) sache sa leçon?   *Répondez.*
   Pensez-vous que les étudiants sachent parler français?
   Leur avez-vous expliqué la situation afin qu'ils sachent à quoi s'en tenir?

D.  The present subjunctive of **valoir** (*to be worth*).

| que je | vaille | que nous | valions |
|--------|--------|----------|---------|
| que tu | vailles | que vous | valiez |

| qu' il ⎱ | | qu' ils ⎱ | |
|----------|--------|-----------|----------|
| qu' elle ⎰ | vaille | qu' elles ⎰ | vaillent |

1.  J'ai bien peur qu'il ne vaille pas grand-chose.   *Répétez.*

   elle, tu, ils, vous, nous, elles, cet homme.

2.  Croyez-vous que cela en vaille la peine?   *Répondez.*
   Ont-ils acheté ces disques bien qu'ils ne vaillent rien?
   Pensez-vous que tout homme vaille autant que les autres?

E.  The present subjunctive of **falloir** (*to have to*).

   **qu' il      faille**

Croyez-vous qu'il faille beaucoup étudier pour arriver à quelque chose?   *Répondez.*
Je ne pense pas qu'il vous faille un manteau aujourd'hui, et vous?
Pensez-vous qu'il me faille du repos?

PATTERNED RESPONSE

Au magasin de disques

*Teacher:* Que désirez-vous?
*Student:* Je voudrais un 45 tours.

| | |
|---|---|
| un 33 tours | un disque stéréophonique |
| un 78 tours | une bande magnétique |
| des disques d'occasion | un disque de longue durée |

## Controlled Conversation

Demandez à ——————— combien valent ses chaussures.
si on peut apprendre le français sans étudier.
pourquoi il étudie tant.
si elle peut sortir sans le dire à ses parents.
à quelle condition elle sortira avec vous.
pourquoi il révise la leçon.
s'il va continuer à étudier le français jusqu'à ce qu'il
sache le parler.
si elle craint que les étudiants ne puissent pas venir en
classe demain.

## Personalized Questions

1. Pensez-vous qu'il faille beaucoup étudier le subjonctif pour le comprendre?
2. Est-ce que Martine écoute le disque après qu'elle l'achète.
3. Quoique vous vouliez une voiture de course, pouvez-vous vous l'offrir?
4. Vous coiffez-vous avant d'aller en classe?
5. Pourquoi marchez-vous sur la pointe des pieds?
6. Pourquoi parlent-ils à voix basse?
7. À quelle condition viendrez-vous en classe demain?
8. Devons-nous finir la leçon avant d'arriver à la fin de la semaine?
9. Nous ne réussirons pas sans que nous travaillions dur, n'est-ce pas?
10. Qu'elle le veuille ou non Martine devra acheter un autre disque, n'est-ce pas?

## Extemporization

1. LES DISQUES

*Vocabulary:* discothèque, tourne-disques, électrophone, bandes magnétiques,
magnétophone, préférer, haute fidélité, stéréophonique, album,
fantastique, rayé, à piles, chers.

*Topic Ideas:*  1. J'ai un tourne-disques stéréophonique.
2. J'ai une belle discothèque.
3. Je préfère les bandes magnétiques.

*Questions:*  1. Préfères-tu les disques de haute fidélité ou les disques stéréophoniques?
2. Trouves-tu que les disques soient chers?
3. As-tu un magnétophone?
4. Mon électrophone est à piles, et le tien?
5. Quel genre de musique as-tu dans ta discothèque?
6. Ce disque est tombé. Ne crains-tu pas qu'il soit rayé?

## 2. LA MUSIQUE

*Vocabulary:*  classique, moderne, folklorique, jazz, grand musicien, préféré, rythmes, énormément, compositeur, riche, surtout, sud-américains.

*Topic Ideas:*  1. J'aime énormément la musique classique.
2. La musique folklorique française est riche.
3. J'aime surtout les rythmes modernes.

*Questions:*  1. Quel est ton grand musicien préféré?
2. Est-ce que Michel Legrand est ton compositeur préféré?
3. Connais-tu la musique folklorique française?
4. Aimes-tu les rythmes sud-américains?
5. Penses-tu que le jazz soit de la musique?
6. Pourquoi aimes-tu la grande musique?

A. Rewrite the sentences and change the verbs to the past indefinite and the conditional as in the example.

*Example:* Anne dit qu'elle viendra de bonne heure. **Anne a dit qu'elle viendrait de bonne heure.**

    1. Tu dis que nous irons au cinéma.
    2. Il dit qu'il ne pourra pas sortir.
    3. Je dis que les enfants ne se lèveront pas tôt.
    4. Nous lui disons qu'elle n'aura pas besoin de venir.
    5. Maman dit que nous le saurons bientôt.

B. Complete the sentences according to the example.

*Example:* Rosine a dit qu'elle **viendrait** mais elle ne **viendra** pas.

    1. Mon ami a dit qu'il _____ (revenir) mais il ne _____ pas.
    2. Le professeur a dit qu'il le _____ (faire) mais il ne le _____ pas.
    3. Vous avez dit que vous _____ (écrire) mais vous n'_____ pas.
    4. Papa a dit qu'il le _____ (voir) mais il ne le _____ pas.
    5. J'ai dit que j'_____ (aller) mais je n'_____ pas.
    6. Louise a dit qu'elle l'_____ (apprendre) mais elle ne l'_____ pas.
    7. Nous lui avons dit qu'il leur _____ (parler) mais il ne leur _____ pas.
    8. Elles ont dit qu'elles _____ (jouer) mais elles ne _____ pas.

C. Complete the sentences as in the example.

*Example:* S'il se marie il ira en Suisse. S'il se **mariait** il **irait** en Suisse.

    1. Si j'ai de l'argent j'irai à Venise.
       Si _____ de l'argent _____ à Venise.
    2. S'il pleut nous ne jouerons pas au tennis.
       S'il _____ nous ne _____ pas au tennis.
    3. S'ils retournent à la campagne ils pourront pêcher.
       S'ils _____ à la campagne ils _____ pêcher.
    4. Si tu te lèves à dix heures tu arriveras en retard.
       Si tu te _____ à dix heures tu _____ en retard.

D.  Answer the question as in the example.

*Example:*  As-tu mangé le dessert?   **Non, ils l'avaient déjà mangé.**

   1.  As-tu apporté le livre?
   2.  As-tu fait la vaisselle?
   3.  As-tu écrit les cartes?
   4.  As-tu dégusté les escargots?
   5.  As-tu arrosé la pelouse?

E.  Answer the question as in the example.

*Example:*  Est-il venu aujourd'hui?   **Il était venu hier.**

   1.  Sont-elles sorties aujourd'hui?
   2.  Est-il rentré aujourd'hui?
   3.  Êtes-vous monté(e) aujourd'hui?
   4.  Sont-ils partis aujourd'hui?
   5.  Es-tu revenu(e) aujourd'hui?

F.  Give the proper form of the possessive pronoun as in the example.

*Example:*  Cette montre est neuve. (vous) **La vôtre** est vieille.

   1.  Ces chaussures sont neuves. (il) _____ sont vieilles.
   2.  Ce complet est neuf. (il) _____ est vieux.
   3.  Ces robes sont neuves. (elle) _____ sont vieilles.
   4.  Ces livres sont neufs. (nous) _____ sont vieux.
   5.  Cette maison est neuve. (tu) _____ est vieille.
   6.  Ces vêtements sont neufs. (je) _____ sont vieux.
   7.  Ce disque est neuf. (elles) _____ est vieux.
   8.  Cette voiture est neuve. (ils) _____ est vieille.

G.  Choose the indicative or the subjunctive of the verb **aller** as required.

   1.  Je suis certain qu'il _____ en ville.
   2.  Je désire qu'il _____ en ville.
   3.  Je crois qu'il _____ en ville.
   4.  Il est dommage qu'il _____ en ville.
   5.  Je ne pense pas qu'il _____ en ville.
   6.  Il est vrai qu'il _____ en ville.
   7.  Il se peut qu'il _____ en ville.
   8.  Elle demande qu'il _____ en ville.
   9.  Je sais qu'il _____ en ville.
  10.  Crois-tu qu'il _____ en ville?

H.  Choose the subjunctive or the indicative of the verb as required.

   1.  Je travaille pendant qu'elle _____ (lire).
   2.  Bien qu'il ne _____ (savoir) pas sa leçon, il a eu une bonne note.
   3.  Avant qu'ils _____ (pouvoir) s'amuser ils doivent étudier.
   4.  Nous dégustons le dessert après que nous _____ (manger) la soupe.

5. Je préfère attendre jusqu'à ce qu'il _____(faire) beau.
6. Prends ton parapluie de peur qu'il ne _____ (pleuvoir).
7. Je dois rallonger toutes ses robes parce qu'elle _____ (grandir) si vite.
8. Il vient toujours dès que vous l'_____ (appeler).

I.    Make the two clauses have the same subject as in the examples.

*Examples:*    Je suis contente que vous veniez.    **Je suis contente de venir.**
Je voudrais qu'il parte.    **Je voudrais partir.**
Nous devons la finir avant qu'ils partent.    **Nous devons la finir**
**avant de partir.**

1. Je suis contrarié que vous soyez en retard.
2. Nous nous sommes regardés sans qu'il dise un mot.
3. Je ne crois pas qu'elle puisse venir.
4. Nous n'arriverons pas à temps à moins que tu te lèves plus tôt.
5. Elle est triste qu'il ne soit pas ici.
6. Je les ai convoqués pour qu'ils expliquent la situation.

## Culture Capsule

## *Médecins et Pharmaciens*

---

La plupart des médecins français reçoivent[1] leur clientèle dans leur appartement privé aménagé[2] à cet effet.[3] Il y a une salle d'attente[4] qui est en principe meublée[5] avec goût[6] et ornée[7] d'objets d'art, un bureau et un cabinet de consultation.

Les pharmaciens non seulement exécutent les ordonnances[8] mais ont également l'autorité de donner des soins mineurs[9] et de distribuer quelques conseils[10] à leur clients.

Les pharmacies en France ne vendent que des médicaments et certains articles de toilette.

[1] reçoivent    *receive*
[2] aménagé    *fitted up*
[3] à cet effet    *to that end*
[4] salle d'attente    *waiting room*
[5] meublée    *furnished*
[6] goût    *taste*

[7] ornée    *adorned*
[8] exécutent les ordonnances    *fill prescriptions*
[9] donner des soins mineurs    *treat minor injuries*
[10] conseils    *advice*

QUESTION—ANSWER

1. Où les médecins français reçoivent-ils leur clientèle?
2. Comment l'appartement d'un docteur français est-il aménagé?
3. Est-ce que la salle d'attente du médecin est meublée sans goût?

4. De quoi est-elle ornée?
5. Où le médecin examine-t-il ses patients?
6. Est-ce que le seul rôle des pharmaciens français est d'exécuter les ordonnances?
7. Quelle autorité ont-ils?
8. Est-ce que le pharmacien français a le droit de conseiller ses clients?
9. Est-ce que les pharmacies françaises vendent de tout?

## Dialog Patterns

*Si j'avais su . . .*

(André et Raymond, qui étaient amis au lycée, se rencontrent sur les Grands Boulevards. André est maintenant à la Sorbonne.)

ANDRÉ — Qu'est-ce que tu as, Raymond? Tu as l'air triste.

RAYMOND — Je suis découragé, je ne trouve pas de travail.

ANDRÉ — Mon pauvre vieux! Je voudrais pouvoir t'aider.

RAYMOND — Est-ce que tu te rappelles mes rêves de grandeur de l'année passée?

ANDRÉ — Oui, tu allais travailler après le Baccalauréat et mettre beaucoup d'argent de côté.

RAYMOND — Si j'avais su, j'aurais continué mes études.

ANDRÉ — Il n'est jamais trop tard pour bien faire.

Paris apartment.

## Dialog Patterns

*If I had known . . .*

(André and Raymond who were friends in high school meet on the "Grands Boulevards." André is now attending the Sorbonne.)

ANDRÉ — What is the matter, Raymond? You look sad.
RAYMOND — I am discouraged. I can't find a job.
ANDRÉ — You poor guy! I'd like to be able to help you.
RAYMOND — Do you remember the big dreams I had last year?
ANDRÉ — Yes, you were going to work after graduation and save a lot of money.
RAYMOND — If I had known I would have continued my education.
ANDRÉ — It's never too late to do the right thing.

## The Past Conditional

| | | | | | |
|---|---|---|---|---|---|
| j' | aurais | parlé | je | serais | allé(e) |
| tu | aurais | parlé | tu | serais | allé(e) |
| il, elle | aurait | parlé | il, elle | serait | allé(e) |
| nous | aurions | parlé | nous | serions | allé(e)s |
| vous | auriez | parlé | vous | seriez | allé(e)(s) |
| ils, elles | auraient | parlé | ils, elles | seraient | allé(e)s |

Notes: 1. The past conditional is formed by using the conditional of the auxiliary with the past participle.
2. Use of the past conditional corresponds to English usage:

> **J'y serais allé mais j'avais trop de travail.**
> *I would have gone but I had too much work.*

3. Each verb uses the same auxiliary in *all* compound tenses.
4. The rules of past participle agreement apply to *all* compound tenses.

MOOD SUBSTITUTION

*Teacher:* Lui avez-vous parlé? (elle, ils)
*Student:* Je lui aurais parlé, mais je n'avais pas le temps.
(Nous lui aurions parlé, mais nous n'avions pas le temps.)

Y êtes-vous allé(e)(s)?
En avez-vous mangé?
L'avez-vous lu?
Vous êtes-vous reposé(e)(s)?

Lui avez-vous téléphoné?
Leur avez-vous écrit?
Vous y êtes-vous arrêté(e)(s)?
L'avez-vous fait?
Y êtes-vous resté(e)(s)?
L'avez-vous fini?

### ITEM SUBSTITUTION

1. Nous aurions aimé faire sa connaissance.
   _____ la rencontrer.
   Je_____.
   _____ l'entendre.
   Il _____.
   _____ le voir.
   Ils _____.
   _____ lui parler.
   Tu _____.
   _____ l'écouter.
   Vous _____.
   _____ visiter l'Italie.

2. Elle serait allée en Grèce.
   Je_____.
   _____ à la pêche.
   Tu _____.
   _____ te reposer.
   Elles _____.
   _____ au marché.
   Nous _____.
   _____ au rodéo.
   Vous _____.
   _____ en classe.
   Ils _____.

### PATTERNED RESPONSE

1. *Teacher:*  M'aurait-elle rencontré?
   *Student:*  Je suis sûr(e) qu'elle vous aurait rencontré.

   | parler | écrire |
   |---|---|
   | voir | téléphoner |
   | poser la question | choisir |
   | demander | pardonner |

2. *Teacher:* Nous serions-nous amusés?
   *Student:* Il est certain que nous nous serions amusés.

| | |
|---|---|
| se parler | se disputer |
| s'ennuyer | s'instruire |
| se réunir | se réveiller |
| se reposer | se détendre* |

*Note: **Se détendre** (*to relax*) is conjugated like **attendre** (*to wait*).

## Sequence of Tenses with "If" Clauses

| *Result Clause* | | *Supposition Clause* | |
|---|---|---|---|
| **J'achèterai** un journal | si | **j'ai** de l'argent. | |
| (Future) | | (Present) | |
| **J'achèterais** un journal | si | **j'avais** de l'argent. | |
| (Present Conditional) | | (Imperfect) | |
| **J'aurais acheté** un journal | si | **j'avais eu** de l'argent. | |
| (Past Conditional) | | (Pluperfect) | |

TENSE COORDINATION

1. *Teacher:* Si j'avais su _____ continuer mes études.
   *Student:* Si j'avais su, j'aurais continué mes études.

   *Use the proper tense in the result clause.*
   (*Use* **je** *in both clauses.*)

   Si j'avais pu _____ rester plus longtemps
   Si je reçois une lettre _____ être heureux
   Si j'étais riche _____ partager mes richesses
   Si j'étudie beaucoup _____ réussir
   Si j'étais arrivé(e) plus tôt _____ la voir
   Si j'osais _____ lui parler
   Si j'avais su la réponse _____ gagner mille francs
   Si je ne sais pas ma leçon _____ avoir une mauvaise note
   Si je m'étais levé(e) de bonne heure _____ ne pas arriver en retard
   Si je faisais la vaisselle ce soir _____ ne pas avoir à la faire demain

2. *Teacher:* S'il pleut _____ ne pas sortir (nous)
   *Student:* S'il pleut nous ne sortirons pas.

   *Use the proper tense and the pronoun indicated in the result clause.*

   S'il avait fait beau _____ aller au parc (nous)
   Si vous êtes sages _____ écouter des disques (vous)
   S'il neigeait _____ pouvoir faire un bonhomme de neige (tu)
   Si vous travaillez beaucoup _____ réussir (vous)
   Si j'avais su _____ ne pas venir (je)
   Si Paris n'était pas si grand _____ le mettre en bouteille (on)

Si elle venait _____ être heureux (il)
Si tu étais resté plus longtemps _____ pouvoir te voir (ils)
S'il fait chaud _____ aller nager (elles)
Si elle avait su _____ ne pas arrêter ses études (elle)
Si tu avais vraiment faim _____ en manger (tu)

QUESTION—ANSWER

Si vous aviez su, auriez-vous étudié le français?
Si vous étiez resté(e) chez vous ce matin, qu'auriez-vous fait?
S'il avait fait beau seriez-vous venu(e) en classe?
Que feriez-vous si vous enseigniez cette classe?
Que feriez-vous si vous étiez président des États-Unis?

VERB STRUCTURE DRILLS

The present indicative of **se rappeler** (*to remember*).

| je | me | **rappelle** | nous | nous | **rappelons** |
|----|----|------------|------|------|-------------|
| tu | te | **rappelles** | vous | vous | **rappelez** |
| il<br>elle } | se | **rappelle** | ils<br>elles } | se | **rappellent** |

Note:   The "l" is doubled in 1st, 2nd, and 3rd persons singular and the 3rd person plural.

1. Je ne me rappelle pas son nom.  *Répétez.*

   nous, il, tu, maman, vous, elles, les enfants.

2. Est-ce que les étudiants se rappellent bien leur leçon?  *Répondez.*
   Vous rappelez-vous comment former le conditionnel?
   Est-ce que vous vous rappelez le nom de votre voisin(e)?
   Qui se rappelle le dialogue?
   Je ne me rappelle pas la date, et vous?

## *Se Rappeler* versus *Se Souvenir* * *de*

| Subject | Verb | Preposition | Object |
|---------|------|-------------|--------|
| **Il** | **se rappelle** | | **son enfance.** |
| **Il** | **se souvient** | **de** | **son enfance.** |

Note:   **Se rappeler** is a transitive verb while **se souvenir** is an intransitive verb.
*Note:   **Se souvenir** (*to remember*) is conjugated like **venir** (*to come*).

VERB STRUCTURE DRILLS

1. Je me souviens d'elle.   *Répétez.*

   vous, les étudiants, Raymond, tu, nous, on.

2. Vous souvenez-vous de la leçon?   *Répondez.*
   Vous souvenez-vous de vos arrière-grands-parents?
   Est-ce que vos amis lointains se souviennent de vous?
   Se souvient-on des moments désagréables?

ITEM SUBSTITUTION

Nous  nous  rappelons  la  leçon.
Elle ———————————————.
———— se souvient ————————.
Tu ——————————————.
——————————————— du passé.
Vous ————————————.
———— vous rappelez ————————.
——————————————— son nom.
Je —————————————.
———— me souviens ————————.
Ils ——————————————.
——————————————— du dialogue.
Nous ——————————————.

STRUCTURE SUBSTITUTION

1. *Teacher:*   Est-ce que tu·te rappelles sa sœur?
   *Student:*   Non, je ne me la rappelle pas.
                Non, je ne me souviens pas d'elle.

   | | |
   |---|---|
   | son frère | sa mère |
   | ses cousins | son oncle |
   | ses cousines | ses grands-parents |

2. *Teacher:*   Je ne me souviens pas du discours, et vous?
   *Student:*   Moi, je m'en souviens bien.
                Moi, je me le rappelle bien.

   | | |
   |---|---|
   | du poème | des exercices |
   | de la pièce | du film |
   | de l'air | de la leçon |

Note:    The object of **se rappeler** can be only in the third person. Otherwise use **se souvenir de**.

*Examples:*    *I remember him:* — **Je me le rappelle.**
**Je me souviens de lui.**

*I remember you:* — **Je me souviens de vous.**


STRUCTURE SUBSTITUTION

*Make the change when possible.*

1. *Teacher:*    Je me souviens bien d'elle.
   *Student:*    Je me la rappelle bien.

2. *Teacher:*    Il ne se souvient pas de moi.
   *Student:*    Il ne se souvient pas de moi.

3. Les étudiants se souviennent du dialogue.
4. Elle se souvient de la guerre.
5. Ne vous souvenez-vous pas de moi?
6. Je me souviens très bien de vous.
7. Je ne me souviens pas de son adresse.
8. Je ne pense pas qu'elle se souvienne de toi.


TRANSLATION DRILL

*Teacher:*    Do you remember the tune? (se rappeler)
*Student:*    Te rappelles-tu l'air?

1. Does he remember me? (se souvenir)
2. I don't remember the dialog. (se rappeler)
3. He remembers nothing. (se rappeler)
4. I will always remember you. (se souvenir)
5. She remembers everything. (se souvenir)
6. The teacher remembers the students' names. (se rappeler)


# Controlled Conversation

Demandez à _____ s'il a mis beaucoup d'argent de côté l'été dernier.
ce que Raymond aurait fait s'il avait su.
si elle a étudié sa leçon.
si elle se rappelle les grandes vacances avec plaisir.
s'il se souvient du dialogue.
ce qu'elle fera demain s'il pleut.
ce qu'il ferait s'il était milliardaire.
si elle se souvient de vous.
où elle serait allée s'il avait fait beau hier.

## Personalized Questions

1. Qu'auriez-vous fait si vous aviez vu un grand gorille en entrant dans la classe?
2. Si un génie vous proposait d'exaucer trois souhaits, que souhaiteriez-vous?
3. Vous rappelez-vous la leçon numéro dix?
4. Êtes-vous allé(e) au cinéma hier?
5. Faites-vous des rêves de grandeur?
6. S'il avait fait beau seriez-vous venu(e) en classe?
7. Vous souvenez-vous du subjonctif?
8. Étudierez-vous, même s'il y a un bon programme à la télévision ce soir?
9. Qu'auriez-vous fait si vous n'aviez pas eu de cours aujourd'hui?
10. Est-il vrai qu'il n'est jamais trop tard pour bien faire?

## Dialog Patterns

*Demain à cette heure . . .*

ANDRÉ — Toi qui aimes tant les voyages, pourquoi ne te présentes-tu pas au concours d'entrée du Collège de Tourisme?

RAYMOND — André, tu es un génie! Demain à cette heure, j'aurai fait le premier pas sur les traces d'Ulysse.*

*«Heureux qui, comme Ulysse, a fait un beau voyage, . . .» (*"Happy is the one who, like Ulysses, has had a successful voyage."*)

DU BELLAY
(16th Century French Poet)

## Dialog Patterns

*Tomorrow at this time . . .*

ANDRÉ — You like traveling so much; why don't you sign up to take the entrance exam for the College of Tourism?
RAYMOND — André, you are a genius! Tomorrow at this time I will have taken the first step along the pathway of Ulysses. . . .

### The Future Perfect

| j' | aurai | parlé | je | serai | allé(e) |
|---|---|---|---|---|---|
| tu | auras | parlé | tu | seras | allé(e) |
| il, elle | aura | parlé | il, elle | sera | allé(e) |
| nous | aurons | parlé | nous | serons | allé(e)s |
| vous | aurez | parlé | vous | serez | allé(e)(s) |
| ils, elles | auront | parlé | ils, elles | seront | allé(e)s |

Notes:  1. To form the future perfect of the indicative use the future of the auxiliary **avoir** or **être** with the past participle.
2. Use of the future perfect corresponds to English usage:

**J'aurai parlé au journaliste avant 19h 00.**
*I will have spoken to the journalist before 7 P.M.*

ITEM SUBSTITUTION

Nous aurons fini à six heures.
Je _____.
_____ demain soir.
Vous _____ .
_____ jeudi.
Tu _____ terminé __.
_____ à la fin de l'année.
Il _____.
_____ dans une heure.
Elles _____.

SUBJECT SUBSTITUTION

Demain soir je serai arrivé.
_____ elle _____.
_____ nous _____.

——————— tu ——————.
——————— ils ——————.
——————— vous ———.
——————— Richard ——.

## TENSE SUBSTITUTION

*Teacher:*  Quand parleras-tu au professeur?
*Student:*  Demain à cette heure-ci je lui aurai parlé.

Quand le diras-tu au professeur?
———— le réciteras-tu ————?
———— les donneras-tu ————?
———— téléphoneras-tu ————?
———— écriras-tu ——————?
———— le demanderas-tu ———?
———— répondras-tu ————?
———— la rendras-tu ————?

## Future Perfect After *Quand, Lorsque, Dès Que, Aussitôt Que*

| **Quand** | **j'aurai fini** | **j'irai au cinéma.** |
|---|---|---|
| *When* | *I have finished* | *I will go to the show.* |
| **Aussitôt que** | **vous serez arrivé** | **nous mangerons.** |
| *As soon as* | *you have arrived* | *we will eat.* |

In French the future perfect is used after **quand, lorsque, dès que,** and **aussitôt que;** this contrasts with the use of the present perfect in English.

## PATTERNED RESPONSE

*Teacher:*  Quand partirez-vous?
*Student:*  Aussitôt qu'ils seront arrivés. (1)

1. arriver       5. monter
2. finir         6. dîner
3. venir         7. descendre
4. commencer     8. chanter

## TRANSLATION DRILL

*Teacher:*  Call us as soon as you have arrived. *Traduisez.*
*Student:*  Téléphonez-nous aussitôt que vous serez arrivé(e)(s).

1. I will come when I have finished.
2. They will leave as soon as they have eaten.
3. When I have done the dishes I will read you a story.
4. As soon as they have started we will go out.
5. We will let you know (faire savoir) as soon as we have heard.

## Relative Pronouns

| *Independent Clause* | *Subject* | *Dependent Clause* |
|---|---|---|
| **Voilà le garçon** | **qui** | **m'a invité.** |
| **C'est nous** | **qui** | **sommes arrivés les premiers.** |

| | *Direct Object* | |
|---|---|---|
| **Connaissez-vous le journal** | **que** | **je lis régulièrement?** |
| **Il y a des modes** | **que** | **nous n'aimons pas.** |

Notes:  1. **Qui** is the subject of the dependent clause; it can represent persons or things.
2. The verb of the dependent clause agrees with the antecedent of **qui**.
3. **Que** is the direct object of the dependent clause; it can represent persons or things.

STRUCTURE SUBSTITUTION

1. Nous sommes arrivés les derniers.  *Changez.*    C'est nous qui sommes arrivés les derniers.

   Tu aimes voyager.                                C'est toi qui aimes voyager.
   Je suis le premier.                              C'est moi qui suis le premier.
   Elle a toujours le dernier mot.                  C'est elle qui a toujours le dernier mot.

   Il a une voiture rouge.                          C'est lui qui a une voiture rouge.

   Vous êtes arrivé en retard.                      C'est vous qui êtes arrivé en retard.

   Ils y seront.                                    Ce sont eux qui y seront.
   Elles ont gagné.                                 Ce sont elles qui ont gagné.

2. *Follow the same pattern as above.*

   Elles ont fourni les petits fours.  *Changez.*
   J'obtiendrai le premier prix.
   Tu aurais recité le dialogue.
   Il aura fini le premier.
   Vous avez eu du courage.
   Nous faisions la vaisselle.
   Ils choisissent le menu.
   Elle leur lit des histoires.

3. Je lis ce journal. *Changez.*     Voilà le journal que je lis.
Ils achètent ces livres.     Voilà les livres qu'ils achètent.
Elle a épousé ce garçon.     Voilà le garçon qu'elle a épousé.
J'ai acheté ce chat.     Voilà le chat que j'ai acheté.
Nous aurions loué cet appartement.     Voilà l'appartement que nous aurions loué.

J'ai emprunté cette automobile.     Voilà l'automobile que j'ai empruntée.
Elle a écrit cette lettre.     Voilà la lettre qu'elle a écrite.
Ils ont apporté ces fauteuils.     Voilà les fauteuils qu'ils ont apportés.

4. *Follow the same pattern as above.*

Ils ont choisi ce programme. *Changez.*
Je prends ce car.
Tu connais cet artiste.
Nous avons étudié ces leçons.
Elle avait traduit ces documents.
Vous écoutiez cette émission.
J'ai écrit cette carte.
Il cultive ce jardin.

STRUCTURE COMPLETION

*Use* **qui** *or* **que**.

*Teacher:* C'est le garçon ( ) je connais.
*Student:* C'est le garçon que je connais.

    Voilà un garçon ( ) a du talent.
    Ce sont les fleurs ( ) elle cultive.
    C'est toi ( ) a gagné.
    Il y a des gens ( ) j'aime beaucoup.
    Voici les témoins ( ) il a choisis.
    Voilà des bâtiments ( ) sont très solides.
    Il y a des gens ( ) ne se font pas de souci.
    Voici le livre ( ) nous lisons.
    C'est un homme ( ) a beaucoup d'ennemis.
    Ce sont les disques ( ) ils ont enregistrés.

## Supplementary Dialogs

*First Student*     *Second Student*

1. Qu'est-ce qu'il y a? Tu as l'air triste.     Je suis découragé. J'ai eu une mauvaise note en français.

N'avais-tu pas étudié?     Si j'avais su, j'aurais étudié plus.
Il n'est jamais trop tard pour bien faire.

2. Quel diplôme vas-tu préparer?
   Toi qui as de si bonnes notes, pourquoi ne deviens-tu pas professeur
   de français?

Je ne sais vraiment pas.
Tu as raison. Demain à cette heure
   j'aurai fait le premier pas sur les
   traces de notre excellent professeur.

## Controlled Conversation

Demandez à ――――――― si elle sera arrivée en France jeudi prochain à cette heure-ci.
                         s'il est un génie.
                         à quelle heure elle aura fini d'étudier.
                         quand il écrira à ses parents.
                         quand elle partira.
                         s'il y a des matières (subjects) qu'elle n'aime pas.
                         si c'est lui qui a toujours le dernier mot.
                         si c'est elle qui a eu une mauvaise note.

## Personalized Questions

1. Quand aurez-vous fait le premier pas sur les traces de votre héros?
2. Me téléphonerez-vous aussitôt que vous serez arrivé(e)?
3. Quand commencerons-nous la prochaine leçon?
4. Aurez-vous bientôt fini?
5. Y a-t-il beaucoup de gens qui ne vous plaisent pas?
6. Vous êtes arrivé en retard, n'est-ce pas?
7. Qu'aurez-vous accompli demain à cette heure?
8. Vous qui aimez tant le français, pourquoi ne devenez-vous pas professeur?
9. Quand j'aurai fini mon travail j'irai au cinéma, et vous?
10. Qui est Ulysse?

## Extemporization

1. SI J'AVAIS SU

    *Vocabulary:*  étudier, lycée, rester, lit, matin, prendre, parapluie, travailler dur,
                   malade, faire, penser, pleuvoir, imperméable, espagnol.

    *Topic Ideas:*  1. Si j'avais su j'aurais étudié le français au lycée.
                    2. Si j'avais su je serais resté(e) au lit ce matin.
                    3. Si j'avais su j'aurais pris mon parapluie.

    *Questions:*   1. Pourquoi n'as-tu pas travaillé dur au lycée?
                   2. As-tu étudié l'espagnol au lycée?
                   3. Es-tu malade?
                   4. Qu'aurais-tu fait si tu étais resté(e) au lit?
                   5. Penses-tu qu'il pleuve?
                   6. N'as-tu pas d'imperméable?

## 2. DEMAIN À CETTE HEURE

*Vocabulary:*  accomplir, beaucoup, choses, cette heure-ci, s'embarquer, l'Europe, revenir, chez, dentiste, rêve, réalité, faire, dents, étudier, leçons, partir, destination, joue, enflée, plombages.

*Topic Ideas:*  1. Demain à cette heure j'aurai accompli beaucoup de choses.
2. Demain à cette heure-ci je me serai embarqué(e) pour l'Europe.
3. Demain à cette heure je serai revenu(e) de chez le dentiste.

*Questions:*  1. Qu'auras-tu fait demain à cette heure?
2. Auras-tu étudié tes leçons?
3. Te seras-tu embarqué(e) en rêve ou en réalité?
4. Pour quelle destination seras-tu parti(e)?
5. Demain à cette heure auras-tu la joue enflée?
6. Combien de dents le dentiste t'aura-t-il plombées?

## Dialog Patterns

*Bonne Fête!*

---

(Bernard et Georges sonnent à la porte de Denis, leur ami commun.)

DENIS — Salut, les gars! Je suis content que vous soyez venus.

BERNARD — Tu nous accueilles bien chaleureusement aujourd'hui!

DENIS — Cela me fait plaisir d'avoir des amis sur qui je peux compter. Vous n'oubliez jamais ma fête.

GEORGES — Bonne Fête, mon vieux! Et soyons fidèles à la tradition: tu vas nous payer la tournée!

Mont St. Michel, Normandy.

## Dialog Patterns

## *Happy "Saint's Day"!*

(Bernard and Georges ring at the door of their mutual friend, Denis.)

DENIS — Hi fellows! I'm glad you came.

BERNARD — You certainly greet us warmly today.

DENIS — It is a pleasure to have friends that you can count on. You never forget my "Saint's Day."

GEORGES — Happy Saint's Day, Buddy! Let's stay faithful to the tradition: the drinks will be on you!

VERB STRUCTURE DRILLS

The present indicative of **accueillir** (*to welcome*); (P.P.: **accueilli**, Future: **j'accueillerai**).

| j' | accueille | nous | accueillons |
|----|-----------|------|-------------|
| tu | accueilles | vous | accueillez |
| il elle } | accueille | ils elles } | accueillent |

1. Il les accueille chaleureusement.   *Répétez.*

    nous, maman, je, vous, elles, tu, les voisins.

2. Vous a-t-on accueilli(e) froidement ou chaleureusement?   *Répondez.*
    Accueillez-vous toujours gentiment les nouveaux-venus?
    Comment Denis accueille-t-il ses amis?
    Les parents de votre fiancé(e) vous ont-ils accueilli(e) chaleureusement?
    Le professeur accueille-t-il les étudiants chaleureusement chaque jour?

## The Past Subjunctive

FORMATION:

| que | j' | aie | parlé | que | je | sois | sorti(e) |
|-----|-----|-----|-------|-----|-----|------|----------|
| que | tu | aies | parlé | que | tu | sois | sorti(e) |
| qu' | il, elle | aie | parlé | qu' | il, elle | soit | sorti(e) |
| que | nous | ayons | parlé | que | nous | soyons | sorti(e)s |
| que | vous | ayez | parlé | que | vous | soyez | sorti(e)(s) |
| qu' | ils, elles | aient | parlé | qu' | ils, elles | soient | sorti(e)s |

Note:   The past subjunctive is formed with the present subjunctive of the auxiliary plus the past participle.

USE:

|  | *Independent clause* | *Dependent clause* |  |
|---|---|---|---|
| Independent clause in present tense | **Je suis** content<br>**Je doute**<br>Elle n'**est** pas fatiguée | qu'il **soit venu.**<br>qu'ils **aient** déjà **mangé.**<br>bien qu'elle n'**ait** pas **dormi.** | Dependent clause in past subj. when idea expressed is past in reference to main clause. |

ITEM SUBSTITUTION

1. Il est content que vous soyez venus.
   _____ ils _____.
   _____ partis.
   Elle_____ .
   ____ triste _____ .
   _____ tu _____.
   Je _____ .
   _____ tombé.
   _____ elle _____.
   Nous _____ .
   ____ contrariés _____ .
   _____ elles _____.
   _____ restées.
   Vous _____ .
   ____ heureux _____ .
   _____ je _____.
   _____ nous _____.

2. Je doute qu'elles aient fait sa connaissance.
   _____ la vaisselle.
   _____ il _____.
   _____ gagné.
   — ne pense pas _____.
   _____ nous _____.
   _____ vous _____.
   Elle _____.
   ____ est ravie _____.
   _____ tu _____.
   _____ fini.
   _____ ils _____.
   _____ furieuse _____.
   _____ je _____.
   Vous _____.
   ____ voudriez _____.
   _____ elle ____.
   _____ commencé.
   _____ elles _____.

TENSE SUBSTITUTION

1. Je suis heureuse qu'ils viennent. *Changez.*

    Je doute qu'elles aient du succès.

    Je ne pense pas qu'ils y aillent.

    Je suis content que tu travailles bien.

    Je crains qu'il ne les accueille pas bien.

    Elle est ravie que nous arrivions.

    Elle n'est pas contente que je parte.

    Il voudrait bien que vous veniez.

Je suis heureuse qu'ils soient venus.

Je doute qu'elles aient eu du succès.

Je ne pense pas qu'ils y soient allés.

Je suis content que tu aies bien travaillé.

Je crains qu'il ne les ait pas bien accueilli(e)s.

Elle est ravie que nous soyons arrivé(e)s.

Elle n'est pas contente que je sois parti(e).

Il voudrait bien que vous soyez venu(e).

2. *Follow the same pattern as above.*

    Je souhaite qu'ils arrivent à bon port.
    Elle préfère que vous ne veniez pas.
    Je crains qu'ils n'aient pas de succès.
    Il est dommage qu'elle parte.
    Je ne pense pas qu'elles aient du beau temps.
    Elle est contrariée que nous ne gagnions pas.
    Es-tu content que j'y aille?
    Je suis fier que tu fasses tant de progrès.
    Je doute qu'il les accueille chaleureusement.

TENSE SUBSTITUTION

*Teacher:* Bien qu'elle parte il a l'air content.
*Student:* Bien qu'elle parte il a l'air content.

*Teacher:* Hier.
*Student:* Bien qu'elle soit partie hier il a l'air content.

    bien qu'il pleuve
    bien qu'il doive travailler
    bien qu'elle ne rentre pas
    bien que tu ne lui téléphones pas
    bien qu'ils lui fassent des ennuis
    bien que sa voiture ne marche pas
    bien qu'il ait une mauvaise note
    bien qu'il soit malade

## Relative Pronouns—Continued

USE WITH ALL PREPOSITIONS EXCEPT *DE*

| *Independent Clause* | *Indirect Object* | *Dependent Clause* | |
|---|---|---|---|
| **Paul est un ami** | **sur qui** | **l'on\* peut compter** | Persons and sometimes animals |
| **C'est un produit** | **sur lequel** | **on peut compter** | Things; masculine singular |

Note: **On** is often replaced by **l'on**, especially if the preceding word ends in a vowel.

| | | | |
|---|---|---|---|
| **Ce sont les souliers** | **dans lesquels** | **j'ai dansé toute la soirée.** | Things; masculine plural |
| **Voici l'épingle à cheveux** | **avec laquelle** | **maman a réparé l'aspirateur.** | Things; feminine singular |
| **Voici les raisons** | **pour lesquelles** | **il a agi ainsi.** | Things; feminine plural |

Note: After the preposition **à**, the following contractions result:

**à + lequel ⟶ auquel**
**à + lesquels ⟶ auxquels**
**à + lesquelles ⟶ auxquelles**
**à laquelle remains unchanged.**

STRUCTURE SUBSTITUTION

1. *Teacher:* J'ai pensé à ce problème toute la soirée.
   *Student:* Voici le problème auquel j'ai pensé toute la soirée.

   cette automobile     ces photos (*f.*)
   ces chiffres (*m.*)     cette chanson
   ce chalet     ce film
   ces roses (*f.*)     ces meubles (*m.*)

2. *Teacher:* J'ai pensé à cette jeune fille toute la journée.
   *Student:* Voilà la jeune fille à qui j'ai pensé toute la journée.

   cet homme     ce garçon
   ces petites filles     ces enfants
   cette femme     ce berger allemand

ITEM SUBSTITUTION

C'est un placement sur lequel je compte beaucoup.
Ce sont des ————————————.
———————— terres (*f.*) ————————————.
———————— une propriété ————————————.
———————— des terrains (*m.*) ————————————.
———————— un projet ————————————.
———————— une idée ————————————.
———————— des arbres fruitiers ————————————.
———————— des entreprises (*f.*) ————————————.

STRUCTURE SUBSTITUTION

1. *Teacher:* Je suis allée au bal avec ce garçon.
   *Student:* C'est le garçon avec qui je suis allée au bal.

2. *Teacher:* Il est venu pour cette raison.
   *Student:* C'est la raison pour laquelle il est venu.

*Use either* **qui** *or* **lequel** *and its forms.*

3. Elle s'est sacrifiée pour cet homme.
4. Il est enterré dans ce cimetière.
5. Nous nous trouvons dans cette situation impossible.
6. Elle a parlé à ces gens.
7. Ils se sont mariés dans cette église.
8. Je réfléchis à cette question depuis longtemps.
9. J'ai confiance en eux.
10. J'étudie l'italien avec ces disques.
11. On ne peut pas compter sur ce produit. (C'est **un** produit. . . .)
12. Je veux que vous vous basiez sur ce modèle.
13. Elles se sont reposées sous cet arbre.
14. Je préfère ne pas répondre à ces accusations. (Ce sont **des** accusations. . . .)
15. Ils s'asseoient toujours sur ce banc.
16. Vous faisiez allusion à ces poèmes, n'est-ce pas?

## Controlled Conversation

Demandez à ———————— si elle est contente que vous soyez venu.
pourquoi il vous accueille toujours si chaleureusement.
s'il a des amis sur qui il peut compter.
si elle est fidèle aux traditions.
s'il s'asseoit régulièrement à ce bureau.
si elle est allée au cinéma avec ce garçon.
si le professeur pose les questions dans cet ordre.
si c'est le livre auquel il faisait allusion.
s'il doute qu'il ait obtenu une bonne note.

## Personalized Questions

1. Est-ce que c'est votre fête aujourd'hui?
2. Êtes-vous un ami sur qui l'on peut compter?
3. Êtes-vous content(e) que le professeur soit venu aujourd'hui?
4. Pensez-vous que la sonnerie ait déjà retenti?
5. Est-ce une question à laquelle vous avez longuement réfléchi?
6. Faut-il s'attarder sur ce point?
7. Craignez-vous que vos amis vous aient oublié(e)?
8. Oubliez-vous l'anniversaire de vos amis?
9. Accueillez-vous toujours vos amis chaleureusement?
10. Pourquoi Denis est-il si content que ses amis soient venus le voir?

## Dialog Patterns

*Bonne Fête! (suite)*

---

(Les jeunes gens arrivent dans un établissement spécialisé dans les jus de fruits frais.)

LA SERVEUSE — Bonjour, messieurs. Que puis-je vous servir?
BERNARD — Un citron pressé; je meurs de soif.
GEORGES — Moi, je voudrais une de vos fameuses «Cerises Cardinal».
DENIS — Est-ce que c'est cette boisson exotique dont tu m'as parlé?
GEORGES — Oui, essaye-la et tu m'en diras des nouvelles.

## Dialog Patterns

## *Happy "Saint's Day"! (continued)*

(The young men arrive at a stand which specializes in fresh fruit juices.)

THE WAITRESS — Good day, gentlemen. May I take your order?
BERNARD — Lemonade; I'm dying of thirst.
GEORGES — I would like one of your delicious "Cherries Cardinal."
DENIS — Is that the exotic drink you were telling me about?
GEORGES — Yes, try it; I am sure you will find it first rate.

VERB STRUCTURE DRILLS

A. The present indicative of **servir** (*to serve*).

| je | **sers** | **nous** | **servons** |
|----|----------|----------|-------------|
| tu | **sers** | **vous** | **servez** |

| il ⎫ elle ⎭ | **sert** | ils ⎫ elles ⎭ | **servent** |
|---|---|---|---|

Note: **Se servir de** = *to use.*

1. Elle leur sert un citron pressé.  *Répétez.*

   je, vous, nous, le garçon, elles, tu.

2. Qu'est-ce que l'on sert à Bernard?  *Répondez.*
   Les jeunes gens servent-ils la serveuse?
   De quoi se sert-on pour manger la soupe?
   Est-ce que le professeur sert des jus de fruit pendant la classe?
   Vous servez-vous d'un rasoir électrique?

## Relative Pronouns—Continued

USE WITH *DE*

A. When the antecedent is an object of a preposition:

| Independent Clause | Antecedent | Preposition plus a Relative Pronoun | Dependent Clause | |
|--------------------|------------|-------------------------------------|------------------|---|
| **C'est un garçon** | **pour l'avenir** | **de qui** | **j'ai fait des plans.** | Persons or sometimes animals |

| | | | | |
|---|---|---|---|---|
| **Le jardin** | **dans les sentiers** | **duquel** | **nous marchons.** . . . | Things; masculine singular |
| **Voici des livres** | **sur les pages** | **desquels** | **elle s'est penchée.** | Things; masculine plural |
| **Voici ma chambre** | **à la fenêtre** | **de laquelle** | **j'ai tant rêvé.** | Things; feminine singular |
| **Ce sont des fleurs** | **à la vue** | **desquelles** | **elle sourira.** | Things; feminine plural |

Note:   After the preposition **de** the following contractions result:

**de** + **lequel** ⟶ **duquel**
**de** + **lesquels** ⟶ **desquels**
**de** + **lesquelles** ⟶ **desquelles**

**de laquelle** remains unchanged


STRUCTURE SUBSTITUTION

*Teacher:*   J'ai tant joué dans le grenier de cette maison.
*Student:*   Voici la maison dans le grenier de laquelle j'ai tant joué.

*Use either* **de qui** *or* **duquel** *and its forms.*

Il se promène tous les jours dans les allées de ce parc.
Les enfants ont crayonné sur les murs de ces pièces. (*f.*)
Il irait chercher la lune pour les beaux yeux de cette fille.
On a renversé de l'encre sur la couverture de ces livres.
Nous ne sommes pas d'accord sur le prix de ce beau chat.
Tu nous as tant fait perdre de temps pour l'achat de ce bibelot!
Elle avait toujours les yeux fixés sur le cadran de cette horloge.
Je suis sortie plusieurs fois avec le frère de cette petite fille.
Il s'absorbe continuellement dans les pages de ces magazines. (*m.*)
On extrait le sucre de la tige de ces cannes. (*f.*)
Nous avons parlé des œuvres de ce poète.


B.   When the antecedent is not an indirect object:

| *Independent Clause* | *Relative Pronoun* | *Dependent Clause* |
|---|---|---|
| **C'est la boisson** | **dont*** | **je t'ai parlé.** |
| **Voici un enfant** | **dont** | **je suis fier.** |
| **Les livres** | **dont** | **j'ai feuilleté les pages.** . . . |

* From the Latin *de unde.*
Note:  **Dont** applies to persons, animals, and things.

PATTERNED RESPONSE

1. *Teacher:*  Me parlais-tu de ce garçon-là?
   *Student:*  Oui, c'est le garçon dont je te parlais.

   | | |
   |---|---|
   | cette maison | ce professeur |
   | ce chien | ces meubles |
   | ces gens | cette chanson |
   | ce film | cet homme |

2. *Teacher:*  N'es-tu pas fier de cet enfant?
   *Student:*  Si, c'est un enfant dont je suis fier.

   | | |
   |---|---|
   | cette voiture | ce caniche |
   | ces notes | cette petite |
   | ce jardin | ces résultats |
   | cet exploit | ce trophée |

STRUCTURE SUBSTITUTION

1. Elle cueille les fleurs de ce champ.  *Changez.*    Le champ dont elle cueille les fleurs.

   Il est content de cette voiture.    La voiture dont il est content.
   On visite les salles de ce château.    Le château dont on visite les salles.

   Elle se sert de ce fer à repasser.    Le fer à repasser dont elle se sert.

   Denis est l'ami de ces garçons.    Les garçons dont Denis est l'ami.

   Les parents de ce garçon sont polonais.    Le garçon dont les parents sont polonais.

   Je suis heureux de cet événement.    L'événement dont je suis heureux.

   On l'a félicité de ce succès.    Le succès dont on l'a félicité.
   Les murs de cette maison sont hauts.    La maison dont les murs sont hauts.

   Ils parcourent les rues de cette ville.    La ville dont ils parcourent les rues.

2. *Follow the same pattern as above.*

   Les étudiants de cette classe parlent bien.
   Je suis triste de ces nouvelles.
   Simone est la mère de cette enfant.
   J'ai feuilleté toutes les pages de ce magazine.
   Les grands-parents de cette jeune fille sont russes.
   Je vous ai parlé de ce plat.
   La réputation de cet homme est grande.

Je ne me souviens pas de cette ville.
Je sais tous les poèmes de ce recueil.
Je suis l'élève de ce professeur.

## *Dont* with *Ce* as Antecedent

| Independent Clause | Antecedent | Relative Pronoun | Dependent Clause |
|---|---|---|---|
| C'est | la boisson | dont | je te parlais. |
| C'est | ce | dont | je te parlais. |

Note: **Ce** is a neutral pronoun. **Ce dont** means *that of which*. When referring to persons use the demonstrative pronouns **celui, celle, ceux, celles.**

### STRUCTURE SUBSTITUTION

1. *Teacher:* C'est de cela qu'elle parle, n'est-ce pas?
   *Student:* Oui, c'est ce dont elle parle.

   | | |
   |---|---|
   | il se plaint* | tu te sers |
   | elle a peur | vous vous souvenez |
   | ils sont contents | elles rient |
   | vous vous occupez | il se fâche |

*Note: **Se plaindre** (*to complain*) is conjugated like **craindre** (*to fear*).

2. *Teacher:* C'est de lui qu'elle parle, n'est-ce pas?
   *Student:* Oui, c'est celui dont elle parle.
   (*Répétez avec elle, eux, elles.*)

   | | |
   |---|---|
   | elle s'occupe | elles se moquent |
   | vous vous plaignez | elle dit du mal |
   | il est fier | je me souviens |

## The Relative Adverb *Où*

| | Independent Clause | Relative Adverb | Dependent Clause |
|---|---|---|---|
| Adverb of place (where) | **Rendez-vous au restaurant** | **où** | **je mange.** |
| Adverb of time (when) | **C'est l'heure** | **où** | **l'on mange.** |

### STRUCTURE SUBSTITUTION

1. *Teacher:* Voici la maison dans laquelle j'ai grandi.
   *Student:* Voici la maison où j'ai grandi.

le restaurant dans lequel je déjeune
l'université dans laquelle j'étudie
le magasin dans lequel je travaille
les jardins dans lesquels nous nous promenons
les usines dans lesquelles on fait le parfum
la cathédrale dans laquelle ils ont donné un récital

2. *Teacher:* C'est la saison pendant laquelle on reste chez soi.
   *Student:* C'est la saison où l'on reste chez soi.

C'est l'heure pendant laquelle on flâne.
C'est le jour pendant lequel elle fait sa lessive.
C'est le moment pendant lequel ils arriveront.
C'est l'année pendant laquelle nous avons déménagé.
C'est la semaine pendant laquelle ils passent leurs examens.
C'est l'instant pendant lequel on se recueille.*

*Note: **Se recueillir** (*to meditate*) is conjugated like **accueillir** (*to welcome*).

## Controlled Conversation

Demandez à ——————— si elle meurt de soif.
s'il aime le citron pressé.
de quoi on se sert pour se coiffer.
s'il essaye de parler français toute la journée.
si c'est la jeune fille pour les beaux yeux de qui il irait chercher la lune.
si c'est le livre dans les pages duquel il s'absorbe continuellement.
si c'est le camarade dont il vous a parlé.
de quoi elle se plaint.
si c'est un livre dont elle étudie soigneusement le contenu.
si c'est l'endroit où l'on parle français.

## Personalized Questions

1. Est-ce que c'est la salle entre les murs de laquelle vous aimez vous retrouver chaque jour?
2. Voulez-vous nous dire ce dont vous êtes content(e)?
3. Est-ce l'heure où vous faites la sieste?
4. Essayez-vous de progresser chaque jour?
5. Est-ce qu'on vous a bien servi(e) au restaurant universitaire?
6. Avez-vous obtenu une note dont vous êtes satisfait(e)?
7. Est-ce que c'est l'horloge dont vous fixez toujours le cadran?
8. Est-ce que c'est le parc sur les pelouses duquel vous aimez étudier?
9. Voulez-vous nous décrire l'endroit où vous passez vos vacances?
10. Dites-nous la leçon dont vous préférez le dialogue.

## Extemporization

1. C'EST MA FÊTE

*Vocabulary:* fête, anniversaire, aujourd'hui, prénom, calendrier, payer, boisson, exotique, venir, content, origine, professeur, la Saint Valentin, la Sainte Monique.

*Topic Ideas:*
1. C'est aujourd'hui la saint(e) . . . . . (Robert, Monique, . . . . .)
2. Mon prénom n'est pas sur le calendrier.
3. Je suis content que vous soyez venus.

*Questions:*
1. Est-ce aujourd'hui ta fête ou ton anniversaire?
2. N'as-tu pas de fête?
3. Vas-tu me payer une boisson exotique?
4. Quelle est l'origine de ton prénom?
5. Est-ce aujourd'hui la fête du professeur?
6. Est-ce aujourd'hui la Saint Valentin?

2. CE DONT JE SUIS FIER(E)

*Vocabulary:* fier, fière, notes, très bonnes, français, ce dont, parents, toi, parler, couramment, succès, scolaires, pays, montrer, eux.

*Topic Ideas:*
1. Je suis fier (fière) de mes notes en français.
2. Je ne sais pas ce dont je suis fier (fière).
3. Je suis fier (fière) de mes parents.

*Questions:*
1. As-tu de très bonnes notes?
2. Tes parents sont-ils fiers de toi?
3. Parles-tu couramment le français?
4. N'es-tu pas fier (fière) de tes succès scolaires?
5. N'es-tu pas fier (fière) de ton pays?
6. Montres-tu à tes parents que tu es fier (fière) d'eux?

Lobby of a small hotel, Paris.

**Dialog Patterns**

*Une Présentation de Collection*

(Angèle arrive en chantant chez Huguette, qui a l'air maussade.)

ANGÈLE — Est-ce qu'il y a quelque chose qui ne va pas?
HUGUETTE — Quelles nouvelles te rendent si allègre?
ANGÈLE — Dis-moi ce qui te tracasse.
HUGUETTE — Je ne sais pas. Je m'ennuie.
ANGÈLE — Eh bien, je t'emmène à une présentation de collection. Ça te distraira.
HUGUETTE — Tu es merveilleuse, Angèle. Qu'est-ce que je ferais sans toi?

Young fashions advertised in the métro.

## Dialog Patterns

## *A Fashion Show*

(Angèle, singing, arrives at the home of Huguette, who seems sullen.)

ANGÈLE — Is something the matter?

HUGUETTE — What news makes you so cheerful?

ANGÈLE — Tell me what is bothering you.

HUGUETTE — I don't know. I'm bored.

ANGÈLE — All right. I will take you to a fashion show. It will take your mind off things.

HUGUETTE — You're the greatest, Angèle. What would I do without you?

VERB STRUCTURE DRILLS

A.  The present indicative of **s'ennuyer** (*to be bored*); (Future: **je m'ennuierai**).

| je | m' | ennuie | nous | nous | ennuyons |
|----|-----|---------|------|------|----------|
| tu | t' | ennuies | vous | vous | ennuyez |
| il elle | s' | ennuie | ils elles | s' | ennuient |

Note:  **Ennuyer** = *to bother.*

1. Je m'ennuie parfois.  *Répétez.*

   elle, elles, nous, tu, les étudiants, vous, il.

2. Vous ennuyez-vous au collège?  *Répondez.*
   Vous ennuyez-vous chez vous?
   Quand vous ennuyez-vous?
   Pourquoi Huguette s'ennuie-t-elle?
   Est-ce qu'Angèle s'ennuie?
   Est-ce que la fumée vous ennuie?

Note:  Verbs in **-uyer** and **-oyer** change the **y** to **i** before a mute **e**.
   The future indicative and present conditional of **envoyer** (*to send*) are exceptions.

B.  The future indicative of **envoyer** (*to send*).

| j' | enverrai | nous | enverrons |
|----|----------|------|-----------|
| tu | enverras | vous | enverrez |
| il elle | enverra | ils elles | enverront |

1. Nous enverrons des fleurs.  *Répétez.*

   il, maman, je, elles, vous, tu, ses amis.

2. Qu'enverrez-vous à vos parents pour Noël?  *Répondez.*
   Enverrez-vous des fleurs à votre fiancée pour son anniversaire?
   Vos amis vous enverront-ils des cartes de Noël?
   Est-ce que tu enverras une carte à ta maman pour la Fête des Mères?
   Enverrez-vous des étrennes à vos neveux et nièces pour le Jour de l'An?
   Que m'enverrez-vous pour Noël?

## Relative Pronouns—Continued

| Independent Clause | Preposition | Relative Pronoun | Dependent Clause | |
|---|---|---|---|---|
| **Dites-moi** | | **ce qui** | **vous tracasse.** | Subject |
| **Je ne sais pas** | | **ce que** | **tu veux dire.** | Direct object |
| **Je me demande** | **à** | **quoi** | **elle pense.** | Object of preposition |

### PATTERNED RESPONSE

1. *Teacher:*  Tout va mal.
   *Student:*  Dis-moi ce qui te tracasse.

   | | |
   |---|---|
   | t'ennuie | te tourmente |
   | te trouble | te peine |
   | t'inquiète | te contrarie |
   | te soucie | te préoccupe |

2. *Teacher:*  Est-ce qu'il y a quelque chose qui ne va pas?
   *Student:*  Je ne sais pas ce que je veux.

   | | |
   |---|---|
   | tu veux dire | j'ai accompli aujourd'hui |
   | j'ai | je dois faire |
   | je fais ici | je vais faire |

3. *Teacher:*  Tu as l'air perplexe.
   *Student:*  Je me demande à quoi tu penses.

   | | |
   |---|---|
   | ils jouent | elle rêve |
   | il croit | elles s'amusent |
   | cela sert | ça rime |

### STRUCTURE SUBSTITUTION

1. *Teacher:*  Cela me surprend.
   *Student:*  Voilà ce qui vous surprend?

| | |
|---|---|
| me ralentit | me fait souffrir |
| me retarde | me plaît |
| m'avance | m'appartient* |
| m'irrite | me satisfait** |

*Note: **Appartenir** (*to belong*) is conjugated like **tenir** (*to hold*).
**Note: **Satisfaire** (*to satisfy*) is conjugated like **faire** (*to do*).

2. *Teacher:* Je dois faire ça.
   *Student:* Fais-le, si c'est ce que tu dois faire.

| | |
|---|---|
| manger | repasser |
| boire | finir |
| laver | prendre |
| acheter | mettre |
| lire | coudre |

3. *Teacher:* Est-ce qu'ils écrivent avec un stylo à encre?
   *Student:* Je ne sais pas avec quoi ils écrivent.

   Est-ce qu'elle se sert d'un batteur électrique?
   Est-ce qu'il aspire à de grandes choses?
   Est-ce qu'ils mangent la soupe dans un bol?
   Est-ce qu'il s'est basé sur cette histoire?
   Est-ce qu'elles se sont abritées sous cet arbre?
   Est-ce qu'elle s'applique à ses devoirs?

VERB STRUCTURE DRILLS

C. The present indicative of **distraire** (*to distract, to entertain*); (P.P.: **distrait**).

| je | distrais | nous | distrayons |
|---|---|---|---|
| tu | distrais | vous | distrayez |
| il elle } | distrait | ils elles } | distraient |

Note: **Se distraire** = to entertain oneself.

1. Je distrais les enfants. *Répétez.*

   les disques, tu, pépé, elles, nous, la télévision, vous.

2. Qu'est-ce qui vous distrait? *Répondez.*
   Que faites-vous pour vous distraire?
   Vous distrayez-vous beaucoup?
   Est-ce que la présentation de collection distraira Huguette?
   Est-ce qu'une présentation de collection vous distrairait?

## Interrogative Adjectives and Pronouns

|  |  |  |  |
|---|---|---|---|
| | **quel** | Masculine singular | **Quel livre avez-vous?** |
| *Adjectives* (*which, what*) | **quelle** | Feminine singular | **Quelle voiture préférez-vous?** |
| | **quels** | Masculine plural | **Quels devoirs a-t-il à faire?** |
| | **quelles** | Feminine plural | **Quelles robes porte-t-elle?** |
| | **lequel** | Masculine singular | **Lequel avez-vous?** |
| *Pronouns* (*which, which ones*) | **laquelle** | Feminine singular | **Laquelle préférez-vous?** |
| | **lesquels** | Masculine plural | **Lesquels a-t-il?** |
| | **lesquelles** | Feminine plural | **Lesquelles porte-t-elle?** |

STRUCTURE SUBSTITUTION

*Teacher:*  Je lis des romans étrangers.
*Student:*  Quels romans lisez-vous?

J'ai acheté une nouvelle voiture.
J'ai des nouvelles intéressantes.
Je lui ai promis un livre.
Je vais leur envoyer des illustrés.
Ils vont entreprendre un long voyage.
Il poursuit de longues études.
Les gants de maman ont disparu.
Le camion est arrivé.
J'ai pris la photo des enfants.

PATTERNED RESPONSE

*Teacher:*  Voici des chapeaux.
*Student:*  Lequel veux-tu?

des manteaux (*m.*)       des écharpes (*f.*)
des jupes (*f.*)          des jupons (*m.*)
des capes (*f.*)          des combinaisons (*f.*)
des pullovers (*m.*)      des chemises (*f.*)
des ensembles (*m.*)      des corsages (*m.*)

*Repeat with the plural forms of the pronouns* (**lesquels, lesquelles**).

TRANSLATION DRILL

*Teacher:*   Which of these hats do you prefer?
*Student:*   Lequel de ces chapeaux préfères-tu?

*Teacher:*   Which ones don't you like?
*Student:*   Lesquels n'aimes-tu pas?

| | |
|---|---|
| skirts | dresses |
| blouses | coats |
| pullovers | shirts |
| scarves | outfits |

## *Quel* as a Relative Adjective

| *Independent Clause* | *Relative Adjective* | *Dependent Clause* |
|---|---|---|
| Je ne sais pas | quel | livre prendre. |
| Je ne sais pas | quelle | route prendre. |
| Je ne sais pas | quels | tableaux prendre. |
| Je ne sais pas | quelles | fleurs prendre. |

ITEM SUBSTITUTION

J'ignore quel train il a pris.
_____ ils _____.
_____ autocar  (*m.*) __.
_____ voiture  (*f.*)__.
_____ voitures _____.
_____ avion(*m.*) _____.
_____ elle ____.
_____ micheline (*f.*)__.
_____ elles _____.
_____ taxi (*m.*) _____.
_____ taxis _____.
_____ bateau (*m.*)__.

TRANSLATION DRILL

*Teacher:*   I don't know what book to read.   *Traduisez.*
*Student:*   Je ne sais pas quel livre lire.

1. He doesn't know what magazines to look at.
2. She doesn't know what dress to buy.
3. I don't know what flowers to pick.
4. They don't know what hats to choose.
5. I don't know what bus to take.

### N'importe Quel, N'importe Lequel

Il écouterait **n'importe quel** programme.             Adjective
        (*just any*)

Quel | travail | ferez-vous? — Je ferai n'importe | **lequel.**      Pronoun
               (*no matter which one*)

**STRUCTURE SUBSTITUTION**

| | |
|---|---|
| *Teacher:* | Je ne sais pas quel livre lire. |
| *First Student:* | Lis n'importe lequel. |
| *Second Student:* | Je ne veux pas lire n'importe quel livre. |

Je ne sais pas quel chapeau acheter.
                quels gants choisir.
                quelles chaussures mettre.
                quelle chanson chanter.
                quel fruit manger.
                quelles fleurs envoyer.
                quelle route prendre.
                quels jouets leur offrir.

## Some Indefinite Adjectives and Pronouns

| | | |
|---|---|---|
| **quelques**<br>(*some, a few*) | Adjective,<br>masc. or fem.<br>plural | **Nous avons quelques courses à faire.** |
| **quelque chose**<br>(*something*) | Pronoun,*<br>masculine<br>singular | **Avez-vous fait quelque chose après la fête?** |
| **quelqu'un**<br>(*someone*) | Pronoun,*<br>masculine<br>singular | **A-t-il invité quelqu'un au bal?** |

*Note:   **Quelque chose** and **quelqu'un** replace either masculine or feminine nouns, but are treated as masculine. When used as a subject they are third person singular.

| | | |
|---|---|---|
| **quelques-uns**<br>  (*some*) | Pronoun,<br>masculine<br>plural | **Mes tableaux? J'en ai vendu quelques-uns.** |
| **quelques-unes**<br>  (*some*) | Pronoun,<br>feminine<br>plural | **Elle a prêté quelques-unes de ses robes.** |

Note:   When used as a subject **quelques-uns** and **quelques-unes** are 3rd person plural.

ITEM SUBSTITUTION

1. Elle élève quelques poulets.
_____ lapins.
\_\_\_\_ a acheté _____ .
_____ livres.
\_\_\_\_ lu _____.
Ils _____.
_____ illustrés.
_____ histoires.
\_\_\_ raconté _____.
_____ fables.

2. Y a-t-il quelque chose qui ne va pas?
_____ tourne pas rond?
_____ vous tracasse?
_____ contrarie?
_____ ennuie?
_____ inquiète?

3. Quelqu'un vous demande.
_____ appelle.
_____ m' _____.
_____ l'a dit.
_____ rapporté.
_____ te _____ .

4. J'ai lu quelques-uns de ces livres.
_____ magazines. (*m.*)
_____ revues. (*f.*)
_____ articles. (*m.*)
_____ journaux. (*m.*)
_____ histoires. (*f.*)
_____ exposés. (*m.*)
_____ légendes. (*f.*)
_____ brochures. (*f.*)
_____ poèmes. (*m.*)

STRUCTURE SUBSTITUTION

*Teacher:* J'ai vendu quelques-uns de mes tableaux.
*Student:* J'en ai vendu quelques-uns.

J'ai acheté quelques-unes de ses robes.
J'ai lu quelques-uns de ses romans.
Il a composé quelques-unes de ces chansons.
J'ai essayé quelques-uns de leurs ensembles.

Elle a écrit quelques-uns de ces poèmes.
J'ai visité quelques-unes de ces villes.
J'ai refait quelques-uns de ces ourlets.
J'ai reconnu quelques-unes de leurs amies.

## Controlled Conversation

Demandez à _____ quelles nouvelles la rendent si allègre.
de vous dire ce qui le tracasse.
si elle s'ennuie.
ce qui le distrairait.
ce qu'il ferait sans vous.
s'il y a quelque chose qui ne va pas.
de vous emmener à une présentation de collection.
si elle vous enverra une carte de Noël.
s'il sait ce que le professeur veut dire.
quels romans elle lit.
lequel de ces livres il préfère.
si elle élève quelques poulets.

## Personalized Questions

 1. Vous ennuyez-vous parfois?
 2. Voulez-vous me dire à quoi vous pensez?
 3. Savez-vous quelle route prendre?
 4. Liriez-vous n'importe quel livre?
 5. Vous rappelez-vous quelques-unes de ces leçons?
 6. Savez-vous ce que vous voulez?
 7. Pourquoi avez-vous l'air perplexe?
 8. Dites-moi ce qui vous préoccupe.
 9. Savez-vous ce que vous faites ici?
10. Montrez-moi ce qui vous appartient dans la classe.

## Dialog Patterns

*Une Présentation de Collection (suite)*

(Les jeunes filles reviennent de la présentation. Elles sont enthousiasmées.)

Huguette — C'était vraiment inspirant. Je vais acheter du tissu et me faire une robe.
Angèle — Moi, je ne sais pas coudre, mais je vais me faire faire un ensemble.
Huguette — Par qui vas-tu le faire faire?
Angèle — Par la couturière de maman; elle est très bonne.
Huguette — Grâce à toi j'ai des projets plein la tête et je ne m'ennuie plus.
Angèle — Il ne te fallait qu'un peu d'inspiration.

## Dialog Patterns

## *A Fashion Show (continued)*

(The young ladies come back from the show. They are thrilled.)

HUGUETTE — It was really inspiring. I am going to buy some material and make myself a dress.

ANGÈLE — I don't know how to sew, but I am going to have a suit made.

HUGUETTE — By whom are you going to have it made?

ANGÈLE — By Mother's dressmaker; she is very good.

HUGUETTE — Thanks to you I am full of projects; I'm not bored any more.

ANGÈLE — All you needed was a little inspiration.

VERB STRUCTURE DRILLS

The present indicative of **coudre** (*to sew*); (P.P.: **cousu**).

| je | couds | nous | cousons |
|----|-------|------|---------|
| tu | couds | vous | cousez |

| il elle | coud | ils elles | cousent |
|---------|------|-----------|---------|

1. Maman coud beaucoup.  *Répétez.*

   je, vous, Huguette, tu, nous, elles, la voisine.

2. Est-ce que vous cousez beaucoup?  *Répondez.*
   Est-ce que le professeur coud?
   Cousez-vous vos propres vêtements?
   Est-ce que les garçons cousent beaucoup?
   Est-ce qu'Angèle coud?

## *Faire* + The Infinitive

| Je | **fais** | **repasser** | mes chemises. | |
|----|----------|--------------|---------------|--------|
| *I* | *have* | | *my shirts* | *ironed.* |
| Il | **fait** | **construire** | une maison. | |
| *He* | *is having* | | *a house* | *built.* |

In French **faire** followed by an infinitive is used to express the act of causing something to be done, of having something done.

STRUCTURE SUBSTITUTION

1. *Teacher:* Je repasse mes chemises moi-même.
   *Student:* Moi, je fais repasser mes chemises.

   | | |
   |---|---|
   | je lave mon linge | je reprise mes vêtements |
   | je couds mes boutons | je cire mes chaussures |
   | je nettoie ma maison | je fais mes courses |

2. *Teacher:* Elle fait voir le livre aux enfants.
   *Student:* Elle le leur fait voir.

   | | |
   |---|---|
   | la ville à ses amies | les fleurs à sa mère |
   | la maison à sa cousine | les robes aux clientes |
   | les timbres au garçon | le patron à Angèle |

## *Se Faire* + The Infinitive

Elle fait faire une robe.     — maybe for herself; maybe for someone else.
*She is having a dress made.*

Elle | se | fait faire une robe.

*She is having a dress made for* | herself. |

STRUCTURE SUBSTITUTION

*Teacher:* Fais-tu faire une robe pour ta sœur?
*Student:* Non, je me fais faire une robe.

Fait-il construire une maison pour son fils?
Fait-il remplacer son ami?
Fait-elle coiffer sa fille?
Faites-vous faire une permanente à votre chien?
Faites-vous donner une aubade à votre fiancée?

## Interrogative Pronouns—Continued

| *Persons* | Subject | **Qui** | **fait du bruit?**[1] |
|---|---|---|---|
| | | **Qui est-ce qui** | **fait du bruit?**[1] |
| | Direct object | **Qui**[2] | **regardes-tu?** |
| | | **Qui est-ce que** | **tu regardes?** |
| | Indirect object | **À**[3] **qui**[2] | **téléphones-tu?** |
| | | **À**[3] **qui est-ce que** | **tu téléphones?** |

|         |                |                    |                       |
|---------|----------------|--------------------|-----------------------|
| *Things* | Subject       | **Qu'est-ce qui**  | **fait du bruit?**[1] |
|         | Direct object  | **Que**[2]         | **regardez-vous?**    |
|         |                | **Qu'est-ce que**  | **vous regardez?**    |
|         | Indirect object | **À**[3] **quoi**[2] | **penses-tu?**      |
|         |                | **À quoi est-ce que** | **tu penses?**     |

Notes: 1. The verb following the interrogative pronoun subject is always in the 3rd person singular. **Les enfants font la vaisselle. Qui fait la vaisselle?**
2. Following these constructions inversion is required. **Qui le professeur regarde-t-il?**
3. Other prepositions may be used: **de qui, avec quoi,** etc....

## STRUCTURE SUBSTITUTION

1. *Teacher:*  Paul fait du bruit.
   *Student:*  Qui fait du bruit?
   Qui est-ce qui fait du bruit?

   Micheline parle.                Thomas joue du piano.
   Erige fait du ski.              Les enfants se querellent.
   Paule et Solange s'en vont.     Max et Martine dansent.
   Marcel téléphone.               Mes parents viennent.

2. *Teacher:*  J'écoute le professeur.
   *Student:*  Qui écoutes-tu?
   Qui est-ce que tu écoutes?

   Ils regardent la cantatrice.    Lucien attend Michel et Jean.
   Je surveille les enfants.       Maman habille Mauricette.
   Le docteur ausculte Pierre.     J'ai rencontré Albert.
   Mireille aime Patrice.          Le professeur interroge mon voisin.

3. *Teacher:*  Ils parlent à ma tante.
   *Student:*  À qui parlent-ils?
   À qui est-ce qu'ils parlent?

   Je téléphone à ma mère.         Il a déjeuné avec son patron.
   J'ai confiance en Bernard.      Je corresponds* avec David.
   Elle est allée au bal avec Patrick.  Il a donné rendez-vous à ses amis.

   Je compte beaucoup sur eux.     Je vais faire faire une robe par ma couturière.

*Note:  **Correspondre** (*to correspond*) is conjugated like **attendre** (*to wait*).

4. *Teacher:*  Le sucrier est tombé.
   *Student:*  Qu'est-ce qui est tombé?

   Le ventilateur fait du bruit.   Le courrier est en retard.
   Ces disques sont trop chers.    La micheline va passer.
   Le colis est arrivé.            Les sirènes m'agacent.
   Les usines me déplaisent.       Les photos sont réussies.

5. *Teacher:* Je vous dis qu'il pleut.
 *Student:* Que dites-vous?
 Qu'est-ce que vous dites?

| | |
|---|---|
| Nous regardons l'arc-en-ciel. | Nous attendons l'arrêt de la pluie. |
| Il lit la page sportive. | Ils jouent mon air préféré. |
| Nous écoutons la symphonie. | Je vais acheter du tissu. |
| Elle chante un hymne. | Elle va se faire faire un ensemble mauve. |

6. *Teacher:* Je pense à mes examens.
 *Student:* À quoi penses-tu?
 À quoi est-ce que tu penses?

| | |
|---|---|
| Elle rêve à une croisière. | J'ai rêvé d'un beau château. |
| Ils mangent le riz avec des baguettes. | L'auteur s'est basé sur un incident vrai. |
| Ils sont venus en scooter. | Il aspire à une place de directeur. |

TRANSLATION DRILL

*Teacher:* What are you thinking about? *Traduisez.*
*Student:* À quoi penses-tu?

| | |
|---|---|
| Who is coming? | Whom are you thinking about? |
| Whom are you looking at? | Who is leaving? |
| What are you talking about? | What did you say? |
| What are you looking at? | Who is making noise? |
| What fell? | What is making noise? |
| What are you thinking about? | Whom are they talking to? |

## Negative Expressions

| ne . . . pas | *not* | Il **ne** coud **pas.** |
|---|---|---|
| | | Il **n'** a **pas** cousu. |
| ne . . . point (pas du tout) | *not at all* | Il **ne** coud **point.** |
| | | Il **n'** a **point** cousu. |
| ne . . . guère | *hardly* | Il **ne** coud **guère.** |
| | | Il **n'** a **guère** cousu. |
| ne . . . plus | *any more* | Il **ne** coud **plus.** |
| | | Il **n'** a **plus** cousu. |

| ne . . . jamais | *never* | Il **ne** coud **jamais**. |
| | | Il **n'** a **jamais** cousu. |

| ne . . . rien | *nothing* | Il **ne** coud **rien**. |
| | | Il **n'** a **rien** cousu. |

| ne . . . personne | *no one* | Il **ne** voit **personne**. |
| | | Il **n'** a vu **personne**. |

| ne . . . aucun (aucune) | *not any, none* | Il **ne** voit **aucun** livre. |
| | | Il **n'** a vu **aucun** livre. |

| ne . . . nul (nulle) | *not any, none* | Il **ne** va **nulle** part. |
| | | Il **n'** est allé **nulle** part. |

| ne . . . que | *only* | Il **ne** parle **qu'** anglais. |
| | | Il **n'** a parlé **qu'** anglais. |

| ne . . . ni . . . ni | *neither . . . nor* | Il **ne** parle **ni** français **ni** anglais. |
| | | Il **n'** a parlé **ni** français **ni** anglais. |

Notes:  1. In all compound tenses **personne, aucun, nul, que** and **ni . . . ni** usually follow the past participle.
2. **Personne, rien, aucun** and **nul** may be the subject. **Personne** and **rien** are masculine and all are 3rd person.

> *Examples:* **Personne n'** est venu.
> **Rien n'** a marché.
> **Nul*** espoir **n'** est permis.
> **Aucun n'** a réussi.

*When used as a pronoun **nul** means *no one*: **Nul n'** est prophète en son pays.

3. **Ni . . . ni** precede the words modified which can be past participles. Il **n'** a **ni** vu **ni** entendu.

TRANSLATION—TRANSFORMATION DRILL

1. *Teacher:* Il chante. (*hardly*)
   *Student:* Il ne chante guère.

| | |
|---|---|
| Elle coud. (*never*) | Je sens. (*nothing*) |
| Ils écrivent. (*not*) | Je le ferai. (*not*) |
| Il téléphone. (*not any more*) | Elle dort. (*not any more*) |
| Tu manges. (*nothing*) | Elles viennent. (*never*) |
| Il l'aimait. (*not at all*) | Il pleut. (*not at all*) |
| Elle l'aime. (*hardly*) | Vous lisez. (*hardly*) |

2. *Teacher:*   Il parle à tout le monde. (*no one*)
   *Student:*   Il ne parle à personne.

| | |
|---|---|
| Il prend du repos. (*not any*) | Elle a dix ans. (*only*) |
| Elles vont partout. (*nowhere*) | Il te faut un peu d'inspiration. (*only*) |
| Nous avons dix disques. (*not one*) | Je parle français et espagnol. (*neither . . . nor*) |
| Il aime tout le monde. (*no one*) | Ils peuvent manger toutes les viandes. (*no*) |

## TENSE SUBSTITUTION

*Teacher:*   Elle ne coud jamais.
*Student:*   Elle n'a jamais cousu.

| | |
|---|---|
| Ils ne viennent plus. | Ils ne la comprennent point. |
| Elle ne parle à personne. | Elle n'a aucun succès. |
| Tu n'y comprends rien. | Il ne ment* jamais. |
| Il ne sait pas sa leçon. | Il ne montre nul repentir. |
| Nous ne nous amusons guère. | Ils ne me plaisent pas. |
| Elles ne parlent que de lui. | Il ne prend ni sel ni poivre. |

*Note:   **Mentir** (*to lie*) is conjugated like **sentir** (*to feel, to smell*).

## PATTERNED RESPONSE

*Teacher:*   Avez-vous vu ou écouté le match?
*Student:*   Je n'ai ni vu ni écouté le match.

Avez-vous vu ou entendu Mireille Matthieu?
Avez-vous fait ou fait faire cet ensemble?
Avez-vous mangé ou bu?
Avez-vous lu ou écrit?
Êtes-vous monté(e) ou descendu(e)?

## CONTROLLED RESPONSE

*Teacher:*   Qui est-ce qui est venu? (personne)
*Student:*   Personne n'est venu.

| | |
|---|---|
| Qu'est-ce qui s'est passé? (rien) | Qui t'a plu? (nul) |
| Qui s'est arrêté? (aucun) | Qui a mangé? (personne) |
| Quel espoir lui reste-t-il? (nul) | Quel film te plaît? (aucun) |

PATTERNED RESPONSE

*Teacher:*   Que vas-tu acheter?
*Student:*   Une machine à coudre pour me faire une robe.

| | |
|---|---|
| un patron | du tissu |
| des aiguilles | des boutons |
| du fil | des épingles |
| un dé à coudre | des ciseaux |

## Controlled Conversation

Demandez à _____ s'il sait coudre.
s'il repasse ses chemises lui-même.
si elle fait ses propres vêtements.
s'il a des projets plein la tête.
si elle a déjà fait faire une robe par une couturière.
si sa mère coud beaucoup.
si elle a fait visiter l'université à ses parents.
ce qui fait du bruit.
à quoi elle pense.
s'il ne lui faut qu'un peu d'inspiration.
ce qu'il pense de la mode cette année.
s'il fait faire ses complets par un tailleur.

## Personalized Questions

1. Quels sont vos projets?
2. Cousez-vous beaucoup?
3. Vous faites-vous coiffer ou bien vous coiffez-vous vous-même?
4. Qui a compris la leçon?
5. Est-ce qu'on est prophète en son propre pays?
6. Est-ce que vous mangez toujours autant?
7. À qui est-ce que vous ressemblez?
8. Avez-vous vu quelqu'un dans le couloir?
9. Parlez-vous français et anglais?
10. Quel est votre grand couturier préféré?

## Extemporization

1. JE M'ENNUIE

     *Vocabulary:*   faire, rien, avoir, parents, manquer, guère, amis, aucun, projet, tête, aller, cinéma, voir, vacances, écrire, longue, lettre, vouloir, distraire.

*Topic Ideas:*   1. Je n'ai rien à faire.
                2. Mes parents me manquent.
                3. Je n'ai guère d'amis.

*Questions:*   1. N'as-tu aucun projet en tête?
                2. Pourquoi ne vas-tu pas au cinéma?
                3. Est-ce que tu ne vois tes parents qu'aux vacances?
                4. Pourquoi n'écris-tu pas une longue lettre à tes parents?
                5. Veux-tu être mon ami(e)?
                6. Qu'est-ce qui te distrairait?

## 2. UNE PRÉSENTATION DE COLLECTION

*Vocabulary:*   collection, magnifique, aimer, mannequin, tous, vêtements, chers, acheter, hors de prix, remarquer, cape, vison, préférer, numéro, porter, perruques, extravagantes, trouver, robe de soirée, éblouissante, métier, fatigant.

*Topic Ideas:*   1. La collection était magnifique.
                2. J'aimerais être mannequin.
                3. Tous ces vêtements sont hors de prix.

*Questions:*   1. As-tu remarqué cette cape de vison?
                2. Quel numéro as-tu préféré?
                3. Aimerais-tu porter des perruques extravagantes?
                4. Ne penses-tu pas que ce soit un métier fatigant?
                5. N'as-tu pas trouvé la robe de soirée éblouissante?
                6. Qui peut acheter des vêtements aussi chers?

Gendarme.

# unit 20

## Dialog Patterns

## *Le Petit Chaperon Rouge*

---

(Mireille raconte une histoire à sa petite sœur.)

MIREILLE — Il était une fois une jolie petite fille que l'on appelait le petit Chaperon rouge . . .

NICOLE — Ça c'est mon histoire préférée.

MIREILLE — Sa maman l'envoya chez sa mère-grand* pour lui porter une galette et un petit pot de beurre.

NICOLE — Et elle rencontra le loup qui lui demanda où elle allait.

MIREILLE — Puis le loup qui avait couru de toutes ses forces arriva avant la petite chez la mère-grand* qu'il dévora.

NICOLE — Oh! Quel grand méchant loup!

*__Mère-grand__ is another version of the more common form, __grand-mère__.

Left bank apartment house.

## Dialog Patterns

## *Little Red Riding Hood*

---

(Mireille is telling a story to her little sister.)

MIREILLE — Once upon a time there was a pretty little girl called Little Red Riding Hood . . .

NICOLE — That's my favorite story.

MIREILLE — Her mother sent her to take a small cake and jar of butter to her grandmother.

NICOLE — And she met the wolf who asked her where she was going.

MIREILLE — Then the wolf, who had run as fast as he could, arrived before the little girl did at the grandmother's house and ate her up.

NICOLE — Oh! What a big, bad wolf!

VERB STRUCTURE DRILLS

The present indicative of **courir** (*to run*); (P.P.: **couru**; Future: **je courrai**).

| je | cours | nous | courons |
|----|-------|------|---------|
| tu | cours | vous | courez |

| il elle | court | ils elles | courent |
|---------|-------|-----------|---------|

1. Les enfants courent de toutes leurs forces.  *Répétez.*
   le loup, nous, les trois petits cochons, je, elle.

2. Courez-vous beaucoup?  *Répondez.*
   Est-ce que votre mère court tout le temps?
   Courez-vous autant que lorsque vous étiez enfant?
   Est-ce que le professeur court beaucoup?
   Les étudiants courent-ils pour aller en classe?

## The Past Definite (*Passé Simple*) Indicative

Use: The past definite (**passé simple**) is a past tense having the same meaning as past indefinite (**passé composé**) but used for sustained narration. It is most often found in writing.

## FORMATION OF THE PAST DEFINITE OF VERBS OF GROUPS I AND II

| | I | | | II | |
|---|---|---|---|---|---|
| *Pronoun* | *Stem* | *Ending* | *Pronoun* | *Stem* | *Ending* |
| je[1] | parl- | ai | je[1] | fin- | is[2] |
| tu | parl- | as | tu | fin- | is[2] |
| il, elle[1] | parl- | a | il, elle[1] | fin- | it[2] |
| nous | parl- | âmes | nous | fin- | îmes |
| vous | parl- | âtes | vous | fin- | îtes |
| ils, elles[1] | parl- | èrent | ils, elles[1] | fin- | irent |

The stem is found by dropping the **-er** or **-ir** from the infinitive.

Notes:  1. These persons are the most commonly used.
2. The singular forms of the past definite of Group II verbs are the same as in the present indicative.

### VERB STRUCTURE DRILLS

A.  The past definite of **commencer** (*to begin*).

| je | commençai | nous | commençâmes |
|---|---|---|---|
| tu | commenças | vous | commençâtes |
| il <br> elle | commença | ils <br> elles | commencèrent |

Elle commença à pleurer. *Répétez.*
Je _____.
Michel _____.
Les enfants _____.
Elles _____.
Le bébé _____.
Nous _____.

B.  The past definite of **appeler** (*to call*).

| j' | appelai | nous | appelâmes |
|---|---|---|---|
| tu | appelas | vous | appelâtes |
| il <br> elle | appela | ils <br> elles | appelèrent |

Elle appela les enfants à table. *Répétez.*
Le père _____.
Je _____.
Ils _____.
Le professeur _____.
La grand-mère _____.

C. The past definite of **manger** (*to eat*).

| je | mangeai | nous | mangeâmes |
|----|---------|------|-----------|
| tu | mangeas | vous | mangeâtes |

| il ⎫ elle ⎭ | mangea | ils ⎫ elles ⎭ | mangèrent |

Ils mangèrent à toute vitesse.    *Répétez.*

Papa ———————.
Nous ———————.
Nicole ———————.
Je ———————.
Elles ———————.
Le docteur ———————.

D. The past definite of **réussir** (*to succeed*).

| je | réussis | nous | réussîmes |
|----|---------|------|-----------|
| tu | réussis | vous | réussîtes |

| il ⎫ elle ⎭ | réussit | ils ⎫ elles ⎭ | réussirent |

Il réussit à contrôler sa colère.    *Répétez.*

Maman ———————.
Nous ———————.
Ils ———————.
Vous ———————.
Tu ———————.
Elles ———————.
Le professeur ———————.

E. The past definite of **réunir** (*to gather*).

| je | réunis | nous | réunîmes |
|----|--------|------|----------|
| tu | réunis | vous | réunîtes |

| il ⎫ elle ⎭ | réunit | ils ⎫ elles ⎭ | réunirent |

Je réunis tous mes amis.    *Répétez.*

Nous ———————.
Elles ———————.
Elle ———————.
Tu ———————.
Vous ———————.
Ils ———————.
Jean-Paul ———————.

TENSE SUBSTITUTION

*Teacher:*  Le loup est arrivé avant la petite.
*Student:*  Le loup est arrivé avant la petite.
Le loup arriva avant la petite.

Leur mère les a envoyés chercher des fraises des bois.
Ils ont rencontré la sorcière.
Le loup a dévoré la mère-grand.
Ils ont fini les premiers.
Il lui a demandé où elle allait.
Je lui ai parlé longtemps.
Il a commencé à pleuvoir.
Nous avons appelé Gilles.
Ils ont réussi à traverser l'Atlantique.
Elles ont mangé en silence.
Il n'a pas réagi.
J'ai agi sans réfléchir.
Nous avons choisi le sentier de droite.
Elle a épousé monsieur Gimblette.
La fée Carabosse a renversé le palais.
Il s'est cassé la jambe.
À sa vue je me suis troublé(e).
Nous avons mangé de bon appétit.

## *Quel* as an Exclamative Adjective

| Quel | beau | film! | |
| Quel | | film | inspirant ! |
| Quelle | belle | histoire! | |
| Quelle | | histoire | drôle ! |
| Quels | beaux | bâtiments! | |
| Quels | | bâtiments | élégants ! |
| Quelles | belles | revues! | |
| Quelles | | revues | intéressantes ! |

## Review of Adjectives that Precede the Noun

| beau  | haut    | nouveau |
|-------|---------|---------|
| bon   | joli    | petit   |
| grand | long    | vieux   |
| gros  | mauvais | vilain  |

Note:   The adjectives **gentil** and **méchant** can either precede or follow the noun:

Quel **méchant** loup!      Quel homme **méchant**!

Quelle **gentille** petite fille!      Quel homme **gentil**!


STRUCTURE SUBSTITUTION

*Teacher:*   Voici un beau roman.

*Student:*   Quel beau roman!

un mannequin ravissant      des romans fascinants

une galette délicieuse      une petite fille naïve

de méchants garçons      des chaussures hors de prix

une histoire macabre      une forêt sombre

de beaux poèmes      un vieux grincheux

un récit intéressant      de jolies fables


CONTROLLED RESPONSE

*Teacher:*   Que pensez-vous de cette histoire?   (effrayante)

*Student:*   Quelle histoire effrayante!

ce foulard (voyant)      ces jeunes filles (jolies)

cette mode (ahurissante)      ce film (mauvais)

ce loup (méchant)      ces romans (longs)

cette cravate (belle)      ce couturier (de génie)

ce petit garçon (gentil)      ces chansons (amusantes)

ces enfants (sages)      ce dessert (savoureux)


## Controlled Conversation

Demandez à ——————— qui est le petit Chaperon rouge.

si elle a déjà rencontré un loup.

s'il a couru de toutes ses forces pour arriver à l'heure.

si le loup est arrivé chez la mère-grand avant ou après
le petit Chaperon rouge.

ce qu'elle pense de la langue française.

ce qu'il pense du professeur.

## Personalized Questions

1. Quelle est votre histoire préférée?
2. Pourquoi le loup est-il arrivé chez la mère-grand avant le petit Chaperon rouge?
3. Qu'est-ce que le petit Chaperon rouge portait à sa grand-mère?
4. Qu'est-ce qui est arrivé à la mère-grand?
5. Que pensez-vous de cette histoire?

MONOLOGUE

*Narrate the content of the dialog in your own words, using the past definite.*

## Dialog Patterns

### *Le Petit Chaperon Rouge (suite)*

MIREILLE — Le loup se déguisa et prit la place de la mère-grand dans le lit.

NICOLE — Oh! Comme j'ai peur!

MIREILLE — En arrivant le petit Chaperon rouge alla près du lit de la fausse mère-grand.

NICOLE — Quelle horreur!

MIREILLE — Elle s'exclama: «Ma mère-grand, que vous avez de grandes dents!»

NICOLE — Oh! là là!

MIREILLE — «C'est pour te manger!» dit le loup; mais un chasseur arriva et sauva la petite.

NICOLE — Alors il ouvrit le ventre du loup et en sortit la grand-mère encore vivante.

MIREILLE — Tu connais l'histoire aussi bien que moi!

## Dialog Patterns

### *Little Red Riding Hood (continued)*

MIREILLE — The wolf disguised himself and took the place of the grandmother in bed.
NICOLE — Oh! I'm so scared!
MIREILLE — When she arrived Little Red Riding Hood went close to the bed of the false grandmother.
NICOLE — How terrible!
MIREILLE — She exclaimed, "Grandmother, what big teeth you have!"
NICOLE — Oh! My goodness!
MIREILLE — "That's to eat you with," said the wolf; but a hunter came and saved the little girl.
NICOLE — Then he opened the stomach of the wolf and the grandmother came out still alive.
MIREILLE — You know the story as well as I do!

VERB STRUCTURE DRILLS

The present indicative of **ouvrir** (*to open*); (P.P.: **ouvert**).

| j' | ouvre | nous | ouvrons |
|----|-------|------|---------|
| tu | ouvres | vous | ouvrez |
| il elle | ouvre | ils elles | ouvrent |

1. Elle ouvre les volets à sept heures. *Répétez.*

   je, nous, maman, ils, tu, elles, vous.

2. À quelle heure le collège ouvre-t-il ses portes? *Répondez.*
   À quelle heure les grands magasins ouvrent-ils?
   Ouvrez-vous votre livre de français avec plaisir?
   Voulez-vous ouvrir la porte, s'il vous plaît?

## The Past Definite—Continued

SOME GROUP III VERBS

*Endings*

| je | -s | nous | -(ˆ)mes |
|----|-----|------|---------|
| tu | -s | vous | -(ˆ)tes |
| il elle | -t | ils elles | -rent |

| *Infinitives* | *Stems* | *Infinitives* | *Stems* |
|---|---|---|---|
| être | fu | lire | lu |
| avoir | eu | ouvrir | ouvri |
| attendre | attendi | pleuvoir | plu |
| battre | batti | pouvoir | pu |
| boire | bu | prendre | pri |
| connaître | connu | s'asseoir | s'assi |
| courir | couru | savoir | su |
| croire | cru | sortir | sorti |
| devoir | du | sourire | souri |
| dire | di | traduire | traduisi |
| dormir | dormi | venir | vin |
| écrire | écrivi | vivre | vécu |
| faire | fi | voir | vi |
| falloir | fallu | vouloir | voulu |

Note: Most of these stems are the same as the past participle of the verbs.

VERB STRUCTURE DRILLS

A. The past definite of **avoir** (*to have*).

| j' | eus | nous | eûmes |
|---|---|---|---|
| tu | eus | vous | eûtes |
| il elle | eut | ils elles | eurent |

Ils eurent de la chance.  *Répétez.*
Je ———————.
Les prisonniers ———.
Nous ———————.
Marie ———————.
Il ———————.

B. The past definite of **être** (*to be*).

| je | fus | nous | fûmes |
|---|---|---|---|
| tu | fus | vous | fûtes |
| il elle | fut | ils elles | furent |

Elles furent ravies.  *Répétez.*
Mon oncle ———————.
Je———————.
Les nouveaux-venus———.
Le professeur ———————.
Maman ———————.

C.  The past definite of **faire** (*to do, to make*).

| je | fis | nous | fîmes |
|----|-----|------|-------|
| tu | fis | vous | fîtes |

| il ⎫ elle ⎭ | fit | ils ⎫ elles ⎭ | firent |

Ils n'y firent pas attention.  *Répétez.*

Je _____.
Nous _____.
Elle _____.
Roland _____.
Elles _____.

D.  The past definite of **pouvoir** (*to be able*).

| je | pus | nous | pûmes |
|----|-----|------|-------|
| tu | pus | vous | pûtes |

| il ⎫ elle ⎭ | put | ils ⎫ elles ⎭ | purent |

Je ne pus les arrêter.  *Répétez.*

Il _____.
Ils _____.
Nous _____.
Tu _____.
Elle _____.
Elles _____.

E.  The past definite of **attendre** (*to wait*).

| j' | attendis | nous | attendîmes |
|----|----------|------|------------|
| tu | attendis | vous | attendîtes |

| il ⎫ elle ⎭ | attendit | ils ⎫ elles ⎭ | attendirent |

Elle l'attendit en vain.  *Répétez.*

Je _____.
Nous _____.
Tu _____.
Elles _____.
Ils _____.
Il _____.

F.  The past definite of **venir** (*to come*).

| je | vins | nous | vînmes |
|----|------|------|--------|
| tu | vins | vous | vîntes |

| il ⎫ elle ⎭ | vint | ils ⎫ elles ⎭ | vinrent |

Ils vinrent à leur secours. *Répétez.*

Jeanne _____.

Nous _____.

Il _____.

Vous _____.

Elles _____.

Les soldats _____.

G. The past definite of **aller** (*to go*).

In the past definite **aller** is conjugated like a regular **-er** verb.

| j' | allai | nous | allâmes |
|----|-------|------|---------|
| tu | allas | vous | allâtes |

| il ⎫ | | ils ⎫ | |
| elle ⎭ | alla | elles ⎭ | allèrent |

J'allai me coucher. *Répétez.*

Elle _____.

Tu _____.

Christian _____.

Ils _____.

Nous _____.

Elles _____.

### TENSE SUBSTITUTION

| | |
|---|---|
| Il a fait apporter sa perruque. *Changez.* | Il fit apporter sa perruque. |
| Il y a mis le menton. | Il y mit le menton. |
| La bergère a battu son châton. | La bergère battit son châton. |
| Il a vu des flots de tous côtés. | Il vit des flots de tous côtés. |
| Il a entrepris un long voyage. | Il entreprit un long voyage. |
| Un rossignol est venu sur ma main. | Un rossignol vint sur ma main. |
| Il m'a dit trois mots en latin. | Il me dit trois mots en latin. |
| Il a eu bien peur. | Il eut bien peur. |
| Quand il a été sur la montagne. | Quand il fut sur la montagne. |
| Une belle dame est venue à passer. | Une belle dame vint à passer. |
| Quand il a voulu danser. | Quand il voulut danser. |
| On n'a jamais su pourquoi. | On ne sut jamais pourquoi. |
| J'ai rencontré trois capitaines. | Je rencontrai trois capitaines. |
| On a bu à sa santé. | On but à sa santé. |
| Il a connu la gloire. | Il connut la gloire. |
| Elle a couru à perdre haleine. | Elle courut à perdre haleine. |
| J'ai dû m'excuser. | Je dus m'excuser. |
| Il les a conduits* à la gare. | Il les conduisit* à la gare. |
| Il a vécu sans amis. | Il vécut sans amis. |
| Elle ne nous a pas vus. | Elle ne nous vit pas. |

*Repeat the drill in the plural.*
(Ils ont fait apporter leur perruque.          Ils firent apporter . . .)

*Note:   **Conduire** (*to accompany, to drive*) is conjugated like *traduire* (*to translate*).

ITEM SUBSTITUTION

Paule alla dans le jardin.
———— et Julien ————.
———————— s'assirent —.
———————— se sourirent.
———————— partirent.
Michel ——————.
———————— lut la lettre.
———————— ouvrit la porte.
———————— sortit.
Les étudiants ————.
———————— traduisirent le dialogue.
Le professeur ————————.
———————— écrivit au tableau.
Les élèves ——————.
———————— s'endormirent en classe.
Nous ————————.
Je ————————.
— crus m'évanouir.*
Elle ——————.
— sourit.
Il fallut qu' —.
———————— partir à cause de la pluie.
Il plut beaucoup.

*Note:   **S'évanouir** (*to faint*) is a Group II -**ir** verb.

## Exclamative Adverbs *Que* and *Comme*

| **Que** | **vous** | **avez** | **de grands yeux!** |
|---------|----------|----------|---------------------|
| **Comme** | **il** | **fait** | **froid!** |

STRUCTURE SUBSTITUTION

*Teacher:*   Vous avez de grands bras.
*Student:*   Que vous avez de grands bras!
             Comme vous avez de grands bras!

Il fait chaud.                        J'ai soif.
Vous avez de grandes oreilles.        Il fait mauvais.
J'ai peur.                            Vous êtes de mauvaise humeur.
Vous avez de grandes jambes.          J'ai froid.

MONOLOGUE

*Narrate the content of the dialog in your own words, using the past definite.*

## Controlled Conversation

Demandez à ——————— si elle aime se déguiser.
ce que le petit Chaperon rouge a dit au loup.
ce que le loup a répondu au petit Chaperon rouge.
d'ouvrir la porte.
de fermer la porte.
s'il connaît l'histoire aussi bien que vous.
si elle a soif.

## Personalized Questions

1. Pourquoi le loup s'est-il déguisé?
2. Vous êtes-vous déjà évanoui(e)?
3. Vous endormez-vous en classe?
4. Comment a-t-on retrouvé la mère-grand?
5. Savez-vous conduire?

## Extemporization

1. IL ÉTAIT UNE FOIS . . .

*Vocabulary:* Gueppetto, pantin, bois, sculpter, école, bonne fée, oreilles d'âne, foire, mentir, nez, se mettre à, s'allonger, papa, mer, barque, baleine, avaler, s'enfuir, travailler, lire, écrire, vrai petit garçon, devenir.

construire,\* maison, paille, premier, branches, deuxième, briques, troisième, laborieux, avoir peur, le loup, petit cochon, laisse-moi, entrer, non, par les poils, de mon menton, ton, souffler, renverser, ouf et pouf, passer, cheminée, tomber, chaudron, eau bouillante.

\*Note: **Construire** (*to build*) is conjugated like **traduire** (*to translate*).

princesse, jolie, méchante, reine marâtre, miroir, dire, la plus belle, royaume, furieuse, faire emmener, forêt, tuer, serviteur, abandonner, sept nains, recueillir, se déguiser, vieille femme, donner, pomme empoisonnée, s'évanouir, allonger, cerceuil, verre, Prince Charmant, embrasser, se réveiller, se marier, vivre heureux.

roi, reine, petite fille, naître, grande fête, bonnes fées, cadeaux, inviter, méchante fée, malédiction, dons, fuseau, quenouille, piquer, doigt, mourir, dormir, profond sommeil, le jour, ses seize ans, fils d'un roi, palais, toute la cour, s'endormir, prince, traverser, haie, roses, donner, baiser, cent ans, se réveiller, se marier, être heureux, avoir beaucoup d'enfants.

*Topic Ideas:*    1. Pinocchio.
(*Tell the*         2. Les trois petits cochons.
*story using*      3. Blanche-Neige et les sept nains.
*the past*         4. La Belle au Bois dormant.
*definite*)

## Composition

*Write an original fairy tale of 100 words using the past definite tense. After the teacher has made the necessary corrections, you will memorize it and present it orally in class.*

A. Select the form of the verb required by the sentences.

    1. Si elle avait su, elle (viendrait, serait venue, viendra).
    2. S'il pleut nous (serions allés, irions, irons) au cinéma.
    3. Si j'étais riche je (prendrai, prendrais, aurais pris) l'avion.
    4. Si j'avais eu de l'argent, je l'(achèterais, aurais acheté, achèterai).
    5. S'il vient nous nous en (irions, irons, serions allés).
    6. Si Paris n'était pas si grand on le (mettra, mettrait, aurait mis) en bouteille.
    7. Si elle était gentille elle (serait restée, restera, resterait).
    8. Si nous avions su nous y (irons, serions allés, irions).
    9. Si tu ne te dépêches pas nous (partirons, partirions, serions partis) sans toi.
  10. S'il faisait beau nous (irons, serions allés, irions) nous promener.

B. Rewrite the sentences and change the verbs to the future perfect and the future as in the example.

*Example:* Quand je finis mes devoirs je mange. **Quand j'aurai fini mes devoirs je mangerai.**

    1. Quand ils arrivent nous mangeons.
    2. Lorsque l'émission commence tout le monde est silencieux.
    3. Aussitôt qu'il commence à chanter elles se mettent à crier.
    4. Quand ils téléphonent nous partons.
    5. Dès que je l'apprends je vous le fais savoir.
    6. Quand ils y vont ils comprennent.

C. Combine the two sentences using **qui** or **que** as in the example.

*Example:* Voilà une petite. Je l'aime bien.
          **Voilà une petite que j'aime bien.**

    1. Voilà un garçon. Il a de la personnalité.
    2. Voilà une dame. Je la connais.
    3. Voilà un homme. Il travaille dur.
    4. Voilà des étudiants. Ils obtiennent de bonnes notes.
    5. Voilà une petite fille. Tu l'aimes beaucoup.

D. Complete the sentences according to the example. (Use the past subjunctive.)

*Example:* Je suis content que vous _____ (venir) hier.
          **Je suis content que vous soyez venu(e)(s) hier.**

    1. Je doute qu'ils _____ déjà _____. (arriver)
    2. J'ai peur qu'il ne _____ pas _____ (pouvoir) partir.
    3. Je souhaite qu'elles _____. (gagner)

4. Elle craint que nous ne _____ pas _____. (dormir)
5. Ils sont heureux que vous _____. (réussir)
6. Elle est furieuse qu'ils _____ (commencer) sans elle.
7. Nous sommes contrariés que vous ne _____ pas _____. (venir)

E. Choose from the relative pronouns indicated the form required by the sentence.

**qui, lequel, laquelle, lesquels, lesquelles, auquel, auxquels, auxquelles.**

1. C'est un homme sur _____ on peut compter.
2. C'est une histoire à _____ je ne crois pas.
3. C'est le logis dans _____ ils ont grandi.
4. Voici l'événement _____ j'ai pensé toute la semaine.
5. Voilà le garçon à _____ j'ai rêvé toute la soirée.
6. Voici une situation dans _____ je n'aimerais pas me trouver.
7. Ce sont les raisons pour _____ il est parti.
8. Ce chalet ravissant, _____ j'ai tant rêvé!
9. Voilà les stratagèmes par _____ il réussit.
10. Ce sont des histoires _____ tu penses trop.

F. Select the correct form of the relative pronoun for each sentence.

1. C'est un garçon pour l'avenir (de qui, duquel) ils ont tout sacrifié.
2. Voici des jeunes gens (desquels, dont, de qui) je suis fier.
3. C'est la maison (de laquelle, dont) je t'ai parlé.
4. C'est le parc dans les allées (desquelles, dont, duquel) je me promène.
5. Voici un livre sur les pages (de qui, de laquelle, duquel) vous devez vous concentrer.
6. Ce sont les gens (desquelles, de qui, desquels, dont) je te parlais.

G. Rewrite the sentences according to the examples.

*Examples:*   Cela m'ennuie. **Dis-moi ce qui t'ennuie.**
Je veux ça. **Dis-moi ce que tu veux.**
Je pense à ces choses. **Dis-moi à quoi tu penses.**

1. Je veux dire cela.
2. Ça me tracasse.
3. Je rêve à tout cela.
4. Je fais cela.
5. Je crois à ces choses.
6. Cela me préoccupe.

H. Make two questions from the declarative sentence, using the interrogative adjective and pronoun as in the example.

*Example:*   Voici des automobiles neuves.
**Quelle automobile préférez-vous?**
**Laquelle préférez-vous?**

1. Voici des livres d'occasion.
2. Voici de belles robes.
3. Voici des fleurs multicolores.
4. Voici des bâtiments modernes.
5. Voici de beaux poèmes.

Repeat the exercise in the plural.

I. Use the past definite of the verb as in the example.

*Example:* Elle _____ à pleurer. (se mettre)
**Elle se mit à pleurer.**

1. Un beau prince _____ à passer. (venir)
2. Alors elle _____. (s'évanouir)
3. Ils _____ l'arrivée du dragon. (attendre)
4. Je _____ à perdre haleine. (courir)
5. Il _____ pendant des semaines. (pleuvoir)
6. Elles _____ au bal. (aller)
7. Il _____ pour se donner du courage. (chanter)
8. Nous le _____ tout de suite. (reconnaître)
9. Je n'_____ pas la bouche. (ouvrir)
10. Ils ne le _____ pas. (croire)
11. Elle le _____ au bateau. (conduire)
12. Elles ne lui _____ rien. (dire)
13. Je l'_____ au-devant des invités. (envoyer)
14. Ils ne _____ pas à les arrêter. (réussir)
15. Ils _____ heureux. (vivre)

## Culture Capsule

## *La Fête*

En France la plupart des prénoms[1] sont tirés du calendrier où chaque jour de l'année est la fête d'un saint de l'église catholique. Par exemple le 29 avril est la Saint Robert, le 11 août la Sainte Suzanne. Une personne nommée Robert aura donc sa fête le 29 avril. . . .

En principe la fête n'est pas aussi importante que l'anniversaire,[2] néammoins[3] il arrive que l'on reçoive ce jour-là des cartes de voeux[4] ou même[5] un cadeau; et la tradition veut que l'on paie à boire à ses amis.

[1] prénoms *first names*
[2] anniversaire *birthday*
[3] néammoins *however*
[4] cartes de voeux *greeting cards*
[5] même *even*

QUESTION—ANSWER

1. En France d'où viennent la plupart des prénoms?
2. Quels sont les prénoms qui figurent sur le calendrier?
3. Quand est la Saint Robert?
4. Est-ce que la fête est aussi importante que l'anniversaire?
5. Est-ce que l'on reçoit des cartes pour sa fête?
6. Que veut la tradition?

unit **21**

## Dialog Patterns

*Le Défi*

---

ALAIN — Ah! Duhamel a bien raison: «La campagne!... Quelque part bien loin de toutes les sales usines. ...»

ROBERT — Te voilà encore lancé dans ton écologie ...

ALAIN — Mais je t'assure mon vieux, que c'est un problème que nous devons résoudre au plus tôt.

ROBERT — Je sais, je sais. Mais que veux-tu que j'y fasse?

ALAIN — Si chacun y met du sien nous pourrons vaincre la pollution.

ROBERT — Tu as sans doute raison. L'union fait la force.

Paris from the Eiffel Tower. Beyond the Arc de Triomphe, modern apartment buildings give the old city a new look.

## Dialog Patterns

## *The Challenge*

___

ALAIN — Ah! Duhamel is certainly right, "The country!... Someplace very far from all those dirty factories. ..."
ROBERT — There you go again with your ecology.
ALAIN — But I assure you, old buddy, that it's a problem that we have to solve as soon as possible.
ROBERT — I know, I know! but what do you want *me* to do about it?
ALAIN — If everyone does his part we can overcome pollution.
ROBERT — You are probably right. There is strength in union.

## Composition

Write an original composition of 100 words on the topic **"Ma famille."** Tell about the members of your family, the city where you live, and any other items which may be of special interest. After the teacher has made the necessary corrections, you will memorize it and present it orally in class.

VERB STRUCTURE DRILLS

A. The present indicative of **résoudre** (*to solve, to resolve*); (P.P.: **résolu**).

| je | **résous** | nous | **résolvons** |
|----|-----------|------|--------------|
| tu | **résous** | vous | **résolvez** |
| il  elle | **résout** | ils  elles | **résolvent** |

1. Elle résout très bien les énigmes. *Répétez.*

   je, Sherlock Holmes, mes parents, vous, tu, nous.

2. Est-ce que vous résolvez bien les énigmes? *Repondez.*
   Résolvez-vous facilement les problèmes de math?
   Est-ce que la pollution est un problème facile à résoudre?
   Avez-vous résolu de travailler dur en français?

B. The present indicative of **vaincre** (*to overcome, to defeat*); (P.P.: **vaincu; Passé simple: je vainquis. . . .** ).

| je | **vaincs** | nous | **vainquons** |
|----|-----------|------|--------------|
| tu | **vaincs** | vous | **vainquez** |
| il  elle | **vainc** | ils  elles | **vainquent** |

1. Nous les vainquons toujours facilement. *Répétez.*

   notre équipe, elles, vous, tu, Jean, je, papa.

2. Vainquez-vous vos adversaires avec modestie? *Répondez.*
   Que faites-vous pour vaincre la pollution?
   Vainquez-vous facilement vos craintes?
   Les Normands vainquirent-ils les Anglais en l'an 1066 (mil soixante-six)?

## Indefinite Adjectives and Pronouns—Continued

| | | |
|---|---|---|
| **chaque**<br>(*each*) | Adjective,<br>masculine or<br>feminine singular | **Chaque homme a ses problèmes.** |
| **chacun(e)**<br>(*each one*) | Pronoun,<br>masculine or<br>feminine singular | **Chacun a ses problèmes.** |
| **plusieurs**<br>(*several*) | Adjective,<br>masculine or<br>feminine plural | **J'ai plusieurs chats.** |
| | Pronoun | **J'en ai plusieurs.** |
| **certain(e)(s)(es)**<br>(*some*) | Adjective,<br>masculine or feminine,<br>singular or plural | **Depuis un certain temps, il est distrait.** |
| **certains**<br>(*some*) | Pronoun,<br>masculine plural | **Certains le disent distrait.** |
| **(le, la, les)**<br>**même(s)**<br>(*same*) | Adjective,<br>masculine or feminine,<br>singular or plural | **Ils ont la même voiture.** |
| | Pronoun | **Ils ont la même.** |
| **autre(s)**<br>(*another*) | Adjective,<br>masculine or feminine,<br>singular or plural | **Je voudrais un autre gâteau.** |
| | Pronoun | **J'en voudrais un autre.** |
| **tout**<br>**tous**<br>**toute**<br>**toutes**<br>(*every, the whole, all*) | Adjective,<br>masculine singular<br>masculine plural<br>feminine singular<br>feminine plural | **Tout le village est détruit.**<br>**Il vient tous les jours.**<br>**Toute la rivière est polluée.**<br>**Toutes les cartes sont arrivées.** |
| **tout** (*everything*)<br>**tous** (*all*) | Pronoun,<br>masculine singular<br>masculine plural | **Tout va bien.**<br>**Ils vont tous bien.** |

| | Pronoun, | |
|---|---|---|
| **l'un(e) . . . l'autre** | masculine or | **L'une a seize ans et l'autre quatorze.** |
| (*one . . . another*) | feminine singular | |
| **les un(e)s . . .** | masculine or | **Les uns sont soucieux, les autres indifférents.** |
| **les autres** | feminine plural | |
| (*some . . . others*) | | |

| | Pronoun, | |
|---|---|---|
| **l'un l'autre** | masculine singular | **Ils s'aident l'un l'autre.** |
| (*each other*) | | |
| **les uns les autres** | masculine plural | **Aimez-vous les uns les autres.** |
| (*one another*) | | |

## STRUCTURE SUBSTITUTION

*Teacher:* Chaque élève a ses cahiers.
*Student:* Chacun a ses cahiers.

Chaque jeune fille avait son escorte.
On donna un jouet à chaque enfant.
Chaque équipe (*f.*) a obtenu un trophée.
On récompensa chaque participant.
Chaque championne remporta une médaille.
Chaque homme a ses qualités et ses défauts.

## PATTERNED RESPONSE

1. *Teacher:* Avez-vous un frère?
   *Student:* J'ai plusieurs frères.
   J'en ai plusieurs.

   | | |
   |---|---|
   | une sœur | une montre |
   | un chapeau | un correspondant |
   | un bébé | une idée |

2. *Teacher:* Est-ce qu'ils ont le même prénom?
   *Student:* Oui, ils ont le même.

   | | |
   |---|---|
   | chaussures | couleur (*f.*) de cheveux |
   | problème (*m.*) | tailleur (*m.*) |
   | personnalité (*f.*) | réactions |

3. *Teacher:* Veux-tu le même dessert que moi?
   *Student:* Non, je voudrais un autre dessert.
   Non, j'en voudrais un autre.

   | | |
   |---|---|
   | journal (*m.*) | disque (*m.*) |
   | bicyclette (*f.*) | salade (*f.*) |
   | boisson (*f.*) | livres |
   | bonbons (d'autres) | hors-d'œuvre (*m.*) |

ITEM SUBSTITUTION

J'ai certaines choses à faire.
————————————— vous dire.
————————————— donner.
————————— vêtements (*m.*) ———.
Elle ————————————————.
————— un certain toupet!
Vous ————————————!
————————————— audace (*f.*)!


PATTERNED RESPONSE

*Teacher:*  Qui est-ce qui viendra?
*Student:*  Toute la famille viendra.

| | |
|---|---|
| le village | le canton |
| les amis | les mères |
| le club | la ville |
| la tribu | les pères |
| les jeunes filles | les enfants |


STRUCTURE COMPLETION

*Teacher:*  J'y vais (          ) semaines.
*Student:*  J'y vais toutes les semaines.

Elle m'interrompt* (           ) cinq minutes (*f.*).
Le coucou sonne (           ) quarts d'heure (*m.*).
Nous y allons (        ) deux ans (*m.*).
L'autocar passe (          ) demi-heures (*f.*).
Nous avons une révision (          ) semaines.
Il m'écrit (        ) mois (*m.*).

*Note:  **Interrompre** (*to interrupt*) is conjugated like **attendre** (*to wait*) with one exception: the third person singular indicative takes a **t**.


STRUCTURE SUBSTITUTION

*Teacher:*  Est-ce qu'ils vont tous partir?
*Student:*  Oui, tout le monde va partir.

| | |
|---|---|
| manger | venir |
| rester | danser |
| chanter | parler |

ITEM SUBSTITUTION

L'un apporte un poulet.
L'autre ———— lapin.
L'une ———— une tarte aux fraises.
L'autre ———————— cerises.
Les uns ——— du camembert.
Les autres ——— roquefort.
Les unes ——— de la limonade.
Les autres ———— citronnade.
Et ils font tous un bon pique-nique!


TRANSLATION DRILL

*Teacher:* Help each other.
*Student:* Aidez-vous l'un l'autre.
*Teacher:* one another.
*Student:* Aidez-vous les uns les autres.

| | |
|---|---|
| love | know |
| serve | understand |
| teach (enseigner) | watch (surveiller) |


## Controlled Conversation

Demandez à ———————— s'il s'intéresse à l'écologie.
si la pollution est un problème que l'on doive
  résoudre au plus tôt.
si l'union fait la force.
ce qu'elle a résolu de faire.
qui a vaincu les Anglais en 1066 (mil soixante-six).
si chaque étudiant a son livre de français.
si elle n'a qu'une paire de chaussures.
s'il a eu la même note que vous.
qui viendra en classe demain.
si certains sont indifférents à la pollution.
de ne pas vous interrompre toutes les cinq minutes.


## Personalized Questions

1. Quel est le défi qui confronte notre génération?
2. Peut-on vaincre la pollution?
3. Avez-vous un frère et une sœur?
4. Tous les combien voyez-vous vos parents?

5. Est-ce que nous allons tous sortir?
6. Pourquoi devons-nous nous aider les uns les autres?
7. Est-ce qu'ils apportent tous la même chose pour le pique-nique?
8. Avez-vous la même cravate que moi?
9. Résolvez-vous facilement vos problémes?
10. Que fait votre communauté pour vaincre la pollution?

## Extemporization

1. LA POLLUTION

*Vocabulary:*    atmosphérique, eaux, club, écologie, la fumée, le brouillard, sale, usines, automobiles, détergents, ordures, produits chimiques, air, polluer, rivières, lacs, océan, mazout, explosions, grandes villes, sentir, bon, mauvais, tousser, allergies, dangereuse, faire partie, fonder, insecticides.

*Topic Ideas:*    1. La pollution atmosphérique.
2. La pollution des eaux.
3. Le club d'écologie.

*Questions:*    1. Est-ce que l'air est pollué dans toutes les grandes villes?
2. Est-ce que la pollution sent bon?
3. Est-ce que la pollution des eaux est dangereuse?
4. Comment les océans sont-ils pollués?
5. Fais-tu partie d'un club d'écologie?
6. Voudrais-tu fonder un club d'écologie?

2. LA CONSERVATION

*Vocabulary:*    végétation, animaux, sauvages, matières premières, certaines, être, espèces, en voie de, extinction, oiseaux, poissons, chevaux, nature, fourrure, forêts, parcs, jardins, minerais, ressources naturelles, charbon, pétrole, incendies, fréquents, diminuer, réserves, activement, s'intéresser.

*Topic Ideas:*    1. La végétation.
2. Les animaux sauvages.
3. Les matières premières.

*Questions:*    1. Est-ce que les incendies de forêt sont fréquents?
2. Y a-t-il beaucoup de végétation dans les villes?
3. Quelles espèces sont en voie d'extinction?
4. Aimes-tu la nature?
5. Est-ce que nos réserves de minerais diminuent?
6. T'intéresses-tu activement à la conservation?

## Reading

## *La force de l'amour (adapted)*

MICHEL CORDAY

### *PART ONE*

Après déjeuner, au-dessus de la petite table desservie,[1] sous la tonnelle,[2] Paule et Maurice échangeaient des sourires tendres et des regards ardents. Il avait un visage pur de jeune César. Elle était fraîche et blonde, rose et or. Elle avait vingt ans, lui vingt-cinq. Ils étaient mariés depuis trois semaines. Se connaissant depuis l'adolescence, ils s'étaient choisis longuement, librement. Ils s'adoraient. Maurice était peintre.[3] Ses débuts remarqués[4] présageaient[5] son succès. Ils se dirigeaient[6] vers les Pyrénées, en automobile, s'arrêtant quand le site les retenait. Ils avaient fait halte ce matin-là devant l'auberge,[7] dans ce village perdu des landes. L'hôte,[8] ingénieux et prompt, leur avait composé un déjeuner friand[9] . . . Nul bruit. Ils se sentaient loin du monde et plus près que jamais l'un de l'autre. Ils résolurent de rester là jusqu'au lendemain.

Sept heures. Le soir de septembre tombait. Hanche à hanche,[10] ils revenaient d'une promenade en forêt, quand Paule pâlit,[11] frappée d'un soudain malaise.[12] Tout de suite affolé,[13] Maurice la portait dans sa chambre. Mais à son tour, les mêmes symptômes le terrassaient.[14] Et tout à coup une atroce pensée l'éclaira:[15] ils étaient empoisonnés! Il revit ce plat de champignons[16] que l'aubergiste[17] triomphant avait posé devant eux, au déjeuner. Une vraie friandise,[18] les premiers présents de la forêt...

Déjà leur torture empirait.[19] L'aubergiste effaré[20] courait de l'un à l'autre, se frappait la tête et la poitrine.

Que faire? Six lieux[21] les séparaient du village le plus proche,[22] où habitait le médecin. Il irait là-bas, de toute la vitesse[23] de sa carriole.[24] Il ramènerait le docteur, dans trois ou quatre heures au plus tôt.[25] Mais d'ici là? Une inspiration le traversa:

— Je vais aller chercher M. de Pierlas. Il doit savoir.

[1] desservie *cleared*
[2] tonnelle *arbor*
[3] peintre *artist*
[4] remarqués *noticed*
[5] présageaient *foretold*
[6] se dirigeaient *were heading*
[7] auberge *inn*
[8] hôte *host*
[9] friand *tasty*
[10] hanche à hanche *side by side*
[11] pâlit *grew pale*
[12] malaise *strong discomfort*
[13] affolé *frantic*

[14] terrassaient *overcame*
[15] éclaira *enlightened*
[16] champignons *mushrooms*
[17] aubergiste *innkeeper*
[18] friandise *delicacy*
[19] empirait *was getting worse*
[20] effaré *aghast*
[21] lieux *leagues (1 league = 2.5 miles)*
[22] le plus proche *nearest*
[23] vitesse *speed*
[24] carriole *light cart*
[25] au plus tôt *at the earliest*

SOURCE: *Des Histoires* by Michel Corday, copyright 1925 by Flammarion & Cie. Used by permission of Librairie Ernest Flammarion.

C'était un vieil officier de marine, retiré au village natal. Il accourut. Tout de suite, il reconnut les signes de l'empoisonnement,²⁶ s'apitoya:²⁷

— Ah! les pauvres petits!

Il cherchait dans sa mémoire. Oui, il avait déjà vu de ces empoisonnements-là. Il ne disposait pas de médicaments actifs . . . Ah! un seul remède immédiat pourrait les soulager,²⁸ leur permettre d'attendre l'arrivée du médecin, en précipitant, en isolant les toxiques dans l'estomac: le lait, le lait à haute dose.

Il organisa la battue²⁹ lui-même, une jarre à la main. Mais il n'avait pas grand espoir. Il savait que le bétail³⁰ était rare au village et qu'un laitier³¹ passait vers six heures dans sa carriole, emportant toute la traite.³² Hélas! c'est à peine si, de porte en porte, fouillant³³ les armoires,³⁴ il put récolter³⁵ deux litres de lait au fond de sa jarre.

Le vieil officier se hâtait³⁶ vers l'auberge. Mais l'angoisse plissait³⁷ sa face rude et grave: cette ration de lait suffirait juste à faire patienter,³⁸ à sauver une personne!

Comment les avertir?³⁹ Ah! les précautions oratoires n'étaient guère de mise.⁴⁰ Dans la chambre, les deux malades étaient prostrés sur leurs sièges⁴¹ où les avait jetés la douleur.⁴² Dès le seuil,⁴³ M. de Pierlas parla nettement:⁴⁴

— Voilà tout ce que j'ai trouvé pour l'instant. Inutile de vouloir partager: la moitié serait inefficace pour chacun, et vous perdriez ainsi le salut⁴⁵ de l'un de vous. Ainsi, il n'y a pas à hésiter. C'est dur, mais c'est ainsi. Décidez-vous donc, et vite. Pendant ce temps, j'essaierai de retrouver une nouvelle provision.

Il n'y comptait guère. Mais c'était seulement pour lui un prétexte à s'évader,⁴⁶ à fuir le débat affreux que le destin imposait aux deux infortunés.

| | |
|---|---|
| ²⁶ empoisonnement  *poisoning* | ³⁷ plissait  *wrinkled* |
| ²⁷ s'apitoya  *was moved to pity* | ³⁸ faire patienter  *let one hold out* |
| ²⁸ soulager  *relieve* | ³⁹ avertir  *to warn* |
| ²⁹ battue  *search* | ⁴⁰ de mise  *appropriate* |
| ³⁰ bétail  *livestock* | ⁴¹ sièges  *seats* |
| ³¹ laitier  *milkman* | ⁴² douleur  *pain* |
| ³² traite  *milk (from the last milking)* | ⁴³ seuil  *doorstep* |
| ³³ fouillant  *searching* | ⁴⁴ nettement  *distinctly* |
| ³⁴ armoires  *cupboards* | ⁴⁵ salut  *salvation, recovery* |
| ³⁵ récolter  *collect* | ⁴⁶ s'évader  *to escape* |
| ³⁶ se hâtait  *hurried* | |

QUESTION—ANSWER

(*Write the answers to the following questions and prepare to discuss them in class.*)

1. Depuis combien de temps Paule et Maurice étaient-ils mariés?
2. Quelle était la profession de Maurice?
3. Pourquoi Maurice et Paule s'étaient-ils arrêtés à l'auberge?
4. À quelle heure le couple a-t-il commencé à se sentir mal?
5. Où habitait le médecin?
6. Pourquoi l'aubergiste a-t-il été chercher M. de Pierlas?
7. Comment le lait pouvait-il aider le jeune couple?
8. Pourquoi le vieil officier n'a-t-il pu trouver que deux litres de lait?
9. Pourquoi Paule et Maurice ne pouvaient-ils pas partager le lait?
10. Quand le médecin arriverait-il?

# unit 22

●:●:●:●:●:●:●:●:●:●:●:●:●:●:●:●:●:●:●

## Dialog Patterns

## *Le Rêve*

---

PAUL — Sais-tu ce que j'ai rêvé?

JEAN-MICHEL — Que tu t'étais joint à la Légion étrangère.

PAUL — Non, j'étais astronaute et j'avais atteint Mars.

JEAN-MICHEL — Est-ce que tu as été bien reçu par les Martiens?

PAUL — Le premier jour oui, et puis çà s'est gâté.

JEAN-MICHEL — Pourquoi?

PAUL — Le roi des Martiens, charmé par ma personnalité, a voulu que j'épouse sa fille.

JEAN-MICHEL — Eh bien?

PAUL — Je me suis enfui à toutes jambes. Ma mère n'aurait jamais pu accepter une bru à trois têtes.

Normandy beach at the town of Étretat.

## Dialog Patterns

## *The Dream*

---

PAUL — Do you know what I dreamed?

JEAN-MICHEL — That you joined the Foreign Legion.

PAUL — No, I was an astronaut and I had reached Mars.

JEAN-MICHEL — Were you well received by the Martians?

PAUL — The first day, yes; and then it all went wrong.

JEAN-MICHEL — Why?

PAUL — The Martian king, charmed by my personality, wanted me to marry his daughter.

JEAN-MICHEL — So?

PAUL — I fled as fast as I could. My mother could never have accepted a daughter-in-law with three heads.

## Composition

Write an original composition of 100 words on the topic **" Ce que j'ai fait pendant les grandes vacances."** Tell about the most exciting things you did or the places you visited. After the teacher has made the necessary corrections, you will memorize it and present it orally in class.

VERB STRUCTURE DRILLS

A.  The present indicative of **joindre** (*to join*); (P.P.: **joint**; **Passé simple: je joignis**).

| je | joins | nous | joignons |
|----|-------|------|----------|
| tu | joins | vous | joignez |
| il elle } | joint | ils elles } | joignent |

1. Il joint toujours l'utile à l'agréable.  *Répétez.*

    je, tu, le professeur, vous, elles, nous.

2. Joignez-vous toujours l'utile à l'agréable?  *Répondez.*
    Aimeriez-vous vous joindre à la Légion étrangère?
    Est-ce que Paul a rêvé qu'il s'était joint à la Légion étrangère?
    Est-ce que les fenêtres de la classe joignent bien?
    A-t-on du mal à joindre les deux bouts lorsqu'on est étudiant?

## Past Participle Used as an Adjective

> Le roi, **charmé** par ma personnalité. . . .
> La rivière est **polluée**.
> Les épaules **voûtées**. . . .
> Les poings **enfoncés** dans les poches. . . .

When the participle is used as an adjective it must agree with the noun it modifies in gender and number.

ITEM SUBSTITUTION

1. Le roi, charmé, lui donna sa fille en mariage.
   La reine, ———————————————.
   Le roi et la reine, ————————————.
   ———————————, ravis, ——————————.
   Le duc, ———————————————————.
   La duchesse, —————————————————.
   Le duc et la duchesse, ——————————————.

2. Il s'en allait, les épaules voûtées.
   ————— le dos —————.
   ————————————— courbé.
   ————— la tête —————.
   ————————————— penchée.
   ————— le front —————.
   ————————————— baissé.
   ————— les yeux —————.

VERB STRUCTURE DRILLS

B. The present indicative of **recevoir** (*to receive*); (P.P.: **reçu**; Future: **je recevrai**).

| je | reçois | nous | recevons |
|----|--------|------|----------|
| tu | reçois | vous | recevez |
| il elle | reçoit | ils elles | reçoivent |

1. Nous recevons de ses nouvelles toutes les semaines. *Répétez.*

   je, mes parents, Pauline, elles, tu, vous.

2. Tous les combien recevez-vous des nouvelles de vos parents? *Répondez.*
   Recevez-vous beaucoup de présents à Noël?
   Aimez-vous recevoir des amis?
   Est-ce que Paul a reçu un bon accueil sur Mars?
   Recevez-vous de bonnes notes en français?

## Passive Voice versus Active Voice

| | | | |
|---|---|---|---|
| *Active:* | **Les Martiens** | **reçoivent** | **Paul.** |
| *Passive:* | **Paul** | **est reçu** | **par les Martiens.** |

The passive voice in French is formed by combining the appropriate form of the verb **être** with the past participle. The past participle agrees with the subject in number and gender. Note that only transitive verbs can be put in the passive voice.

STRUCTURE SUBSTITUTION

1. *Teacher:*  Ces bâtiments ont été détruits* par un tremblement de terre.    *Changez.*
   *Student:*  Un tremblement de terre a détruit ces bâtiments.

*Note:  **Détruire** (*to destroy*) is conjugated like **traduire** (*to translate*).

> La nouvelle sera mal reçue par ses parents.
> Le régiment fut attaqué par les troupes ennemies.
> Le vaccin contre la rage a été découvert* par Pasteur.
> Cette automobile est fabriquée par les Japonais.
> Mon grand-père est soigné par le docteur Rogeon.
> La rivière est polluée par les détergents.
> Ces roses m'ont été offertes* par André.
> Les brioches seront fournies par la boulangerie du coin.

*Note:  **Découvrir** (*to discover*) and **offrir** (*to offer*) are conjugated like **ouvrir** (*to open*).

2. *Teacher:*  Qui a découvert le vaccin contre la rage?
   *Changez et répondez.*
   *Student:*  Le vaccin contre la rage a été découvert par Pasteur.

> Qui recevra mal la nouvelle?
> Qui attaqua le régiment?
> Qui fabrique cette automobile?
> Qui soigne votre grand-père?
> Qui vous a offert ces roses?
> Qui fournira les brioches?

VERB STRUCTURE DRILLS

C. The present indicative of **atteindre** (*to reach*); (P.P.: **atteint**; **Passé simple**: **j'atteignis**).

| j' | **atteins** | nous | **atteignons** |
|---|---|---|---|
| tu | **atteins** | vous | **atteignez** |
| il  elle } | **atteint** | ils  elles } | **atteignent** |

1. Nous atteignons le sommet.  *Répétez.*

   il, vous, je, Robert, tu, elle, les alpinistes.

2. Atteignez-vous toujours votre but?  *Répondez.*
   Quelles personnes ont atteint le sommet de la gloire?
   Pensez-vous que nous puissions un jour atteindre Mars?
   Quelle planète avons-nous déjà atteinte?
   Quand atteint-on l'âge de raison?

## Ordinal Numbers

| | | | |
|---|---|---|---|
| 1$^{er(ère)}$ | premier, première | 16$^e$ | seizième |
| 2$^e$ | deuxième or second(e) | 17$^e$ | dix-septième |
| 3$^e$ | troisième | 18$^e$ | dix-huitième |
| 4$^e$ | quatrième | 19$^e$ | dix-neuvième |
| 5$^e$ | cinquième | 20$^e$ | vingtième |
| 6$^e$ | sixième | 21$^e$ | vingt et unième |
| 7$^e$ | septième | 22$^e$ | vingt-deuxième |
| 8$^e$ | huitième | 30$^e$ | trentième |
| 9$^e$ | neuvième | 40$^e$ | quarantième |
| 10$^e$ | dixième | 50$^e$ | cinquantième |
| 11$^e$ | onzième | 60$^e$ | soixantième |
| 12$^e$ | douzième | 70$^e$ | soixante-dixième |
| 13$^e$ | treizième | 80$^e$ | quatre vingtième |
| 14$^e$ | quatorzième | 90$^e$ | quatre-vingt-dixième |
| 15$^e$ | quinzième | 100$^e$ | centième |

PATTERNED RESPONSE

*Teacher:*   Connais-tu cet air?
*Student:*   C'est la première fois que je l'entends.

| | | |
|---|---|---|
| 2$^e$ | 5$^e$ | 70$^e$ |
| 10$^e$ | 12$^e$ | 11$^e$ |
| 3$^e$ | 21$^e$ | 7$^e$ |
| 17$^e$ | 30$^e$ | 90$^e$ |
| 15$^e$ | 100$^e$ | 43$^e$ |

VERB STRUCTURE DRILLS

D. The present indicative of **s'enfuir** (*to flee*) (P.P.: **enfui**).

| je | m' | enfuis | nous | nous | enfuyons |
|---|---|---|---|---|---|
| tu | t' | enfuis | vous | vous | enfuyez |

| il<br>elle } | s' | enfuit | ils<br>elles } | s' | enfuient |
|---|---|---|---|---|---|

1. Il s'enfuit devant les responsabilités.   *Répétez.*

    tu, ma sœur, vous, ils, Roger, elle, elles.

2. Vous enfuyez-vous devant les responsabilités?   *Répondez.*
   Pourquoi Paul s'est-il enfui à toutes jambes?
   Quand vous enfuyez-vous à toutes jambes?


## Controlled Conversation

Demandez à ――――――― si elle a déjà rêvé des Martiens.
s'il veut se joindre à la Légion étrangère.
si elle a atteint l'âge de raison.
s'il aimerait faire de l'alpinisme.
si elle a été bien reçue par les parents de son fiancé.
si les rapports se sont gâtés entre lui et sa fiancée.
s'il est charmé par votre personnalité.
si ses parents pourraient accepter un gendre à trois têtes.


## Personalized Questions

1. Est-ce que Paul s'est enfui les épaules voûtées?
2. Comment êtes-vous reçu(e) par le professeur de français?
3. Est-ce que nous sommes en train d'étudier la douzième leçon?
4. Voulez-vous être astronaute?
5. Est-ce que les étudiants de cette classe ont atteint l'âge de raison?
6. Est-ce que c'est la première fois que vous me voyez?
7. Qui vous a offert ce bijou?
8. Le vaccin contre la rage a été découvert par Newton, n'est-ce pas?
9. Croyez-vous que Mars soit habité?
10. Quelle a été votre réaction lorsque l'Homme a atteint la Lune?


## Extemporization

1. UN RÊVE

*Vocabulary:*   être, rêve, merveilleux, faire, cauchemar, couleur, rêver, noir et blanc, français, anglais, reçu, Français, aller, épouser, reine de beauté, Prince charmant, demander, main, parler, devoir, vingt-quatre, heures, jour, tomber, être poursuivi, perdre, clé, vêtements, courir, en retard, danser, musique douce, splendide.

*Topic Ideas:*   1. J'ai rêvé que j'étais en France.
2. Un rêve merveilleux.
3. J'ai fait un cauchemar.

*Questions:*   1. Rêves-tu en couleur ou en noir et blanc?
2. Rêves-tu en français ou en anglais?
3. Est-ce que tu as été bien reçu(e) par les Français?
4. As-tu rêvé que tu allais épouser une reine de beauté?
5. As-tu rêvé qu'un Prince charmant demandait ta main?
6. As-tu rêvé que tu devais parler français vingt-quatre heures par jour?

## 2. LA CONQUÊTE DE L'ESPACE

*Vocabulary:*   vouloir, être, astronaute, atteindre, la Lune, la Terre, planètes, la Voie lactée, étoiles, le Soleil, Mars, Vénus, Mercure, Saturne, Neptune, Uranus, Pluton, Jupiter, galaxie, fusée, satellite, orbite, atmosphère, cratère, pesanteur, scaphandre, vaisseau spatial, module, sol, lunaire, astre, alunissage, premièr(e), fois, marcher, regarder, télévision, pas, l'Homme, devenir, métier, dangereux, aimer, astronomie, savoir.

*Topic Ideas:*   1. Je veux être astronaute.
2. On a atteint la Lune.
3. Les planètes.

*Questions:*   1. Qui a marché sur le sol lunaire pour la première fois?
2. As-tu regardé à la télévision le premier pas de l'Homme sur la Lune?
3. Pourquoi veux-tu devenir astronaute?
4. N'est-ce pas un métier dangereux?
5. Aimes-tu l'astronomie?
6. Que sais-tu des planètes de notre galaxie?

# Reading

## *La force de l'amour (adapted)*

MICHEL CORDAY

### *PART TWO*

La porte à peine refermée, Maurice se redressa:[1]
— Vite, vite, bois, Paule.
Blanche et glacée,[2] elle était anéantie,[3] à demi couchée sur un canapé.[4] Elle secoua[5] sa tête pleine de sueur:[6]

---

[1] se redressa   *raised himself*
[2] glacée   *chilled*
[3] anéantie   *exhausted*

[4] canapé   *couch*
[5] secoua   *shook*
[6] sueur   *perspiration*

— Non. Toi.

Maurice se leva, chancelant,[7] s'approcha de la jeune femme:

— Voyons, c'est fou! Tu sais bien que je suis plus fort, plus résistant que toi, que je puis attendre, sans aide, sans secours,[8] le retour de M. de Pierlas et même l'arrivée du médecin. Je t'en supplie[9] . . .

De ses mains agitées de fièvre, il emplit[10] un verre, le tendit[11] à Paule. Elle le repoussa[12] doucement:

— Non, non. Je t'assure, mon aimé, moi aussi, je puis attendre. Je suis plus vite abattue,[13] mais je puis aussi bien résister que toi. Les plus forts[14] sont les plus atteints[15] par ces méchantes choses-là. Je vais bien. Bois.

Il s'agenouilla[16] près d'elle:

— Tu essayes de me donner le change, ma pauvre chérie. Mais je ne suis pas dupe. Voyons, le temps presse.[17] Chaque seconde est précieuse. Je t'en supplie encore. Tu as bien entendu ce qu'a dit cet homme. Prends vite, prends tout . . .

Elle se releva, retrouvant dans son agonie des forces pour la lutte:[18]

— Oui, je l'ai entendu, et si l'un de nous doit survivre, c'est toi; parce que tu as une tâche[19] à remplir, des œuvres à créer, un nom à rendre illustre. Moi, je ne compte pas, je ne suis rien.

Il s'écria désespéré,[20] toujours à genoux près d'elle:

— Ah! que de vaines paroles quand le temps fuit, quand le salut est là, tout près, à portée[21] de la main. Paulette, ma Paulette adorée, bois bien vite, que je te sache, que je te voie sauvée[22] . . . Car tu n'as pas pu penser que j'accepterais ton sacrifice . . .

— Tu me demandes bien d'accepter le tien!

Il gémit:[23]

— Mais parce que je veux, avant tout, que tu échappes[24] à la douleur. Parce que je souffre plus de ton supplice[25] que du mien. Par pitié, Paulette . . . Bientôt, il sera trop tard.

Elle laissa tomber sa tête épuisée:[26]

— Mais tu n'y songes[27] pas, mon pauvre Maurice. Comment! tu voudrais que je vive, sans toi, après avoir acheté mon existence de la tienne? Mais ce serait épouvantable[28] . . . et je n'ai pas de mérite à vouloir mourir.

Il se releva, soudain frappé:[29]

— Oui, tu as raison . . . je n'y songeais pas. Je ne voyais pas si loin. Je voulais te sauver parce que je t'aime plus que ma vie, plus que moi-même. Je ne pensais pas à l'existence qui attend le survivant.[30] C'est vrai. C'est l'impossible, pour l'un comme pour l'autre.

---

[7] chancelant *staggering*
[8] secours *relief*
[9] je t'en supplie *I beg you*
[10] emplit *filled*
[11] tendit *offered*
[12] repoussa *pushed away*
[13] abattue *stricken*
[14] les plus forts *the strongest ones*
[15] atteints *affected*
[16] s'agenouilla *knelt down*
[17] le temps presse *time is getting short*
[18] lutte *fight*

[19] tâche *task*
[20] désespéré *in despair*
[21] à portée *within reach*
[22] sauvée *saved*
[23] gémit *moaned*
[24] échappes *escape*
[25] supplice *intense suffering*
[26] épuisée *exhausted*
[27] songes *think*
[28] épouvantable *frightful*
[29] frappé *struck*
[30] survivant *survivor*

D'un nouveau sursaut,[31] elle se redressa, et dans une sorte de délire:

— Oui, n'est-ce pas que j'ai raison? Ah! mieux vaut partir ensemble,[32] va, mon adoré. Laissons là le salut, puisqu'il ne pourrait profiter qu'à l'un de nous, et que nous n'en voulons pas l'un sans l'autre. Viens près de moi. Ne me quitte pas. Oui, tout près. Donne-moi ta main. Qu'est-ce que ça nous fait de mourir, puisque nous mourrons ensemble?

Et, des heures, ils subirent[33] côte à côte[34] tous les assauts[35] de la souffrance, tandis que sur la table restait intacte la jarre dont les flancs[36] contenaient le salut, la vie . . .

Tout à coup, un bruit de pas[37] rapides emplit l'escalier. Le médecin entra, courut aux malades. Et parmi des soins,[38] des ordres, il prononça:

— Oui, oui, il est encore temps. Je les sauverai, tous les deux.

M. de Pierlas était rentré dans la chambre. Il se pencha[39] sur la jarre de lait et la vit telle qu'il l'avait laissée[40] . . . En trois mots chuchotés,[41] il conta l'histoire au médecin . . .

Alors, ces deux hommes qui avaient vu si souvent le féroce désir de vivre, l'un à travers[42] le vaste monde, l'autre au chevet[43] des mourants,[44] ces deux hommes s'inclinèrent,[45] touchés au plus sensible de l'être[46] par la grandeur et la beauté de l'amour.

[31] sursaut   *start*
[32] ensemble   *together*
[33] subirent   *endured*
[34] côte à côte   *side by side*
[35] assauts   *attacks*
[36] flancs   *sides*
[37] pas   *steps*
[38] soins   *cares*
[39] se pencha   *leaned*

[40] laissée   *left*
[41] chuchotés   *whispered*
[42] à travers   *through*
[43] chevet   *bedside*
[44] mourants   *the dying*
[45] s'inclinèrent   *bowed*
[46] touchés au plus sensible de l'être   *touched to the heart*

QUESTION—ANSWER

(*Write the answers to the following questions and prepare to discuss them in class.*)

1. Pourquoi Paule dit-elle que Maurice devait survivre?
2. Pourquoi Maurice voulait-il que Paule boive le lait?
3. Qu'est-ce qui serait épouvantable pour le survivant?
4. Où était le salut?
5. Qu'est-ce que le docteur a dit en arrivant?
6. Qu'est-ce que M. de Pierlas vit en entrant dans la chambre?
7. Pourquoi les deux hommes se sont-ils inclinés?
8. Est-ce que Paule et Maurice vont survivre tous les deux?

unit **23**

## Dialog Patterns

*Un Concert*

VIVIANE — Est-ce que tu aimes les festivals de musique?
THÉRÈSE — Bien sûr. Tu sais bien que je joue de la harpe.
VIVIANE — J'ai deux billets pour le festival de Menton.
THÉRÈSE — Pour quelle date?
VIVIANE — Le vingt et un à vingt et une heures.
THÉRÈSE — Oh bien! Je ne travaille pas ce soir là.

Bust of Marie Antoinette in the Palace of Versailles.

## Dialog Patterns

## *A Concert*

VIVIANE — Do you like music festivals?
THÉRÈSE — Of course. You know that I play the harp.
VIVIANE — I have two tickets for the Menton Festival.
THÉRÈSE — For what date?
VIVIANE — The twenty-first at nine P.M.
THÉRÈSE — Oh good! I'm not working that night.

## Composition

Write a letter of at least 100 words to your parents. Tell them about your joys, sorrows, fears, and needs with respect to the end of the school year which is now approaching. After your teacher has made the necessary corrections, you will memorize the letter and present it orally in class.

## Plural of Nouns and Adjectives—Review

| Most nouns | **le livre—les livres**<br>**vert—verts** | add **-s** |
|---|---|---|
| Ending in **-s,**<br>**-x, -z** | **le dos—les dos**<br>**gras—gras** | no change |
| Ending in **-al** | **le cheval—les chevaux**<br>**amical—amicaux** | **-al** becomes **-aux**<br>(exceptions:<br>**le bal—les bals**<br>**le festival—les festivals**<br>**le récital—les récitals**) |
| Ending in **-au,**<br>**-eau, -eu** | **le chapeau—les chapeaux**<br>**beau—beaux** | add **-x**<br>(exceptions: **bleu—bleus**<br>**le pneu—les pneus**) |
| Ending in **-ou** | **le bijou—les bijoux**<br>**le caillou**<br>**le chou**<br>**le genou**<br>**le hibou**<br>**le joujou**<br>**le pou** | these seven add **-x**;<br>all others add **-s**. |

NUMBER SUBSTITUTION

1. *Teacher:* As-tu un manteau?
   *Student:* J'ai deux manteaux.

| | |
|---|---|
| journal | neveu |
| magazine | morceau de pain |
| jeu de cartes | cheval |
| chapeau | fusil |
| jouet | jus de fruit |
| bijou | genou |
| clou | pneu |
| récital | caillou |

2. *Teacher:* C'est un garçon cordial.
   *Student:* Ses frères sont cordiaux aussi.

| | |
|---|---|
| intelligent | mou |
| génial | nerveux |
| beau | amusant |
| sincère | amical |

## Cardinal Numbers: 100 to 1,000,000,000

| | | | |
|---|---|---|---|
| 100 | **cent** | 700 | **sept cents** |
| 110 | **cent dix** | 800 | **huit cents** |
| 120 | **cent vingt** | 900 | **neuf cents** |
| 121 | **cent vingt et un** | 1.000 | **mille** |
| 122 | **cent vingt-deux** | 2.000 | **deux mille** |
| 200 | **deux cents** | 10.000 | **dix mille** |
| 300 | **trois cents** | 100.000 | **cent mille** |
| 400 | **quatre cents** | 1.000.000 | **un million** |
| 500 | **cinq cents** | 2.000.000 | **deux millions** |
| 600 | **six cents** | 1.000.000.000 | **un milliard** |

Notes: **Mille** is invariable.
French uses the period to punctuate thousands. The comma is used to punctuate decimals: 1,5.

PATTERNED RESPONSE

*Teacher:* Combien de personnes ont assisté au concert?
*Student:* Trois cent personnes.*

| | |
|---|---|
| 360 | 1.700 |
| 236 | 655 |
| 1.200 | 5.000 |
| 470 | 1.940 |
| 815 | 2.500 |

*Note: **Cents** loses the final **-s** when used in connection with another number and a noun to enumerate the latter.

## Agreement of Cardinal Numbers

| | |
|---|---|
| **vingt et un** | **21** |
| **vingt et un hommes** | **21 men** |
| **vingt et une femmes** | **22 women** |
| **vingt et un mille livres** | **21,000 books** |
| **vingt et un mille personnes** | **21,000 persons** |

Note: Numbers ending in "one" agree in gender with the noun they modify. In **vingt et un mille** the **un** modifies **mille** which is masculine.

PATTERNED RESPONSE

1. *Teacher:* Combien coûte une bicyclette?
   *Student:* Mon vieux, tout le monde sait qu'une bicyclette coûte vingt et un dollars.

   un réfrigérateur—131
   un téléviseur—200
   une chambre à coucher—721
   une voiture européenne—1.500
   une maison neuve—15.551
   un grand yacht—100.000

2. *Teacher:* Combien de jeunes filles sont dans la classe?
   *Student:* Je crois qu'il y en a vingt et une.

   fenêtres dans ce bâtiment—101
   chaises dans la classe—31
   bicyclettes en bas—des dizaines
   personnes intelligentes ici—1
   salles dans l'école—1630
   étoiles dans le ciel—des milliards

3. *Teacher:* Combien de livres as-tu achetés?
   *Student:* J'en ai acheté seize.

   robes (*f.*)—1
   colliers (*m.*)—11
   billets (*m.*)—21
   boutons (*m.*)—120
   revues (*f.*)—31
   images (*f.*)—des centaines

## Dates

The first day of the month is **le premier**; all other days are designated by cardinal numbers.

The pattern for asking the day of the month is: **Le combien sommes-nous?** The answer is: **Nous sommes le treize (le vingt et un,** etc.).

In giving the complete date, the usual custom is to designate the year first by thousands and then by hundreds, rather than by multiples of hundred as in English. **Cents** loses the final **-s** when used in dates.

**mille** (ou **mil**) **neuf cent soixante et onze**—1971

PATTERNED RESPONSE

1. *Teacher:*  Quand commença la révolution française?
   *Student:*  Elle commença en mil sept cent quatre-vingt-neuf.

   la guerre civile des États-Unis—1861
   la guerre franco-prussienne—1870
   la première guerre mondiale—1914
   la seconde guerre mondiale—1939

2. *Teacher:*  Sommes-nous le premier?
   *Student:*  Non, nous sommes le deux.

   *Answer using the following day.*

   | cinq | dix |
   |------|-----|
   | quinze | vingt et un |
   | dix-huit | trente |

In giving the full date the following order is used:

| *Day* | *Month* | *Year* |
|-------|---------|--------|
| **le dix** | **janvier** | **mil neuf cent cinquante** |
| 10 | 1 | 1950 |

CONTROLLED RESPONSE

*Teacher:*  Quand les États-Unis déclarèrent-ils leur indépendance?
*Student:*  Les États-Unis déclarèrent leur indépendance le quatre juillet mille sept cent soixante-seize.

   Quand les troupes alliées débarquèrent-elles en Normandie?—6 juin 1944
   Quand eut lieu la prise de la Bastille?—14 juillet 1789
   Quand naquit Napoléon Bonaparte?—15 août 1769
   Quand mourut George Washington?—14 décembre 1799

## *Jouer à* versus *Jouer de*

| Thérèse | **joue** | **de** | la | harpe. |
|---------|----------|--------|-----|--------|
| Elles | **jouent** | **à** | la | marelle. |

When it refers to a game or a sport **jouer** is followed by **à**.
When it refers to a musical instrument **jouer** is followed by **de**.

ITEM SUBSTITUTION

1. Elle joue de la harpe.
   Je _____ .
   _____ du violon.
   Ils _____ .
   _____ piano.
   Albert _____ .
   _____ de la trompette.
   Nous _____ .
   _____ du saxophone.
   _____ violoncelle.
   _____ de la guitare.
   Jeanne _____ .
   _____ flûte.
   Vous _____ !
   _____ du cor anglais!
   Tu ____ de tout!

2. Elles aiment jouer à la marelle.
   _____ aux osselets.
   Ils _____ .
   _____ billes.
   Je _____ .
   _____ au basket-ball.
   Pierre _____ .
   _____ tennis.
   Nous _____ .
   _____ aux cartes.
   _____ petits chevaux.
   Vous _____ .
   _____ au ping-pong.
   _____ à la belotte.
   _____ à cache-cache.

3. Nous sommes en train de jouer au billard.
   _____ banjo.
   Il _____ .
   _____ basket-ball.
   Ils _____ .
   _____ ballon prisonnier.
   _____ piano.
   Je _____ .
   _____ tambour.
   _____ osselets.
   Elles _____ .
   _____ cache-cache.
   _____ quilles.
   _____ harpe.

## Controlled Conversation

Demandez à _____ de quel instrument il (elle) joue.

si elle aime les festivals de musique.

s'il va souvent aux concerts.

si elle peut vous accompagner au concert.

à quelle heure commence le concert.

combien coûte un harmonica.

sa date de naissance.

si elle a un beau bijou.

s'il possède des chevaux.

combien il y a de garçons dans la classe.

combien il y a de jeunes filles dans la classe.

quand il (elle) a commencé ses études au collège.

s'il sait jouer au nain jaune.

quand ses parents se sont mariés.

## Personalized Questions

1. Quel est votre instrument de musique préféré?
2. Combien de leçons avons-nous étudiées?
3. Combien de planètes y a-t-il dans notre galaxie?
4. Le combien sommes-nous?
5. Combien de bons élèves y a-t-il ici?
6. Quand a fini la première guerre mondiale?
7. Aimez-vous jouer aux dominos?
8. Savez-vous jouer du piano?
9. Quel est votre grand musicien préféré?
10. Les États-Unis déclarèrent-ils leur indépendance le 14 juillet 1789?

## Extemporization

1. UN FESTIVAL DE MUSIQUE

*Vocabulary:* chef d'orchestre, préféré, récital, harpe, faire partie, chanter, chorale, femmes, instrument, difficile, jouer de, à cordes, à vent, à percussion, aller, tournée, voix, l'étranger, basse, baryton, ténor, alto, mezzo-soprano, soprano, beaucoup.

*Topic Ideas:* 1. Mon chef d'orchestre préféré.
2. Un récital de harpe.
3. Je fais partie d'une chorale.

*Questions:* 1. Aimerais-tu être chef d'orchestre?
2. Y a-t-il beaucoup de femmes chefs d'orchestre?
3. Est-ce que la harpe est un instrument difficile?

4. Préfères-tu les instruments à vent, à cordes, ou à percussion?
5. Quelle voix as-tu? (voix de ténor, alto, etc.)
6. Vas-tu en tournée à l'étranger avec ta chorale?

## 2. LES DATES

*Vocabulary:* naître, anniversaire, date, recevoir, diplôme, école, où, secondaire, mémorable, vie, heure, temps, faire, jour, premier, rendez-vous, rencontrer, tenir, journal.

*Topic Ideas:*   1. Je suis né(e) le . . .
(*Explain what*   2. J'ai reçu mon diplôme d'école secondaire le . . .
*transpired on*   3. Une date mémorable dans ma vie.
*the date
mentioned.*)

*Questions:*   1. À quelle heure es-tu né(e)?
2. Quel temps faisait-il?

## Reading

### *La troisième symphonie (adapted)*

GEORGES DUHAMEL

Tous les matins, les brancardiers[1] descendaient le vice-feldwebel Spät à la salle des pansements,[2] et son entrée y jetait toujours un certain froid.

Il y a des blessés[3] allemands que les bons traitements, la souffrance, ou d'autres mobiles[4] amènent à composition[5] et qui acceptent ce qu'on fait pour eux avec une certaine reconnaissance.[6] Ce n'était pas le cas de Spät. Pendant des semaines, nous avions fait maints[7] efforts pour l'arracher à la mort,[8] puis pour adoucir[9] ses souffrances, sans qu'il temoignât[10] la moindre[11] satisfaction, ni nous adressât le plus sommaire remerciement.[12]

Il savait quelque peu de français, qu'il utilisait strictement pour ses besoins matériels, pour dire par exemple: «Un peu plus de coton sous le pied, monsieur!» ou encore: «Y a-t-il fièvre, ce jour?»

[1] brancardiers   *stretcher-bearers*
[2] pansements   *bandages*
[3] blessés   *wounded men*
[4] mobiles   *motives*
[5] amènent à composition   *bring to terms*
[6] reconnaissance   *gratefulness*
[7] maints   *many*

[8] l'arracher à la mort   *save him from death*
[9] adoucir   *to soften*
[10] sans qu'il temoignât   *without his showing*
[11] la moindre   *the least*
[12] le plus sommaire remerciement   *the briefest thanks*

SOURCE:   *Vie des martyrs* by Georges Duhamel. Reprinted by permission of Mercure de France.

À part cela, il nous montrait toujours le même visage glacial, le même regard pâle, dur, bordé de cils décolorés.[13] A de certains indices[14] nous pouvions deviner[15] que cet homme était intelligent et instruit; mais il restait visiblement dominé par une haine vivace[16] et par un étroit souci[17] de sa dignité.

Il souffrait avec courage. Je ne me souviens guère de l'avoir entendu crier, il geignait[18] seulement, avec le «han!» sourd d'un bûcheron[19] qui abat la cognée.[20]

Un jour, nous avions dû l'endormir pour débrider les plaies[21] de sa jambe; il était devenu très rouge et avait dit, d'un ton presque suppliant:[22] «Pas couper, monsieur, n'est-ce pas? Pas couper!» Dès le réveil, il avait retrouvé tout aussitôt son attitude hostile et compassée.[23]

À la longue,[24] j'avais cessé de croire que ses traits[25] fussent jamais capables d'exprimer autre chose que cette animosité contenue.[26] Je fus détrompé[27] par une circonstance imprévue.[28]

Le fait de siffloter[29] entre ses dents traduit, chez moi, comme chez beaucoup d'autres personnes, une certaine préoccupation. Un matin donc, j'achevais[30] le pansement du feldwebel Spät en sifflotant distraitement[31] je ne sais quoi. Je ne regardais que sa jambe et ne m'occupais guère de son visage, quand j'eus tout à coup[32] la sensation curieuse que le regard qu'il fixait sur moi venait de changer de nature, et je levai les yeux.

Certes,[33] une chose extraordinaire se passait: détendue,[34] animée d'une sorte de chaleur et de contentement, la figure[35] de l'Allemand souriait, souriait, et je ne le reconnaissais plus.

Dites, monsieur, murmura-t-il, c'est troisième symphonie, n'est-ce pas? Vous, comment dire . . . sifflez, c'est le mot?

D'abord, je m'arrêtai de siffler. Je répondis ensuite: «Oui! je crois que c'est la troisième symphonie», puis je demeurai silencieux et troublé.

Par-dessus l'abîme,[36] un frêle pont[37] venait d'être tendu[38] soudain.

La chose dura[39] quelques secondes, et j'y rêvais encore quand je sentis de nouveau tomber sur moi une ombre[40] glaciale, irrévocable, qui était le regard adversaire de M. Spät.

[13] bordé de cils décolorés *fringed by bleached eyelashes*
[14] indices *indications*
[15] deviner *to sense*
[16] haine vivace *inveterate hatred*
[17] étroit souci *narrow concern*
[18] geignait *moaned*
[19] bûcheron *lumberjack*
[20] abat la cognée *swings the ax*
[21] plaies *wounds*
[22] ton suppliant *imploring tone*
[23] compassée *formal*
[24] à la longue *eventually*
[25] traits *features*
[26] contenue *controlled*

[27] je fus détrompé *I realized I was wrong*
[28] imprévue *unforeseen*
[29] siffloter *to whistle under one's breath*
[30] j'achevais *I was finishing*
[31] distraitement *absentmindedly*
[32] tout à coup *all of a sudden*
[33] certes *to be sure*
[34] détendue *relaxed*
[35] figure *face*
[36] par-dessus l'abîme *across the gulf*
[37] un frêle pont *a frail bridge*
[38] tendu *stretched out*
[39] dura *lasted*
[40] ombre *shadow*

QUESTION—ANSWER

*Write the answers to the following questions and prepare to discuss them in class:*

1. Pourquoi l'entrée de Spät jetait-elle un froid?
2. Est-ce que Spät semblait reconnaissant des bons soins qu'il recevait?

VOIE DE LA LIBERTE
28 AOUT 1944
—
A LA GLOIRE
DE LA
III° ARMÉE AMERICAINE
COMMANDÉE PAR
LE GÉNÉRAL PATTON
CITOYEN D'HONNEUR DE LA VILLE
ET DU
8° BATAILLON
DE CHASSEURS A PIED
—
LA VILLE D'EPERNAY
RECONNAISSANTE

## Dialog Patterns

*Les Examens*

ALFRED — Que je suis content que ce soit le jour des examens!

GEORGES — Fred, tu es sans aucun doute le garçon le plus étrange du monde.

ALFRED — Mais non, voyons. Qu'est-ce qu'il peut y avoir de mieux que de lutter cette dernière fois, de, de . . .

GEORGES — Mon pauvre ami, j'ai bien peur qu'à force de travailler tu n'aies attrapé la pire des méningites . . .

ALFRED — Voilà. Je suis trahi par mon meilleur ami. Maintenant il ne me reste que mon chien.

Memorial erected by the citizens of Épernay to the American Third Army.

## Dialog Patterns

## *Exams*

---

ALFRED — I am so happy that we're having our exams today.

GEORGES — Fred, you are without doubt the strangest fellow in the world.

ALFRED — No, really, I'm not. What could be better than this last struggle, this, this . . .

GEORGES — My poor friend, I am afraid that with all your hard studying you have caught the worst case of meningitis . . .

ALFRED — There! I have been betrayed by my best friend. Now I have only my dog left.

## Composition

Write a 100-word composition entitled **"Si j'étais riche."** Tell what you would do and where you would go, if this were true. After the teacher has made the necessary corrections, you will memorize the composition and present it orally in class.

## Comparisons of Equality—Review

**aussi . . . que**
Paul est **aussi** grand **que** René.                     *as . . . as*

**autant que**
Je travaille **autant que** toi.                     *as much as*

**autant de . . . que**
Nous n'avons pas **autant d'**argent **qu'**eux.     *as much . . . as*
Nous avons **autant d'**enfants **qu'**eux.          *as many . . . as*

PATTERNED RESPONSE

1. *Teacher:*  Elle est très grande.
   *Student:*  Je ne suis pas aussi grande qu'elle.

   Elle est très riche.
   Il est très vif.
   Il est très intelligent.
   Elle est très bonne.
   Elle est très curieuse.

Il est très mince.
Il est très beau.
Elle est très élégante.

2. *Teacher:* Vous avez beaucoup d'argent.
   *Student:* Je n'ai pas autant d'argent que vous.

   | | |
   |---|---|
   | beaucoup d'amis | beaucoup de chance |
   | beaucoup de temps | beaucoup de livres |
   | beaucoup de disques | beaucoup de vêtements |

3. *Teacher:* Vous apprenez beaucoup.
   *Student:* Je voudrais bien apprendre autant que vous.

   | | |
   |---|---|
   | étudiez | lisez |
   | vouz amusez | sortez |
   | travaillez | flânez |

## Comparisons of Inequality

| *Positive* | *Comparative* | *Superlative* |
|---|---|---|
| **Elle est vive.** | **Simone est** *plus* **vive.** | **Yvonne est** *la plus* **vive.** |
| **Il est intelligent.** | **André est** *plus* **intelligent.** | **Jean est** *le plus* **intelligent.** |
| **Elle est gentille.** | **Andrée est** *moins* **gentille.** | **Annie est** *la moins* **gentille.** |

In French, most comparatives of adjectives are formed with the words **plus** or **moins** before the adjective. To form the superlative the article (**le, la, les**) is added.

PATTERNED RESPONSE

1. *Teacher:* Cet examen est difficile.
   *Student:* Oui, mais l'autre est plus difficile.

   Ce professeur est riche.
   Cette jeune fille est intelligente.
   Ce cours est intéressant.
   Ce cheval est rapide.
   Ce livre est passionnant.
   Cette dame est élégante.

2. *Teacher:* Elle est très riche.
   *Student:* Oui, c'est la plus riche.

   Elle est très sympathique.
   Il est très vieux.
   Ils sont très célèbres.
   Elle est très exigeante.
   Il est très grand.

Elles sont très capricieuses.
Elle est très sérieuse.
Il est très amical.
Ils sont très acceuillants.

3. *Teacher:*            Robert n'est pas sympathique.
   *First Student:*      Paul est encore moins sympathique.
   *Second Student:*     Pierre est le moins sympathique de tous.

Gertrude n'est pas compliquée.
   Sylvie . . .
   Renée . . .
Mes enfants ne sont pas difficiles.
   Les miens . . .
   Les miens . . .
Gérard n'est pas patient.
   Jean-Luc . . .
   Marc . . .
Evelyne n'est pas curieuse.
   Marie-Claire . . .
   Chantal . . .

## Nouns with the Superlative

|         | *Article* | *Noun*    | *Superlative Construction* |             |
|---------|-----------|-----------|----------------------------|-------------|
| Tu es   | *le*      | **garçon**    | *le* **plus étrange**      | **du monde.** |
| C'est   | *l'*      | **étudiante** | *la* **moins éveillée**    | **de la classe.** |
| Ce sont | *les*     | **montagnes** | *les* **plus hautes**      | **du monde.** |

|         | *Superlative Construction* |            | *Noun*    |             |
|---------|---------------------------|------------|-----------|-------------|
| C'est   | *le*                      | **plus beau**   | **garçon**    | **du quartier.** |
| C'est   | *la*                      | **plus vieille** | **dame**     | **du village.** |
| Ce sont | *les*                     | **plus longs**  | **bateaux**  | **du monde.** |

When a noun is used as the point of comparison, the definite article normally appears *both* before the noun and in the superlative construction. But when the adjective used in the superlative construction is one that must precede the noun then the article appears *only* in the superlative construction.

The French equivalent of "in" after a superlative is **de** (**du monde** = *in the world*).

STRUCTURE SUBSTITUTION

1. *Teacher:*   C'est un garçon étrange.
   *Student:*   C'est le garçon le plus étrange du monde!

un homme orgueilleux         une fille timide
une femme frivole            un professeur difficile
un gars intrépide            des montagnes élevées

2. *Teacher:*  Quel beau paysage!
   *Student:*  C'est le plus beau paysage du monde!

   Quelle grande ville!
   Quelles vieilles maisons!
   Quelle haute tour!
   Quel gros livre!
   Quels jolis tissus!
   Quelles belles perles!

**PATTERNED RESPONSE**

*Teacher:*  Que pensez-vous de ce diamant? (beau)
*Student:*  C'est le plus beau diamant du musée.

ce livre (intéressant)          ce tableau (joli)
cette maquette (grande)         ces papillons (spectaculaires)
ce meuble (orné)                cette inscription (étrange)

## Irregular Comparatives of Adjectives

The following comparatives are formed irregularly:

| *Positive* | *Comparative* | *Superlative* |
|---|---|---|
| Celui-ci est **bon**. | Celui-là est **meilleur**. | Celui-là là-bas est **le meilleur**. |
| Celle-ci est **bonne**. | Celle-là est **meilleure**. | Celle-là là-bas est **la meilleure**. |
| Celui-ci est **mauvais**. | Celui-là est **pire**. | Celui-là là-bas est **le pire**. |

**TRANSLATION—TRANSFORMATION**

*Teacher:*  Ce gâteau est bon.  (*less good*)
*Student:*  Celui-ci est moins bon.

   Cette tarte est bonne.  (*better*)
   Ces bonbons sont bons.  (*the best*)
   Cette pomme est mauvaise.  (*worse*)
   Ce légume n'est pas bon.  (*the least good*)
   Cette maladie est mauvaise.  (*the worst*)
   Ce petit four est bon.  (*better*)

The adverb **bien** has an irregular comparative:

Il travaille **bien**.          Elle travaille **mieux**.
(*He works well*)          (*She works better*)

PATTERNED RESPONSE

*Teacher:* Roger travaille bien.
*Student:* Germaine travaille encore mieux.

| étudie | peint* |
|--------|--------|
| s'amuse | récite |
| danse | dessine |
| chante | écrit |

*Note: **Peindre** (*to paint*) is conjugated like **atteindre** (*to reach*).

## Comparisons of Inequality with *Que*

French uses **que** as the equivalent of "than" in comparisons of inequality.

J'aime **mieux** les examens oraux **que** les examens écrits.
Ce livre est **meilleur que** l'autre.
Le français est **plus** difficile **que** l'anglais.

PATTERNED RESPONSE

1. *Teacher:* Cette jeune fille est distinguée.
   *Student:* Oui, elle est plus distinguée que sa voisine.

   Ce garçon est fort.
   Ce monsieur est instruit.
   Cette femme est bonne cuisinière.
   Ce professeur est gentil.

2. *Teacher:* Il étudie beaucoup.
   *Student:* Oui, il étudie plus que quiconque.

   Elle va vite.
   Ange parle peu. (moins)
   Le professeur parle beaucoup.
   Lise se lève tôt.
   Henri s'habille rapidement.
   Rosine prononce bien. (mieux).

## Comparisons of Inequality with *De*

The equivalent of "than" is **de** when the comparison involves different amounts or degrees of the same thing and **de** is followed by a definite quantity.

Je dors toujours **moins de** huit heures.
Elle m'en a donné **plus de** la moitié.

PATTERNED RESPONSE

1. *Teacher:* Avez-vous plus de trois dollars?
   *Student:* Non, j'ai moins de trois dollars.

   cinq stylos          six chats
   quatre livres        trois cours de français
   deux fiancés         une douzaine d'œufs

2. *Teacher:* J'ai dormi six heures
   *Student:* Moi, j'ai dormi plus de six heures.

   J'ai allumé dix-huit bougies.
   J'ai éteint* trois lampes.
   J'ai couvert** mille kilomètres.
   J'ai révisé dix leçons.
   J'ai défait deux ourlets.
   J'ai pris trois résolutions.

*Note: **Éteindre** (*to switch off*) is conjugated like **atteindre** (*to reach*).

**Note: **Couvrir** (*to cover*) is conjugated like **ouvrir** (*to open*).

## Subjunctive with the Superlative

C'est le professeur   **le plus difficile**   que je **connaisse.**
C'est le garçon       **le plus intelligent**  que **j'aie** jamais **connu.**

Following a relative superlative the subjunctive mood is used when the statement expresses an opinion rather than an absolute fact.

STRUCTURE SUBSTITUTION

*Teacher:* C'est un professeur très exigeant.
*Student:* C'est le professeur le plus exigeant que je connaisse.

   C'est une femme très élégante.
   Ce sont des enfants très dissipés.
   C'est une petite fille très bavarde.
   C'est un homme très occupé.

PATTERNED RESPONSE

*Teacher:* N'est-ce pas une très belle maison?
*Student:* C'est la plus belle maison que j'aie jamais vue.

   un très beau chateau      une très belle pièce
   un très bon film          un très beau paysage
   de très belles fleurs     une très bonne imitation

STRUCTURE SUBSTITUTION

1. *Teacher:* J'ai encore une tarte.
   *Student:* Il me reste une tarte.

   | deux oignons | dix francs |
   | trois œufs | trente billets |
   | vingt livres | six cartes |

2. *Teacher:* Il n'a plus qu'un examen à passer.
   *Student:* Il ne lui reste qu'un examen à passer.

   | je | tu |
   | vous | nous |
   | Simone | les étudiants |

## Controlled Conversation

Demandez à —————— s'il a peur d'attraper une méningite.
si elle a été trahie par sa meilleure amie.
s'il travaille autant que vous.
qui est le plus beau garçon de son quartier.
qui est le professeur le plus difficile qu'il connaisse.
s'il a un chien.
si elle a beaucoup d'argent.
si cette leçon est difficile.
si le professeur est plus riche que lui.
qui est l'étudiant le plus intelligent de la classe.
si votre voisin(e) est sympathique.
ce qu'il peut y avoir de pire que le jour des examens.
si elle dessine bien.
s'il a plus de dix dollars.
combien d'argent il lui reste.

## Personalized Questions

1. Êtes-vous content(e) que le jour des examens approche?
2. Qui est le garçon le plus étrange du monde?
3. Qu'est-ce qu'il peut y avoir de mieux que de lutter cette dernière fois?
4. Travaillez-vous aussi bien, moins bien, ou mieux que vos frères et sœurs?
5. Pendant combien d'heures avez-vous dormi cette nuit?
6. Combien de bougies avez-vous éteintes sur votre dernier gâteau d'anniversaire?
7. Combien de kilomètres avez-vous couverts cette année?

8. Avez-vous plus d'argent que moi?
9. Combien d'examens vous reste-t-il à passer?
10. Quelle est la montagne la plus élevée du monde?

## Extemporization

1. ÉTUDIANTS ET PROFESSEURS

*Vocabulary:* meilleur, professeur, université, collège, étudier, quiconque, étudiants, notes, réussir à, s'entendre avec, allemand, surprises, interrogations, obtenir, avoir pitié de.

*Topic Ideas:*   1. Le meilleur professeur de l'université.
      2. J'étudie plus que quiconque.
      3. Je m'entends bien avec le professeur de français.

*Questions:*   1. Est-ce que les professeurs d'allemand sont les meilleurs professeurs de l'université?
      2. Que doivent faire les étudiants pour réussir à leurs examens?
      3. Est-ce qu'il y a toujours des surprises dans les examens?
      4. Est-ce qu'un professeur qui fait des surprises dans les interrogations est un bon professeur?
      5. Est-ce que les étudiants obtiennent beaucoup de bonnes notes dans cette classe?
      6. Est-ce que les professeurs ont pitié des étudiants?

2. LES EXAMENS

*Vocabulary:* étudier, interrogations, écrites, orales, préférer, désastreux, carrière, difficile, se tromper, oublier, couvrir, pages, final, moyenne, trou de mémoire, réviser, pire, mieux, se troubler, réussir, échouer, facile, timide, peur, cœur, battre.

*Topic Ideas:*   1. J'aime mieux l'écrit que l'oral.
      2. Je préfère les interrogations orales.
      3. L'examen le plus désastreux de ma carrière.

*Questions:*   1. Doit-on beaucoup réviser pour un examen?
      2. Pourquoi te troubles-tu à l'oral?
      3. Est-ce que tu as le cœur qui bat avant un examen?
      4. Penses-tu avoir la moyenne en français?
      5. Combien de pages l'examen final de français couvrira-t-il?
      6. As-tu eu un trou de mémoire?
      7. As-tu échoué?

## Reading

### *L'œuvre du sixième jour*

Marie Noël     *"On lèche les doigts"*

Racontée par Stop-chien à ses petits frères.

Dès que le Chien fut créé, il lécha[1] la main du Bon Dieu et le Bon Dieu le flatta[2] sur la tête:

«Que veux-tu, Chien?

— Seigneur[3] Bon Dieu, je voudrais loger chez toi, au ciel, sur le paillasson[4] devant la porte.

— Bien sûr que non! dit le Bon Dieu. Je n'ai pas besoin de chien puisque je n'ai pas encore créé les voleurs.[5]

— Quand les créeras-tu, Seigneur?

— Jamais. Je suis fatigué. Voilà cinq jours que je travaille, il est temps que je me repose. Te voilà fait, toi, Chien, ma meilleure créature, mon chef-d'œuvre.[6] Mieux vaut m'en tenir là.[7] Il n'est pas bon qu'un artiste se surmène[8] au delà de son inspiration. Si je continuais à créer, je serais bien capable de rater mon affaire.[9] Va, Chien! Va vite t'installer sur la terre. Va et sois heureux.»

Le Chien poussa un profond soupir:[10]

«Que ferai-je sur la terre, Seigneur?

— Tu mangeras, tu boiras, tu croîtras[11] et multiplieras.»

Le Chien soupira plus tristement encore.

«Que te faut-il de plus?

— Toi, Seigneur mon Maître! Ne pourrais-tu pas, Toi aussi, t'installer sur la terre?

— Non! dit le Bon Dieu, non, Chien! je t'assure. Je ne peux pas du tout m'installer sur la terre pour te tenir compagnie. J'ai bien d'autres chats à fouetter.[12] Ce ciel, ces anges, ces étoiles, je t'assure, c'est tout un tracas.»[13]

Alors le Chien baissa la tête et commença à s'en aller. Mais il revint:

«Ah! si seulement, Seigneur Bon Dieu, si seulement il y avait là-bas une espèce de maître dans ton genre?[14]

— Non, dit le Bon Dieu, il n'y en a pas.»

Le Chien se fit tout petit, tout bas et supplia[15] plus près encore:

«Si tu voulais, Seigneur Bon Dieu . . . tu pourrais toujours essayer . . .

---

[1] lécha *licked*
[2] flatta *patted*
[3] Seigneur *Lord*
[4] paillasson *door mat*
[5] voleurs *thieves*
[6] chef-d'œuvre *masterpiece*
[7] mieux vaut m'en tenir là  *it's better to stop now*
[8] se surmène  *wear himself out*

[9] rater mon affaire  *spoil it all*
[10] profond soupir  *deep sigh*
[11] croîtras  *will increase*
[12] j'ai bien d'autres chats à fouetter  *I have many other things to do (lit. other cats to whip)*
[13] tracas  *worry*
[14] dans ton genre  *like you*
[15] supplia  *begged*

— Impossible, dit le Bon Dieu. J'ai fait ce que j'ai fait. Mon œuvre est achevée. Jamais je ne créerai un être meilleur que toi. Si j'en créais un autre aujourd'hui, je le sens dans ma main droite, celui-là serait raté.[16]

— O Seigneur Bon Dieu, dit le Chien, ça ne fait rien qu'il soit raté pourvu que je puisse le suivre partout où il va et me coucher devant lui quand il s'arrête.»

Alors le Bon Dieu fut émerveillé[17] d'avoir créé une créature si bonne et il dit au Chien:

«Va! qu'il soit fait selon[18] ton cœur.»

Et, rentrant dans son atelier,[19] Il créa l'homme.

*N.B.*[20] — L'Homme est raté, naturellement. Le Bon Dieu l'avait bien dit. Mais le Chien est joliment content!

[16] serait raté  *wouldn't turn out right*
[17] émerveillé  *filled with wonder*
[18] selon ton cœur  *according to your desires*
[19] atelier  *workshop*
[20] *N.B.* (from the Latin *nota bene*)  *note well*

QUESTION—ANSWER

(*Write the answers to the following questions and prepare to discuss them in class.*)

1. Qui raconte l'histoire?
2. Où le chien voulait-il habiter?
3. Selon le narrateur, quel est le chef-d'œuvre des créations de Dieu?
4. Pourquoi le chien ne voulait-il pas s'installer sur la terre?
5. Pourquoi Dieu ne pouvait-il pas tenir compagnie au chien?
6. Quelle espèce de maître dans son genre Dieu créa-t-il pour le chien?
7. Pensez-vous que l'Homme soit raté?  *manqué*
8. Est-ce que le chien est une créature fidèle?
9. Préférez-vous les chiens ou les chats?
10. Quel est votre animal préféré?

A. Choose the correct form of the indefinite adjective or pronoun required by the sentence as in the example.

*Example:* _____ la famille était réunie.  (tous, tout, toute, toutes)
**Toute la famille était réunie.**

1. _____ âge a ses problèmes.  (chacun, chacune, chaque)
2. Ce n'est pas _____ chose.  (les mêmes, le même, la même)
3. Tu regardes l'heure _____ les cinq minutes.  (tous, toute, toutes, tout)
4. _____ s'est bien passé.  (tous, tout)
5. _____ l'aiment chaud.  (certain, certaine, certains)
6. Je voudrais une _____ fourchette.  (autres, autre, l'un l'autre)
7. _____ sont horrifiés, _____ s'en moquent.  (les uns les autres, l'un . . . l'autre, les uns . . . les autres)

B. Answer the questions as in the example.

*Example:* Qui a fourni les petits pains?  (le boulanger)
**Les petits pains ont été fournis par le boulanger.**

1. Qui a vendu les journaux?  (les garçons)
2. Qui a découvert l'Amérique?  (Christophe Colomb)
3. Qui a fabriqué cette automobile?  (la Compagnie Peugeot)
4. Qui a mangé toutes les frites?  (les enfants)
5. Qui a dirigé l'orchestre?  (Léonard Bernstein)

C. Write the following dates in French as in the example:

*Example:* May 4, 1940: **le quatre mai mil neuf cent quarante.**

1. November 11, 1942.
2. September 3, 1954.
3. August 10, 1850.
4. January 1, 1970.
5. March 22, 1763.
6. June 15, 1900.

D. Rewrite the two sentences into one as in the example.

*Example:* Paul est grand; Fred l'est encore plus.
**Fred est encore plus grand que Paul.**

1. Micheline n'est pas agréable; Raymonde l'est encore moins.
2. Philippe mange beaucoup; Rémy mange encore plus.

3. Serge parle rarement; Jean-Claude parle encore moins.
4. Josette est sympathique; Sylviane l'est encore plus.
5. Maurice travaille beaucoup; Germaine travaille autant.
6. Christine joue bien; Martine joue encore mieux.

E. Answer the question as in the example.

*Example:*    Est-ce que c'est un professeur difficile?
**C'est le professeur le plus difficile que j'aie jamais connu.**

1. Est-ce que c'est un beau garçon?
2. Est-ce que c'est une bonne équipe?
3. Est-ce que c'est un enfant timide?
4. Est-ce que ce sont des voisins bruyants?
5. Est-ce que c'est un chien effectueux?
6. Est-ce que c'est un propriétaire exigeant?

## Culture Capsule

## *Les Études Universitaires*

Pour pouvoir entrer au collège ou à l'université les étudiants français doivent avoir réussi au Baccalauréat, examen qui sanctionne la fin de la carrière lycéenne.[1]

Chaque université comprend au moins[2] trois facultés:[3] Lettres et Sciences Humaines,[4] Sciences, Droit[5] et Sciences Economiques. Certaines comprennent aussi une faculté de Médecine et de Pharmacie.

Les étudiants se spécialisent dans la (ou les) discipline[6] de leur choix. Ils préparent d'abord une licence,[7] qu'ils obtiendront après trois ou quatre années d'études sanctionnées par des certificats d'études supérieures.

Ceux qui veulent enseigner au lycée préparent ensuite l'agrégation,[8] qui demande deux ou trois ans. Ceux qui veulent se diriger vers l'enseignement[9] au niveau[10] universitaire préparent — au lieu de l'agrégation — le doctorat de 3e cycle dont la possession leur permettra[11] de préparer le doctorat ès lettres ou le doctorat ès sciences.

Les professeurs d'université ne font pas l'appel;[12] ils donnent une série de conférences auxquelles les étudiants sont libres d'assister ou non. Les études universitaires françaises sont surtout basées sur la recherche individuelle.

---

[1] lycéenne  *in "lycee"*
[2] au moins  *at least*
[3] facultés  *colleges, departments*
[4] Lettres et Sciences Humaines  *Humanities*
[5] Droit  *Law*
[6] discipline  *subject*
[7] licence  *degree on the Master's level*

[8] agrégation  *degree at a level between the Master's and the Doctorate*
[9] enseignement  *teaching*
[10] niveau  *level*
[11] permettra  *will allow*
[12] ne font pas l'appel  *don't have roll call*

QUESTION—ANSWER

1. Que doit-on avoir pour entrer à l'université?
2. Nommez les facultés d'une université.
3. Qu'est-ce qu'une licence?
4. Quel diplôme doit-on avoir pour pouvoir enseigner au lycée?
5. Quel diplôme doit-on avoir pour enseigner dans une université?
6. Pensez-vous que vous aimeriez étudier dans une université française?

## *Songs*

### A la claire Fontaine

Traditional Folksong

1. A la clai - re fon - tai - ne, M'en al - lant pro - me - ner

J'ai trou - vé l'eau si bel - le Que je m'y suis bai - gnée.

REFRAIN

Il y a long - temps que je t'ai - me, Ja - mais je ne t'ou - blie - rai.

2. Sur les feuil-les d'un chê-ne
   Je me suis fait sé-cher;
   Sur la plus hau-te bran-che
   Le ros-si-gnol chan-tait

3. Chan-te, ros-si-gnol, chan-te,
   Toi qui as le coeur gai;
   Tu as le coeur à ri-re
   Moi je l'ai à pleu-rer.

4. C'est pour mon a-mi Pier-re
   Qui ne veut plus m'ai-mer,
   Pour un bou-ton de ro-se
   Que lui ai refusé.

5. Je vou-drais que la ro-se
   Fût en-cor' au ro-sier,
   Et que mon a-mi Pier-re
   Fût en-cor' à m'ai-mer.

Refrain:  Il y a long-temps que je t'ai-me,
          Ja-mais je ne t'ou-blie-rai.

## Auprès de ma Blonde

This arrangement from *Chantons*, copyright 1949 by Gessler Publishing Company, New York, and reprinted with their permission.

2. La caill', la tour-te-rel-le ⎱ bis
   Et la jo-li' per-drix, ⎰
   Et ma jo-li' co-lom-be
   Qui chan-te jour et nuit.

3. Ell' chan-te pour les fil-les ⎱ bis
   Qui n'ont pas de ma-ri. ⎰
   Pour moi ne chan-te guè-re,
   Car j'en ai un jo-li.

4. Il est dans la Hol-lan-de ⎱ bis
   Les Hol-lan-dais l'ont pris, ⎰
   "Que donn'-rez-vous, la bel-le,
   Pour le voir re-ve-nir?"

5. Je don-ne-rais Ver-sail-les, ⎱ bis
   Pa-ris et Saint De-nis, ⎰
   Les tours de No-tre Da-me
   L'clo-cher de mon pa-ys!

# En passant par la Lorraine

Traditional Folksong

1. En pas-sant par la Lor-rai-ne, A-vec mes sa-bots, En pas-sant par
la Lor-rai-ne, A-vec mes sa-bots, Ren-con-trai trois ca-pi-tai-nes,
A-vec mes sa-bots, don-dai-ne, Oh! Oh! Oh!   A-vec mes sa-bots!

2. Ren-con-trai trois ca-pi-tai-nes,⎱ bis
   A-vec mes sa-bots,⎰
   Ils m'ont ap-pe-lée vi-lai-ne,
   A-vec mes sa-bots, don-dai-ne,
   Oh! Oh! Oh! a-vec mes sa-bots!

3. Ils m'ont ap-pe-lée vi-lai-ne,⎱ bis
   A-vec mes sa-bots,⎰
   Je ne suis pas si vi-lai-ne,
   A-vec mes sa-bots, don-dai-ne,
   Oh! Oh! Oh! a-vec mes sa-bots!

4. Je ne suis pas si vi-lai-ne,⎱ bis
   A-vec mes sa-bots,⎰
   Puis-que le fils du roi m'ai-me,
   A-vec mes sa-bots, don-dai-ne,
   Oh! Oh! Oh! a-vec mes sa-bots!

5. Puis-que le fils du roi m'ai-me,⎱ bis
   A-vec mes sa-bots,⎰
   Il m'a don-né pour é-tren-ne,
   A-vec mes sa-bots, don-dai-ne,
   Oh! Oh! Oh! a-vec mes sa-bots!

6. Il m'a don-né pour é-tren-ne,⎱ bis
   A-vec mes sa-bots,⎰
   Un bou-quet de mar-jo-lai-ne,
   A-vec mes sa-bots, don-dai-ne,
   Oh! Oh! Oh! a-vec mes sa-bots!

7. Un bou-quet de mar-jo-lai-ne,⎱ bis
   A-vec mes sa-bots,⎰
   S'il m'é-pou-se je se-rai rei-ne,
   A-vec mes sa-bots, don-dai-ne,
   Oh! Oh! Oh! a-vec mes sa-bots!

## Les Trois Cloches

Words and music by J. Villard Gilles. Copyright 1945 by Les Nouvelles Editions Meridian. Sole selling agent Southern Music Publishing Co., Inc. Reprinted by permission.

Il est jouf-flu, tendre et ro - sé, A l'é - gli - se, beau pe - tit hom - me,

De - main tu se - ras bap - ti - sé.

**REFRAIN**
*con moto*

U - ne clo-che son - ne, son - ne, Sa voix d'é-chos en é - chos,

2. Vil-la-ge au fond de la val-lé-e,
Loin des che-mins, loin des hu-mains,
Voi-ci, qu'à-près dix-neuf an-né-es,
Coeur en é-moi, le Jean-Fran-çois
Prend pour fem-me la dou-c'E-li-se,
Blan-che com-me fleur de pom-mier.
De-vant Dieu, dans la vieil-l'é-gli-se
Ce jour ils se sont ma-ri-és.

Refrain: Tout's les clo-ches son-nent, son-nent!
Leurs voix d'é-chos en é-chos,
Mer-veil-leu-se-ment cou-ron-nent
La no-c' à Fran-çois Ni-cot.
« Un seul corps, u-ne seule â-me, »
Dit le prêtr', « et pour tou-jours!
Soy-ez u-ne pu-re flam-me qui s'é-lè-ve, qui pro-cla-me
La gran-deur de vo-tr' a-mour! »

3. Vil-la-ge au fond de la val-lé-e,
Des jours, des nuits, le temps a fui;
Voi-ci, dans la nuit é-toi-lé-e,
Un coeur s'en-dort, Fran-çois est mort.
Car tou-te chair est com-me l'her-be;
Elle est com-me la fleur des champs:
E-pis, fruits mûrs, bou-quets et ger-bes,
Hé-las, tout va se des-sé-chant.

Refrain: U-ne clo-che son-ne, son-ne!
El-le chan-te dans le vent.
Ob-sé-dan-te, mo-no-to-ne,
El-le re-dit aux vi-vants:
« Ne trem-blez pas, coeurs fi-dè-les!
Dieu vous fe-ra sign' un jour.
Vous trou-ve-rez sous son ai-le, a-vec la vie é-ter-nel-le,
L'é-ter-ni-té de l'a-mour! »

# Marche des Rois

# Group I (-*er* verbs), Simple Tenses

INFINITIVE

parler  *to speak*

PRESENT PARTICIPLE

parlant  *speaking*

PAST PARTICIPLE

parlé  *spoken*

PRESENT INDICATIVE

*I speak, do speak, am speaking*

| je | parle | nous | parlons |
|----|-------|------|---------|
| tu | parles | vous | parlez |

| il / elle | parle | ils / elles | parlent |
|-----------|-------|-------------|---------|

PAST DEFINITE INDICATIVE (passé simple)

*I spoke, did speak*

| je | parlai | nous | parlâmes |
|----|--------|------|----------|
| tu | parlas | vous | parlâtes |

| il / elle | parla | ils / elles | parlèrent |
|-----------|-------|-------------|-----------|

IMPERFECT INDICATIVE

*I was speaking, used to speak*

| je | parlais | nous | parlions |
|----|---------|------|----------|
| tu | parlais | vous | parliez |

| il / elle | parlait | ils / elles | parlaient |
|-----------|---------|-------------|-----------|

PRESENT SUBJUNCTIVE

*(that) I may speak*

| que je | parle | que nous parlions |
|--------|-------|-------------------|
| que tu | parles | que vous parliez |

| qu'il / qu'elle | parle | qu'ils / qu'elles | parlent |
|-----------------|-------|-------------------|---------|

FUTURE INDICATIVE

*I will speak, shall speak*

| je | parlerai | nous | parlerons |
|----|----------|------|-----------|
| tu | parleras | vous | parlerez |

| il / elle | parlera | ils / elles | parleront |
|-----------|---------|-------------|-----------|

PRESENT CONDITIONAL

*I would speak, should speak*

| je | parlerais | nous | parlerions |
|----|-----------|------|------------|
| tu | parlerais | vous | parleriez |

| il / elle | parlerait | ils / elles | parleraient |
|-----------|-----------|-------------|-------------|

IMPERATIVE

*speak*

parle
parlez
parlons

**417**

# Group II (*-ir* (*-iss-*) verbs), Simple Tenses

| INFINITIVE | PRESENT PARTICIPLE | PAST PARTICIPLE |
|---|---|---|
| finir *to finish* | finissant *finishing* | fini *finished* |

PRESENT INDICATIVE

*I finish, do finish, am finishing*

| je | finis | nous | finissons |
|---|---|---|---|
| tu | finis | vous | finissez |
| il elle | finit | ils elles | finissent |

PAST DEFINITE INDICATIVE (passé simple)

*I finished, did finish*

| je | finis | nous | finîmes |
|---|---|---|---|
| tu | finis | vous | finîtes |
| il elle | finit | ils elles | finirent |

IMPERFECT INDICATIVE

*I was finishing, used to finish*

| je | finissais | nous | finissions |
|---|---|---|---|
| tu | finissais | vous | finissiez |
| il elle | finissait | ils elles | finissaient |

PRESENT SUBJUNCTIVE

*(that) I may finish*

| que je | finisse | que nous | finissions |
|---|---|---|---|
| que tu | finisses | que vous | finissiez |
| qu'il qu'elle | finisse | qu'ils qu'elles | finissent |

FUTURE INDICATIVE

*I will finish, shall finish*

| je | finirai | nous | finirons |
|---|---|---|---|
| tu | finiras | vous | finirez |
| il elle | finira | ils elles | finiront |

PRESENT CONDITIONAL

*I would finish, should finish*

| je | finirais | nous | finirions |
|---|---|---|---|
| tu | finirais | vous | finiriez |
| il elle | finirait | ils elles | finiraient |

IMPERATIVE

*finish*

finis
finissez
finissons

Other Group II verbs seen in the text:

| | | | | |
|---|---|---|---|---|
| choisir | grossir | réunir | grandir | trahir |
| agir | maigrir | réfléchir | rajeunir | retentir |
| réagir | accomplir | bénir | ralentir | s'évanouir |
| fournir | embellir | adoucir | réussir | |

# 1. Compound Tenses

ALL CONJUGATIONS WITH *AVOIR*

PERFECT INFINITIVE

avoir parlé   *to have spoken*

CONVERSATIONAL PAST (passé composé)

*I have spoken, I spoke*

| j' | ai | parlé | nous | avons | parlé |
| tu | as | parlé | vous | avez | parlé |

| il / elle | a | parlé | ils / elles | ont | parlé |

PLUPERFECT INDICATIVE

*I had spoken*

| j' | avais | parlé | nous | avions | parlé |
| tu | avais | parlé | vous | aviez | parlé |

| il / elle | avait | parlé | ils / elles | avaient | parlé |

FUTURE PERFECT

*I shall have spoken*

| j' | aurai | parlé | nous | aurons | parlé |
| tu | auras | parlé | vous | aurez | parlé |

| il / elle | aura | parlé | ils / elles | auront | parlé |

PERFECT PARTICIPLE

ayant parlé   *having spoken*

PAST PERFECT (passé antérieur)

*I had spoken*

| j' | eus | parlé | nous | eûmes | parlé |
| tu | eus | parlé | vous | eûtes | parlé |

| il / elle | eut | parlé | ils / elles | eurent | parlé |

### PAST SUBJUNCTIVE

*(than) I had spoken*

| que j' | aie | parlé | que nous | ayons | parlé |
| que tu | aies | parlé | que vous | ayez | parlé |

| qu' il ⎫ | | | qu' ils ⎫ | | |
| qu' elle ⎭ | aie | parlé | qu' elles ⎭ | aient | parlé |

### PAST CONDITIONAL

*I would (should) have spoken*

| j' | aurais | parlé | nous | aurions | parlé |
| tu | aurais | parlé | vous | auriez | parlé |

| il ⎫ | | | ils ⎫ | | |
| elle ⎭ | aurait | parlé | elles ⎭ | auraient | parlé |

## ALL CONJUGATIONS WITH *ÊTRE*

### PERFECT INFINITIVE

être allé   *to have gone*

### CONVERSATIONAL PAST (passé composé)

*I have gone, I went*

| je | suis | allé(e) | nous | sommes | allé(e)s |
| tu | es | allé(e) | vous | êtes | allé(e)(s) |

| il ⎫ | | allé | ils ⎫ | | allés |
| elle ⎭ | est | allée | elles ⎭ | sont | allées |

### PLUPERFECT INDICATIVE

*I had gone*

| j' | étais | allé(e) | nous | étions | allé(e)s |
| tu | étais | allé(e) | vous | étiez | allé(e)(s) |

| il ⎫ | | allé | ils ⎫ | | allés |
| elle ⎭ | était | allée | elles ⎭ | étaient | allées |

### FUTURE PERFECT

*I shall have gone*

| je | serai | allé(e) | nous | serons | allé(e)s |
| tu | seras | allé(e) | vous | serez | allé(e)(s) |

| il ⎫ | | allé | ils ⎫ | | allés |
| elle ⎭ | sera | allée | elles ⎭ | seront | allées |

PERFECT PARTICIPLE

étant allé   *having gone*

PAST PERFECT (passé antérieur)

*I had gone*

| je | fus | allé(e) | nous | fûmes | allé(e)s |
| tu | fus | allé(e) | vous | fûtes | allé(e)(s) |

| il } | fut | allé | ils } | furent | allés |
| elle } | | allée | elles } | | allées |

PAST SUBJUNCTIVE

(*than*) *I had gone*

| que je | sois | allé(e) | que nous | soyons | allé(e)s |
| que tu | sois | allé(e) | que vous | soyez | allé(e)(s) |

| qu' il } | soit | allé | qu' ils } | soient | allés |
| qu' elle } | | allée | qu' elles } | | allées |

PAST CONDITIONAL

*I would (should) have gone*

| je | serais | allé(e) | nous | serions | allé(e)s |
| tu | serais | allé(e) | vous | seriez | allé(e)(s) |

| il } | serait | allé | ils } | seraient | allés |
| elle } | | allée | elles } | | allées |

# Group I Verbs with Orthographic-Changing Stems

The stems of certain Group I verbs undergo orthographic changes to facilitate pronunciation. Only those tenses or moods affected by the spelling changes are included below.

1. VERBS IN -CER. Example: **commencer** (*to begin*)

Whenever **c** occurs before **a** or **o** a **cédille** is added.

PRESENT INDICATIVE

| je | commence | nous | commençons |
|----|----------|------|------------|
| tu | commences | vous | commencez |

| il } elle } | commence | ils } elles } | commencent |
|----|----------|------|------------|

PAST DEFINITE INDICATIVE

| je | commençai | nous | commençâmes |
|----|-----------|------|-------------|
| tu | commenças | vous | commençâtes |

| il } elle } | commença | ils } elles } | commencèrent |
|----|----------|------|--------------|

IMPERFECT INDICATIVE

| je | commençais | nous | commencions |
|----|-----------|------|-------------|
| tu | commençais | vous | commenciez |

| il } elle } | commençait | ils } elles } | commençaient |
|----|-----------|------|--------------|

IMPERATIVE

commence
commencez
commençons

2. VERBS IN -GER. Example: **manger** (*to eat*)

Whenever **g** occurs before **a** or **o**, an **e** is inserted.

PRESENT INDICATIVE

| je | mange | nous | mangeons |
|----|-------|------|----------|
| tu | manges | vous | mangez |

| il } elle } | mange | ils } elles } | mangent |
|----|-------|------|---------|

PAST DEFINITE INDICATIVE

| je | mangeai | nous | mangeâmes |
|----|---------|------|-----------|
| tu | mangeas | vous | mangeâtes |

| il } elle } | mangea | ils } elles } | mangèrent |
|----|--------|------|-----------|

IMPERFECT INDICATIVE

| je | mangeais | nous | mangions |
|----|----------|------|----------|
| tu | mangeais | vous | mangiez |

| il elle | mangeait | ils elles | mangeaient |

IMPERATIVE

mange
mangez
mangeons

3. VERBS IN **-ELER** AND **-ETER**. Example : **appeler** (*to call*)

The consonant is doubled when it occurs before an unstressed **e**.

PRESENT INDICATIVE

| j' | appelle | nous | appelons |
|----|---------|------|----------|
| tu | appelles | vous | appelez |

| il elle | appelle | ils elles | appellent |

PRESENT SUBJUNCTIVE

| que j' | appelle | que nous | appelions |
|--------|---------|----------|-----------|
| que tu | appelles | que vous | appeliez |

| qu' il qu' elle | appelle | qu' ils qu' elles | appellent |

FUTURE INDICATIVE

| j' | appellerai | nous | appellerons |
|----|-----------|------|-------------|
| tu | appelleras | vous | appellerez |

| il elle | appellera | ils elles | appelleront |

PRESENT CONDITIONAL

| j' | appellerais | nous | appellerions |
|----|------------|------|--------------|
| tu | appellerais | vous | appelleriez |

| il elle | appellerait | ils elles | appelleraient |

IMPERATIVE

appelle
appelez
appelons

**Acheter:** (*to buy*) is an exception.

When the **t** occurs in a closed syllable (before an unstressed e), an **accent grave** is added to the preceding **e**.

PRESENT INDICATIVE

| j' | achète | nous | achetons |
|----|--------|------|----------|
| tu | achètes | vous | achetez |

| il elle | achète | ils elles | achètent |

PRESENT SUBJUNCTIVE

| que j' | achète | que nous | achetions |
|--------|--------|----------|-----------|
| que tu | achètes | que vous | achetiez |

| qu' il qu' elle | achète | qu' ils qu' elles | achètent |

FUTURE INDICATIVE

| j' | achèterai | nous | achèterons |
|----|-----------|------|------------|
| tu | achèteras | vous | achèterez |

| il elle | achètera | ils elles | achèteront |

PRESENT CONDITIONAL

| j' | achèterais | nous | achèterions |
|----|-----------|------|-------------|
| tu | achèterais | vous | achèteriez |

| il elle | achèterait | ils elles | achèteraient |

IMPERATIVE

achète
achetez
achetons

4. VERBS IN -E( )ER. Example: **lever** (*to raise*)

Whenever the consonant occurs in a closed syllable, an **accent grave** is added to the preceding **e**.

PRESENT INDICATIVE

| je | lève | nous | levons |
|----|------|------|--------|
| tu | lèves | vous | levez |

| il elle | lève | ils elles | lèvent |
|---------|------|-----------|--------|

PRESENT SUBJUNCTIVE

| que je | lève | que nous | levions |
|--------|------|----------|---------|
| que tu | lèves | que vous | leviez |

| qu' il qu' elle | lève | qu' ils qu' elles | lèvent |
|-----------------|------|-------------------|--------|

FUTURE INDICATIVE

| je | lèverai | nous | lèverons |
|----|---------|------|----------|
| tu | lèveras | vous | lèverez |

| il elle | lèvera | ils elles | lèveront |
|---------|--------|-----------|----------|

PRESENT CONDITIONAL

| je | lèverais | nous | lèverions |
|----|----------|------|-----------|
| tu | lèverais | vous | lèveriez |

| il elle | lèverait | ils elles | lèveraient |
|---------|----------|-----------|------------|

IMPERATIVE

lève
levez
levons

5. VERBS IN -É( )ER. Example: **céder** (*to yield*)

When the consonant occurs in a closed syllable, the **é** becomes **è**, except in the future indicative and present conditional, which remain unchanged.

PRESENT INDICATIVE

| je | cède | nous | cédons |
|----|------|------|--------|
| tu | cèdes | vous | cédez |

| il elle | cède | ils elles | cèdent |
|---------|------|-----------|--------|

PRESENT SUBJUNCTIVE

| que je | cède | que nous | cédions |
|--------|------|----------|---------|
| que tu | cèdes | que vous | cédiez |

| qu' il qu' elle | cède | qu' ils qu' elles | cèdent |
|-----------------|------|-------------------|--------|

FUTURE INDICATIVE

| je | céderai | nous | céderons |
|----|---------|------|----------|
| tu | céderas | vous | céderez |

| il | | ils | |
|----|---|-----|---|
| elle | } cédera | elles | } céderont |

PRESENT CONDITIONAL

| je | céderais | nous | céderions |
|----|----------|------|-----------|
| tu | céderais | vous | céderiez |

| il | | ils | |
|----|---|-----|---|
| elle | } céderait | elles | } céderaient |

IMPERATIVE

cède
cédez
cédons

## 6. VERBS IN -YER

a. Verbs in **-oyer** and **-uyer.** Example: **essuyer** (*to wipe*)

Whenever **y** occurs before an unstressed **e**, it is replaced by **i**.

PRESENT INDICATIVE

| j' | essuie | nous | essuyons |
|----|--------|------|----------|
| tu | essuies | vous | essuyez |

| il | | ils | |
|----|---|-----|---|
| elle | } essuie | elles | } essuient |

PRESENT SUBJUNCTIVE

| que j' | essuie | que nous | essuyions |
|--------|--------|----------|-----------|
| que tu | essuies | que vous | essuyiez |

| qu' il | | qu' ils | |
|--------|---|---------|---|
| qu' elle | } essuie | qu' elles | } essuient |

FUTURE INDICATIVE

| j' | essuierai | nous | essuierons |
|----|-----------|------|------------|
| tu | essuieras | vous | essuierez |

| il | | ils | |
|----|---|-----|---|
| elle | } essuiera | elles | } essuieront |

PRESENT CONDITIONAL

| j' | essuierais | nous | essuierions |
|----|------------|------|-------------|
| tu | essuierais | vous | essuieriez |

| il | | ils | |
|----|---|-----|---|
| elle | } essuierait | elles | } essuieraient |

IMPERATIVE

essuie
essuyez
essuyons

**Envoyer** (*to send*): has an irregular stem for the future indicative and the present conditional.

FUTURE INDICATIVE

| j' | enverrai | nous | enverrons |
|----|----------|------|-----------|
| tu | enverras | vous | enverrez |

| il | | ils | |
|----|---|-----|---|
| elle | } enverra | elles | } enverront |

PRESENT CONDITIONAL

| j' | enverrais | nous | enverrions |
|----|-----------|------|------------|
| tu | enverrais | vous | enverriez |

| il | | ils | |
|----|---|-----|---|
| elle | } enverrait | elles | } enverraient |

b. Verbs in **-ayer.** Example: **essayer** (*to try*)

These verbs may either conserve the **y** or change it to **i** before an unstressed **e**.

PRESENT INDICATIVE

| j' | essaye or essaie | nous | essayons |
|---|---|---|---|
| tu | essayes or essaies | vous | essayez |

| il elle | essaye or essaie | ils elles | essayent or essaient |
|---|---|---|---|

PRESENT SUBJUNCTIVE

| que j' | essaye or essaie | que nous essayions |
|---|---|---|
| que tu | essayes or essaies | que vous essayiez |

| qu' il qu'elle | essaye or essaie | qu' ils qu'elles | essayent or essaient |
|---|---|---|---|

FUTURE INDICATIVE

| j' | essayerai or essaierai | nous | essayerons or essaierons |
|---|---|---|---|
| tu | essayeras or essaieras | vous | essayerez or essaierez |

| il elle | essayera or essaiera | ils elles | essayeront or essaieront |
|---|---|---|---|

PRESENT CONDITIONAL

| j' | essayerais or essaierais | nous | essayerions or essaierions |
|---|---|---|---|
| tu | essayerais or essaierais | vous | essayeriez or essaieriez |

| il elle | essayerait or essaierait | ils elles | essayeraient or essaieraient |
|---|---|---|---|

IMPERATIVE

essaye or essaie
essayez
essayons

# Group III Verbs

1. INFINITIVE | PRESENT PARTICIPLE | PAST PARTICIPLE

aller *to go*  |  allant *going*  |  allé *gone*

PRESENT INDICATIVE

| je | vais | nous | allons |
|---|---|---|---|
| tu | vas | vous | allez |
| il elle } va | | ils elles } vont | |

PAST DEFINITE INDICATIVE

| j' | allai | nous | allâmes |
|---|---|---|---|
| tu | allas | vous | allâtes |
| il elle } alla | | ils elles } allèrent | |

IMPERFECT INDICATIVE

| j' | allais | nous | allions |
|---|---|---|---|
| tu | allais | vous | alliez |
| il elle } allait | | ils elles } allaient | |

PRESENT SUBJUNCTIVE

| que j' | aille | que nous | allions |
|---|---|---|---|
| que tu | ailles | que vous | alliez |
| qu' il qu' elle } aille | | qu' ils qu' elles } aillent | |

FUTURE INDICATIVE

| j' | irai | nous | irons |
|---|---|---|---|
| tu | iras | vous | irez |
| il elle } ira | | ils elles } iront | |

PRESENT CONDITIONAL

| j' | irais | nous | irions |
|---|---|---|---|
| tu | irais | vous | iriez |
| il elle } irait | | ils elles } iraient | |

IMPERATIVE

va
allez
allons

**S'en aller** follows this conjugation.

2. INFINITIVE | PRESENT PARTICIPLE | PAST PARTICIPLE

atteindre *to reach*  |  atteignant *reaching*  |  atteint *reached*

PRESENT INDICATIVE

| j' | atteins | nous | atteignons |
|---|---|---|---|
| tu | atteins | vous | atteignez |
| il elle } atteint | | ils elles } atteignent | |

PAST DEFINITE INDICATIVE

| j' | atteignis | nous | atteignîmes |
|---|---|---|---|
| tu | atteignis | vous | atteignîtes |
| il elle } atteignit | | ils elles } atteignirent | |

IMPERFECT INDICATIVE

| j' | atteignais | nous | atteignions |
| tu | atteignais | vous | atteigniez |

| il elle } atteignait | ils elles } atteignaient |

PRESENT SUBJUNCTIVE

| que j' | atteigne | que nous | atteignions |
| que tu | atteignes | que vous | atteigniez |

| qu' il qu' elle } atteigne | qu' ils qu' elles } atteignent |

FUTURE INDICATIVE

| j' | atteindrai | nous | atteindrons |
| tu | atteindras | vous | atteindrez |

| il elle } atteindra | ils elles } atteindront |

PRESENT CONDITIONAL

| j' | atteindrais | nous | atteindrions |
| tu | atteindrais | vous | atteindriez |

| il elle } atteindrait | ils elles } atteindraient |

IMPERATIVE

atteins
atteignez
atteignons

**Éteindre** and **peindre** follow this conjugation.

3. INFINITIVE

attendre *to wait*

PRESENT PARTICIPLE

attendant *waiting*

PAST PARTICIPLE

attendu *waited*

PRESENT INDICATIVE

| j' | attends | nous | attendons |
| tu | attends | vous | attendez |

| il elle } attend | ils elles } attendent |

PAST DEFINITE INDICATIVE

| j' | attendis | nous | attendîmes |
| tu | attendis | vous | attendîtes |

| il elle } attendit | ils elles } attendirent |

IMPERFECT INDICATIVE

| j' | attendais | nous | attendions |
| tu | attendais | vous | attendiez |

| il elle } attendait | ils elles } attendaient |

PRESENT SUBJUNCTIVE

| que j' | attende | que nous | attendions |
| que tu | attendes | que vous | attendiez |

| qu' il qu' elle } attende | qu' ils qu' elles } attendent |

FUTURE INDICATIVE

| j' | attendrai | nous | attendrons |
| tu | attendras | vous | attendrez |

| il elle } attendra | ils elles } attendront |

PRESENT CONDITIONAL

| j' | attendrais | nous | attendrions |
| tu | attendrais | vous | attendriez |

| il elle } attendrait | ils elles } attendraient |

IMPERATIVE

attends
attendez
attendons

Other verbs that follow this conjugation: Verbs in **-dre** except **prendre** and its compounds. Examples: **répondre, entendre, perdre, vendre, descendre, rendre, mordre, tendre, correspondre. Interrompre** follows this conjugation, but takes a **t** at the third person singular, present indicative: **il interrompt.**

4. INFINITIVE

asseoir  *to sit*

PRESENT PARTICIPLE

asseyant or  *sitting*
assoyant

PAST PARTICIPLE

assis  *sat*

PRESENT INDICATIVE

| j' | assieds | nous | asseyons |
| tu | assieds | vous | asseyez |
| il elle } | assied | ils elles } | asseyent |

or

| j' | assois | nous | assoyons |
| tu | assois | vous | assoyez |
| il elle } | assoit | ils elles } | assoient |

PAST DEFINITE INDICATIVE

| j' | assis | nous | assîmes |
| tu | assis | vous | assîtes |
| il elle } | assit | ils elles } | assirent |

IMPERFECT INDICATIVE

| j' | asseyais | nous | asseyions |
| tu | asseyais | vous | asseyiez |
| il elle } | asseyait | ils elles } | asseyaient |

or

| j' | assoyais | nous | assoyions |
| tu | assoyais | vous | assoyiez |
| il elle } | assoyait | ils elles } | assoyaient |

PRESENT SUBJUNCTIVE

| que j' | asseye | que nous | asseyions |
| que tu | asseyes | que vous | asseyiez |
| qu' il qu' elle } | asseye | qu' ils qu' elles } | asseyent |

or

| que j' | assoie | que nous | assoyions |
| que t' | assoies | que vous | assoyiez |
| qu' il qu' elle } | assoie | qu' ils qu' elles } | assoient |

FUTURE INDICATIVE

| j' | assiérai | nous | assiérons |
|----|----------|------|-----------|
| tu | assiéras | vous | assiérez |

| il elle } | assiéra | ils elles } | assiéront |

or

| j' | assoirai | nous | assoirons |
|----|----------|------|-----------|
| tu | assoiras | vous | assoirez |

| il elle } | assoira | ils elles } | assoiront |

PRESENT CONDITIONAL

| j' | assiérais | nous | assiérions |
|----|-----------|------|------------|
| tu | assiérais | vous | assiériez |

| il elle } | assiérait | ils elles } | assiéraient |

or

| j' | assoirais | nous | assoirions |
|----|-----------|------|------------|
| tu | assoirais | vous | assoiriez |

| il elle } | assoirait | ils elles } | assoiraient |

IMPERATIVE

| assieds | | assois |
|---------|----|--------|
| asseyez | or | assoyez |
| asseyons | | assoyons |

This verb is mostly used in its reflexive form: **s'asseoir.**

5. INFINITIVE

avoir  *to have*

PRESENT PARTICIPLE

ayant *having*

PAST PARTICIPLE

eu *had*

PRESENT INDICATIVE

| j' | ai | nous | avons |
|----|----|------|-------|
| tu | as | vous | avez |

| il elle } | a | ils elles } | ont |

PAST DEFINITE INDICATIVE

| j' | eus | nous | eûmes |
|----|-----|------|-------|
| tu | eus | vous | eûtes |

| il elle } | eut | ils elles } | eurent |

IMPERFECT INDICATIVE

| j' | avais | nous | avions |
|----|-------|------|--------|
| tu | avais | vous | aviez |

| il elle } | avait | ils elles } | avaient |

PRESENT SUBJUNCTIVE

| qu j' | aie | que nous | ayons |
|-------|-----|----------|-------|
| que tu | aies | que vous | ayez |

| qu' il qu' elle } | ait | qu' ils qu' elles } | aient |

FUTURE INDICATIVE

| j' | aurai | nous | aurons |
|----|-------|------|--------|
| tu | auras | vous | aurez |

| il elle } | aura | ils elles } | auront |

PRESENT CONDITIONAL

| j' | aurais | nous | aurions |
|----|--------|------|---------|
| tu | aurais | vous | auriez |

| il elle } | aurait | ils elles } | auraient |

IMPERATIVE

aie
ayez
ayons

6. INFINITIVE  PRESENT PARTICIPLE  PAST PARTICIPLE

battre *to beat*  battant *beating*  battu *beaten*

PRESENT INDICATIVE

| je | bats | nous | battons |
|----|------|------|---------|
| tu | bats | vous | battez |
| il elle } | bat | ils elles } | battent |

PAST DEFINITE INDICATIVE

| je | battis | nous | battîmes |
|----|--------|------|----------|
| tu | battis | vous | battîtes |
| il elle } | battit | ils elles } | battirent |

IMPERFECT INDICATIVE

| je | battais | nous | battions |
|----|---------|------|----------|
| tu | battais | vous | battiez |
| il elle } | battait | ils elles } | battaient |

PRESENT SUBJUNCTIVE

| que je | batte | que nous | battions |
|--------|-------|----------|----------|
| que tu | battes | que vous | battiez |
| qu' il qu' elle } | batte | qu' ils qu' elles } | battent |

FUTURE INDICATIVE

| je | battrai | nous | battrons |
|----|---------|------|----------|
| tu | battras | vous | battrez |
| il elle } | battra | ils elles } | battront |

PRESENT CONDITIONAL

| je | battrais | nous | battrions |
|----|----------|------|-----------|
| tu | battrais | vous | battriez |
| il elle } | battrait | ils elles } | battraient |

IMPERATIVE

bats
battez
battons

7. INFINITIVE  PRESENT PARTICIPLE  PAST PARTICIPLE

boire *to drink*  buvant *drinking*  bu *drunk*

PRESENT INDICATIVE

| je | bois | nous | buvons |
|----|------|------|--------|
| tu | bois | vous | buvez |
| il elle } | boit | ils elles } | boivent |

PAST DEFINITE INDICATIVE

| je | bus | nous | bûmes |
|----|-----|------|-------|
| tu | bus | vous | bûtes |
| il elle } | but | ils elles } | burent |

### IMPERFECT INDICATIVE

| | | | |
|---|---|---|---|
| je | buvais | nous | buvions |
| tu | buvais | vous | buviez |

| | | | |
|---|---|---|---|
| il elle } | buvait | ils elles } | buvaient |

### PRESENT SUBJUNCTIVE

| | | | |
|---|---|---|---|
| que je | boive | que nous | buvions |
| que tu | boives | que vous | buviez |

| | | | |
|---|---|---|---|
| qu' il qu' elle } | boive | qu' ils qu' elles } | boivent |

### FUTURE INDICATIVE

| | | | |
|---|---|---|---|
| je | boirai | nous | boirons |
| tu | boiras | vous | boirez |

| | | | |
|---|---|---|---|
| il elle } | boira | ils elles } | boiront |

### PRESENT CONDITIONAL

| | | | |
|---|---|---|---|
| je | boirais | nous | boirions |
| tu | boirais | vous | boiriez |

| | | | |
|---|---|---|---|
| il elle } | boirait | ils elles } | boiraient |

### IMPERATIVE

bois
buvez
buvons

8. **INFINITIVE**

connaître *to know*

**PRESENT PARTICIPLE**

connaissant *knowing*

**PAST PARTICIPLE**

connu *known*

### PRESENT INDICATIVE

| | | | |
|---|---|---|---|
| je | connais | nous | connaissons |
| tu | connais | vous | connaissez |

| | | | |
|---|---|---|---|
| il elle } | connaît | ils elles } | connaissent |

### PAST DEFINITE INDICATIVE

| | | | |
|---|---|---|---|
| je | connus | nous | connûmes |
| tu | connus | vous | connûtes |

| | | | |
|---|---|---|---|
| il elle } | connut | ils elles } | connurent |

### IMPERFECT INDICATIVE

| | | | |
|---|---|---|---|
| je | connaissais | nous | connaissions |
| tu | connaissais | vous | connaissiez |

| | | | |
|---|---|---|---|
| il elle } | connaissait | ils elles } | connaissaient |

### PRESENT SUBJUNCTIVE

| | | | |
|---|---|---|---|
| que je | connaisse | que nous | connaissions |
| que tu | connaisses | que vous | connaissiez |

| | | | |
|---|---|---|---|
| qu' il qu' elle } | connaisse | qu' ils qu' elles } | connaissent |

### FUTURE INDICATIVE

| | | | |
|---|---|---|---|
| je | connaîtrai | nous | connaîtrons |
| tu | connaîtras | vous | connaîtrez |

| | | | |
|---|---|---|---|
| il elle } | connaîtra | ils elles } | connaîtront |

### PRESENT CONDITIONAL

| | | | |
|---|---|---|---|
| je | connaîtrais | nous | connaîtrions |
| tu | connaîtrais | vous | connaîtriez |

| | | | |
|---|---|---|---|
| il elle } | connaîtrait | ils elles } | connaîtraient |

IMPERATIVE

connais
connaissez
connaissons

**Paraître and disparaître** follow this conjugation.

9. INFINITIVE      PRESENT PARTICIPLE      PAST PARTICIPLE

coudre   *to sew*        cousant   *sewing*        cousu   *sewn*

PRESENT INDICATIVE

| je | couds | nous | cousons |
|----|-------|------|---------|
| tu | couds | vous | cousez |
| il<br>elle } | coud | ils<br>elles } | cousent |

PAST DEFINITE INDICATIVE

| je | cousis | nous | cousîmes |
|----|--------|------|----------|
| tu | cousis | vous | cousîtes |
| il<br>elle } | cousit | ils<br>elles } | cousirent |

IMPERFECT INDICATIVE

| je | cousais | nous | cousions |
|----|---------|------|----------|
| tu | cousais | vous | cousiez |
| il<br>elle } | cousait | ils<br>elles } | cousaient |

PRESENT SUBJUNCTIVE

| que je | couse | que nous | cousions |
|--------|-------|----------|----------|
| que tu | couses | que vous | cousiez |
| qu' il<br>qu' elle } | couse | qu' ils<br>qu' elles } | cousent |

FUTURE INDICATIVE

| je | coudrai | nous | coudrons |
|----|---------|------|----------|
| tu | coudras | vous | coudrez |
| il<br>elle } | coudra | ils<br>elles } | coudront |

PRESENT CONDITIONAL

| je | coudrais | nous | coudrions |
|----|----------|------|-----------|
| tu | coudrais | vous | coudriez |
| il<br>elle } | coudrait | ils<br>elles } | coudraient |

IMPERATIVE

couds
cousez
cousons

10. INFINITIVE      PRESENT PARTICIPLE      PAST PARTICIPLE

courir   *to run*        courant   *running*        couru   *run*

PRESENT INDICATIVE

| je | cours | nous | courons |
|----|-------|------|---------|
| tu | cours | vous | courez |
| il<br>elle } | court | ils<br>elles } | courent |

PAST DEFINITE INDICATIVE

| je | courus | nous | courûmes |
|----|--------|------|----------|
| tu | courus | vous | courûtes |
| il<br>elle } | courut | ils<br>elles } | coururent |

### Imperfect Indicative

| | | | |
|---|---|---|---|
| je | courais | nous | courions |
| tu | courais | vous | couriez |
| il elle } | courait | ils elles } | couraient |

### Present Subjunctive

| | | | |
|---|---|---|---|
| que je | coure | que nous | courions |
| que tu | coures | que vous | couriez |
| qu' il qu' elle } | coure | qu' ils qu' elles } | courent |

### Future Indicative

| | | | |
|---|---|---|---|
| je | courrai | nous | courrons |
| tu | courras | vous | courrez |
| il elle } | courra | ils elles } | courront |

### Present Conditional

| | | | |
|---|---|---|---|
| je | courrais | nous | courrions |
| tu | courrais | vous | courriez |
| il elle } | courrait | ils elles } | courraient |

### Imperative

cours
courez
courons

---

11. **Infinitive**

craindre  *to fear*

**Present Participle**

craignant  *fearing*

**Past Participle**

craint  *feared*

### Present Indicative

| | | | |
|---|---|---|---|
| je | crains | nous | craignons |
| tu | crains | vous | craignez |
| il elle } | craint | ils elles } | craignent |

### Past Definite Indicative

| | | | |
|---|---|---|---|
| je | craignis | nous | craignîmes |
| tu | craignis | vous | craignîtes |
| il elle } | craignit | ils elles } | craignirent |

### Imperfect Indicative

| | | | |
|---|---|---|---|
| je | craignais | nous | craignions |
| tu | craignais | vous | craigniez |
| il elle } | craignait | ils elles } | craignaient |

### Present Subjunctive

| | | | |
|---|---|---|---|
| que je | craigne | que nous | craignions |
| que tu | craignes | que vous | craigniez |
| qu' il qu' elle } | craigne | qu' ils qu' elles } | craignent |

### Future Indicative

| | | | |
|---|---|---|---|
| je | craindrai | nous | craindrons |
| tu | craindras | vous | craindrez |
| il elle } | craindra | ils elles } | craindront |

### Present Conditional

| | | | |
|---|---|---|---|
| je | craindrais | nous | craindrions |
| tu | craindrais | vous | craindriez |
| il elle } | craindrait | ils elles } | craindraient |

IMPERATIVE

crains
craignez
craignons

**Plaindre** follows this conjugation.

12. INFINITIVE                   PRESENT PARTICIPLE                    PAST PARTICIPLE

croire  *to believe*            croyant  *believing*                 cru  *believed*

| PRESENT INDICATIVE | | | | | PAST DEFINITE INDICATIVE | | | |
|---|---|---|---|---|---|---|---|---|
| je | crois | nous | croyons | | je | crus | nous | crûmes |
| tu | crois | vous | croyez | | tu | crus | vous | crûtes |
| il elle } | croit | ils elles } | croient | | il elle } | crut | ils elles } | crurent |

| IMPERFECT INDICATIVE | | | | | PRESENT SUBJUNCTIVE | | | |
|---|---|---|---|---|---|---|---|---|
| je | croyais | nous | croyions | | que je | croie | que nous | croyions |
| tu | croyais | vous | croyiez | | que tu | croies | que vous | croyiez |
| il elle } | croyait | ils elles } | croyaient | | qu' il qu' elle } | croie | qu' ils qu' elles } | croient |

| FUTURE INDICATIVE | | | | | PRESENT CONDITIONAL | | | |
|---|---|---|---|---|---|---|---|---|
| je | croirai | nous | croirons | | je | croirais | nous | croirions |
| tu | croiras | vous | croirez | | tu | croirais | vous | croiriez |
| il elle } | croira | ils elles } | croiront | | il elle } | croirait | ils elles } | croiraient |

IMPERATIVE

crois
croyez
croyons

13. INFINITIVE                   PRESENT PARTICIPLE                    PAST PARTICIPLE

cueillir  *to pick*             cueillant  *picking*                 cueilli  *picked*

| PRESENT INDICATIVE | | | | | PAST DEFINITE INDICATIVE | | | |
|---|---|---|---|---|---|---|---|---|
| je | cueille | nous | cueillons | | je | cueillis | nous | cueillîmes |
| tu | cueilles | vous | cueillez | | tu | cueillis | vous | cueillîtes |
| il elle } | cueille | ils elles } | cueillent | | il elle } | cueillit | ils elles } | cueillirent |

### IMPERFECT INDICATIVE

| je | cueillais | nous | cueillions |
|----|-----------|------|------------|
| tu | cueillais | vous | cueilliez |

| il elle } | cueillait | ils elles } | cueillaient |
|-----------|-----------|-------------|-------------|

### PRESENT SUBJUNCTIVE

| que je | cueille | que nous | cueillions |
|--------|---------|----------|------------|
| que tu | cueilles | que vous | cueilliez |

| qu' il qu' elle } | cueille | qu' ils qu' elles } | cueillent |
|-------------------|---------|---------------------|-----------|

### FUTURE INDICATIVE

| je | cueillerai | nous | cueillerons |
|----|-----------|------|-------------|
| tu | cueilleras | vous | cueillerez |

| il elle } | cueillera | ils elles } | cueilleront |
|-----------|-----------|-------------|-------------|

### PRESENT CONDITIONAL

| je | cueillerais | nous | cueillerions |
|----|-------------|------|--------------|
| tu | cueillerais | vous | cueilleriez |

| il elle } | cueillerait | ils elles } | cueilleraient |
|-----------|-------------|-------------|---------------|

### IMPERATIVE

cueille
cueillez
cueillons

**Accueillir** and **recueillir** follow this conjugation.

14.

| INFINITIVE | PRESENT PARTICIPLE | PAST PARTICIPLE |
|------------|--------------------|-----------------|
| devoir *must, to have to* | devant *having to* | dû *had to* |

### PRESENT INDICATIVE

| je | dois | nous | devons |
|----|------|------|--------|
| tu | dois | vous | devez |

| il elle } | doit | ils elles } | doivent |
|-----------|------|-------------|---------|

### PAST DEFINITE INDICATIVE

| je | dus | nous | dûmes |
|----|-----|------|-------|
| tu | dus | vous | dûtes |

| il elle } | dut | ils elles } | durent |
|-----------|-----|-------------|--------|

### IMPERFECT INDICATIVE

| je | devais | nous | devions |
|----|--------|------|---------|
| tu | devais | vous | deviez |

| il elle } | devait | ils elles } | devaient |
|-----------|--------|-------------|----------|

### PRESENT SUBJUNCTIVE

| que je | doive | que nous | devions |
|--------|-------|----------|---------|
| que tu | doives | que vous | deviez |

| qu' il qu' elle } | doive | qu' ils qu' elles } | doivent |
|-------------------|-------|---------------------|---------|

### FUTURE INDICATIVE

| je | devrai | nous | devrons |
|----|--------|------|---------|
| tu | devras | vous | devrez |

| il elle } | devra | ils elles } | devront |
|-----------|-------|-------------|---------|

### PRESENT CONDITIONAL

| je | devrais | nous | devrions |
|----|---------|------|----------|
| tu | devrais | vous | devriez |

| il elle } | devrait | ils elles } | devraient |
|-----------|---------|-------------|-----------|

IMPERATIVE

dois
devez
devons

15. INFINITIVE | PRESENT PARTICIPLE | PAST PARTICIPLE

dire  *to say*      disant  *saying*      dit  *said*

PRESENT INDICATIVE

| je | dis | nous | disons |
| tu | dis | vous | dites |
| il elle | dit | ils elles | disent |

PAST DEFINITE INDICATIVE

| je | dis | nous | dîmes |
| tu | dis | vous | dîtes |
| il elle | dit | ils elles | dirent |

IMPERFECT INDICATIVE

| je | disais | nous | disions |
| tu | disais | vous | disiez |
| il elle | disait | ils elles | disaient |

PRESENT SUBJUNCTIVE

| que je | dise | que nous | disions |
| que tu | dises | que vous | disiez |
| qu' il qu' elle | dise | qu' ils qu' elles | disent |

FUTURE INDICATIVE

| je | dirai | nous | dirons |
| tu | diras | vous | direz |
| il elle | dira | ils elles | diront |

PRESENT CONDITIONAL

| je | dirais | nous | dirions |
| tu | dirais | vous | diriez |
| il elle | dirait | ils elles | diraient |

IMPERATIVE

dis
dites
disons

16. INFINITIVE | PRESENT PARTICIPLE | PAST PARTICIPLE

distraire  *to distract*      distrayant  *distracting*      distrait  *distracted*

PRESENT INDICATIVE

| je | distrais | nous | distrayons |
| tu | distrais | vous | distrayez |
| il elle | distrait | ils elles | distraient |

PAST DEFINITE INDICATIVE

does not exist

### IMPERFECT INDICATIVE

| | | | |
|---|---|---|---|
| je | distrayais | nous | distrayions |
| tu | distrayais | vous | distrayiez |

| | | | |
|---|---|---|---|
| il<br>elle } | distrayait | ils<br>elles } | distrayaient |

### PRESENT SUBJUNCTIVE

| | | | |
|---|---|---|---|
| que je | distraie | que nous | distrayions |
| que tu | distraies | que vous | distrayiez |

| | | | |
|---|---|---|---|
| qu' il<br>qu' elle } | distraie | qu' ils<br>qu' elles } | distraient |

### FUTURE INDICATIVE

| | | | |
|---|---|---|---|
| je | distrairai | nous | distrairons |
| tu | distrairas | vous | distrairez |

| | | | |
|---|---|---|---|
| il<br>elle } | distraira | ils<br>elles } | distrairont |

### PRESENT CONDITIONAL

| | | | |
|---|---|---|---|
| je | distrairais | nous | distrairions |
| tu | distrairais | vous | distrairiez |

| | | | |
|---|---|---|---|
| il<br>elle } | distrairait | ils<br>elles } | distrairaient |

### IMPERATIVE

distrais
distrayez
distrayons

**Extraire** follows this conjugation.

17. **INFINITIVE**      **PRESENT PARTICIPLE**      **PAST PARTICIPLE**

dormir   *to sleep*      dormant   *sleeping*      dormi   *slept*

### PRESENT INDICATIVE

| | | | |
|---|---|---|---|
| je | dors | nous | dormons |
| tu | dors | vous | dormez |

| | | | |
|---|---|---|---|
| il<br>elle } | dort | ils<br>elles } | dorment |

### PAST DEFINITE INDICATIVE

| | | | |
|---|---|---|---|
| je | dormis | nous | dormîmes |
| tu | dormis | vous | dormîtes |

| | | | |
|---|---|---|---|
| il<br>elle } | dormit | ils<br>elles } | dormirent |

### IMPERFECT INDICATIVE

| | | | |
|---|---|---|---|
| je | dormais | nous | dormions |
| tu | dormais | vous | dormiez |

| | | | |
|---|---|---|---|
| il<br>elle } | dormait | ils<br>elles } | dormaient |

### PRESENT SUBJUNCTIVE

| | | | |
|---|---|---|---|
| que je | dorme | que nous | dormions |
| que tu | dormes | que vous | dormiez |

| | | | |
|---|---|---|---|
| qu' il<br>qu' elle } | dorme | qu' ils<br>qu' elles } | dorment |

### FUTURE INDICATIVE

| | | | |
|---|---|---|---|
| je | dormirai | nous | dormirons |
| tu | dormiras | vous | dormirez |

| | | | |
|---|---|---|---|
| il<br>elle } | dormira | ils<br>elles } | dormiront |

### PRESENT CONDITIONAL

| | | | |
|---|---|---|---|
| je | dormirais | nous | dormirions |
| tu | dormirais | vous | dormiriez |

| | | | |
|---|---|---|---|
| il<br>elle } | dormirait | ils<br>elles } | dormiraient |

IMPERATIVE

dors
dormez
dormons

**S'endormir** follows this conjugation.

18. INFINITIVE      PRESENT PARTICIPLE      PAST PARTICIPLE

écrire  *to write*      écrivant  *writing*      écrit  *written*

PRESENT INDICATIVE

| j' | écris | nous | écrivons |
|----|-------|------|----------|
| tu | écris | vous | écrivez |
| il elle } | écrit | ils elles } | écrivent |

PAST DEFINITE INDICATIVE

| j' | écrivis | nous | écrivîmes |
|----|---------|------|-----------|
| tu | écrivis | vous | écrivîtes |
| il elle } | écrivit | ils elles } | écrivirent |

IMPERFECT INDICATIVE

| j' | écrivais | nous | écrivions |
|----|----------|------|-----------|
| tu | écrivais | vous | écriviez |
| il elle } | écrivait | ils elles } | écrivaient |

PRESENT SUBJUNCTIVE

| que j' | écrive | que nous | écrivions |
|--------|--------|----------|-----------|
| que tu | écrives | que vous | écriviez |
| qu' il qu' elle } | écrive | qu' ils qu' elles } | écrivent |

FUTURE INDICATIVE

| j' | écrirai | nous | écrirons |
|----|---------|------|----------|
| tu | écriras | vous | écrirez |
| il elle } | écrira | ils elles } | écriront |

PRESENT CONDITIONAL

| j' | écrirais | nous | écririons |
|----|----------|------|-----------|
| tu | écrirais | vous | écririez |
| il elle } | écrirait | ils elles } | écriraient |

IMPERATIVE

écris
écrivez
écrivons

**Décrire** and verbs in **-scrire** follow this conjugation: **inscrire**, etc.

19. INFINITIVE      PRESENT PARTICIPLE      PAST PARTICIPLE

être  *to be*      étant  *being*      été  *been*

PRESENT INDICATIVE

| je | suis | nous | sommes |
|----|------|------|--------|
| tu | es | vous | êtes |
| il elle } | est | ils elles } | sont |

PAST DEFINITE INDICATIVE

| je | fus | nous | fûmes |
|----|-----|------|-------|
| tu | fus | vous | fûtes |
| il elle } | fut | ils elles } | furent |

### IMPERFECT INDICATIVE

| j' | étais | nous | étions |
|----|-------|------|--------|
| tu | étais | vous | étiez |

| il / elle | était | ils / elles | étaient |
|-----------|-------|-------------|---------|

### PRESENT SUBJUNCTIVE

| que je | sois | que nous | soyons |
|--------|------|----------|--------|
| que tu | sois | que vous | soyez |

| qu' il / qu' elle | soit | qu' ils / qu' elles | soient |
|-------------------|------|---------------------|--------|

### FUTURE INDICATIVE

| je | serai | nous | serons |
|----|-------|------|--------|
| tu | seras | vous | serez |

| il / elle | sera | ils / elles | seront |
|-----------|------|-------------|--------|

### PRESENT CONDITIONAL

| je | serais | nous | serions |
|----|--------|------|---------|
| tu | serais | vous | seriez |

| il / elle | serait | ils / elles | seraient |
|-----------|--------|-------------|----------|

### IMPERATIVE

sois
soyez
soyons

---

20.

| INFINITIVE | PRESENT PARTICIPLE | PAST PARTICIPLE |
|------------|--------------------|-----------------|
| faire  *to do, to make* | faisant  *doing* | fait  *done* |

### PRESENT INDICATIVE

| je | fais | nous | faisons |
|----|------|------|---------|
| tu | fais | vous | faites |

| il / elle | fait | ils / elles | font |
|-----------|------|-------------|------|

### PAST DEFINITE INDICATIVE

| je | fis | nous | fîmes |
|----|-----|------|-------|
| tu | fis | vous | fîtes |

| il / elle | fit | ils / elles | firent |
|-----------|-----|-------------|--------|

### IMPERFECT INDICATIVE

| je | faisais | nous | faisions |
|----|---------|------|----------|
| tu | faisais | vous | faisiez |

| il / elle | faisait | ils / elles | faisaient |
|-----------|---------|-------------|-----------|

### PRESENT SUBJUNCTIVE

| que je | fasse | que nous | fassions |
|--------|-------|----------|----------|
| que tu | fasses | que vous | fassiez |

| qu' il / qu' elle | fasse | qu' ils / qu' elles | fassent |
|-------------------|-------|---------------------|---------|

### FUTURE INDICATIVE

| je | ferai | nous | ferons |
|----|-------|------|--------|
| tu | feras | vous | ferez |

| il / elle | fera | ils / elles | feront |
|-----------|------|-------------|--------|

### PRESENT CONDITIONAL

| je | ferais | nous | ferions |
|----|--------|------|---------|
| tu | ferais | vous | feriez |

| il / elle | ferait | ils / elles | feraient |
|-----------|--------|-------------|----------|

IMPERATIVE

fais
faites
faisons

All verbs ending in **-faire** follow this conjugation: **satisfaire, défaire, refaire**, etc.

21. INFINITIVE

falloir (impersonal verb) *must, to have to*

PAST PARTICIPLE

fallu *had to*

| PRESENT INDICATIVE | PAST DEFINITE INDICATIVE |
|---|---|
| il faut | il fallut |

| IMPERFECT INDICATIVE | PRESENT SUBJUNCTIVE |
|---|---|
| il fallait | qu'il faille |

| FUTURE INDICATIVE | PRESENT CONDITIONAL |
|---|---|
| il faudra | il faudrait |

22. INFINITIVE

fuir *to flee*

PRESENT PARTICIPLE

fuyant *fleeing*

PAST PARTICIPLE

fui *fled*

PRESENT INDICATIVE

| je | fuis | nous | fuyons |
|---|---|---|---|
| tu | fuis | vous | fuyez |
| il elle } | fuit | ils elles } | fuient |

PAST DEFINITE INDICATIVE

| je | fuis | nous | fuîmes |
|---|---|---|---|
| tu | fuis | vous | fuîtes |
| il elle } | fuit | ils elles } | fuirent |

IMPERFECT INDICATIVE

| je | fuyais | nous | fuyions |
|---|---|---|---|
| tu | fuyais | vous | fuyiez |
| il elle } | fuyait | ils elles } | fuyaient |

PRESENT SUBJUNCTIVE

| que je | fuie | que nous | fuyions |
|---|---|---|---|
| que tu | fuies | que vous | fuyiez |
| qu' il qu' elle } | fuie | qu' ils qu' elles } | fuient |

FUTURE INDICATIVE

| je | fuirai | nous | fuirons |
|---|---|---|---|
| tu | fuiras | vous | fuirez |
| il elle } | fuira | ils elles } | fuiront |

PRESENT CONDITIONAL

| je | fuirais | nous | fuirions |
|---|---|---|---|
| tu | fuirais | vous | fuiriez |
| il elle } | fuirait | ils elles } | fuiraient |

IMPERATIVE

fuis
fuyez
fuyons

**S'enfuir** follows this conjugation.

23. INFINITIVE             PRESENT PARTICIPLE              PAST PARTICIPLE

joindre   *to join*        joignant   *joining*           joint   *joined*

PRESENT INDICATIVE                          PAST DEFINITE INDICATIVE

| je | joins | nous | joignons | je | joignis | nous | joignîmes |
|----|-------|------|----------|----|---------|------|-----------|
| tu | joins | vous | joignez | tu | joignis | vous | joignîtes |

| il | } joint | ils | } joignent | il | } joignit | ils | } joignirent |
|----|---------|-----|-----------|----|-----------|-----|-------------|
| elle | | elles | | elle | | elles | |

IMPERFECT INDICATIVE                         PRESENT SUBJUNCTIVE

| je | joignais | nous | joignions | que je | joigne | que nous | joignions |
|----|----------|------|-----------|--------|--------|----------|-----------|
| tu | joignais | vous | joigniez | que tu | joignes | que vous | joigniez |

| il | } joignait | ils | } joignaient | qu' il | } joigne | qu' ils | } joignent |
|----|-----------|-----|-------------|--------|----------|---------|------------|
| elle | | elles | | qu' elle | | qu' elles | |

FUTURE INDICATIVE                            PRESENT CONDITIONAL

| je | joindrai | nous | joindrons | je | joindrais | nous | joindrions |
|----|----------|------|-----------|----|-----------|------|------------|
| tu | joindras | vous | joindrez | tu | joindrais | vous | joindriez |

| il | } joindra | ils | } joindront | il | } joindrait | ils | } joindraient |
|----|----------|-----|------------|----|-------------|-----|--------------|
| elle | | elles | | elle | | elles | |

IMPERATIVE

joins
joignez
joignons

24. INFINITIVE             PRESENT PARTICIPLE              PAST PARTICIPLE

lire   *to read*           lisant   *reading*             lu   *read*

PRESENT INDICATIVE                          PAST DEFINITE INDICATIVE

| je | lis | nous | lisons | je | lus | nous | lûmes |
|----|-----|------|--------|----|-----|------|-------|
| tu | lis | vous | lisez | tu | lus | vous | lûtes |

| il | } lit | ils | } lisent | il | } lut | ils | } lurent |
|----|-------|-----|----------|----|-------|-----|----------|
| elle | | elles | | elle | | elles | |

| IMPERFECT INDICATIVE | | | |
|---|---|---|---|
| je | lisais | nous | lisions |
| tu | lisais | vous | lisiez |
| il elle } lisait | | ils elles } lisaient | |

| PRESENT SUBJUNCTIVE | | | |
|---|---|---|---|
| que je | lise | que nous | lisions |
| que tu | lises | que vous | lisiez |
| qu' il qu' elle } lise | | qu' ils qu' elles } lisent | |

| FUTURE INDICATIVE | | | |
|---|---|---|---|
| je | lirai | nous | lirons |
| tu | liras | vous | lirez |
| il elle } lira | | ils elles } liront | |

| PRESENT CONDITIONAL | | | |
|---|---|---|---|
| je | lirais | nous | lirions |
| tu | lirais | vous | liriez |
| il elle } lirait | | ils elles } liraient | |

IMPERATIVE

lis
lisez
lisons

25.

| INFINITIVE | PRESENT PARTICIPLE | PAST PARTICIPLE |
|---|---|---|
| mettre *to put* | mettant *putting* | mis *put* |

| PRESENT INDICATIVE | | | |
|---|---|---|---|
| je | mets | nous | mettons |
| tu | mets | vous | mettez |
| il elle } met | | ils elles } mettent | |

| PAST DEFINITE INDICATIVE | | | |
|---|---|---|---|
| je | mis | nous | mîmes |
| tu | mis | vous | mîtes |
| il elle } mit | | ils elles } mirent | |

| IMPERFECT INDICATIVE | | | |
|---|---|---|---|
| je | mettais | nous | mettions |
| tu | mettais | vous | mettiez |
| il elle } mettait | | ils elles } mettaient | |

| PRESENT SUBJUNCTIVE | | | |
|---|---|---|---|
| que je | mette | que nous | mettions |
| que tu | mettes | que vous | mettiez |
| qu' il qu' elle } mette | | qu' ils qu' elles } mettent | |

| FUTURE INDICATIVE | | | |
|---|---|---|---|
| je | mettrai | nous | mettrons |
| tu | mettras | vous | mettrez |
| il elle } mettra | | ils elles } mettront | |

| PRESENT CONDITIONAL | | | |
|---|---|---|---|
| je | mettrais | nous | mettrions |
| tu | mettrais | vous | mettriez |
| il elle } mettrait | | ils elles } mettraient | |

IMPERATIVE

mets
mettez
mettons

All verbs in **-mettre** follow this conjugation: **promettre, admettre,** etc.

26. INFINITIVE           PRESENT PARTICIPLE        PAST PARTICIPLE

mourir  *to die*        mourant  *dying*        mort  *dead*

PRESENT INDICATIVE

| je | meurs | nous | mourons |
|----|-------|------|---------|
| tu | meurs | vous | mourez |
| il elle } | meurt | ils elles } | meurent |

PAST DEFINITE INDICATIVE

| je | mourus | nous | mourûmes |
|----|--------|------|----------|
| tu | mourus | vous | mourûtes |
| il elle } | mourut | ils elles } | moururent |

IMPERFECT INDICATIVE

| je | mourais | nous | mourions |
|----|---------|------|----------|
| tu | mourais | vous | mouriez |
| il elle } | mourait | ils elles } | mouraient |

PRESENT SUBJUNCTIVE

| que je | meure | que nous | mourions |
|--------|-------|----------|----------|
| que tu | meures | que vous | mouriez |
| qu' il qu' elle } | meure | qu' ils qu' elles } | meurent |

FUTURE INDICATIVE

| je | mourrai | nous | mourrons |
|----|---------|------|----------|
| tu | mourras | vous | mourrez |
| il elle } | mourra | ils elles } | mourront |

PRESENT CONDITIONAL

| je | mourrais | nous | mourrions |
|----|----------|------|-----------|
| tu | mourrais | vous | mourriez |
| il elle } | mourrait | ils elles } | mourraient |

IMPERATIVE

meurs
mourez
mourons

27. INFINITIVE           PRESENT PARTICIPLE        PAST PARTICIPLE

naître  *to be born*        naissant  *being born*        né  *born*

PRESENT INDICATIVE

| je | nais | nous | naissons |
|----|------|------|----------|
| tu | nais | vous | naissez |
| il elle } | naît | ils elles } | naissent |

PAST DEFINITE INDICATIVE

| je | naquis | nous | naquîmes |
|----|--------|------|----------|
| tu | naquis | vous | naquîtes |
| il elle } | naquit | ils elles } | naquirent |

IMPERFECT INDICATIVE

| | | | |
|---|---|---|---|
| je | naissais | nous | naissions |
| tu | naissais | vous | naissiez |

| | | | |
|---|---|---|---|
| il / elle } | naissait | ils / elles } | naissaient |

PRESENT SUBJUNCTIVE

| | | | |
|---|---|---|---|
| que je | naisse | que nous | naissions |
| que tu | naisses | que vous | naissiez |

| | | | |
|---|---|---|---|
| qu' il / qu' elle } | naisse | qu' ils / qu' elles } | naissent |

FUTURE INDICATIVE

| | | | |
|---|---|---|---|
| je | naîtrai | nous | naîtrons |
| tu | naîtras | vous | naîtrez |

| | | | |
|---|---|---|---|
| il / elle } | naîtra | ils / elles } | naîtront |

PRESENT CONDITIONAL

| | | | |
|---|---|---|---|
| je | naîtrais | nous | naîtrions |
| tu | naîtrais | vous | naîtriez |

| | | | |
|---|---|---|---|
| il / elle } | naîtrait | ils / elles } | naîtraient |

IMPERATIVE

nais
naissez
naissons

28. INFINITIVE

ouvrir *to open*

PRESENT PARTICIPLE

ouvrant *opening*

PAST PARTICIPLE

ouvert *opened*

PRESENT INDICATIVE

| | | | |
|---|---|---|---|
| j' | ouvre | nous | ouvrons |
| tu | ouvres | vous | ouvrez |

| | | | |
|---|---|---|---|
| il / elle } | ouvre | ils / elles } | ouvrent |

PAST DEFINITE INDICATIVE

| | | | |
|---|---|---|---|
| j' | ouvris | nous | ouvrîmes |
| tu | ouvris | vous | ouvrîtes |

| | | | |
|---|---|---|---|
| il / elle } | ouvrit | ils / elles } | ouvrirent |

IMPERFECT INDICATIVE

| | | | |
|---|---|---|---|
| j' | ouvrais | nous | ouvrions |
| tu | ouvrais | vous | ouvriez |

| | | | |
|---|---|---|---|
| il / elle } | ouvrait | ils / elles } | ouvraient |

PRESENT SUBJUNCTIVE

| | | | |
|---|---|---|---|
| que j' | ouvre | que nous | ouvrions |
| que tu | ouvres | que vous | ouvriez |

| | | | |
|---|---|---|---|
| qu' il / qu' elle } | ouvre | qu' ils / qu' elles } | ouvrent |

FUTURE INDICATIVE

| | | | |
|---|---|---|---|
| j' | ouvrirai | nous | ouvrirons |
| tu | ouvriras | vous | ouvrirez |

| | | | |
|---|---|---|---|
| il / elle } | ouvrira | ils / elles } | ouvriront |

PRESENT CONDITIONAL

| | | | |
|---|---|---|---|
| j' | ouvrirais | nous | ouvririons |
| tu | ouvrirais | vous | ouvririez |

| | | | |
|---|---|---|---|
| il / elle } | ouvrirait | ils / elles } | ouvriraient |

IMPERATIVE

ouvre

ouvrez

ouvrons

All verbs in **-vrir** and **-frir** follow this conjugation: **offrir, souffrir, couvrir, découvrir,** etc.

29. INFINITIVE      PRESENT PARTICIPLE      PAST PARTICIPLE

plaire   *to please*      plaisant   *pleasing*      plu   *pleased*

PRESENT INDICATIVE

| je | plais | nous | plaisons |
|----|-------|------|----------|
| tu | plais | vous | plaisez |
| il elle } plaît | | ils elles } plaisent | |

PAST DEFINITE INDICATIVE

| je | plus | nous | plûmes |
|----|------|------|--------|
| tu | plus | vous | plûtes |
| il elle } plut | | ils elles } plurent | |

IMPERFECT INDICATIVE

| je | plaisais | nous | plaisions |
|----|----------|------|-----------|
| tu | plaisais | vous | plaisiez |
| il elle } plaisait | | ils elles } plaisaient | |

PRESENT SUBJUNCTIVE

| que je | plaise | que nous | plaisions |
|--------|--------|----------|-----------|
| que tu | plaises | que vous | plaisiez |
| qu' il qu' elle } plaise | | qu' ils qu' elles } plaisent | |

FUTURE INDICATIVE

| je | plairai | nous | plairons |
|----|---------|------|----------|
| tu | plairas | vous | plairez |
| il elle } plaira | | ils elles } plairont | |

PRESENT CONDITIONAL

| je | plairais | nous | plairions |
|----|----------|------|-----------|
| tu | plairais | vous | plairiez |
| il elle } plairait | | ils elles } plairaient | |

IMPERATIVE

plais

plaisez

plaisons

**Se taire** follows this conjugation (but does not take a circumflex accent in the third person singular, present indicative).

30. INFINITIVE      PRESENT PARTICIPLE      PAST PARTICIPLE

pleuvoir (impersonal verb) *to rain*      pleuvant   *raining*      plu   *rained*

PRESENT INDICATIVE

il pleut

PAST DEFINITE INDICATIVE

il plut

| IMPERFECT INDICATIVE | PRESENT SUBJUNCTIVE |
|---|---|
| il pleuvait | qu'il pleuve |

| FUTURE INDICATIVE | PRESENT CONDITIONAL |
|---|---|
| il pleuvra | il pleuvrait |

Note: This verb is sometimes used in the plural, in a figurative sense.

Example: **Les félicitations pleuvent sur elle.**
*Congratulations are showered on her.*

31. INFINITIVE

pouvoir *can, to be able*

PRESENT PARTICIPLE

pouvant *being able*

PAST PARTICIPLE

pu *been able*

PRESENT INDICATIVE

| je | peux | nous | pouvons |
|---|---|---|---|
| tu | peux | vous | pouvez |
| il elle | peut | ils elles | peuvent |

PAST DEFINITE INDICATIVE

| je | pus | nous | pûmes |
|---|---|---|---|
| tu | pus | vous | pûtes |
| il elle | put | ils elles | purent |

IMPERFECT INDICATIVE

| je | pouvais | nous | pouvions |
|---|---|---|---|
| tu | pouvais | vous | pouviez |
| il elle | pouvait | ils elles | pouvaient |

PRESENT SUBJUNCTIVE

| que je | puisse | que nous | puissions |
|---|---|---|---|
| que tu | puisses | que vous | puissiez |
| qu'il qu'elle | puisse | qu'ils qu'elles | puissent |

FUTURE INDICATIVE

| je | pourrai | nous | pourrons |
|---|---|---|---|
| tu | pourras | vous | pourrez |
| il elle | pourra | ils elles | pourront |

PRESENT CONDITIONAL

| je | pourrais | nous | pourrions |
|---|---|---|---|
| tu | pourrais | vous | pourriez |
| il elle | pourrait | ils elles | pourraient |

IMPERATIVE

does not exist

32. INFINITIVE

prendre *to take*

PRESENT PARTICIPLE

prenant *taking*

PAST PARTICIPLE

pris *taken*

PRESENT INDICATIVE

| je | prends | nous | prenons |
|----|--------|------|---------|
| tu | prends | vous | prenez |

| il elle } prend | ils elles } prennent |

PAST DEFINITE INDICATIVE

| je | pris | nous | prîmes |
|----|------|------|--------|
| tu | pris | vous | prîtes |

| il elle } prit | ils elles } prirent |

IMPERFECT INDICATIVE

| je | prenais | nous | prenions |
|----|---------|------|----------|
| tu | prenais | vous | preniez |

| il elle } prenait | ils elles } prenaient |

PRESENT SUBJUNCTIVE

| que je | prenne | que nous | prenions |
|--------|--------|----------|----------|
| que tu | prennes | que vous | preniez |

| qu' il qu' elle } prenne | qu' ils qu' elles } prennent |

FUTURE INDICATIVE

| je | prendrai | nous | prendrons |
|----|----------|------|-----------|
| tu | prendras | vous | prendrez |

| il elle } prendra | ils elles } prendront |

PRESENT CONDITIONAL

| je | prendrais | nous | prendrions |
|----|-----------|------|------------|
| tu | prendrais | vous | prendriez |

| il elle } prendrait | ils elles } prendraient |

IMPERATIVE

prends
prenez
prenons

All verbs in **-prendre** follow this conjugation: **apprendre, comprendre, reprendre, surprendre, entreprendre,** etc.

33. | INFINITIVE | PRESENT PARTICIPLE | PAST PARTICIPLE |
|---|---|---|
| recevoir *to receive* | recevant *receiving* | reçu *received* |

PRESENT INDICATIVE

| je | reçois | nous | recevons |
|----|--------|------|----------|
| tu | reçois | vous | recevez |

| il elle } reçoit | ils elles } reçoivent |

PAST DEFINITE INDICATIVE

| je | reçus | nous | reçûmes |
|----|-------|------|---------|
| tu | reçus | vous | reçûtes |

| il elle } reçut | ils elles } reçurent |

IMPERFECT INDICATIVE

| je | recevais | nous | recevions |
|----|----------|------|-----------|
| tu | recevais | vous | receviez |

| il elle } recevait | ils elles } recevaient |

PRESENT SUBJUNCTIVE

| que je | reçoive | que nous | recevions |
|--------|---------|----------|-----------|
| que tu | reçoives | que vous | receviez |

| qu' il qu' elle } reçoive | qu' ils qu' elles } reçoivent |

FUTURE INDICATIVE

| je | recevrai | nous | recevrons |
|----|----------|------|-----------|
| tu | recevras | vous | recevrez |

| il, elle | recevra | ils, elles | recevront |
|----------|---------|------------|-----------|

PRESENT CONDITIONAL

| je | recevrais | nous | recevrions |
|----|-----------|------|------------|
| tu | recevrais | vous | recevriez |

| il, elle | recevrait | ils, elles | recevraient |
|----------|-----------|------------|-------------|

IMPERATIVE

reçois
recevez
recevons

All verbs in **-cevoir** follow this conjugation: **apercevoir**, etc.

34. INFINITIVE

résoudre  *to solve*

PRESENT PARTICIPLE

résolvant  *solving*

PAST PARTICIPLE

résolu  *solved*

PRESENT INDICATIVE

| je | résous | nous | résolvons |
|----|--------|------|-----------|
| tu | résous | vous | résolvez |

| il, elle | résout | ils, elles | résolvent |
|----------|--------|------------|-----------|

PAST DEFINITE INDICATIVE

| je | résolus | nous | résolûmes |
|----|---------|------|-----------|
| tu | résolus | vous | résolûtes |

| il, elle | résolut | ils, elles | résolurent |
|----------|---------|------------|------------|

IMPERFECT INDICATIVE

| je | résolvais | nous | résolvions |
|----|-----------|------|------------|
| tu | résolvais | vous | résolviez |

| il, elle | résolvait | ils, elles | résolvaient |
|----------|-----------|------------|-------------|

PRESENT SUBJUNCTIVE

| que je | résolve | que nous | rés olvions |
|--------|---------|----------|-------------|
| que tu | résolves | que vous | résolviez |

| qu' il, qu' elle | résolve | qu' ils, qu' elles | résolvent |
|------------------|---------|--------------------|-----------|

FUTURE INDICATIVE

| je | résoudrai | nous | résoudrons |
|----|-----------|------|------------|
| tu | résoudras | vous | résoudrez |

| il, elle | résoudra | ils, elles | résoudront |
|----------|----------|------------|------------|

PRESENT CONDITIONAL

| je | résoudrais | nous | résoudrions |
|----|------------|------|-------------|
| tu | résoudrais | vous | résoudriez |

| il, elle | résoudrait | ils, elles | résoudraient |
|----------|------------|------------|--------------|

IMPERATIVE

résous
résolvez
résolvons

**35.** INFINITIVE      PRESENT PARTICIPLE      PAST PARTICIPLE

rire  *to laugh*      riant  *laughing*      ri  *laughed*

PRESENT INDICATIVE

| je | ris | nous | rions |
|----|-----|------|-------|
| tu | ris | vous | riez |

| il elle } rit | ils elles } rient |
|---|---|

PAST DEFINITE INDICATIVE

| je | ris | nous | rîmes |
|----|-----|------|-------|
| tu | ris | vous | rîtes |

| il elle } rit | ils elles } rirent |
|---|---|

IMPERFECT INDICATIVE

| je | riais | nous | riions |
|----|-------|------|--------|
| tu | riais | vous | riiez |

| il elle } riait | ils elles } riaient |
|---|---|

PRESENT SUBJUNCTIVE

| que je | rie | que nous | riions |
|--------|-----|----------|--------|
| que tu | ries | que vous | riiez |

| qu' il qu' elle } rie | qu' ils qu' elles } rient |
|---|---|

FUTURE INDICATIVE

| je | rirai | nous | rirons |
|----|-------|------|--------|
| tu | riras | vous | rirez |

| il elle } rira | ils elles } riront |
|---|---|

PRESENT CONDITIONAL

| je | rirais | nous | ririons |
|----|--------|------|---------|
| tu | rirais | vous | ririez |

| il elle } rirait | ils elles } riraient |
|---|---|

IMPERATIVE

ris
riez
rions

**Sourire** follows this conjugation.

**36.** INFINITIVE      PRESENT PARTICIPLE      PAST PARTICIPLE

savoir  *to know*      sachant  *knowing*      su  *known*

PRESENT INDICATIVE

| je | sais | nous | savons |
|----|------|------|--------|
| tu | sais | vous | savez |

| il elle } sait | ils elles } savent |
|---|---|

PAST DEFINITE INDICATIVE

| je | sus | nous | sûmes |
|----|-----|------|-------|
| tu | sus | vous | sûtes |

| il elle } sut | ils elles } surent |
|---|---|

IMPERFECT INDICATIVE

| je | savais | nous | savions |
|----|--------|------|---------|
| tu | savais | vous | saviez |

| il elle } savait | ils elles } savaient |
|---|---|

PRESENT SUBJUNCTIVE

| que je | sache | que nous | sachions |
|--------|-------|----------|----------|
| que tu | saches | que vous | sachiez |

| qu' il qu' elle } sache | qu' ils qu' elles } sachent |
|---|---|

**FUTURE INDICATIVE**

| je | saurai | nous | saurons |
|----|--------|------|---------|
| tu | sauras | vous | saurez |

| il elle } saura | ils elles } sauront |

**PRESENT CONDITIONAL**

| je | saurais | nous | saurions |
|----|---------|------|----------|
| tu | saurais | vous | sauriez |

| il elle } saurait | ils elles } sauraient |

**IMPERATIVE**

sache
sachez
sachons

37. **INFINITIVE**

servir  *to serve*

**PRESENT PARTICIPLE**

servant  *serving*

**PAST PARTICIPLE**

servi  *served*

**PRESENT INDICATIVE**

| je | sers | nous | servons |
|----|------|------|---------|
| tu | sers | vous | servez |

| il elle } sert | ils elles } servent |

**PAST DEFINITE INDICATIVE**

| je | servis | nous | servîmes |
|----|--------|------|----------|
| tu | servis | vous | servîtes |

| il elle } servit | ils elles } servirent |

**IMPERFECT INDICATIVE**

| je | servais | nous | servions |
|----|---------|------|----------|
| tu | servais | vous | serviez |

| il elle } servait | ils elles } servaient |

**PRESENT SUBJUNCTIVE**

| que je | serve | que nous | servions |
|--------|-------|----------|----------|
| que tu | serves | que vous | serviez |

| qu' il qu' elle } serve | qu' ils qu' elles } servent |

**FUTURE INDICATIVE**

| je | servirai | nous | servirons |
|----|----------|------|-----------|
| tu | serviras | vous | servirez |

| il elle } servira | ils elles } serviront |

**PRESENT CONDITIONAL**

| je | servirais | nous | servirions |
|----|-----------|------|------------|
| tu | servirais | vous | serviriez |

| il elle } servirait | ils elles } serviraient |

**IMPERATIVE**

sers
servez
servons

38. INFINITIVE      PRESENT PARTICIPLE      PAST PARTICIPLE

sortir   *to go out*      sortant   *going out*      sorti   *gone out*

### PRESENT INDICATIVE

| je | sors | nous | sortons |
|---|---|---|---|
| tu | sors | vous | sortez |
| il / elle | sort | ils / elles | sortent |

### PAST DEFINITE INDICATIVE

| je | sortis | nous | sortîmes |
|---|---|---|---|
| tu | sortis | vous | sortîtes |
| il / elle | sortit | ils / elles | sortirent |

### IMPERFECT INDICATIVE

| je | sortais | nous | sortions |
|---|---|---|---|
| tu | sortais | vous | sortiez |
| il / elle | sortait | ils / elles | sortaient |

### PRESENT SUBJUNCTIVE

| que je | sorte | que nous | sortions |
|---|---|---|---|
| que tu | sortes | que vous | sortiez |
| qu' il / qu' elle | sorte | qu' ils / qu' elles | sortent |

### FUTURE INDICATIVE

| je | sortirai | nous | sortirons |
|---|---|---|---|
| tu | sortiras | vous | sortirez |
| il / elle | sortira | ils / elles | sortiront |

### PRESENT CONDITIONAL

| je | sortirais | nous | sortirions |
|---|---|---|---|
| tu | sortirais | vous | sortiriez |
| il / elle | sortirait | ils / elles | sortiraient |

### IMPERATIVE

sors
sortez
sortons

Other common verbs that follow this conjugation: **partir, sentir, mentir.**

39. INFINITIVE      PRESENT PARTICIPLE      PAST PARTICIPLE

suivre   *to follow*      suivant   *following*      suivi   *followed*

### PRESENT INDICATIVE

| je | suis | nous | suivons |
|---|---|---|---|
| tu | suis | vous | suivez |
| il / elle | suit | ils / elles | suivent |

### PAST DEFINITE INDICATIVE

| je | suivis | nous | suivîmes |
|---|---|---|---|
| tu | suivis | vous | suivîtes |
| il / elle | suivit | ils / elles | suivirent |

### IMPERFECT INDICATIVE

| je | suivais | nous | suivions |
|---|---|---|---|
| tu | suivais | vous | suiviez |
| il / elle | suivait | ils / elles | suivaient |

### PRESENT SUBJUNCTIVE

| que je | suive | que nous | suivions |
|---|---|---|---|
| que tu | suives | que vous | suiviez |
| qu' il / qu' elle | suive | qu' ils / qu' elles | suivent |

| FUTURE INDICATIVE | | PRESENT CONDITIONAL | |
|---|---|---|---|
| je suivrai | nous suivrons | je suivrais | nous suivrions |
| tu suivras | vous suivrez | tu suivrais | vous suivriez |
| il elle } suivra | ils elles } suivront | il elle } suivrait | ils elles } suivraient |

IMPERATIVE

suis
suivez
suivons

**Poursuivre** follows this conjugation.

40. | INFINITIVE | PRESENT PARTICIPLE | PAST PARTICIPLE |
|---|---|---|
| traduire *to translate* | traduisant *translating* | traduit *translated* |

| PRESENT INDICATIVE | | PAST DEFINITE INDICATIVE | |
|---|---|---|---|
| je traduis | nous traduisons | je traduisis | nous traduisîmes |
| tu traduis | vous traduisez | tu traduisis | vous traduisîtes |
| il elle } traduit | ils elles } traduisent | il elle } traduisit | ils elles } traduisirent |

| IMPERFECT INDICATIVE | | PRESENT SUBJUNCTIVE | |
|---|---|---|---|
| je traduisais | nous traduisions | que je traduise | que nous traduisions |
| tu traduisais | vous traduisiez | que tu traduises | que vous traduisiez |
| il elle } traduisait | ils elles } traduisaient | qu' il qu' elle } traduise | qu' ils qu' elles } traduisent |

| FUTURE INDICATIVE | | PRESENT CONDITIONAL | |
|---|---|---|---|
| je traduirai | nous traduirons | je traduirais | nous traduirions |
| tu traduiras | vous traduirez | tu traduirais | vous traduiriez |
| il elle } traduira | ils elles } traduiront | il elle } traduirait | ils elles } traduiraient |

IMPERATIVE

traduis
traduisez
traduisons

Other common verbs that follow this conjugation: **conduire, construire, détruire, instruire.**

41. **INFINITIVE**      **PRESENT PARTICIPLE**      **PAST PARTICIPLE**

vaincre  *to defeat*      vainquant  *defeating*      vaincu  *defeated*

**PRESENT INDICATIVE**

| je | vaincs | nous | vainquons |
|----|--------|------|-----------|
| tu | vaincs | vous | vainquez |
| il / elle | vainc | ils / elles | vainquent |

**PAST DEFINITE INDICATIVE**

| je | vainquis | nous | vainquîmes |
|----|----------|------|-----------|
| tu | vainquis | vous | vainquîtes |
| il / elle | vainquit | ils / elles | vainquirent |

**IMPERFECT INDICATIVE**

| je | vainquais | nous | vainquions |
|----|-----------|------|-----------|
| tu | vainquais | vous | vainquiez |
| il / elle | vainquait | ils / elles | vainquaient |

**PRESENT SUBJUNCTIVE**

| que je | vainque | que nous | vainquions |
|--------|---------|----------|-----------|
| que tu | vainques | que vous | vainquiez |
| qu' il / qu' elle | vainque | qu' ils / qu' elles | vainquent |

**FUTURE INDICATIVE**

| je | vaincrai | nous | vaincrons |
|----|----------|------|-----------|
| tu | vaincras | vous | vaincrez |
| il / elle | vaincra | ils / elles | vaincront |

**PRESENT CONDITIONAL**

| je | vaincrais | nous | vaincrions |
|----|-----------|------|-----------|
| tu | vaincrais | vous | vaincriez |
| il / elle | vaincrait | ils / elles | vaincraient |

**IMPERATIVE**

vaincs
vainquez
vainquons

42. **INFINITIVE**      **PRESENT PARTICIPLE**      **PAST PARTICIPLE**

valoir  *to be worth*      valant  *being worth*      valu  *been worth*

**PRESENT INDICATIVE**

| je | vaux | nous | valons |
|----|------|------|--------|
| tu | vaux | vous | valez |
| il / elle | vaut | ils / elles | valent |

**PAST DEFINITE INDICATIVE**

| je | valus | nous | valûmes |
|----|-------|------|---------|
| tu | valus | vous | valûtes |
| il / elle | valut | ils / elles | valurent |

**IMPERFECT INDICATIVE**

| je | valais | nous | valions |
|----|--------|------|---------|
| tu | valais | vous | valiez |
| il / elle | valait | ils / elles | valaient |

**PRESENT SUBJUNCTIVE**

| que je | vaille | que nous | valions |
|--------|--------|----------|---------|
| que tu | vailles | que vous | valiez |
| qu' il / qu' elle | vaille | qu' ils / qu' elles | vaillent |

FUTURE INDICATIVE

| je | vaudrai | nous | vaudrons |
|----|---------|------|----------|
| tu | vaudras | vous | vaudrez |
| il elle | vaudra | ils elles | vaudront |

PRESENT CONDITIONAL

| je | vaudrais | nous | vaudrions |
|----|----------|------|-----------|
| tu | vaudrais | vous | vaudriez |
| il elle | vaudrait | ils elles | vaudraient |

IMPERATIVE

vaux
valez
valons

43. INFINITIVE

venir *to come*

PRESENT PARTICIPLE

venant *coming*

PAST PARTICIPLE

venu *come*

PRESENT INDICATIVE

| je | viens | nous | venons |
|----|-------|------|--------|
| tu | viens | vous | venez |
| il elle | vient | ils elles | viennent |

PAST DEFINITE INDICATIVE

| je | vins | nous | vînmes |
|----|------|------|--------|
| tu | vins | vous | vîntes |
| il elle | vint | ils elles | vinrent |

IMPERFECT INDICATIVE

| je | venais | nous | venions |
|----|--------|------|---------|
| tu | venais | vous | veniez |
| il elle | venait | ils elles | venaient |

PRESENT SUBJUNCTIVE

| que je | vienne | que nous | venions |
|--------|--------|----------|---------|
| que tu | viennes | que vous | veniez |
| qu'il qu'elle | vienne | qu'ils qu'elles | viennent |

FUTURE INDICATIVE

| je | viendrai | nous | viendrons |
|----|----------|------|-----------|
| tu | viendras | vous | viendrez |
| il elle | viendra | ils elles | viendront |

PRESENT CONDITIONAL

| je | viendrais | nous | viendrions |
|----|-----------|------|------------|
| tu | viendrais | vous | viendriez |
| il elle | viendrait | ils elles | viendraient |

IMPERATIVE

viens
venez
venons

All verbs in **-venir: revenir, devenir, se souvenir**, etc., follow this conjugation. **Tenir** and its compounds: **obtenir, appartenir**, etc., follow this conjugation.

44. **INFINITIVE**       **PRESENT PARTICIPLE**       **PAST PARTICIPLE**

vivre  *to live*       vivant  *living*       vécu  *lived*

**PRESENT INDICATIVE**

| je | vis | nous | vivons |
|----|-----|------|--------|
| tu | vis | vous | vivez |
| il / elle | vit | ils / elles | vivent |

**PAST DEFINITE INDICATIVE**

| je | vécus | nous | vécûmes |
|----|-------|------|---------|
| tu | vécus | vous | vécûtes |
| il / elle | vécut | ils / elles | vécurent |

**IMPERFECT INDICATIVE**

| je | vivais | nous | vivions |
|----|--------|------|---------|
| tu | vivais | vous | viviez |
| il / elle | vivait | ils / elles | vivaient |

**PRESENT SUBJUNCTIVE**

| que je | vive | que nous | vivions |
|--------|------|----------|---------|
| que tu | vives | que vous | viviez |
| qu'il / qu'elle | vive | qu'ils / qu'elles | vivent |

**FUTURE INDICATIVE**

| je | vivrai | nous | vivrons |
|----|--------|------|---------|
| tu | vivras | vous | vivrez |
| il / elle | vivra | ils / elles | vivront |

**PRESENT CONDITIONAL**

| je | vivrais | nous | vivrions |
|----|---------|------|----------|
| tu | vivrais | vous | vivriez |
| il / elle | vivrait | ils / elles | vivraient |

**IMPERATIVE**

vis

vivez

vivons

45. **INFINITIVE**       **PRESENT PARTICIPLE**       **PAST PARTICIPLE**

voir  *to see*       voyant  *seeing*       vu  *seen*

**PRESENT INDICATIVE**

| je | vois | nous | voyons |
|----|------|------|--------|
| tu | vois | vous | voyez |
| il / elle | voit | ils / elles | voient |

**PAST DEFINITE INDICATIVE**

| je | vis | nous | vîmes |
|----|-----|------|-------|
| tu | vis | vous | vîtes |
| il / elle | vit | ils / elles | virent |

**IMPERFECT INDICATIVE**

| je | voyais | nous | voyions |
|----|--------|------|---------|
| tu | voyais | vous | voyiez |
| il / elle | voyait | ils / elles | voyaient |

**PRESENT SUBJUNCTIVE**

| que je | voie | que nous | voyions |
|--------|------|----------|---------|
| que tu | voies | que vous | voyiez |
| qu'il / qu'elle | voie | qu'ils / qu'elles | voient |

FUTURE INDICATIVE

| je | verrai | nous | verrons |
| --- | --- | --- | --- |
| tu | verras | vous | verrez |
| il elle | verra | ils elles | verront |

PRESENT CONDITIONAL

| je | verrais | nous | verrions |
| --- | --- | --- | --- |
| tu | verrais | vous | verriez |
| il elle | verrait | ils elles | verraient |

IMPERATIVE

vois
voyez
voyons

46. INFINITIVE

vouloir  *to want*

PRESENT PARTICIPLE

voulant  *wanting*

PAST PARTICIPLE

voulu  *wanted*

PRESENT INDICATIVE

| je | veux | nous | voulons |
| --- | --- | --- | --- |
| tu | veux | vous | voulez |
| il elle | veut | ils elles | veulent |

PAST DEFINITE INDICATIVE

| je | voulus | nous | voulûmes |
| --- | --- | --- | --- |
| tu | voulus | vous | voulûtes |
| il elle | voulut | ils elles | voulurent |

IMPERFECT INDICATIVE

| je | voulais | nous | voulions |
| --- | --- | --- | --- |
| tu | voulais | vous | vouliez |
| il elle | voulait | ils elles | voulaient |

PRESENT SUBJUNCTIVE

| que je | veuille | que nous | voulions |
| --- | --- | --- | --- |
| que tu | veuilles | que vous | vouliez |
| qu' il qu' elle | veuille | qu' ils qu' elles | veuillent |

FUTURE INDICATIVE

| je | voudrai | nous | voudrons |
| --- | --- | --- | --- |
| tu | voudras | vous | voudrez |
| il elle | voudra | ils elles | voudront |

PRESENT CONDITIONAL

| je | voudrais | nous | voudrions |
| --- | --- | --- | --- |
| tu | voudrais | vous | voudriez |
| il elle | voudrait | ils elles | voudraient |

IMPERATIVE

veuille
veuillez

# VOCABULARY

The vocabulary includes all words used in the text with the exception of those which appear only once in the reading selections and are translated in the footnotes, and of those which are identical in form and meaning in both French and English. All irregular verbs are followed by an asterisk.

## ABBREVIATIONS

| | | | | | |
|---|---|---|---|---|---|
| *abbr* | abbreviated | *fam* | familiar | *m* | masculine noun |
| *adj* | adjective | *f* | feminine noun | *pers* | personal |
| *adv* | adverb | *impers* | impersonal | *pl* | plural |
| *art* | article | *indef* | indefinite | *poss* | possessive |
| *coll* | colloquial | *inf* | infinitive | *prep* | preposition |
| *conj* | conjunction | *interj* | interjection | *pron* | pronoun |
| *def* | definite | *interr* | interrogative | *refl* | reflexive |
| *dem* | demonstrative | *inv* | invariable | *rel* | relative |
| | | | | *sing* | singular |

**à** *prep* to, at, on, in
**abandonner** to abandon
**abattu, -e** thrown down, stricken
**abord** *m* access; **d'~** *adv* at first
**abricot** *m* apricot
**abriter** to shelter
**absorber** to absorb
**accepter** to accept
**accompagner** to accompany
**accomplir** to accomplish
**accord** *m* agreement; **être d'~** to agree; **d'~** *adv* O.K.
**accordéon** *m* accordion
**accueil** *m* welcome
**accueillant, -e** hospitable
**accueillir** (like **cueillir\***) to welcome
**achat** *m* purchase
**acheter** to buy
**acier** *m* steel
**Açores** *f pl* Azores
**acteur** *m* actor
**activement** *adv* actively
**actrice** *f* actress
**admirativement** *adv* admiratively
**adresse** *f* address
**adversaire** *m* adversary
**affaire** *f* affair; *pl* belongings
**affectueux, -se** affectionate
**affolé, -e** frantic, bewildered
**affronter** to face, to confront

**afin de** *prep* in order to; **~ que** *conj* in order that
**agacer** to annoy, to irritate
**âge** *m* age
**agenouiller (s')** to kneel down
**agir** to act, to behave
**ah!** *interj* oh!
**ahurissant, -e** flabbergasting
**aide** *f* help
**aider** to help
**aiguille** *f* needle; hand (of a clock)
**aile** *f* wing
**aimer** to like; to love
**ainsi** *adv* thus
**air** *m* **prendre l'air** to get some air; appearance; **avoir l'~** to look, to seem
**allègre** *adj* buoyant
**allemand, -e** German; *m* German language
**Allemand, -e** *m & f* German
**aller\*** to go; to feel; **je vais bien** I am fine
**allergie** *f* allergy
**allonger** to stretch; **s'~** to stretch out
**allumer** to light, to switch on
**alors** *adv* then
**alouette** *f* lark
**alpinisme** *m* mountain-climbing
**alpiniste** *m & f* mountain-climber
**alunir** to land on the moon
**alunissage** *m* moon-landing

**amateur** *m* enthusiast, fan
**âme** *f* soul
**amener** to bring, to lead
**américain, -e** American
**Américain, -e** *m & f* American
**Amérique** *f* America
**ami, -e** *m & f* friend
**amical, -e** friendly
**amour** *m* love
**amoureux, -se** in love (**de,** with)
**amusant, -e** funny
**amuser** to amuse, to entertain; **s'~** to have fun
**an** *m* year; **Nouvel An** New Year
**ananas** *m* pineapple
**anéantir** to destroy, to exhaust
**ange** *m* angel
**anglais, -e** English; *m* English language
**Anglais, -e** *m & f* English
**Angleterre** *f* England
**animal** *m, pl* **animaux** animal
**animé, -e** animated; **dessins animés** cartoons
**animosité** *f* animosity
**année** *f* year; **Bonne Année** Happy New Year
**anniversaire** *m* birthday; anniversary; **Bon Anniversaire** Happy Birthday
**annoncer** to announce
**août** *m* August
**appareil** *m* appliance; **~ photographique** camera
**appartement** *m* apartment
**appartenir (à)** (like venir*) to belong (to)
**appeler** to call; **s'~** to be named
**appétit** *m* appetite
**appliquer** to put, to lay; **s'~** to apply oneself
**apporter** to bring
**apprécier** to appreciate
**apprendre** (like **prendre***) to learn
**approcher** to approach; **s'~ de** to come near
**approximativement** *adv* approximately
**après** *prep* after; **~-midi** *m* afternoon; **~ que** *conj* after
**arbre** *m* tree
**arc** *m* bow; **arc-en-ciel** rainbow
**argent** *m* silver; money
**argentin, -e** Argentine
**armoire** *f* closet

**arrêt** *m* stop, standstill
**arrêter** to stop
**arrière** *m* back, rear; **en ~** *adv* backwards
**arriver** to arrive
**arroser** to water
**artiste** *m & f* artist
**ascenseur** *m* elevator
**aspirateur** *m* vacuum-cleaner
**aspirer** to inhale; to suck up
**aspirine** *f* aspirin
**assaut** *m* attack
**assez** *adv* enough
**assister (à)** to attend
**assurer** to assure
**astronaute** *m* astronaut
**astronomie** *f* astronomy
**atelier** *m* workshop
**athlétisme** *m* athletics
**atmosphère** *f* atmosphere
**atmosphérique** *adj* atmospheric
**attaquer** to attack
**atteindre*** to reach
**attendre*** to wait, to wait for
**attentif, -ve** earnest, serious, mindful
**attention!** *interj* Look out!; **attention** *f* **faire ~ à** to pay attention to
**attraper** to catch
**au (à + le)** to the, at the
**auberge** *f* inn, tavern
**aucun, -e** *indef adj or pron* any; no, not any (in a negative phrase)
**audace** *f* boldness
**aujourd'hui** *adv* today
**auprès (de)** *prep* close to, beside
**auquel (à + lequel)** *rel pron* to which, at which, about which
**ausculter** to examine
**aussi** *adv* also; **~ ...que** as ... as
**aussitôt** *adv* at once; **~ que** *conj* as soon as
**autant** *adv* the same, as much; **autant... que** as much as; **autant de...que** as much as, as many as
**autobus** *m* city bus
**autocar** *m* bus
**automne** *m* autumn, fall
**autorité** *f* authority
**autre** *indef adj or pron* other; **un ~** another; **les autres** the others; **l'un l'autre** each other, **les uns les autres** one another

aux (à + les) to the, at the
auxquels, auxquelles (à + lesquels, lesquelles) *rel pron* to which, at which, about which
avancer to advance
avant *prep* before; ~ de before; ~ que *conj* before
avantage *m* advantage
avec *prep* with
avenir *m* future
avertir to warn
avion *m* airplane
avoine *f* oats; flocons d'avoine oatmeal
avoir* to have
avril *m* April

baba *m* name of a French pastry
Baccalauréat *m* examination at the end of "lycée"
bague *f* ring
baguette *f* stick; loaf of French bread
baigner (se) to take a bath, to bathe
bain *m* bath
baisser to lower, to bend
bal *m* ball, dance
balancer to waver, to swing, to rock
balayer (like essayer) to sweep
balle *f* ball
banc *m* bench; ~ magnétique tape
bande *f* strip; ~ sonore sound track
banque *f* bank
baptiser to baptize
barque *f* small boat
baryton *m* baritone
bas *m pl* hosiery
bas, -sse low
baser to base, to found (sur, on)
bateau *m* boat
bâtiment *m* building
batterie *f* battery
battre* to beat; se ~ to fight
bavarder to chat; to chatter
beau, bel, belle beautiful
beaucoup *adv* much; ~ de a lot of
beauté *f* beauty
bébé *m* baby
beignet *m* fritter
belge *adj* Belgian
Belge *m & f* Belgian
Belgique *f* Belgium

belote *f* card game
bénir to bless
béquilles *f pl* crutches
berger *m* shepherd
besoin *m* need; avoir ~ de to need
bêtise *f* silliness; nonsense; mistake
beurre *m* butter
bibelot *m* knick-knack
bibliothèque *f* library
bicyclette *f* bicycle
bien *adv* well, right; willingly; comfortable; ~ que *conj* though
bien! *interj* good!
bientôt *adv* soon; à ~ see you soon
bière *f* beer
bifteck *m* beef steak
bijou *m* jewel
billard *m* billiards
bille *f* marble
billet *m* ticket
biologie *f* biology
bis *adv* once more
biscuit *m* cracker
bizarre *adj* odd, strange
blaireau *m* shaving brush
blanc, -che white
blesser to wound
blessure *f* wound
bleu, -e blue
boire* to drink
boîte *f* box
bon, -nne good
bonbon *m* candy
bonheur *m* happiness
bonhomme *m* man; old fellow
bonjour *m* good morning; good afternoon
bonsoir *m* good evening; good night
bord *m* edge; side
border to edge
botanique *f* botany
botte *f* boot; bunch (radishes, carrots...)
bouche *f* mouth
boucle *f* loop; curl; ~ d'oreille ear-ring
bouclier *m* shield
bouddhisme *m* buddhism
bougie *f* candle
bouillon *m* broth
boulangerie *f* bakery
bouquet *m* bunch
bourg *m* market-town
bousculer to hustle, to shove

**bout** *m* end, tip; **joindre les deux** ~**s** to make both ends meet
**bouteille** *f* bottle
**bouton** *m* button; pimple; bud
**boxe** *f* boxing
**branche** *f* branch
**bras** *m* arm
**Brésil** *m* Brazil
**brésilien, -nne** Brazilian
**Brésilien, -nne** *m & f* Brazilian
**brioche** *f* butter roll
**broche** *f* pin, brooch
**broder** to embroider
**brosser** to brush
**brouillard** *m* fog
**bru** *f* daughter-in-law
**bruit** *m* noise
**brûlure** *f* burn
**Bruxelles** *f* Brussels
**bruyant, -e** noisy
**bureau** *m* desk; office
**but** *m* aim, goal

**ça** *dem pron* (see **cela**) that; **comment** ~ **va?** how is it going? **comme ci, comme** ~ so-so
**cabinet** *m* small room; consulting-room
**cachet (d'aspirine)** *m* dose
**cadeau** *m* gift
**cadran** *m* face (of a clock); dial (telephone)
**café** *m* coffee; café; ~ **au lait** coffee with milk
**cahier** *m* note-book
**caille** *f* quail
**caillou** *m* pebble
**caisse** *f* box, case; cashier's desk; **grosse** ~ big drum
**calendrier** *m* calendar
**câlin, -e** caressing
**calmer** to calm; **se** ~ to calm down
**camarade** *m & f* companion; ~ **de chambre** room-mate
**Cambodge** *m* Cambodia
**camembert** *m* French cheese
**camion** *m* truck
**campagne** *f* country
**canadien, -nne** Canadian
**Canadien, -nne** *m & f* Canadian
**Canaries** *f pl* Canary Islands
**caniche** *m* poodle

**canne** *f* cane, stick; ~ **à pêche** fishing rod
**canoë** *m* canoe
**cantatrice** *f* female opera singer
**canton** *m* district, township
**capitaine** *m* captain
**caprice** *m* whim, impulse, caprice
**capricieux, -se** moody, capricious
**car** *conj* for, because
**car** *m* bus
**carrière** *f* career
**carte** *f* card; map
**cas** *m* case, matter; **en** ~ **de** in case of; **au** ~ **où** in the event of
**casser** to break
**cathédrale** *f* cathedral
**Caucase** *m* Caucasus
**cauchemar** *m* nightmare
**ce** *dem pron* this, it, they...; **c'est mon ami** this is my friend; **ce sont mes livres** these are my books; **c'est un Français** he is a Frenchman; ~ **qui,** ~ **que** which, what; ~ **dont** that of which
**ce, cet, cette** *dem adj* this, that; **ces** these, those; **ce...-ci** this; **ce...-là** that
**ceci** *dem pron* this
**céder** to yield, to give up (à, to)
**ceinture** *f* belt
**cela** *dem pron* that
**célèbre** *adj* famous
**céleri** *m* celery
**celui-ci, celle-ci** *dem pron* this one; **ceux-ci, celles-ci** these; **celui-là, celle-là** that one; **ceux-là, celles-là** those; **celui de, celle de** that of, 's; **ceux de, celles de** those of, 's
**cent** (a, one) hundred
**centième** hundredth
**centime** *m* French monetary unit; **je n'ai pas un** ~ I don't have a dime
**centre** *m* center
**cercueil** *m* coffin
**cerise** *f* cherry
**certain, -e** sure, certain
**certain, -e** *indef adj* some; **certains** *indef pron* some, some people
**certificat** *m* certificate
**cesser** to cease
**chacun, -e** *indef pron* each
**chaîne** *f* chain; network (radio, T.V.)
**chair** *f* flesh

**chaise** *f* chair
**chaleur** *f* heat, warmth
**chaleureusement** *adv* warmly, cordially
**chambre** *f* room, bedroom
**champ** *m* field
**champignon** *m* mushroom, toadstool
**chance** *f* luck
**chandail** *m* sweater
**changement** *m* change
**changer** to change; ~ **de chaussures** to change one's shoes; **se** ~ to change one's clothes
**chanson** *f* song
**chanter** to sing
**chapeau** *m* hat
**chaperon** *m* hood
**chaque** *indef adj* each, every
**charbon** *m* coal, charcoal
**chargé, -e** loaded (**de,** with)
**charmant, -e** charming
**charmer** to charm
**charrette** *f* cart
**chasse** *f* hunting
**chasseur** *m* hunter
**chat, -tte** *m & f* cat
**château** *m* castle
**chaud, -e** hot, warm; *m* **il fait** ~ it is hot; **j'ai** ~ I am warm
**chaudement** *adv* warmly
**chaudron** *m* kettle
**chausser** to put shoes on someone; **se** ~ to put on one's shoes
**chaussette** *f* sock
**chaussure** *f* shoe
**chemin** *m* path; ~ **de fer** railroad; **en** ~ on the way
**cheminée** *f* fireplace; chimney
**chemise** *f* shirt; ~ **de nuit** nightgown
**chêne** *m* oak
**cher, -ère** dear; expensive
**chercher** to look for, to search for; **aller** ~ to go for, to go and get
**cheval** *m* horse; **faire du** ~ to ride a horse; **à** ~ on horseback
**chevet** *m* bedside
**cheveux** *m pl* hair
**cheville** *f* ankle
**chez** *adv* at, to, home, at home
**chien, -nne** *m & f* dog
**chiffre** *m* number, figure
**chimie** *f* chemistry

**chimique** *adj* chemical
**chimpanzé** *m* chimpanzee
**chinois, -e** Chinese; *m* Chinese language
**Chinois, -e** Chinese
**chocolat** *m* chocolate
**choisir** to choose
**choix** *m* choice
**chose** *f* thing; **bien des** ~ **s à** give my regards to
**chou** *m* cabbage; ~ **à la crème** cream puff; ~ **-fleur** cauliflower; ~ **de Bruxelles** Brussels sprout
**chuchoter** to whisper
**ciel** *m* sky
**cil** *m* eyelash
**cimetière** *m* cemetery
**cinéma** *m* cinema; movie-theater
**cinq** *inv* five
**cinquante** *inv* fifty
**cinquantième** fiftieth
**cinquième** fifth
**circonstance** *f* circumstance; occasion
**cire** *f* wax
**cirque** *m* circus
**ciseaux** *m pl* scissors
**citer** to cite, to quote
**citron** *m* lemon
**citronnade** *f* lemonade
**clair, -e** clear, light; evident
**classe** *f* classroom; class, category
**classique** *adj* classical
**clé, clef** *f* key
**client** *m* customer
**climat** *m* climate
**cloche** *f* bell
**clocher** *m* steeple
**clou** *m* nail; *pl* crosswalk
**cochon** *m* hog
**cœur** *m* heart; **avoir mal au** ~ to be nauseated; **apprendre par** ~ to memorize
**coiffer (se)** to comb one's hair, to do one's hair
**coiffure** *f* hairdo
**coin** *m* corner; nook
**colère** *f* anger; **être en** ~ to be angry
**colis** *m.* parcel, package
**collection** *f* **présentation de** ~ fashion show
**collège** *m* college
**collier** *m* necklace

**colombe** *f* dove
**combien** *adv* how much, how many
**comique** *adj* comical
**comme** *adv* like, as; ~ ! *interj* how; *conj* as, just as; since
**commencer** to begin, to start
**comment** *adv* how; ~ **allez-vous?** how are you? what; ~ **vous appelez-vous?** what is your name?
**commun, -e** common
**communauté** *f* community
**compagnie** *f* company
**compagnon, -gne** *m & f* companion
**compartiment** *m* compartment
**complet, -ète** complete; *m* man's suit
**compléter** to complete
**compliqué, -e** complicated
**compositeur** *m* composer
**comprendre** to understand; to include
**compter** to count; ~ **sur quelqu'un** to rely on someone
**concentrer (se)** to concentrate
**concours** *m* competitive examination
**condition** *f* à ~ **que** *conj* provided that; à ~ **de** *prep* on condition
**conférence** *f* conference; lecture
**confiance** *f* confidence; **avoir ~ en** to trust; ~ **en soi** self-confidence
**confiture** *f* jam, preserves
**confortable** *adj.* comfortable
**confronter** to confront
**connaissance** *f* knowledge; acquaintance; **faire la ~ de** to get acquainted with
**connaître\*** to know
**conquête** *f* conquest
**conseil** *m* advice
**considérer** to consider
**consister** to consist (**de, en** of)
**constamment** *adv* constantly
**construire** (like **traduire\***) to build
**continuellement** *adv* continually
**continuer** to continue, to go on
**contrarier** to upset
**contre** *prep* against
**convoquer** to summon
**coquelicot** *m.* poppy
**coqueluche** *f* whooping-cough
**cor** *m* horn (instrument); **cor au pied** corn
**corde** *f.* rope
**corps** *m* body

**correspondant, -e** corresponding; *m & f* pen-pal
**corsage** *m* blouse
**côte** *f* coast; **la Côte d'Azur** the Riviera
**coton** *m.* cotton
**coucher** to put to bed; to pass the night; **se ~** to go to bed, to lie down
**coucou** *m* cuckoo; cuckoo-clock; ~ ! *interj* peek-a-boo!
**coude** *m.* elbow
**coudre\*** to sew
**couleur** *f* color
**couloir** *m* hall, passageway
**coup** *m* blow, stroke; ~ **de téléphone** phone call; ~ **de soleil** sunburn; *adv* **tout à ~** suddenly
**couper** to cut
**cour** *f* courtyard
**couramment** *adv* fluently
**courant** *m* stream, current; ~ **d'air** draft; **être au ~ de** to know all about it
**courir\*** to run
**couronner** to crown
**cours** *m* course, class
**course** *f* race; errand; **faire des ~s** to go shopping
**cousin, -e** *m & f* cousin
**coussin** *m* cushion, pillow
**coûter** to cost; **cela coûte cher** it is expensive
**couturière** *f* dressmaker
**couverture** *f* blanket; cover
**couvrir** (like **ouvrir\***) to cover; **se ~** to dress oneself warmly
**craindre\*** to fear
**crainte** *f* fear; **de ~ que** *conj* for fear that
**cratère** *m.* crater
**cravate** *f* tie
**crayon** *m* pencil
**crayonner** to crayon, to sketch
**création** *f* creation
**créature** *f* creature
**créer** to create
**crème** *f* cream
**crêpe** *f* French pastry
**crier** to scream
**crise** *f* crisis; attack; ~ **cardiaque** heart attack
**croire\*** to believe (**en,** in)
**croissant** *m* crescent roll

**cru, -e** raw

**cueillir*** to pick

**cuiller, cuillère** *f* spoon

**cuire** (like **traduire***) **faire** ~ to cook; **le dîner cuit** dinner is cooking

**cuisiner** to prepare or cook food; **elle cuisine bien** she is a good cook

**curieux, -se** curious

**cyclisme** *m* cycling

**daim** *m* suede

**dame** *f* lady

**dangereux, -se** dangerous

**dans** *prep* in, into

**danser** to dance

**davantage** *adv* more; **en savoir** ~ to know more

**de** *prep* of, 's, in, from; **venir** ~ to come from; **manteau** ~ **fourrure** fur coat

**de, du, de la, de l', des** *partitive art* some, any

**dé** *m* thimble

**debout** *adv* erect, standing; up, out of bed

**début** *m* beginning, start; **dès le** ~ from the beginning

**débuter** to begin, to start

**décembre** *m* December

**décider** to decide; **se** ~ to make up one's mind

**déclarer** to declare

**décourager** to discourage; **se** ~ to become discouraged

**découvrir** (like **ouvrir***) to discover, to uncover

**décrire** (like **écrire***) to describe

**défaire** (like **faire***) to undo

**défaut** *m* defect; fault; lack

**défi** *m* challenge

**degré** *m* degree

**déguiser (se)** to disguise oneself

**déguster** to sip, to relish; to sample

**déjà** *adv.* already

**déjeuner** *m* lunch; **petit** ~ breakfast

**déjeuner** to have lunch; to have breakfast

**délicieux, -se** delicious

**demain** *adv* tomorrow; **après-**~ the day after tomorrow; **à** ~ see you tomorrow

**demander** to ask, to ask for

**demi, -ie** *adj* half; *inv before noun:* **une demi-heure** half an hour; **une heure et demie** an hour and a half

**démocrate** *adj* democratic; *m & f* democrat

**demoiselle** *f* young lady; unmarried woman

**dent** *f* tooth

**dentelle** *f* lace

**dentiste** *m* dentist

**dépêcher (se)** to hurry

**déplaire** (like **plaire***) to displease

**déplaisir** *m* displeasure

**depuis** *prep* for, since; ~ **quand êtes-vous ici?** how long have you been here?

**dernier, -ère** last; lowest; latest; rear; **les** ~ **s nouvelles** the latest news

**dès que** *conj* as soon as

**désagréable** *adj* disagreeable

**désastreux, -se** disastrous

**descendre** (like **attendre***) to get down, to come down; ~ **de voiture** to get out of the car

**déserter** to desert; to abandon

**désespoir** *m* despair

**désirer** to desire, to want

**désodorisant** *m* deodorant

**désolé, -e** sorry

**desquels, desquelles (de** | **lesquels, lesquelles)** *rel pron* of which

**dessécher** to dry up; to harden

**dessiner** to draw, to sketch; to design

**dessous** *adv* under, underneath; **en** ~ underneath; **en** ~ **de** *prep.* below

**dessus** *adv* above, over; **par-**~ *prep* over, on top of, above

**détendre** (like **attendre***) **(se)** to relax

**détergent** *m* detergent

**détruire** (like **traduire***) to destroy

**dette** *f* debt

**deux** *inv* two; **tous les** ~ **jours** every other day; second: **le** ~ **juin** the second of June; ~ **par** ~ in pairs

**deuxième** second

**devant** *prep* before, in front of; **par** ~ *adv* in front

**devenir** (like **venir***) to become

**devoir*** must, to have to

**devoir** *m* duty; exercise

**dévorer** to devour; to stuff oneself

**diamant** *m* diamond

**Dieu** *m* God

**difficile** *adj* difficult; finicky

**dignité** *f* dignity

**dimanche** *m* Sunday
**diminuer** to diminish; to reduce
**dîner** *m* dinner
**dîner** to dine
**diplôme** *m* diploma, certificate
**diplômé, -e** graduated
**dire*** to say, to tell, to speak; **c'est-à-~**
  that is to say; **ça ne me dit rien** that
  does not appeal to me; **on dirait que**
  it looks like
**diriger** to lead, to direct; to manage **se ~**
  to go up (**vers**, to)
**discothèque** *f* record library
**discours** *m* talk, speech
**discuter** to discuss; to dispute; to talk
  things over; to argue
**disgrâce** *f* disgrace
**disparaître** (like **connaître***) to disappear
**disputer (se)** to quarrel
**disque** *m* record; **tourne-~s** record
  player (turntable)
**dissiper** to dissipate; **se ~** to become
  inattentive
**distingué, -e** distinguished
**distraire*** to distract, to entertain
**distribuer** to distribute; to deliver; to
  issue
**divan** *m* couch
**divers** *adj* diverse
**dix** *inv* ten
**dix-huit** eighteen
**dix-huitième** eighteenth
**dixième** tenth
**dix-neuf** nineteen
**dix-neuvième** nineteenth
**dix-sept** seventeen
**dix-septième** seventeenth
**dizaine** *f* ten; about ten; **une ~ d'enfants**
  ten children or so
**docteur** *m* doctor
**doctorat** *m* doctorate
**doigt** *m* finger
**dominer** to dominate
**dommage** *m* damage; pity; **quel ~!** what
  a pity!
**donc** *conj* then; well, so; therefore
**dondaine** *f* kind of bagpipe
**donner** to give
**dont** *rel pron* of which, of whom; **ce**
  **~** that of which
**dormir*** to sleep

**dos** *m* back
**douche** *f* shower
**douleur** *f* pain
**douter** to doubt
**doux, -ce** soft; gentle
**douzaine** *f* dozen
**douze** *inv* twelve
**douzième** twelfth
**drap** *m.* bed sheet
**droit, -e** straight; right; *f* **à ~** on the right
**duquel (de + lequel)** *rel pron* of which
**dur, -e** hard; *adv* **travailler ~** to work
  hard
**durer** to last

**eau** *f* water; **j'en ai l'~ à la bouche** it
  makes my mouth water; **~ de cologne**
  cologne
**éblouissant, -e** dazzling
**échapper** to escape (**à**, from); **s'~** to
  break free, to run away (**de**, from)
**écharpe** *f* scarf
**écho** *m* echo
**échouer** to fail
**éclair** *m* lightning; flash
**éclater** to burst; **~ de rire** to burst out
  laughing
**école** *f* school
**écologie** *f* ecology
**économique** *adj* economical
**écouler (s')** to flow out; to elapse (time)
**écouter** to listen to
**écrire*** to write
**écriture** *f* writing; *pl* Scriptures
**effaré, -e** aghast
**effrayant, -e** frightening
**également** *adv* equally; also
**égaré, -e** lost
**église** *f* church
**eh bien?** *interr adv* so? **~!** *interj* well!
**électricité** *f* electricity
**électrique** *adj* electric, electrical
**électrophone** *m* record-player
**élégant, -e** elegant; dressy
**éléphant** *m* elephant
**élève** *m & f* pupil; student
**élever (s')** to rise
**elle** *pers pron* she; it; her; **~ -même**
  herself
**elles** *pers pron* they; them; **~ -mêmes**
  themselves

**embarquer** to embark, to ship; **s'~** to embark, to go aboard

**embellir** to beautify; to grow more beautiful

**embrasser** to kiss; to embrace; to take up (career)

**émission** *f* broadcast; show

**emmener** to take away

**émoi** *m* emotion

**empiler** to pile up

**empirer** to grow worse

**emplette** *f* purchase; **faire des ~s** to go shopping

**emplir** to fill

**employer** (like **essuyer**) to use; to employ

**empoisonner** to poison

**emprunter** to borrow

**en** *prep* in, to, into, on; **~ ville** downtown; **~ entrant** on entering; **~ hiver** in winter

**en** *pron* some, any; **~ veux-tu?** do you want some? from there; **j'~ viens** I come from there; **il y ~ a cinq** there are five of them

**enchanté, -e** delighted, charmed; **~ de faire votre connaissance** pleased to meet you

**encore** *adv* again; still; **il est ~ là** he is still there; yet; **pas ~** not yet; **~ une fois** once more

**encre** *f* ink

**endormir (s')** (like **dormir***) to go to sleep

**endroit** *m* place; right side

**énergie** *f* energy

**énerver** to irritate; **tu m'énerves** you are getting on my nerves; **s'~** to become nervous

**enfance** *f* childhood

**enfant** *m & f* child

**enflé, -e** swollen

**enfuir (s')** (like **fuir***) to flee

**énigme** *f* enigma, puzzle

**enlever** to remove; to take away; to take off

**ennemi, -e** *m & f* enemy

**ennui** *m* boredom; annoyance; *pl* worries, troubles

**ennuyer** to bore; to bother; **s'~** to be bored

**énormément** *adv* tremendously

**enregistrer** to record

**enseigner** to teach

**ensemble** *m* outfit; *adv* together

**ensuite** *adv* then; next; after

**entendre** (like **attendre***) to hear; **bien s'~ avec** to get along with

**enterrement** *m* burial

**enthousiasme** *m* enthusiasm

**entier, -ère** entire, whole

**entorse** *f* sprain

**entreprendre** (like **prendre***) to undertake

**entreprise** *f* enterprise, undertaking; firm

**entrer** to enter, to come in; **entrez!** come in!

**énumérer** to enumerate

**envie** *f* envy; desire; **avoir ~ de** to be in the mood for, to feel like

**envoyer** (like **essuyer** except for future and conditional) to send

**épais, -sse** thick

**épaule** *f* shoulder

**épi** *m* ear; **~ de blé** ear of wheat

**épicerie** *f* grocery store

**épicier, -ère** *m & f* grocer

**épinards** *m pl* spinach

**épingle** *f* pin; **~ à cheveux** hairpin

**épouse** *f* wife, spouse

**épouser** to marry

**épouvantable** *adj* frightful

**époux** *m* husband; *pl* husband and wife

**épuisé, -e** exhausted

**équipe** *f* team

**équiper** to equip; to fit out

**équitation** *f* horseback riding

**ermite** *m* hermit; recluse

**escalier** *m* flight of stairs; stairs; **~ roulant** escalator

**escargot** *m* snail

**esclavage** *m* slavery; drudgery

**escorte** *f* train; escort; accompaniment

**escrime** *f* fencing; **faire de l'~** to fence

**espace** *m* space

**Espagne** *f* Spain

**espagnol, -e** Spanish; *m* Spanish language

**Espagnol, -e** *m & f* Spanish

**espèce** *f* kind, sort; species

**espérer** to hope

**essayer** to try; to try on (clothes)

**estimer** to esteem; to consider

**et** *conj* and

**établissement** *m* establishment; stand
**étage** *m* story; floor
**étagère** *f* shelf
**États-Unis** *m pl* (*abbr* **E.U.**) United States
**été** *m* summer; summertime
**éteindre** (like **atteindre***) to put out; to turn out; to switch off
**éternel, -lle** eternal
**éternité** *f* eternity
**étoile** *f* star
**étoilé, -e** starry
**étonner** to astonish, to surprise
**étranger, -ère** foreign; *m & f* foreigner; stranger; **vivre à l'** ~ to live abroad
**être*** to be
**étrenne** *f* New Year's gift
**étudiant, -e** *m & f* student
**européen, -nne** European
**Européen, -nne** *m & f* European
**eux** *pers pron* they, them; ~ **-mêmes** themselves
**évader (s')** to escape
**évanouir (s')** to faint
**évasif, -ve** evasive
**évènement** *m* event  ·
**évidemment** *adv* evidently
**évolution** *f* development; evolution
**exactement** *adv* exactly
**examen** *m* examination
**exaucer** to grant; to hear (a prayer)
**exclamer (s')** to exclaim
**exécuter** to perform, to execute
**exemple** *m* example
**exercice** *m* exercise
**exigeant, -e** demanding
**exotique** *adj* exotic
**expliquer** to explain
**exposer** to expose, to display
**exprimer** to express
**extraordinaire** *adj* extraordinary

**fabriquer** to make, to manufacture; familiar; **qu'est-ce que tu fabriques?** what are you up to?
**fâcher** to scold; **se** ~ to get angry; to take offense
**facile** *adj* easy
**facilement** *adv* easily
**façon** *f* way, manner; **de quelle** ~ **?** how?; **de** ~ **que** so that

**facteur** *m* mailman
**faculté** *f* faculty
**faible** *adj* weak
**faim** *f* hunger; **avoir** ~ to be hungry; **mourir de** ~ to be starving
**faire*** to do, to make; (+ *inf*) to make, to cause; to play a game or practice a sport; ~ **du ski** to ski; **que veux-tu que j'y fasse?** what do you want me to do about it? *impers verb* to be; **il fait froid** it is cold; **se** ~ **du souci** to worry
**falloir*** *impers verb* to have to, must; to need; **il me faut** I need; to take, to require: **il faut une heure pour y aller** it takes an hour to go there
**fameux, -se** famous; delicious
**famille** *f* family
**fantastique** *adj* fantastic
**fascinant, -e** fascinating
**fatigant, -e** tiring; tiresome
**fatigue, -e** tired, fatigued
**faux, -sse** false
**favori, -te** favorite
**fée** *f* fairy; ~ **Carabosse** wicked witch
**féliciter** to congratulate
**femme** *f* woman; wife
**fenêtre** *f* window
**fermer** to shut, to close
**fête** *f* party; feast; holiday; festivity
**feu** *m* fire
**feuille** *f* leaf; sheet (of paper)
**feuilleter** to thumb through
**février** *m* February
**fiancé, -e** fiancé
**fidèle** *adj* faithful
**fidélité** *f* faithfulness
**fier, -ère** proud; **être** ~ **de** to be proud of
**fièvre** *f* fever; temperature
**figuier** *m* fig tree
**figure** *f* face
**figurer (se)** to imagine; to think
**fil** *m* thread
**fille** *f* girl; daughter; **jeune** ~ teen-age girl, unmarried young lady; **petite** ~ little girl; **petite-** ~ grand-daughter
**fils** *m* son; **petit-** ~ grand-son
**filtrer** to leak out
**fin** *f* end; ~ **de semaine** week-end *adv*; **à la** ~ in the end
**finesse** *f* fineness; delicacy; subtlety
**finir** to finish, to end

**fixer** to fix
**flacon** *m* small bottle
**flamme** *f* flame
**flan** *m* custard pudding
**flanc** *m* side
**flâner** to dawdle
**fleur** *f* flower; blossom
**fleuri, -e** in bloom
**flot** *m* flood, wave; stream; **à ~s** in torrents
**flûte** *f* flute
**foi** *f* faith
**foie** *m* liver
**foire** *f* fair
**fois** *f* time; **une ~** once; **deux ~** twice
**folklorique** *adj* folk, folkloric
**fond** *m* bottom; far end; **~ de teint** make-up foundation
**fonder** to found, to start
**fontaine** *f* fountain
**football** *m* soccer
**forain, -e** itinerant; **fête ~** street fair; *m & f* stall-keeper at a fair
**force** *f* strength, force; **à toute ~** at any cost; **de ~** by force
**forêt** *f* forest
**forger** to forge
**forgeron** *m* blacksmith
**former** to form; to shape
**fort, -e** strong; loud (voice)
**fossoyeur** *m* grave-digger
**foulard** *m* scarf
**foule** *f* crowd; lots
**four** *m* oven; **petit ~** small pastry
**fourchette** *f* fork
**fournir** to furnish, to supply
**fourrure** *f* fur
**frais, fraîche** cool; fresh
**frais** *m pl* expenses
**fraise** *f* strawberry
**framboise** *f* raspberry
**franc** *m* Franc
**franc, -che** frank
**français, -e** French; *m* French language
**Français, -e** *m & f* French
**franchement** *adv* frankly
**frapper** to hit, to strike; to impress
**fréquenter** to frequent; to go steady with someone
**frère** *m* brother
**friandise** *f* delicacy; *pl* sweets

**frites** *f pl* French fries
**frivole** *adj* frivolous
**froid, -e** cold; *m* **prendre ~** to catch a cold; **il fait ~** it is cold
**froidement** *adv* coldly
**fromage** *m* cheese
**front** *m* forehead; **faire ~ à** to face
**fruitier** *adj* fruit (tree)
**fuir*** to flee; to slip away
**fumée** *f* smoke
**funambule** *m & f* tight-rope walker
**furieux, -se** furious
**fusée** *f* rocket
**fusil** *m* gun; **~ de chasse** shot-gun

**gagner** to win; to gain; to earn
**gai, -e** gay, cheerful
**galaxie** *f* galaxy
**galette** *f* flat cake
**gant** *m* glove
**garçon** *m* boy; **~ de café** waiter
**garde** *m* guard
**gare** *f* station (train, bus)
**gars** *m fam* guy
**gâté, -e** spoiled
**gâteau** *m* cake
**gauche** *adj* left; *f* left side; **à ~** on the left
**gaufre** *f* waffle
**gémir** to moan
**général, -e** general; **en ~** in general
**généralement** *adv* generally
**génération** *f* generation
**génial, -e** brilliant; inspired
**génie** *m* genius
**genou** *m* knee; **à ~x** kneeling
**genre** *m* kind; manners
**gens** *m & f pl* people; **jeunes ~** young men, youths
**gentil, -lle** nice, kind
**gentillesse** *f* kindness
**gentiment** *adv* nicely, sweetly
**géographie** *f* geography
**gerbe** *f* sheaf (of wheat)
**gigot** *m* leg of mutton
**gilet** *m* vest; light sweater
**glace** *f* mirror; glass; ice; ice milk
**glacé, -e** frozen; **crème ~** ice cream
**glacial, -e** icy; chilling
**glaïeul** *m* gladiolus
**gloire** *f* glory; fame

**gomme** *f* eraser
**gorge** *f* throat; **avoir mal à la** ∼ to have
a sore throat
**gorille** *m* gorilla
**goût** *m* taste
**goûter** to taste; to have a snack (usually
around 4 P.M.)
**goûter** *m* afternoon snack
**grand, -e** big; tall; great; **grand-chose**
much; *pl* ∼**s et petits** old and young
**grandeur** *f* size; greatness
**gras, -sse** fat; greasy; **faire la** ∼ **matinée**
to sleep late
**grave** *adj* serious; solemn
**Grèce** *f* Greece
**grêle** *f* hail
**grêler** to hail
**grenadine** *f* pomegranate syrup
**grenier** *m* attic
**grenouille** *f* frog; **cuisses de** ∼ frog legs
**grève** *f* strike; **faire la** ∼ to be on strike
**griller** to toast; **pain grillé** toast
**grincheux, -se** cross, cranky
**grippe** *f* flu
**gronder** to scold; to roar
**gros, -sse** big; fat
**groseille** *f* red currant
**grossir** to gain weight
**gruyère** *m* Swiss cheese
**guère** *adv* **ne . . .** ∼ hardly, not much,
not many
**guerre** *f* war
**guerrier** *m* warrior
**guitare** *f* guitar

**habiller** to dress; **s'**∼ to get dressed
**habiter** to live (à, in)
**habitude** *f* habit; **avoir l'**∼ **de** to be used
to; **d'**∼ usually
**habituel, -lle** habitual
**hâché, -e** ground; **viande** ∼ ground meat;
chopped: **persil** ∼ chopped parsley
**haïr** to hate
**haleine** *f* breath; **avoir mauvaise** ∼ to
have bad breath
**haricot** *m* bean; ∼ **vert** green bean
**harpe** *f* harp
**hâter (se)** to hurry
**haut, -e** high; **en** ∼ upstairs; **haute-
fidélité** high fidelity
**hélas!** *interj* alas!

**herbe** *f* grass; herb
**héros** *m* hero
**heure** *f* hour; time; **quelle** ∼ **est-il?** what
time is it? **être à l'**∼ to be on time; **de
bonne** ∼ early
**heureusement** *adv* fortunately
**heureux, -se** happy
**heurter** to hit; to bump into
**hibou** *m* owl
**hier** *adv* yesterday; **avant-**∼ the day
before yesterday
**histoire** *f* story; history; trouble; **faire des**
∼**s** to cause trouble
**hiver** *m* winter; wintertime
**hollandais, -e** Dutch; *m* Dutch language
**Hollandais, -e** *m & f* Dutch
**Hollande** *f* Holland
**homme** *m* man; mankind
**hongrois, -e** Hungarian
**Hongrois, -e** *m & f* Hungarian
**hôpital** *m* hospital
**hoquet** *m* hiccup; **avoir le** ∼ to have the
hiccups
**horloge** *f* clock
**horrifier** to horrify
**hors** *adv* out, outside; ∼ **de** out of
**hôte** *m* host, landlord
**huile** *f* oil; **l'**∼ **et le vinaigre** oil and
vinegar
**huit** *inv* eight
**huître** *f* oyster
**humain** *m* human being
**humeur** *f* humor, mood; **de bonne** ∼
in a good mood

**ici** *adv* here
**idée** *f* idea
**ignoré, -e** unknown, ignored
**il** *pers pron* he; it; *impers pron* it; ∼ **fait
chaud** it is hot; ∼ **est midi** it is noon;
there; ∼ **y a** there is, there are; ∼
**était une fois** once upon a time there
was
**île** *f* island
**illustre** *adj* famous; well-known
**ils** *pers pron* they
**image** *f* picture; image
**immédiatement** *adv* immediately
**impassible** *adj* impassive
**imperméable** *adj* waterproof; *m* raincoat

**importer** to matter; **n'importe** no matter; **n'importe quel** no matter which, any; **n'importe lequel** just any one

**incendie** *m* fire

**incliner (s')** to bow

**inconnu, -e** unknown; *m & f* stranger

**indépendant, -e** independent

**indifférent, -e** indifferent

**individuel, -lle** individual

**infirmière** *f* nurse

**informations** *f pl* news

**inquiet, -ète** worried

**inquiéter** to worry; **s'~** to worry

**inspirant, -e** inspiring

**installer** to set up, to install; **être bien installé** to be comfortable; **s'~** to settle

**instant** *m* moment, instant; **un ~!** just a minute! **dans un ~** in a minute

**instruire** (like **traduire\***) to instruct; **s'~** to educate oneself

**intéressant, -e** interesting

**intéresser** to interest

**intérêt** *m* interest

**interpréter** to interpret

**interrogation** *f* short exam; quiz; **~ écrite** written exam; **~ orale**

**interroger** to interrogate; to question

**interrompre** (like **attendre\***) to interrupt

**intime** *adj* close (friend); cozy (place)

**intrépide** *adj* bold

**inviter** to invite

**invraisemblable** *adj* unlikely, hard to believe

**irrévocable** *adj* irrevocable

**irriter** to irritate

**Italie** *f* Italy

**italien, -nne** Italian; *m* Italian language

**Italien, -nne** *m & f* Italian

**jamais** *adv* never

**jambe** *f* leg

**jambon** *m* ham

**janvier** *m* January

**jardin** *m* garden; **~ zoologique** zoo

**jaune** *adj* yellow

**je, j'** *pers pron* I

**jeter** to throw; to throw away

**jeu** *m* game; play; sport

**jeudi** *m* Thursday

**jeune** *adj* young; **les ~s** youths

**joie** *f* joy

**joindre\*** to join; **~ les deux bouts** to make both ends meet

**joli, -e** pretty, good-looking

**jouer** to play; **~ à** to play a game, a sport; **~ de** to play a musical instrument

**joufflu, -e** chubby

**joujou** *m fam* (from **jouet**) toy

**jour** *m* day; **tous les ~s** every day; **tous les deux ~s** every other day

**journal** *m* newspaper

**journaliste** *m & f* journalist, reporter

**journée** *f* day, day-time

**judaïsme** *m* judaism

**juillet** *m* July

**juin** *m* June

**jumelles** *f pl* binoculars

**jupe** *f* skirt

**jus** *m* juice

**jusque** *prep* as far as, until; **jusqu'à ce que** until

**kilo** *m* kilogram

**kilomètre** *m* kilometer

**la** *def art* the

**la** *pers pron* her, it

**là** *adv* there; **~ -bas** over there **oh là là!** *interj* oh my goodness!

**laborieux, -se** hard, wearisome

**lac** *m* lake

**lacté, -e** milky; **Voie ~** Milky Way

**laine** *f* wool

**laisser** to leave; to let

**lait** *m* milk

**laitue** *f* lettuce

**lame** *f* blade; **~ de rasoir** razor blade

**lampe** *f* lamp; **~ de poche** flashlight

**lampion** *m* Chinese lantern

**lancer** to throw, to cast

**langue** *f* tongue; language; **~s étrangères** foreign languages

**lapin** *m* rabbit

**laquelle** *rel pron* which; *interr pron* which?

**laurier** *m* laurel

**laver** to wash; **se ~** to wash oneself; **se ~ les dents** to brush one's teeth

**le, l'** *def art* the

**le** *pers pron* him, it

**leçon** *f* lesson
**légende** *f* legend
**légion** *f* legion
**légume** *m* vegetable
**lent, -e** slow
**lentement** *adv* slowly
**lequel** *rel pron* which; *interr pron* which?
**les** *def art* the
**les** *pers pron* them
**lessive** *f* laundry-soap; **faire la ~** to do the laundry
**lesquels, lesquelles** *pers pron* which; *interr pron* which?
**lettre** *f* letter
**leucémie** *f* leukemia
**leur** *poss adj* their; **le ~, la ~, les ~s** *poss pron* theirs
**leur** *pers pron* to them
**levant** *adj* rising
**lever (se)** to get up
**lèvre** *f* lip
**Liban** *m* Lebanon
**libre** *adj* free
**lieu** *m* place; **au ~ de** instead of; **avoir ~** to take place
**lièvre** *m* hare
**lime** *f* file; **~ à ongles** nail-file
**limer** to file; **se ~ les ongles** to file one's nails
**limonade** *f* carbonated drink resembling "Seven-Up"
**linge** *m* linen
**lire*** to read
**lit** *m* bed
**littérature** *f* literature
**livre** *m* book
**loin** *adv* far
**lointain, -e** distant, far off
**loger** to live; to lodge
**Londres** *m* London
**long, -gue** long; **le ~ de** along
**longtemps** *adv* a long time
**longuement** *adv* for a long time; slowly
**lorsque** *conj* when
**louer** to praise; to rent
**loup** *m* wolf
**lui** *pers pron* he; him, her, it; to him, to her, to it; **~-même** *reflexive pron* himself
**lumière** *f* light
**lunaire** *adj* lunar

**lundi** *m* Monday; **tous les ~s** every Monday
**lune** *f* moon; **~ de miel** honeymoon
**lunettes** *f pl* spectacles, glasses; **~ de soleil** sun-glasses
**lutin** *m* elf
**lutte** *f* struggle, fight; wrestling
**lutter** to fight; to wrestle

**ma** *poss adj* my
**macabre** *adj* gruesome
**mâchoire** *f* jaw
**madame** (*abbr* **Mme**), *pl* **mesdames** *f* Mrs.; Madam
**mademoiselle** (*abbr* **Mlle**), *pl* **mesdemoiselles** *f* Miss
**magasin** *m* store; **grand ~** department store
**magnétique** *adj* magnetic
**magnétophone** *m* tape recorder
**magnifique** *adj* magnificent; wonderful
**mai** *m* May
**maigrir** to lose weight
**maille** *f* mesh; stitch; **j'ai une ~ au bas** I have a run in my stocking
**maillot de bain** *m* bathing-suit
**main** *f* hand
**maintenant** *adv* now
**maire** *m* mayor
**mais** *conj* but
**maison** *f* house; home; **à la ~** at home
**maître** *m* master
**mal** *m* ailment, hurt; pain; **~ de tête** headache; **avoir ~** to be hurting
**malade** *adj* ill; sick
**maladie** *f* illness; disease
**malaise** *m* strong discomfort
**malédiction** *f* curse
**malheur** *m* misfortune
**maman** *f* mamma, mom, mother
**manger** to eat
**mannequin** *m* fashion model
**manquer (de)** to lack; to miss
**manteau** *m* coat
**maquereau** *m* mackerel
**maquette** *f* model
**maquiller (se)** to make up
**marâtre** *f* stepmother
**marchand, -e** *m & f* merchant; storekeeper

**marche** *f* walking; step (of stairs)
**marcher** to walk; **comment ça marche?**
   how is it going?
**mardi** *m* Tuesday
**marelle** *f* hopscotch
**marguerite** *f* daisy
**mari** *m* husband
**mariage** *m* marriage; wedding
**marier (se)** to get married (**avec**, to)
**marjolaine** *f* marjoram
**Maroc** *m* Morocco
**maroquinerie** *f* fancy-leather goods; store
   that sells leather goods
**marron** *adj* brown; *m* chestnut
**mars** *m* March; Mars
**marseillais, -e** from Marseilles
**Marseillais, -e** *m & f* from Marseilles
**Marseille** *f* Marseilles
**Martien, -nne** *m & f* Martian
**masque** *m* mask; ~ **de beauté** facial
**match** *m* game (sports)
**mathématiques** *f pl* mathematics
**matière** *f* substance; matter; ~s
   **premières** raw materials
**matin** *m* morning; **demain** ~ in the
   morning; **8 heures du** ~ 8 A.M.
**matinée** *f* morning; **toute la** ~ all
   morning; **faire la grasse** ~ to sleep late
**maussade** *adj* sullen, moody
**mauvais, -e** bad; mean; wrong; **être de** ~
   **humeur** to be in a bad mood; **il fait**
   ~ the weather is bad
**mazout** *m* fuel oil
**me** *pers pron* me; to me; *refl pron* myself;
   **je** ~ **regarde** I am looking at myself
**méchant, -e** mean; nasty
**médaille** *f* medal
**médecin** *m* physician
**médicament** *m* medicine; medication
**meilleur, -e** better; **le** ~ the best
**melon** *m* cantaloupe
**même** *adj* same; *adv* even
**mémé** *f fam* grandma
**mémoire** *f* memory
**mémorable** *adj* memorable; eventful
**ménage** *m* housekeeping; **faire le** ~ to do
   housework
**mener** to lead; to take
**méningite** *f* meningitis
**mensonge** *m* lie
**mentir** (like **sortir***) to lie

**mer** *f* sea; ~ **Méditerranée** Mediterra-
   nean
**merci** *adv* thank you
**mercredi** *m* Wednesday
**Mercure** *m* Mercury
**mère** *f* mother; **grand-**~ grandmother
**mériter** to deserve, to merit
**merveilleusement** *adv* wonderfully
**merveilleux, -se** wonderful
**mes** *poss adj* my
**météorologie** *f* meteorology
**métier** *m* profession; trade; occupation
**mètre** *m* meter
**métro** *m fam* subway
**metteur en scène** *m* director (movie)
**mettre*** to put; to put on; **se** ~ **à** to
   start; **se** ~ **en colère** to get angry
**meuble** *m* piece of furniture; **les** ~**s** the
   furniture
**mexicain, -e** Mexican
**Mexicain, -e** *m & f* Mexican
**Mexique** *m* Mexico
**mezzo-soprano** second soprano
**mi** *inv adj* half; **à** ~**-chemin** halfway
**micheline** *f* commuter-train
**midi** *m* noon, twelve o'clock; **le Midi**
   the South of France
**miel** *m* honey; **lune de** ~ honeymoon
**mien, mienne, miens, miennes** (**le, la, les**)
   *poss pron* mine
**mieux** *adv* better; **le** ~ the best; **vous**
   **feriez** ~ **de** you had better; **j'aimerais** ~
   I would rather; **tant** ~ so much the
   better
**mil** thousand (in dates)
**milieu** *m* middle; environment; **tu es au** ~
   you are in the way
**mille** *inv* thousand
**milliard** *m* billion
**milliardaire** *adj*; *m & f* multimillionaire
**mince** *adj* thin; slender
**miner** to mine; to undermine
**minéral, -e** mineral; **eau** ~ mineral water
**minuit** *m* midnight
**miroir** *m* mirror
**mise** *f* putting, setting; ~ **en scène**
   staging, production
**misère** *f* misery; great poverty
**missionnaire** *m & f* missionary
**mode** *f* fashion; trend
**moderne** *adj* modern

**modestie** *f* humility; unpretentiousness

**moi** *pers pron* I; me; ~**-même** *refl* myself

**moins** *adv* less; **le** ~ the least; **à** ~ **que** *conj* unless

**mois** *m* month

**moitié** *f* half

**mon** *poss adj* my

**monde** *m* world; people; **beaucoup de** ~ a lot of people

**mondial, -e** world-wide; **guerre** ~ world war

**monotone** *adj* monotonous

**monsieur** (*abbr* **M.**) *m* mister; sir

**montagne** *f* mountain

**monter** to go up, to climb up; ~ **à bicyclette** to ride a bicycle; ~ **en voiture** to get into a car

**montre** *f* watch; wrist watch

**montrer** to show

**morceau** *m* piece; bit; piece of music

**mordre** (like **attendre***) to bite

**mormon, -nne** Mormon

**Mormon, -nne** *m & f* Mormon

**mort, -e** dead

**mot** *m* word; **je voudrais vous dire un** ~ I would like a word with you

**moteur** *m* motor, engine

**moto** *f fam* motorbike

**mou, molle** soft; soggy; flabby, indolent

**mourant** *adj* dying; *m & f* the dying

**mourir*** to die; ~ **de faim** to starve, to be starving; ~ **de soif** to be dying of thirst

**mousse** *f* suds; ~ **à raser** shaving cream

**mouton** *m* sheep; mutton

**moyen, -nne** middle; average; ordinary; *m* means, way

**multicolore** *adj* multicolored

**multiplier** to multiply

**mur** *m* wall

**murmurer** to whisper, to murmur

**musée** *m* museum

**musette** *f* **bal** ~ dance where accordion music is played

**musicien, -nne** *m & f* musician

**musique** *f* music

**nager** to swim

**naïf, -ve** naive

**nain, -e** undersized; *m & f* dwarf

**naissance** *f* birth; **date de** ~ birth date

**naître*** to be born; **je suis né le** I was born on the . . .

**nappe** *f* tablecloth

**napperon** *m* doily

**narrateur** narrator

**natation** *f* swimming

**nationalité** *f* nationality

**naturellement** *adv* naturally; of course

**nautique** *adj* nautical; **ski** ~ water-skiing

**ne** *adv* used in negative phrases and expressions; **je** ~ **sais pas** I don't know; used with verbs of fear and certain conjunctions; **je crains qu'il** ~ **pleuve** I am afraid it will rain

**né, -e** born; **nouveau-** ~ new-born

**nécessaire** *adj* necessary

**neige** *f* snow

**neiger** to snow

**néon** *m* neon

**nettement** *adv* distinctly

**nettoyer** (like **essuyer**) to clean

**neuf** *inv* nine

**neuf, -ve** new (not used)

**neuvième** ninth

**neveu** *m* nephew

**nez** *m* nose

**ni** *conj* nor; **ni . . . ni** neither . . . nor; either . . . or

**niçois, -e** from Nice

**Niçois, -e** *m & f* from Nice

**nid** *m* nest

**noce** *f* wedding

**Noël** *m* Christmas; **le père** ~ Santa Claus

**noir, -e** black

**noisette** *f* hazel-nut

**noix** *f* walnut; ~ **de coco** coconut

**nom** *m* name; ~ **de famille** surname

**nombreux, -se** *adj* numerous, many; large

**nommer (se)** to be named

**non** *adv* no; not

**nord** *m* North; **au** ~ in the north

**notre, nos** *poss adj* our

**nôtre** *poss pron* (**le, la, les**) ours

**nourriture** *f* food

**nous** *pers pron* we; us; *refl* ourselves; each other; ~**-mêmes** ourselves

**nouveau, nouvelle** new; different; another

**novembre** November

**nuage** *m* cloud

**nuit** *f* night; **bonne ~** good night
  **cette ~** last night
**nul, -lle** no; *indef pron* no one
**numéro** *m* number

**obsédant, -e** obsessing
**obtenir** (like **venir***) to obtain
**occasion** occasion; opportunity; bargain;
  **d' ~** used, second-hand
**occuper** to occupy; **s' ~ de** to take care
  of, to be interested in
**océan** *m* ocean
**octobre** *m* October
**œillet** *m* carnation
**œuf** *m* egg; **~ à la coque** soft-boiled egg
**œuvre** *f* work, production
**offrir** (like **ouvrir***) to offer
**oh!** *interj* oh! **oh là là!** oh my goodness!
**oignon** *m* onion
**oiseau** *m* bird
**ombrage** *m* shade; umbrage
**omelette** *f* omelet
**on** *indef pron* one, they, we
**oncle** *m* uncle
**ongle** *m* nail; **~ de doigt de pied** toe-nail
**onze** *inv* eleven
**onzième** eleventh
**opéra** *m* opera
**opération** *f* operation
**or** *m* gold
**orage** *m* thunderstorm
**orangeade** *f* orange drink
**orchestre** *m* band; orchestra
**ordonnance** *f* prescription
**ordures** *f pl* garbage
**oreille** *f* ear; **boucle d' ~** earring
**orgueilleux, -se** proud
**ornement** *m* ornament
**orner** to adorn; to enrich
**orteil** *m* toe
**osselet** *m* knuckle bone
**ou** *conj* or; either . . . or
**où** *adv* where, when; **d' ~** where from;
  **le jour où** the day when
**oublier** to forget
**oui** *adv* yes
**oursin** *m* sea urchin
**ouvrir*** to open

**pain** *m* bread; **petit ~ au chocolat**
  chocolate-filled roll

**paire** *f* pair
**paisiblement** *adv* peacefully
**palais** *m* palace
**pamplemousse** *m* grapefruit
**pan!** *interj* bang!
**panne** *f* breakdown; **avoir une ~**
  **d'essence** to run out of gas
**pansement** *m* bandage
**panser** to bandage; to soothe
**pantalons** *m pl* pants; trousers; slacks
**papa** *m* dad, daddy, pop
**papier** *m* paper
**papillon** *m* butterfly
**Pâques** *m pl* Easter
**paquet** *m* packet, bundle; parcel
**par** *prep* by, in, through, on, out of
**parachutisme** *m* sky diving
**paragraphe** *m* paragraph
**paraître** (like **connaître***) to appear; **il**
  **paraît que . . .** they say that . . .
**parapluie** *m* umbrella
**parc** *m* park
**parce que** *conj* because
**parcourir** (like **courir***) to go through; to
  travel
**pardessus** *m* overcoat
**pardonner** to forgive
**pareil, -lle** similar, such
**parents** *m pl* parents; relatives; **grands- ~**
  grandparents
**parfait, -e** perfect
**parfois** *adv* sometimes
**parfum** *m* perfume
**parfumerie** *f* perfumery; perfumes
**parisien, -nne** Parisian
**Parisien, -nne** *m & f* Parisian
**parler** to speak, to talk
**parole** *f* word; saying
**parquet** *m* floor
**part** *f* part; share; **quelque ~** somewhere;
  **nulle ~** nowhere; **à ~ ça** except for
  that; **de la ~ de** in behalf of; **d'autre ~**
  on the other hand
**partager** to share
**partir** (like **sortir***) to leave, to go away;
  **à ~ de** from
**partout** *adv* everywhere
**pas** *adv* not; **je ne veux ~** I don't want
  to; **~ encore** not yet; **pourquoi ~?**
  why not?
**pas** *m* step

**passeport** *m* passport

**passer** to pass; to go through (**par**); to elapse; **le temps passe vite** time quickly elapses; to spend (time); ~ **ses vacances à la campagne** to spend one's vacations in the country; **se** ~ to happen; **qu'est-ce qui se passe?** what is happening?

**passer un examen** to take a test

**passionnant, -e** thrilling, fascinating

**pastèque** *f* watermelon

**pastille** *f* lozenge; ~ **de menthe** peppermint

**patin** *m* skate; ~**s à glace** ice skates; ~**s à roulettes** roller skates

**patinage** *m* skating

**patron** *m* boss; proprietor

**pauvre** *adj* poor

**pauvreté** *f* poverty

**payer** (like **essayer**) to pay; to pay for

**pays** *m* country; nation; homeland

**paysage** *m* landscape

**pêche** *f* fishing; **aller à la** ~ to go fishing; **canne à** ~ fishing rod

**pêcher** to fish

**peigne** *m* comb

**peindre** (like **atteindre***) to paint

**peine** *f* sorrow; **avoir de la** ~ to be sad; effort; **cela en vaut la** ~ it is worth it; *adv* **à** ~ barely

**peintre** *m* artist

**peinture** *f* paint; picture

**peler** to peel; to peel off

**pelote** *f* ball; ~ **de laine** ball of yarn; ~ **basque** (sport) pelota

**pelouse** *f* lawn

**peluche** *f* plush; **ours en** ~ teddybear

**pencher** to lean, to bend; **se** ~ to lean

**pendant** *prep* during, for; ~ **que** *conj* while

**pendentif** *m* pendant

**penser** to think; ~ **à quelqu'un** to think about someone; **que penses-tu de cette idée?** what do you think of this idea?

**pépé** *m fam* grandpa

**perdre** (like **attendre***) to lose; ~ **la mémoire** to lose one's memory

**perdrix** *f* partridge

**père** *m* father; **grand-**~ grandfather **Père Noël** Santa Claus

**périr** to perish

**perle** *f* pearl; **collier de** ~**s** pearl necklace

**permanente** *f* permanent wave

**perplexe** *adj* puzzled, perplexed

**perroquet** *m* parrot

**perruque** *f* wig; **porter une** ~ to wear a wig

**personnalité** *f* personality; person of mark; **avoir de la** ~ to have personality

**personne** *f* person; **grandes** ~**s** grown-ups; *indef pron* no one, anyone; **il n'y a** ~ there isn't anybody; ~ **n'est venu** nobody came

**pesanteur** *f* weight; gravity

**petit, -e** small, little, young; ~**s-enfants** grandchildren

**pétrole** *m* petroleum, oil

**peu** *adv* little; few; ~ **de** little, few; ~ **de gens** few people; ~ **d'argent** not much money

**peur** *f* fear; **avoir** ~ to be afraid; **de** ~ **de** *prep* for fear of; **de** ~ **que** *conj* lest, for fear that

**pharmacie** *f* drugstore, pharmacy

**pharmacien, -nne** *m & f* druggist

**philosophe** *m & f* philosopher

**philosophie** *f* philosophy

**photo** *f* (*abbr* of **photographie**) photograph; **prendre la** ~ **de quelqu'un** to take someone's picture

**photographique** *adj* photographic; **appareil** ~ camera

**phrase** *f* sentence

**physique** *f* physics; *adj* physical

**pièce** *f* room; patch; coin

**pied** *m* foot; **à** ~ on foot

**piège** *m* trap

**pile** *f* battery

**pique-nique** *m* picnic

**piquer** to sting; to prick; **se** ~ to prick oneself

**piqûre** *f* injection, shot; **faire une** ~ **à quelqu'un** to give someone a shot

**pire** *adj* worse, worst; **le** ~ the worst

**pis** *adj* worse; **tant** ~ too bad

**pistache** *f* pistachio nut; **glace à la** ~ pistachio ice cream

**place** *f* square

**placer** to place

**plafond** *m* ceiling

**plage** *f* beach

**plaire*** to please; **le français me plaît** I like French

**plaisir** *m* pleasure; **cela lui fera plaisir** she will like it

**plan** *m* draft; framework; map (of a city); plan

**planète** *f* planet

**plat** *m* dish; ~ **de résistance** main dish

**plat, -e** flat

**plâtre** *m* plaster; cast; **il a la jambe dans le ~** he has his leg in a cast

**plein, -e** full; **en ~ air** outdoors; *m* **faire le plein d'essence** to fill up with gasoline

**pleurer** to cry, to weep

**pleuvoir*** *impers verb* to rain

**plier** to fold

**plisser** to wrinkle

**plombage** *m* filling (tooth)

**pluie** *f* rain

**plupart (la)** *f* most; **la ~ du temps** most of the time; **la ~ des gens** most people

**plus** ([ply] before a consonant and in the construction **ne . . . plus**; [plys] when adding and at the end of a sentence) *adv* more; no more; plus; **le ~** the most; **ne . . . ~** no more, no longer; **deux ~ deux font quatre** two and two are four

**plusieurs** *indef adj & pron* several

**Pluton** *m* Pluto

**pluvieux, -se** rainy; wet

**pneu** *m* tire

**poche** *f* pocket

**pochette** *f* fancy handkerchief

**poème** *m* poem

**poignet** *m* wrist

**poil** *m* hair (body)

**point** *m* point; degree; part; stitch; **~ d'exclamation** exclamation mark; **~ d'interrogation** question mark

**pointure** *f* size (gloves, shoes)

**poire** *f* pear

**poisson** *m* fish

**poivre** *m* pepper

**poliomyélite** *f* poliomyelitis

**polonais, -e** Polish; *m* Polish language

**Polonais, -e** *m & f* Polish

**pomme** *f* apple; **tarte aux ~s** apple pie; **jus de ~** apple juice; **~ de terre** potato

**pommier** *m* apple-tree

**populaire** *adj* popular

**port** *m* harbor; port; **à bon ~** safely

**porte** *f* door

**portefeuille** *m* billfold, wallet

**porter** to carry; to wear; **se ~** to be; **comment vous portez-vous?** how are you?

**poser** to lay, to put; **~ une question** to ask a question

**posséder** to own, to possess

**postal, -e** postal; **carte ~** postcard

**potage** *m* thin soup

**poubelle** *f* garbage can

**poudre** *f* powder; **~ de riz** face-powder

**poulet** *m* chicken

**poupée** *f* doll; **jouer à la ~** to play with a doll

**pour** *prep* for; **~ que** *conj* in order that

**pourquoi** *interr adv* why

**pourtant** *adv* however

**pourvu que** *conj* provided that

**pousser** to push; to grow

**pouvoir*** can, to be able to; may; **je ne peux pas le faire** I can't do it; **puis-je le faire?** may I do it?

**pratique** *adj* practical

**pratiquer** to practice

**préférer** to prefer

**premier, -e** first

**prendre*** to take; **~ l'air** to get some fresh air; *fam.* **qu'est-ce qui te prend?** what is the matter with you? **~ le train** to take the train

**prénom** *m* first name; **deuxième ~** middle name

**préoccupation** *f* preoccupation, concern

**préoccuper** to worry

**préparer** to prepare; **se ~ à un examen** to study for an exam

**près (de)** *prep* near, close to; **à peu ~** *adv* nearly

**présager** to foretell

**présentation** *f* presentation; **~ de collection** fashion show

**présenter** to present; to introduce; **je vous présente Mlle . . .** I would like you to meet Miss . . .

**président, -e** *m & f* president

**presque** *adv* almost; hardly; **~ rien** hardly anything

**presser** to press; to hurry; to squeeze; **un citron pressé** fresh lemonade; **se ~** to hurry up

**prêt, -e** ready; *m* loan
**prêter** to loan; to lend
**prêtre** *m* priest
**prier** to pray; **je vous prie** please
**principe** *m* principle; **en** ~ in general
**printemps** *m* spring
**prisonnier, -ère** *m & f* prisoner
**priver** to deprive (**de**, of); **se** ~ **de** to do without
**prix** *m* price, cost; **hors de** ~ at a prohibitive price; **le grand prix** the championship race
**problème** *m* problem
**prochain, -e** next; **l'année** ~ next year; **à la prochaine** till next time
**proclamer** to proclaim
**produit** *m* product
**professeur** *m* teacher; professor
**professionel, -lle** professional
**programme** *m* program
**progresser** to progress
**projet** *m* project, plan; **faire des** ~**s** to make plans
**promener (se)** to take a stroll, to take a walk; **se** ~ **en voiture** to take a ride
**prophète** *m* prophet
**propre** *adj* clean; own; **son** ~ **fils** his own son
**propriétaire** *m & f* landlord; landlady; owner, proprietor
**Prussien, -nne** *m & f* Prussian
**puisque** *conj* since, as
**pull-over** *m* slip-on sweater
**pur, -e** pure
**purée** *f* mash; ~ **de pommes de terre** mashed potatoes

**qualité** *f* quality
**quand** *conj* when; *interr adv* when; **depuis** ~ **êtes-vous ici?** how long have you been here?
**quant (à)** as to, as for; ~ **à vous . . .** as far as you are concerned . . .
**quarante** *inv* forty
**quarantième** fortieth
**quart** *m* quarter; **un** ~ **d'heure** a quarter of an hour; **deux heures et** ~ two fifteen; **les trois** ~**s du temps** most of the time
**quartier** *m* district; neighborhood; **Quartier latin** Latin Quarter

**quatorze** *inv* fourteen
**quatorzième** fourteenth
**quatre** *inv* four
**quatre-vingt** *inv* eighty
**quatre-vingt-dix** *inv* ninety
**quatre-vingt-dixième** ninetieth
**quatre-vingtième** eightieth
**quatrième** fourth
**que, qu'** *rel pron* what; which; that; whom; *interr pron* what; **qu'est-ce que?** what is it? **qu'est-ce qu'il y a?** what's the matter?
**que** *conj* that; only, but; as; than; **il n'écoute qu'elle** he listens to nobody but her; *interj* ~ **vous avez de grands yeux!** What big eyes you have!
**quel, -lle** *interr adj* what; which; *interj* ~ **beau garçon!** What a good-looking boy! *rel adj* **je ne sais pas** ~ **livre choisir** I don't know which book to choose
**quelque** *adj* some, a few; ~ **part** *adv* somewhere; ~ **chose** *indef pron* something
**quelquefois** *adv* sometimes
**quelqu'un, -une** (*pl* **quelques-uns, -unes**) *indef pron* someone; some
**quenouille** *f* distaff
**quereller (se)** to quarrel
**qui** *rel pron* who; that; which; whom; *interr pron* who; whom; **à** ~ whose; ~ **est-ce qui** who; ~ **est-ce que** whom; ~ **est là?** who is it?
**quiconque** *indef pron* whosoever; anyone
**quille** *f* ninepin; **jouer aux** ~**s** to play ninepins
**quinze** *inv* fifteen
**quinzième** fifteenth
**quitter** to leave
**quoi** *rel pron* what, which; *interr pron* what; **à** ~ **penses-tu?** what are you thinking about?
**quoique** *conj* though, although

**raconter** to tell, to narrate; *fam* **qu'est-ce que tu racontes?** what on earth are you talking about?
**raisin** *m* grapes; **j'aime le** ~ I like grapes; **je voudrais du** ~ I would like some grapes; **jus de** ~ grape juice; ~ **sec** raisin
**raison** *f* reason; **avoir** ~ to be right

**ralentir** to slow down
**ramener** to bring back
**rance** *adj* rancid
**ranger** to put away; to tidy up; to set
**rapide** *adj* fast; speedy; rapid
**rapidement** *adv* rapidly
**rapport** *m* report; relation
**rarement** *adv* rarely
**raser (se)** to shave; ~ **les jambes** to shave one's legs
**rater** to miss; to fail (exam)
**ravi, -e** delighted
**rayon** *m* ray; ~ **de soleil** sunbeam; shelf; department (store)
**réaction** *f* reaction
**réagir** to react
**récemment** *adv* recently
**recevoir\*** to receive; to admit; **être reçu à un examen** to pass an examination
**rechercher** to research; to search for
**récital** *m* recital
**réciter** to recite
**réclamer** to demand; to beg for
**récompense** *f* reward
**reconnaître** (like **connaître\***) to recognize; to admit
**recueillir** (like **cueillir\***) to give shelter to; **se** ~ to meditate
**redire** (like **dire\***) to say or tell again
**réfléchir** to reflect, to ponder (à, on)
**réfrigérateur** *m* refrigerator
**refuser** to refuse
**régal** *m* treat
**regarder** to look; to look at; **regarde-moi** look at me; ~ **par la fenêtre** to look out of the window
**régime** *m* diet; **être au** ~ to be on a diet; **se mettre au** ~ to go on a diet
**régiment** *m* regiment; *fam* large number
**région** *f* region, area
**regretter** to regret; to be sorry
**rein** *m* kidney; *pl* low back; **avoir mal aux** ~**s** to have a low backache
**reine** *f* queen
**remarquable** *adj* remarkable
**remplacer** to replace
**remporter** to take away; to win (victory)
**renard** *m* fox
**rencontrer** to meet; **se** ~ to meet (two people); **comment vous êtes-vous rencontrés?** how did you meet?

**rendre** (like **attendre\***) to give back; to pay; ~ **visite à quelqu'un** to visit someone
**rentrer** to go home; ~ **chez soi** to go back home; to re-enter
**renverser** to spill; to knock down
**repas** *m* meal
**repasser** to press, to iron; to come again; **repassez ce soir** look in again tonight
**répéter** to repeat
**répondre** (like **attendre\***) to answer, to reply (à **quelqu'un**)
**reposer (se)** to rest
**repousser** to push out
**reprendre** (like **prendre\***) to take back; to take again
**reprocher** to reproach
**républicain, -e** Republican
**réserver** to reserve, to save
**résolution** *f* resolution
**résoudre\*** to solve; to resolve
**responsabilité** *f* responsibility
**ressembler** (à) to look like; **se** ~ to look alike
**ressource** *f* resource
**rester** to stay, to remain; **il me reste cinq francs** I have five francs left
**résultat** *m* result
**retard** *m* delay; **être en** ~ to be late
**retour** *m* return; **aller et** ~ round trip
**retourner** to return; to go back; **se** ~ to turn round
**retrouver** to find again; to get again
**réunion** *f* meeting; reunion
**réunir** to bring together; **se** ~ to meet
**réussir** to succeed; ~ **à un examen** to pass an examination
**rêve** *m* dream
**réveil** *m* awakening; alarm clock
**réveiller** to waken; **se** ~ to wake up
**revenir** (like **venir\***) to come back
**rêver** to dream (**de**, about); to day-dream
**revêtir** to put on (clothes)
**réviser** to review
**révision** *f* review
**revoir** (like **voir\***) to see again; **au** ~ good bye
**révolution** *f* revolution
**revue** *f* high quality magazine
**rhume** *m* cold; **avoir un** ~ to have a cold
**riche** *adj* rich

**rien** *pron* nothing; anything; **ça ne fait ~** it doesn't matter
**rime** *f* rhyme
**rire*** to laugh
**rivière** *f* river
**riz** *m* rice; **poudre de ~** face-powder
**robe** *f* dress
**robuste** *adj* strong, robust
**roi** *m* king
**rôle** *m* role, part; **jouer un ~ important** to take an important part
**roman** *m* novel
**romantique** *adj* romantic
**rond, -e** round; *m* round, circle
**rose** *adj* pink; *f* rose
**rosé, -e** rosy
**rosier** *m* rose-bush
**rossignol** *m* nightingale
**rotule** *f* knee-cap
**rouge** *adj* red
**rougeole** *f* measles
**roulette** *f* small wheel; **patins à ~s** roller skates
**route** *f* road, route
**royaume** *m* kingdom
**ruban** *m* ribbon
**rue** *f* street
**russe** *adj* Russian; *m* Russian language
**Russe** *m & f* Russian
**rythme** *m* rhythm

**sa** *poss adj* his; her; its; one's
**sable** *m* sand
**sabot** *m* wooden shoe
**sac** *m* bag; sack; purse
**sage** *adj* wise; **sois ~** be good
**Saint-Valentin (la)** *f* Valentine's Day
**saison** *f* season
**salade** *f* salad; salad green; **~ de fruits** fruit salad
**salaire** *m* salary, wages
**sale** *adj* dirty
**salle** *f* room; **~ de classe** classroom
**salon** *m* living-room
**salut** *m* recovery, well-being; greeting; **Salut!** *fam interj* Hi!
**salutation** *f* greeting
**samedi** *m* Saturday; **~ dernier** last Saturday; **~ prochain** next Saturday
**sanctionner** to ratify, to confirm
**sandale** *f* sandal

**sang** *m* blood; **~-froid** self control
**sans** *prep* without; **~ doute** probably **~ aucun doute** no doubt; **~ que** *conj* unless, without
**sapin** *m* fir-tree
**satisfait, -e** satisfied
**Saturne** *m* Saturn
**saumon** *m* salmon
**sauter** to jump; to leap; to hop
**sauvage** *adj* wild; **animaux ~s** wild animals
**sauver** to save
**savoir*** to know
**savon** *m* soap
**savonnette** *f* cake of soap
**savoureux, -se** tasty
**scaphandre** *m* diving-suit
**scolaire** *adj* scholastic; school; **année ~** school year
**scooter** *m* motor scooter
**sculpter** to sculpture, to carve
**se** *pers pron* himself, herself, itself, oneself, themselves
**sec, sèche** dry
**sécher** to dry; **se ~** to dry oneself
**second, -e** (/səgɔ̃/) second; *f* **seconde** second
**secondaire** *adj* secondary; **enseignement ~** secondary education
**secours** *m* help, assistance; **au ~!** *interj* help! **sortie de ~** emergency exit
**secrétaire** *m & f* secretary; clerk
**seize** *inv* sixteen
**sel** *m* salt
**selon** *prep* according to; **~ vous** in your opinion
**semaine** *f* week; **dans une ~** in a week; **fin de ~** week-end
**semblable** *adj* similar; such
**sembler** to seem; **il me semble que** it seems to me that . . .; **cela me semble bon** it looks good to me
**sentier** *m* path
**sentir** (like **sortir***) to smell; to feel; **se ~** to feel; **comment vous sentez-vous?** how are you feeling?
**séparément** *adv* separately
**sept** *inv* seven
**septembre** *m* September
**septième** seventh
**série** *f* series; succession; set

serieux, -se serious

serrer to tighten; to shake (hand); to hug;
~ **la main à quelqu'un** to shake someone's hand

serveuse *f* waitress

serviette *f* napkin; towel; portfolio,
briefcase

servir* to serve; to wait (table); **se ~ de**
to use

ses *poss adj* his; her, its, one's

seul, -e alone; single, only

seulement *adv* only

shampooing (/ʃɑ̃pwɛ̃/) *m* shampoo

si *conj* if; whether

si *adv* so; **pas ~ vite** not so fast; yes
(after a negative question); **n'a-t-elle pas
téléphoné? ~ Si.** Didn't she call?—Yes,
she did

Sibérie *f* Siberia

siècle *m* century; **au vingtième ~** in the
twentieth century

sien, -nne (le, la, les) *poss pron* his, hers,
its, one's

sieste *f* nap; **faire la ~** to take a nap

siffler to whistle

signe *m* sign; token; **faire ~ à** to beckon
to someone

silencieux, -se silent; quiet

sincère *adj* sincere

singe *m* monkey

sirène *f* siren

sirop *m* syrup

sixième sixth

skier, faire du ski to ski

sociologie *f* sociology

sœur *f* sister

soif *f* thirst; **avoir ~** to be thirsty

soigner to nurse; to give medical attention;
to care for; **se ~** to take care of oneself

soigneusement *adv* carefully

soin *m* care, pains

soir *m* evening; night; **ce ~** tonight;
**hier ~** last evening, night; **dix heures
du ~** ten P.M.

soirée *f* evening; evening party; **bonne
soirée** have a good evening

soixante *inv* sixty

soixantième sixtieth

sol *m* ground

soldat *m* soldier

soleil *m* sun; **coup de ~** sunburn

solide *adj* solid, strong

sombre *adj* dark; gloomy

sommeil *m* sleep; **avoir ~** to be sleepy

sommet *m* summit

son *m* sound

son *poss adj* his, her, its, one's

songer to think

sonner to ring; to strike

sonnerie *f* ringing; chimes; electric bell

sonnette *f* doorbell

sorcière *f* witch

sortir* to go out

souci *m* worry; **se faire du ~** to worry

soucier to worry; **se ~** to worry

soucieux, -se worried; **avoir l'air ~** to
look worried

soucoupe *f* saucer; **~ volante** flying saucer

souffler to blow

souffrance *f* suffering

souffrir (like **ouvrir***) to suffer

souhait *m* wish

souhaiter to wish

soulager to relieve

soulever to raise

soulier *m* shoe

soupe *f* soup

souper *m* supper

soupirer to sigh

sourire (like **rire***) to smile; *m* smile

sous *prep* under; **~-vêtement** underwear

spatial, -e space; **vaisseau ~** spaceship

spécial, -e special

spécialiser (se) to specialize (**dans**, in)

spectaculaire *adj* spectacular

splendide *adj* splendid

sportif, -ve fond of sport; *m & f* sports-
man; sportswoman

stéréophonique *adj* stereophonic

store *m* shade, blind

stratagème *m* stratagem

stylo *m* pen; **~ à bille** ball point pen;
**~ à encre** ink-pen

subjonctif *m* subjunctive

succès *m* success; **avoir du ~** to be a
success

sucre *m* sugar

sucrier *m* sugar bowl

sud *m* south; **~-est** southeast; **~-ouest**
southwest

sueur *f* perspiration

**Suisse** *f* Switzerland
**suite** *f* continuation
**suivre*** to follow; to take (courses)
**supérieur, -e** upper; higher; superior; **enseignement ~** higher education
**supplice** *m* intense suffering
**supplier** to beg, to implore
**sur** *prep* on, onto; over, above
**sûr, -e** sure; safe; **bien ~** of course
**surprendre** (like **prendre***) to surprise
**surprise-partie** *f* party
**sursaut** *m* start, jump
**surtout** *adv* above all, especially
**surveiller** to watch
**sympathique** *adj* likable, pleasant
**symphonie** *f* symphony

**ta** *poss adj* thy; your
**tableau** *m* painting, picture; board
**tâche** *f* task
**taille** *f* size; height; waist; **~-crayon** pencil-sharpener
**taire (se)** to be quiet, to stop talking
**talon** *m* heel; **chaussures à hauts ~s** high heel shoes
**tandem** *m* bicycle built for two
**tandis que** *conj* whereas; while
**tant** *adv* so much, so many; **~ ... que** so much, so many ... that; **~ que** as long as; **~ mieux!** *interj* good! wonderful! **~ pis!** *interj* too bad!
**tante** *f* aunt; **grand-~** great aunt
**taper** to hit; to knock (**à la porte**); **~ à la machine** to type
**tapis** *m* carpet
**tard** *adv* late; **il se fait ~** it is getting late
**tarte** *f* tart; pie; **~ aux pommes** apple pie
**tartine** *f* slice of bread and butter; **~ de confiture** bread, butter and jam
**tasse** *f* cup
**te** *pers pron* you; to you; *refl pron* yourself
**téléphone** *m* telephone; **coup de ~** phone call
**téléviseur** *m* television set
**télévision** *f* television
**témoin** *m* witness
**température** *f* temperature; **avoir de la ~** to have a temperature
**tempéré, -e** mild, temperate

**temps** *m* time; weather; **je n'ai pas le ~ de** I don't have time to; **mauvais ~** bad weather; **quel ~ fait-il?** what is the weather like? **il est grand ~ de** it is high time to; **dans le ~** in the olden days; **de ~ en ~** from time to time; **tout le ~** all the time
**tendre** to offer, to hold out
**tendre** *adj* tender
**tendresse** *f* tenderness, affection
**tenir** (like **venir***) to hold; **~ au courant** to keep informed
**ténor** *m* tenor
**terrain** *m* ground; field (sports)
**terrasse** *f* balcony; pavement in front of a café with tables and chairs; **café à ~** sidewalk café
**terrasser** to throw down, to overwhelm
**terre** *f* earth; ground, soil; land; dirt
**tes** *poss adj* thy; your
**tête** *f* head; **mal à la ~** headache; hair, **se laver la ~** to wash one's hair; expression, **faire la ~** to have a long face
**texte** *m* text
**théâtre** *m* theater; stage; **pièce de ~** play
**thermomètre** *m* thermometer
**tiers** *m* third, third part
**timbre** *m* stamp
**timide** *adj* shy
**tirer** to pull; to shoot (**sur**, at)
**tisane** *f* herb-tea
**tissu** *m* material, fabric
**toi** *pers pron* you; **~-même** yourself
**toilette** *f* washing, dressing; **faire sa ~** to wash up
**toit** *m* roof
**tomate** *f* tomato
**tomber** to fall, to fall down; **faire ~** to knock down
**ton** *poss adj* thy; your
**tonnelle** *f* arbor
**tort** *m* harm; wrong, **avoir ~** to be wrong
**tôt** *adv* early; soon
**toujours** *adv* always, forever; still; **je l'aime ~** I still love him
**toupie** *f* top, spinning top
**tour** *m* turn; **c'est mon ~** it's my turn; going round; **faire le ~ de la maison** to go around the house; stroll; **faire un ~** to go for a short walk

**tour** *f* tower; **la Tour Eiffel** Eiffel Tower

**tourisme** *m* tourism

**tourmenter** to trouble, to worry

**tourner** to turn; to go around; **se ~** to turn (**vers,** to); **tourne-disques** record-player (turntable)

**tourterelle** *f* turtle dove

**tous, toutes** *indef adj* all; **tous les deux jours** every other day; **tous les lundis** every Monday; *indef pron* all; **vous tous** all of you

**Toussaint (la)** All Saints' Day

**tout, -e** *indef adj* all, whole; **~ le monde** everybody; **~ le village** the whole village; *indef pron* all: **c'est tout** that's all

**toux** *f* cough

**tracasser** to worry, to bother

**traditionnel, -lle** traditional

**traduction** *f* translation

**traduire\*** to translate

**tragique** *adj* tragic, tragical

**tranquille** *adj* peaceful, tranquil; still; **tiens-toi ~** stay still

**travail** *m* to work; **aller au ~** to go to work, **livre de travaux pratiques** workbook

**travailler** to work

**treize** *inv* thirteen

**trembler** to shake; to tremble; to shiver

**trente** *inv* thirty

**très** *adv* very; very much

**trésor** *m* treasure

**tribu** *f* tribe

**tricot** *m* knitting; knitted wear

**tricoter** to knit

**trimestre** *m* three months, quarter

**triste** *adj* sad

**tristement** *adv* sadly

**trois** *inv* three

**troisième** third

**tromper (se)** to make a mistake

**trop** *adv* too much; too many; too; **j'ai ~ de travail** I have too much work

**trophée** *m* trophy

**troubler** to trouble, to disturb

**troupe** *f* troop, throng

**trouver** to find; to think of; **comment trouves-tu cela?** what do you think of that? **je ne trouve pas mes lunettes** I can't find my glasses

**truite** *f* trout

**tu** *pers pron* you; thou

**tuberculose** *f* tuberculosis

**typhoïde** *adj* typhoid; **fièvre ~** typhoid fever

**Ulysse** *m* Ulysses

**un, une** one; **elle a un an** she is one year old; **vingt et une chaises** twenty-one chairs; *indef art* a; an; *indef pron* one **~ à ~** one by one; **l'un l'autre** each other; **l'un . . . l'autre** one . . . the other; *plur* some **les uns les autres** one another; **les uns . . . les autres** some . . . others

**unique** *adj* sole, only; **enfant ~** only child; unique

**universitaire** *adj* **études ~-s** college studies; **ville ~** university town

**université** *f* university

**usine** *f* factory

**utile** *adj* useful; *m* **joindre l'utile et l'agréable** to mix business with pleasure

**utiliser** to use, to utilize

**vacances** *f pl* vacation, holidays; **être en ~** to be on vacation; **les grandes ~** the summer vacation

**vaccin** *m* vaccine (**contre,** against)

**vaincre\*** to overcome, to defeat

**vaisselle** *f* tableware; **faire la ~** to do the dishes

**valise** *f* suitcase; **faire sa ~** to pack one's suitcase

**vallée** *f* valley

**valoir\*** to be worth

**valse** *f* waltz

**variole** *f* smallpox

**veau** *m* calf; veal

**végétation** *f* vegetation

**vélo** *m fam* bike; **faire du ~** to ride a bike

**vendeur, -se** *m & f* salesman, saleslady

**vendre** (like **attendre\***) to sell

**vendredi** *m* Friday

**venir\*** to come; **d'où venez-vous?** where are you coming from? **~ de** to have just

**vent** *m* wind; **il fait du ~** it is windy

**ventre** *m* stomach; belly

**verbe** *m* verb

**vérité** *f* truth; **dis-moi la** ~ tell me the truth

**vernis** *m* polish; ~ **à ongles** nail polish

**vers** *prep* towards, to; about; ~ **midi** around noon

**vert, -e** green; **haricot** ~ green bean

**veste** *f* coat, jacket; ~ **de sport** sports jacket

**veston** *m* coat (man's suit)

**vêtements** *m pl* clothes; **sous-**~ underwear

**viande** *f* meat

**vie** *f* life

**vieux, vieille** old, elderly; old, worn; old, of long standing; **mon vieux** *fam* old buddy

**vif, vive** alive, lively; fast, sprightly

**vigne** *f* vineyard; vine

**vilain, -e** naughty

**ville** *f* city, town; **en** ~ downtown

**vin** *m* wine

**vingt** *inv* twenty

**vingt et un, une** twenty-one

**vingtième** twentieth

**violon** *m* violin

**violoncelle** *m* cello

**virgule** *f* comma

**visage** *m* face

**viser** to aim

**visiter** to visit; to look over

**vitamine** *f* vitamin

**vite** *adv* fast; quickly

**vitesse** *f* speed

**vivre*** to live

**voici** *prep* here is, here are

**voie** *f* way, road; **Voie lactée** Milky Way

**voilà** *prep* there is, there are

**voir*** to see

**voisin, -e** *m & f* neighbor

**voiture** *f* vehicle; car

**voix** *f* voice

**volant, -e** flying; **soucoupe** ~ flying saucer

**voler** to fly; to steal

**volet** *m* shutter

**vos** *poss adj* your (*pl*)

**votre** *poss adj* your

**vôtre** *poss pron* (**le, la, les**) yours

**vouloir*** to want, to demand, to wish; **je voudrais le voir** I would like to see him; **je ne veux pas** I don't want to; ~ **dire** to mean

**vous** *pers pron* you; to you; yourself

**voûté, -e** bent, round-shouldered

**voyage** *m* journey, travel

**vrai, -e** true, real

**vraiment** *adv* really

**vue** *f* sight; view

**y** *adv* there; **j'y vais** I'm going there; *pron* it; **je n'y comprends rien** I don't understand it; **j'**~ **pense** I am thinking about it; **je n'**~ **peux rien** I can't help it; **il n'**~ **connaît rien** he doesn't know anything about it

**yeux** *m pl* eyes; **elle a les** ~ **bleus** she has blue eyes

**zéro** *m* zero

**zoologie** *f* zoology

B C D E F G H I J   9 8 7 6 5 4 3 2